Problemas da Poética de
Dostoiévski

O GEN | Grupo Editorial Nacional – maior plataforma editorial brasileira no segmento científico, técnico e profissional – publica conteúdos nas áreas de ciências humanas, exatas, jurídicas, da saúde e sociais aplicadas, além de prover serviços direcionados à educação continuada e à preparação para concursos.

As editoras que integram o GEN, das mais respeitadas no mercado editorial, construíram catálogos inigualáveis, com obras decisivas para a formação acadêmica e o aperfeiçoamento de várias gerações de profissionais e estudantes, tendo se tornado sinônimo de qualidade e seriedade.

A missão do GEN e dos núcleos de conteúdo que o compõem é prover a melhor informação científica e distribuí-la de maneira flexível e conveniente, a preços justos, gerando benefícios e servindo a autores, docentes, livreiros, funcionários, colaboradores e acionistas.

Nosso comportamento ético incondicional e nossa responsabilidade social e ambiental são reforçados pela natureza educacional de nossa atividade e dão sustentabilidade ao crescimento contínuo e à rentabilidade do grupo.

Mikhail Bakhtin

Problemas da Poética de
Dostoiévski

5ª edição revista

Tradução direta do russo, notas e prefácio de
PAULO BEZERRA, UFF-USP

- O autor deste livro e a editora empenharam seus melhores esforços para assegurar que as informações e os procedimentos apresentados no texto estejam em acordo com os padrões aceitos à época da publicação, *e todos os dados foram atualizados pelo autor até a data de fechamento da edição original do livro*. Entretanto, tendo em conta a evolução das ciências, as atualizações legislativas, as mudanças regulamentares governamentais e o constante fluxo de novas informações sobre os temas que constam do livro, recomendamos enfaticamente que os leitores consultem sempre outras fontes fidedignas, de modo a se certificarem de que as informações contidas no texto estão corretas e de que não houve alterações nas recomendações ou na legislação regulamentadora.

- O autor e a editora se empenharam para citar adequadamente e dar o devido crédito a todos os detentores de direitos autorais de qualquer material utilizado neste livro, dispondo-se a possíveis acertos posteriores caso, inadvertida e involuntariamente, a identificação de algum deles tenha sido omitida.

- **Atendimento ao cliente: (11) 5080-0751 | faleconosco@grupogen.com.br**

- **Traduzido de:**
  Traduzido da 3ª edição da editora Khudójestvennaya Literatura, Moscou.
  All rights reserved.

- **Problemas da Poética de Dostoiévski**
  Direitos exclusivos para o Brasil na língua portuguesa
  Copyright © 2013 by
  FORENSE UNIVERSITÁRIA um selo da EDITORA FORENSE LTDA.
  Uma editora integrante do GEN | Grupo Editorial Nacional

- Travessa do Ouvidor, 11
  Rio de Janeiro – RJ – 20040-040
  www.grupogen.com.br

- Reservados todos os direitos. É proibida a duplicação ou reprodução deste volume, no todo ou em parte, em quaisquer formas ou por quaisquer meios (eletrônico, mecânico, gravação, fotocópia, distribuição pela Internet ou outros), sem permissão, por escrito, da Editora Forense Ltda.
  5ª edição / 6ª impressão brasileira – 2022
  Tradução direta do russo, notas e prefácio de Paulo Bezerra.

- CIP – Brasil. Catalogação-na-fonte.
  Sindicato Nacional dos Editores de Livros, RJ.

B142p Bakhthin, M. M. (Mikhail Mikhailovitch), 1895-1975
5.ed.   Problemas da poética de Dostoiévski / Mikhail Bakhtin; tradução direta do russo, notas
         e prefácio de Paulo Bezerra. – 5.ed. – [Reimpr.] – Rio de Janeiro: Forense Universitária,
2022.

         Tradução de: Problémi poétiki Dostoiévskovo
         Inclui bibliografia
         ISBN 978-85-218-0452-9

         1. Dostoiévski, Fiodor, 1821-1881 – Crítica e interpretação. I. Título.

10-1359.   CDD: 891.73
                                                                            CDU: 821.161.1-3

Prefácio
Uma obra à prova do tempo

Paulo Bezerra

Certamente, a maior vitalidade de uma obra se mede por sua capacidade de ampliar-se na recepção e por sua duração no tempo. Em 2009, *Problemas da poética de Dostoiévski* (doravante *PPD*) completa 80 anos, já traduzida em um imenso número de países e objeto de interpretação em numerosos livros, teses e artigos em revistas e jornais. No Brasil, *PPD* chega à quarta edição (com uma reimpressão) como obra já plenamente consagrada como um clássico da reflexão filosófica em torno do discurso literário, cuja importância se amplia e se aprofunda com o passar do tempo. Ao preparar o texto para a segunda edição, fiz uma revisão profunda da tradução, melhorando a redação e tornando mais preciso um ou outro conceito. Contudo, mantive a tradução indireta das citações dos romances de Dostoiévski *Gente Pobre*, *O Duplo*, *Crime e Castigo*, *O Idiota*, *Os Demônios* e *Os Irmãos Karamázov*. Posteriormente, ao trabalhar com *PPD* em meus cursos de graduação e pós-graduação, percebi que o tipo de linguagem dos trechos desses romances em tradução indireta criava dificuldade para a compreensão do sentido profundo dos diálogos entre as personagens na perspectiva do dialogismo, quintessência da teoria bakhtiniana do discurso. Esse desencontro da tradução indireta com o original é especialmente aberrante em *O Duplo*, obra publicada em conjunto com *Gente Pobre* (com o título de *Pobre Gente*) pela Companhia

José Aguilar Editora (Rio de Janeiro, 1975). Nessa edição, além das aberrantes deturpações do original, a tradução é tão distante da linguagem original que não passa de uma pálida descrição do discurso dostoievskiano, a tal ponto que se torna impossível detectar a presença das palavras de uma personagem abrindo fissuras na consciência da outra, essência da interação dialógica que Bakhtin descobriu em Dostoiévski. Agora, porém, ao preparar o livro para esta quarta edição, procedi a uma nova revisão do texto em português e substituí aquelas citações em tradução indireta por tradução direta do original, pois, além de recriar o espírito da obra na linguagem mais próxima possível do original, a tradução direta permite uma compreensão muitíssimo mais ampla e profunda das peculiaridades da teoria bakhtiniana. As poucas citações que mantive em tradução indireta do conto *O Sonho de um Homem Ridículo* e do romance *O Adolescente* não dificultam a compreensão das propriedades do discurso dostoievskiano e das peculiaridades do dialogismo bakhtiniano.

A presente edição vem "encorpada" com dois textos essenciais: dois escritos de Bakhtin (1961) a respeito de *Problemas da poética de Dostoiévski*, que nesta edição inserimos como "*PPD*. À guisa de comentário" e "Esboço de reformulação de *PPD*", pois quem deu título às referidas notas não foi o próprio Bakhtin, mas Vadim Kójinov, organizador dos manuscritos e responsável por sua inserção em *Estética da criação verbal*, obra em que aqueles textos são uma espécie de corpo estranho. Os dois adendos são, ao mesmo tempo, um comentário a *Problemas da poética de Dostoiévski* e um projeto de sua reformulação, no qual Bakhtin torna mais amplos e precisos os seguintes conceitos: o dialogismo como forma de interação e intercomplementação entre as personagens literárias; o monologismo como pensamento único e por isso autoritário, seu desdobramento no processo de construção das personagens romanescas; a polifonia como método discursivo do universo aberto em formação; o autor e sua relação dialógica com as personagens; a relação eu-outro como fenômeno sociológico; o inacabamento/ inconclusibilidade das personagens como visão do mundo em formação e do homem em formação, razão por que não se pode dizer a última palavra sobre eles nem concluí-los; o ativismo especial do autor no romance polifônico, no qual *o autor é a consciência das consciências*, a despeito de seu distanciamento em relação ao universo representado e da grande liberdade que concede às suas personagens. Portanto, os referidos adendos são um complemento essencial a *Problemas da poética de Dostoiévski*, e com eles os conceitos-chave do livro ganham mais consistência e mais clareza.

Uma revolução na poética do romance

Este livro representa uma autêntica revolução na teoria do romance como gênero específico e produto de uma poética histórica. O Capítulo IV – "Peculiaridades do gênero, do enredo e da composição das obras de Dostoiévski", que trata do carnaval como fenômeno histórico-cultural e da carnavalização da literatura, é um exemplo raro de poética histórica do gênero e representa a descanonização da teoria e da história tradicional do romance (observação do saudoso Emir Rodriguez Monegal), antecipando a teoria bakhtiniana da prosa romanesca que se completará com *Questões de Literatura e Estética*, particularmente com seus três capítulos-chave: "As formas do tempo e do cronótopo no romance" – 1937-1938, "Da pré-história do discurso romanesco" – 1940 e "Epopeia e romance" – 1941. Partindo (Capítulo IV de *PPD*) do conceito de destruição da distância épica absoluta (este será ampliado e mais bem definido em "Epopeia e romance"), que ocorre com a inserção de valores do cotidiano do tempo da enunciação/narração no tempo da ação representada, Bakhtin conclui que o cruzamento desses dois tempos foi determinante na desintegração dos gêneros elevados, que não resistiram ao contato com a realidade em formação, propiciando a formação dos gêneros constituintes do sério-cômico em oposição aos gêneros antigos como a epopeia, a tragédia, a história e a retórica clássica. Esses constituintes do sério-cômico são modalidades de uma prosa que revela grande capacidade de abranger vastos campos da representação literária e está centrada predominantemente nos *simposiuns*, nos diários socráticos e na sátira menipeia. Trata-se de um gênero novo, que vem dialogar e disputar com os antigos gêneros elevados um lugar de destaque (e primazia!) na representação dos valores do passado. Como constituintes da prosa, essas modalidades de gênero imprimem uma mudança radical no tratamento das lendas, dos mitos, da retórica e da própria história do passado, que agora são representados sem nenhuma distância, à luz e sob o impacto do contato direto com uma nova realidade em formação. Nessa nova realidade o homem vence o medo cósmico, o medo dos deuses e das forças cegas da natureza, e as antigas lentes das lendas e mitos através das quais o homem enxergava o mundo são agora substituídas pelas lentes da experiência imediata e da consciência. À luz dessas novas lentes, os gêneros antigos são postos em contato com a nova realidade em formação, e nesse contato passam por um rebaixamento cômico, são interpretados e reformulados pelo riso e recebem um corretivo de realidade que os distancia essencialmente de suas formas clássicas. Com o advento do helenismo, as imagens dos heróis dos gêneros elevados são amplamente parodiadas e carnavalizadas, essas paródias criam uma espécie de território romanesco e a realidade em formação se transforma em matéria e alimento da prosa romanesca. É nesse campo que Bakhtin enxerga o surgimento da prosa propriamente dita e seu desdobramento no romance ainda em solo greco-latino, ressaltando, porém, que se trata de um romance ainda bastante limitado, o único possível naquelas condições. Mas é precisamente daí que surgem as três raízes básicas do romance: a épica, a retórica e a carnavalesca. Bakhtin destaca a existência de outras inúmeras formas transitórias de romance, mas ressalta que é no campo do sério-cômico que está uma das variedades da linha carnavalesca, precisamente aquela variedade que chega a Dostoiévski. Essa descoberta da gênese do romance em solo greco-latino representa algo como a descanonização da história e da teoria da prosa e do romance, que os viam como produto do Renascimento tardio ou do século XVIII. Sob essa ótica, o romance era algo sem antecedentes, uma espécie de galinha antes do ovo. Cabe ressaltar que, em *Mimesis*, Auerbach também vê romance no universo greco-latino.

Ainda no tocante aos elementos carnavalescos e sua força vivificante presente nos gêneros do sério-cômico, Bakhtin afirma que gêneros que guardam uma relação, ainda que a mais distante, com as tradições do sério-cômico conservam mesmo em nossos dias os fermentos que os distinguem dos demais. Um ouvido sensível percebe essa ligação.

Tratando-se especialmente da literatura brasileira, uma leitura atenta de *Memórias Póstumas de Brás Cubas*, de Machado de Assis, de *Incidente em Antares*, de Érico Veríssimo, de *Macunaíma* e "Peru de Natal", de Mário de Andrade, só para citar alguns, à luz de vários constituintes da sátira menipeia, provaria a grande atualidade do sério-cômico referida por Bakhtin. A tradição carnavalesca tem uma fortíssima presença na literatura brasileira. O dialogismo, teoria do discurso que constitui o fundamento maior de *Problemas da poética de Dostoiévski*, seria de grande eficiência para a análise da obra de grande parte dos autores brasileiros, entre eles Machado de Assis, Graciliano Ramos, Lúcio Cardoso e Cornélio Pena.

Dialogismo e polifonia

Problemas da poética de Dostoiévski revela um autor que se caracteriza pelo mais absoluto destemor teórico, fato que se manifesta de imediato na maneira ousada e inusitada com que Bakhtin discute a função do autor na obra dostoievskiana. Desenvolvida em polêmica franca ou velada (não é por acaso que o primeiro capítulo traz um amplo levantamento do que a crítica produziu de mais importante sobre Dostoiévski), sua abordagem desconcerta o leitor de formação teórica mais ou menos tradicional com uma novidade tão inusitada como a posição do autor no romance polifônico criado por Dostoiévski. Trata-se da posição de distanciamento máximo (*vnenokhodímost*), que permite ao autor assumir o grau extremo de objetividade em relação ao universo representado e às criaturas que o povoam (note-se que, apesar de haver um ou outro traço do próprio Dostoiévski em algumas de suas personagens, nenhuma delas pode ser considerada um *alter ego* do autor).

Mais tarde, essa concepção do distanciamento levará Bakhtin a afirmar que "o *autor-artista*" não inventa a personagem, "ele a pré-encontra já dada independentemente do seu ato puramente artístico, não pode gerar de si mesmo a personagem", pois "esta não seria convincente",[1] ou, como diria o Belmiro de Cyro dos Anjos, "no romance, como na vida, os personagens é que se nos impõem. A razão está com Monsieur Gide: "eles nascem e crescem por si, procuram o autor, insinuam-se-lhe no espírito".[2] Trata-se, pois, da concepção de personagem como *persona* do mundo real, que cabe

---

[1] M. Bakhtin. *Estética da Criação Verbal*. Tradução de Paulo Bezerra. São Paulo: Martins Fontes, 2003, p. 184-185.

[2] Cyro dos Anjos. *O Amanuense Belmiro*. 10. ed. Rio de Janeiro: Livraria José Olympio, 1979, p. 71.

ao autor enformar, convencionando-a como personagem, mas sem esquecer sua autonomia como criatura do mundo real. Em *PPD*, Bakhtin parte da hipótese segundo a qual as personagens de Dostoiévski revelam independência interior em relação ao autor na estrutura do romance, independência essa que, em certos momentos, permite-lhes até rebelar-se contra seu criador. Cabe observar, porém, que se trata mais de uma independência em face de definições conclusivas e modelantes, que desprezariam a condição de *persona* das personagens, a sua independência psicológica e intelectual e suas individualidades como sujeitos representantes do universo social plural e dotados de consciências igualmente plurais. Tais definições procurariam resolver tudo no âmbito de uma única consciência – a do autor –, e tornariam essas personagens simples marionetes e objeto cego da ação do autor, carentes de iniciativa própria no plano da linguagem, surdas a vozes que não fossem mera irradiação da voz e da consciência do autor. Em Dostoiévski, cujo universo é plural, a representação das personagens é, acima de tudo, a representação de consciências plurais, nunca da consciência de um eu único e indiviso, mas da interação de muitas consciências, de consciências unas, dotadas de valores próprios, que dialogam entre si, interagem, preenchem com suas vozes as lacunas e evasivas deixadas por seus interlocutores, não se objetificam, isto é, não se tornam objeto dos discursos dos outros falantes nem do próprio autor e produzem o que Bakhtin chama de grande diálogo do romance. Ele efetivamente admite liberdade e independência das personagens em relação ao autor na obra dostoievskiana, mas deixa claro que, sendo dialógica a totalidade no romance dostoievskiano, o autor também participa do diálogo, mas é ao mesmo tempo o seu organizador. É o regente de um grande coro de vozes, que participam do grande diálogo do romance mas mantendo a própria individualidade. Portanto, por maiores que sejam a liberdade e a independência das personagens, serão sempre relativas, e nunca se situam fora do plano do autor, que, sendo "a consciência das consciências", promove-as como estratégia de construção dos seus romances, em que as vozes múltiplas dão o tom de toda a sua arquitetônica. Porque, segundo Bakhtin, Dostoiévski não cria escravos mudos (como o faz Zeus), mas pessoas livres, capazes de colocar-se lado a lado com seu criador, de discordar dele e até de rebelar-se contra ele. Bem mais tarde, em "Esboço de reformulação de *PPD*" (1961), Bakhtin compara o autor a Prometeu e diz que ele cria, ou melhor, recria (*sic!*) seres vivos com os quais vem a encontrar-se em isonomia. Não pode concluí-los, pois descobriu o que difere o indivíduo de tudo o que não é indivíduo. Este está imune ao poder do existir. Nessa visão filosófica de Bakhtin, Dostoiévski não conclui as suas personagens porque estas são inconclusíveis como indivíduos imunes ao efeito redutor e modelador das leis da existência imediata. Esta se fecha em dado momento, ao passo que o homem avança sempre e está sempre aberto a mudanças decorrentes da sua condição de estar no mundo como agente, como sujeito. O homem-personagem é produto e veículo de discurso, está aberto como falante em diálogo com outros falantes e com o seu criador. Nessa arquitetura de construção do universo polifônico do romance, o discurso da personagem e o discurso sobre a personagem derivam do tratamento dialógico que se assenta em uma posição de abertura em face de si mesma e do outro, deixando a este liberdade suficiente para se manifestar como sujeito articulador do seu próprio discurso, veículo da sua consciência individual. Porque, como entende Bakhtin, o enfoque dialógico e polifônico de Dostoiévski recai sobre personagens-indivíduos que resistem ao conhecimento objetificante e só se revelam na forma livre do diálogo tu-eu. Aqui o autor participa do diálogo, em isonomia com as personagens, mas exerce funções complementares muito complexas, uma espécie de correia de transmissão entre o diálogo ideal da obra e o diálogo real da realidade. Portanto, Bakhtin reitera a presença indispensável do autor na construção do objeto estético e sua posição especialíssima na arquitetônica do romance especificamente polifônico.

Dostoiévski conhece a fundo a alma humana, sabe que o universo humano é constituído de seres cuja característica mais marcante é a diversidade de personalidades, pontos de vista, posições ideológicas, religiosas, antirreligiosas, nobreza, vilania, gostos, manias, taras, fraquezas, excentricidades, brandura, violência, timidez, exibicionismo, enfim, sabe que o ser humano é esse amálgama de vicissitudes que o tornam irredutível a definições exatas. Dessa consciência da diversidade de caracteres dos seres humanos como constituintes de um vasto universo social em formação decorrem as múltiplas vozes que o representam, razão por que Dostoiévski aguça ao máximo o seu ouvido, ausculta as vozes desse universo social como um diálogo sem fim, no qual vozes do passado se cruzam com vozes do presente e fazem seus ecos se propagarem no sentido do futuro. Daí a impossibilidade do acabamento, daí o discurso polifônico ser sempre o discurso em aberto, o discurso das questões não resolvidas.

Por isso o diálogo do autor com o herói é, no romance polifônico de Dostoiévski, um procedimento de construção das personagens e, ao mesmo tempo, a afirmação da presença não ostensiva, porém eficaz, do autor nesse processo. Sem ferir jamais a integridade da personagem como constituinte do arranjo polifônico, o procedimento polifônico de Dostoiévski tampouco apaga ou neutraliza a presença do autor e sua concepção ativa no conjunto romanesco, conseguindo, ao contrário, criar condição efetivamente nova e original de materialização dessa presença e dessa concepção na estrutura do diálogo polifônico.

A Bakhtin o que é de Bakhtin

As primeiras contribuições para a divulgação de Bakhtin entre nós no campo específico da reflexão sobre literatura e cultura vieram de José Guilherme Merquior e do mestre Bóris Schnaidermann. A estes se somaram, mais no campo da linguística, as contribuições de Carlos Alberto Faraco e Cristovão Tezza, seguindo-se outras contribuições bastante pessoais de Beth Brait, José Luis Fiorin e alguns outros.

Salvo engano, a primeira leitura de Bakhtin por Julia Kristeva que chegou ao Brasil foi seu prefácio a *La Poétique de Dostoïevski*, obra publicada em Paris em 1970 com o título podado. Em 1967 ela já publicara na revista *Critique* o artigo "Bakhtine, le mot, le dialogue et le roman", artigo que depois integrou seu livro de 1969 *Recherches pour une Sémanalyse*, traduzido no Brasil como *Introdução a uma Semanálise*.[1] Ninguém nega os méritos de Kristeva (e de T. Todorov) na "descoberta" de Bakhtin para o público francês, como não pode negar os seus deméritos na deturpação do pensamento e da teoria de Bakhtin. Por essa razão, alguns conceitos emitidos em *Introdução a uma Semanálise* (capítulo 4. "A palavra, o diálogo e

---

1 Julia Kristeva. *Introdução a uma Semanálise*. Tradução de Lúcia Helena F. Ferraz. 2. ed. São Paulo: Perspectiva, 2005.

o romance") requerem discussão. Depois de situar Bakhtin no "formalismo russo", definindo-o (p. 66) como "uma das mais poderosas tentativas de avanço da escola" formalista (afirmação que só considera algumas poucas semelhanças mas não percebe as enormes diferenças entre os dois modos de pensar a literatura e a cultura – fato exaustivamente enfatizado por Bakhtin no primeiro capítulo de *Questões de Literatura e Estética*), Kristeva lhe atribui uma "dinamização do estruturalismo" e manterá sempre a visão de Bakhtin como estruturalista, a despeito da diferença radical entre a maneira bakhtiniana de pensar e o método estruturalista, com sua ênfase reducionista no texto e na personagem literária como função, ao passo que a ênfase de Bakhtin é no discurso e na personagem como sujeito consciente de seu próprio discurso. Confundindo a palavra (conceito-chave da teoria bakhtiniana do dialogismo) com texto, Kristeva afirma (p. 68): "todo texto se constrói como mosaico de citações, todo texto é absorção e transformação de outro texto. Em lugar da noção de intersubjetividade, instala-se a de *intertextualidade*". E acrescenta (p. 71): "...o dialogismo bakhtiniano designa a escritura simultaneamente como subjetividade e como comunicatividade, ou melhor, como intertextualidade; em face desse dialogismo, a noção de *pessoa-sujeito da escritura* começa a se esfumar para ceder lugar a uma outra, a da *ambivalência da escritura*".

Verifica-se que o enfoque de Bakhtin por Kristeva é linguístico, pois o duplo, que na reflexão bakhtiniana é produto da interação dialógica entre personagens literárias, sujeitos de sua própria consciência e seu próprio discurso, para ela (p. 72) "designa uma *espacialização* e um correlacionamento da sequência literária (linguística)" (*sic!* – P. B.) e será "a sequência minimal da semiótica paradigmática que se elaboraria a partir de Saussure (*Anagramas*) e Bakhtin" (p. 73).

Então, temos uma fusão de Saussure com Bakhtin? Mas Bakhtin diz que a díade saussureana falante-ouvinte é uma *ficção*, uma vez que aí o falante é "o fluxo único da fala", ao passo que o ouvinte é totalmente passivo, é só ouvinte (diga-se, função! – P. B.), nunca um falante sequer em potencial. Logo, como é possível a comunicação se só um fala? Bakhtin não considera que os esquemas de Saussure sejam falsos e inaplicáveis a certos momentos da realidade. Mas está interessado no diálogo, na comunicação pelo

XIII

discurso. Por isso afirma que os esquemas saussureanos se tornam "ficção científica... quando passam a objeto real da comunicação discursiva".[1] Para Bakhtin, no processo de comunicação o ouvinte, longe de ser passivo, ocupa uma "ativa posição responsiva" em relação ao discurso do falante-interlocutor, "concorda ou discorda dele... completa-o, aplica-o... Toda compreensão da fala viva, do enunciado vivo é de natureza ativamente responsiva... toda compreensão é prenhe de resposta... o ouvinte se torna falante".[2] Bakhtin está se referindo ao processo natural de diálogo direto entre um falante e um ouvinte, mas o mesmo processo se verifica nos diálogos entre as personagens literárias. Esse ativismo que ele atribui ao ouvinte seria possível em uma relação entre textos, na intertextualidade de Kristeva? Como poderia haver ativismo na intertextualidade, se "todo texto é a absorção e transformação" de outro texto? Se absorver, como ensina mestre Aurélio, é "embeber em si, consumir, esgotar, exaurir"? Ora, para Bakhtin, o outro não se esgota em mim nem eu no outro; intercompletam-se, mas cada um sempre deixa algum excedente de si mesmo. E transformar o outro pela absorção é torná-lo objeto exclusivo de mim mesmo, de minha própria vontade, em suma, é torná-lo passivo, é negar-lhe autonomia como consciência individual, é fazer dele a imagem que me convém. Ora, isso é acabamento, é fechamento do outro na definição que faço dele. Isso é o oposto do que propõe Bakhtin, para quem concluir o outro é objetificá-lo, reificá-lo, torná-lo coisa. Isso não é dialogismo, é monologismo.

É curioso o paradoxo que aparece na reflexão de Kristeva acerca do dialogismo. Se a intertextualidade substitui a "intersubjetividade" ("Em lugar da noção de intersubjetividade, instala-se a de *intertextualidade*"), quer dizer que os textos que se comunicam na intertextualidade são entidades desprovidas de subjetividade. Então, como entender que "o dialogismo bakhtiniano designa a escritura simultaneamente como subjetividade e como comunicatividade, ou melhor, como intertextualidade"? Como entender isso? Se na primeira definição afasta-se a intersubjetividade e na segunda ela está presente (pois a comunicatividade presssupõe reciprocidade

---

[1] M. Bakhtin. *Estética da Criação Verbal*. Tradução de Paulo Bezerra. São Paulo: Martins Fontes, 2003, p. 271.
[2] *Ibid*.

e não pode dispensar o prefixo "inter", logo a subjetividade vira intersubjetividade), então na primeira a intertextualidade não é "dialogismo", sendo-o apenas na segunda? Como entender esse paradoxo? Com qual das duas definições devemos ficar?

O ponto de partida do referido texto de Kristeva, objeto do nosso comentário, é o livro *PPD*, ao qual ela dá um enfoque predominantemente linguístico. Uma vez que ela substitui palavra por texto e dialogismo por intertextualidade, e a palavra, o discurso em interação com outros discursos é a base do dialogismo bakhtiniano, cabe verificar que papel o próprio Bakhtin atribui ao texto nas relações dialógicas e também à linguística. No capítulo de *PPD* "O discurso em Dostoiévski", ele afirma que não se pode enfocar o ângulo dialógico dos discursos "por critérios genuinamente linguísticos", pois as relações dialógicas "não pertencem a um campo genuinamente linguístico", são "extralinguísticas", toda linguagem humana "está impregnada de relações dialógicas", e "não pode haver relações dialógicas tampouco entre os textos" em uma perspectiva "rigorosamente linguística", pois elas pertencem ao campo do discurso, que é de natureza dialógica, razão por que "devem ser estudadas pela metalinguística".[1] Como Bakhtin acalentava o projeto de criar, nas fronteiras da linguística, da antropologia filosófica e dos estudos literários (ou teoria) uma nova disciplina das ciências humanas com a denominação de metalinguística (e não *translinguística*, tradução inadequada que Kristeva faz do conceito de Bakhtin com a finalidade nada disfarçada de reduzir-lhe o pensamento a mais uma corrente da linguística), e esta seria uma interação dialógica daquelas disciplinas, o discurso literário, com as relações dialógicas que o sedimentam, seria objeto de estudo de uma nova teoria da cultura, assentada em fundamentos interdisciplinares e capaz de contemplar um vasto leque de formas humanas de pensar e agir. Tal teoria seria um antídoto aos reducionismos de que tem sido vítima o pensamento do próprio Bakhtin. Admitindo o enfoque predominantemente linguístico da teoria bakhtiniana do discurso romanesco (dialogismo) por Kristeva, não estaríamos repetindo a díade saussureana falante-ouvinte, na qual, segundo Bakhtin, o ouvinte nunca é falante, já que no esquema de Kristeva (intertextualidade) quem se apropria do texto do outro ou não dá voz a esse outro ou apenas

---

[1] M. Bakhtin. *Problemas da Poética de Dostoiévski*. Tradução de Paulo Bezerra. 3. ed. Rio de Janeiro: Forense Universitária, 2002, p. 182-183.

o usa como autoridade para respaldar um pensamento do apropriador? Em qualquer dos casos, haveria apagamento da voz de uma das partes, restando apenas um falante, e o diálogo (ou "intertextualidade") simplesmente se evaporaria.

O reducionismo linguístico com que Kristeva enfoca a teoria dialógica de Bakhtin chega ao ápice quando ela afirma que "o jogo dialógico da linguagem como correlação de signos" redunda na "permutação dialógica de dois significantes para um significado" (p. 81). Que relação haveria entre esse "jogo dialógico" de Kristeva redundando em um "significado" e a própria reflexão teórica de Bakhtin? Ora, em *Estética da Criação Verbal*, o próprio Bakhtin afirma que "o significado está excluído do diálogo". Mesmo admitindo aí que no significado existe uma "potência de sentido", Bakhtin jamais opera com a categoria de significado por considerar que ele fecha em si mesmo a possibilidade de diálogo, daí a sua opção pelo termo sentido, que é "de índole responsiva... sempre responde a certas perguntas", ao passo que "aquilo que a nada responde se afigura sem sentido, afastado do diálogo", razão por que "o significado está afastado do diálogo".[1] Poder-se-ia condescender com Kristeva, já que na referida passagem seu "significado" se refere ao épico como discurso monológico, o que, no essencial, corresponde ao pensamento de Bakhtin. Contudo, Bakhtin tem Homero como objeto específico de sua reflexão sobre o épico, ao passo que Kristeva (que não refere nenhuma obra) fala do épico em geral. Eu, pessoalmente, acho que em relação à *Ilíada* o monologismo bakhtiniano está corretíssimo, mas já penso diferente no que tange a *A Odisseia*. Mas vejamos Virgílio, por exemplo. Será que, ao "fundir" em sua *Eneida* a *Ilíada* e *A Odisseia* ele teria tomado essas obras como mera "permutação" de dois "significantes" em um grande "significado", fechando, restringindo com isso o universo de suas significações e privando-as da transcendência, questão essencialíssima para a literatura, ou teria estabelecido um grande diálogo com elas no contexto de outra época e de outra cultura – a cultura latina? Porque, contrariando o que Kristeva entende por textos (intertextualidade), para Bakhtin "o texto só tem vida contatando com outro texto (contexto)",[2] vale

---

1   M. Bakhtin. *Estética da Criação Verbal*, p. 381.
2   *Ibid.*, p. 401.

dizer, na mediação de Virgílio não é seu texto, mas o contexto, a cultura latina de sua época que, por necessidade de afirmar-se como *eu*, estabelece um grande diálogo com a grega como seu *outro* na distância (12 séculos após a guerra de Troia e sete a oito séculos depois de Homero), na transcendência espaçotemporal, isto é, no "grande tempo – diálogo inacabado em que nenhum sentido morre".[1] O mesmo poderíamos dizer de Camões em *Os Lusíadas*, que, movido pela necessidade de resgatar o passado histórico português em um momento de profunda crise e afirmar o *eu* de sua cultura em diálogo com Virgílio (e outras fontes antigas), revivifica na distância, no contexto português de sua época, os sentidos do passado, aqueles sentidos que, "nascidos dos diálogos dos séculos passados", não "podem jamais ser estáveis (concluídos, acabados de uma vez por todas)", pois sempre haverão de mudar e renovar-se no eterno processo de diálogo entre as culturas, no qual "existem massas imensas e ilimitadas de sentidos esquecidos" que, não obstante, "serão relembrados e reviverão em forma renovada".[2] Portanto, é o sentido e não o "significado" que permite a transcendência espaçotemporal da cultura e da literatura. Assim, o monologismo que Kristeva aplica dogmaticamente ao épico em geral é dela, não de Bakhtin.

Segundo Kristeva, em face do dialogismo bakhtiniano como intertextualidade, "a noção de pessoa-sujeito da escritura começa a se esfumar". Essa afirmação está em flagrante contradição com o pensamento de Bakhtin, que sempre enfatiza o papel do sujeito, quer como autor em todas as instâncias do processo de criação, quer como leitor. Como autor, nós o "encontramos (percebemos, compreendemos, sentimos, temos a sensação dele) em qualquer obra de arte... Nós o sentimos em tudo como um princípio representador puro (o sujeito representador)".[3] *Como leitor*, é a "segunda consciência, a consciência do interpretador", que "não pode ser eliminada ou neutralizada". Para ele, o texto é um enunciado, o diálogo entre textos é um diálogo entre enunciados, e por trás do enunciado existe o falante, o sujeito dotado de consciência. "Por trás desse contato está o contato entre indivíduos, e não entre coisas.

---

1   *Ibid.*, p. 409.
2   *Ibid.*, p. 410.
3   *Ibid.*, p. 410.

Se transformarmos o diálogo em um texto contínuo, isto é, se apagarmos as divisões das vozes (a alternância de sujeitos falantes)... o sentido profundo (infinito) desaparecerá (bateremos contra o fundo, poremos um ponto morto."[1] Assim, por trás do texto sempre há vozes, uma linguagem, senão ele "não seria um texto, mas um fenômeno das ciências naturais", "o acontecimento da vida do texto, isto é, a sua verdadeira essência, sempre se desenvolve na fronteira de duas consciências, de dois sujeitos".[2] Essa mesma reiteração da presença do sujeito perpassa toda a reflexão em torno do dialogismo em *PPD* e no restante da obra de Bakhtin. Como, pois, conciliar essa defesa explícita do autor como sujeito com a afirmação de Kristeva, segundo a qual o autor em Bakhtin atinge o estágio de "zero", de negação, de exclusão? (p. 79). Portanto, em que obra bakhtiniana esse sujeito "se esfuma"? Ou será que Bakhtin não entendeu a própria obra? Certamente inspirada em Kristeva, uma pesquisadora brasileira (bastante respeitável!) descobriu o "deslocamento do sujeito" em Bakhtin. Mas deslocamento de onde? E para onde? Mais um pouco e estaremos no besteirol pós-moderno da "morte do autor", já presente em Kristeva.

O que mais impressiona no texto de Kristeva é a ausência de uma categoria da narrativa sem a qual a noção de dialogismo seria absolutamente impensável: a personagem literária. Ora, o fundamento do processo dialógico é a interação entre as vozes que povoam a obra literária. O objeto imediato e fonte do dialogismo bakhtiniano é a obra de Dostoiévski, na qual o diálogo entre as personagens é uma luta entre pontos de vista e juízos de valor, na qual cada personagem-voz ora mira em torno em uma polêmica velada com outra ou outras personagens-vozes, ora as enfrenta no diálogo direto, e em ambos os processos cada uma procura fazer prevalecer seus pontos de vista sobre si mesma e sobre o mundo, externados por suas vozes. Já em *Gente Pobre*, primeiro romance de Dostoiévski, seu protagonista Makar Diévuchkin se sente ofendido pelo simples olhar do chefe e cria uma verdadeira diatribe, isto é, um diálogo (sem texto do outro) com seu interlocutor ausente. Goliádkin, protagonista de *O Duplo*, na sua carência de convívio social,

---

1   *Ibid.*, p. 401.
2   *Ibid.*, p. 311.

imagina-se convidado a uma festa na casa de seu chefe, entra pela porta dos fundos, é expulso, e uma vez expulso do festim dos homens cria um duplo que irá realizar na "vida real" tudo o que ele sonhara para si, e com o qual desenvolverá um acirrado diálogo (sem texto do outro), uma intensa luta de pontos de vista sobre si mesmo. Raskólnikov, protagonista de *Crime e Castigo*, revoltado contra a injustiça social, vê em Napoleão uma espécie de responsável por tal injustiça, mata uma velha usurária por vê-la como desdobramento de Napoleão e, ao longo de todo o romance, dialoga intensamente com ele (sem texto do outro) a respeito do assassinato da velha. Em *Os Irmãos Karamázov*, Ivan, "consciência profunda" e protagonista marcado por uma filosofia ética, desenvolve a seguinte tese filosófica: se não existe imortalidade, não existe virtude, portanto, tudo é permitido. As palavras de Ivan penetram fundo na consciência de Smierdiakóv, abrindo nesta uma fissura. Smierdiakóv, seu irmão desprovido de ética e filho bastardo de seu pai, interpreta a seu modo o sentido desse discurso (não texto) como pregação do parricídio e acaba por matar o pai. Assim, o Ivan ético cria (pelo discurso!) um duplo aético. Entretanto, no diálogo com Smierdiakóv, após o parricídio este afirma reiteradamente que apenas cumpriu a vontade de Ivan. As palavras daquele penetram fundo na consciência deste, criando aí uma insuportável tensão, e quando Ivan descobre que o "réptil" Smierdiakóv é seu outro, seu duplo, sofre um profundo distúrbio mental.

Seria possível dar conta de tamanha tensão no interior da obra literária partindo da "intertextualidade"? Ao substituir voz por texto, Kristeva não teria como explicar esse diálogo entre vozes. Talvez isso explique a ausência de qualquer menção a personagens em seu ensaio, assim como a leitura de qualquer obra literária que lhe permita "reformular" a seu modo a teoria de Bakhtin. Limita-se a afirmar e reafirmar, sem jamais apontar a razão, que Tolstói é monológico, repetindo afirmação similar que Bakhtin fez a respeito de Tolstói. Em *PPD*, Bakhtin analisou o conto de Tolstói *As Três Mortes* e demonstou cabalmente seu monologismo. No entanto, no tocante aos romances de Tolstói considero essa tese de Bakhtin muito discutível e acho difícil comprovar tal monologismo em um romance como *Guerra e Paz*, por exemplo. Kristeva tampouco demonstra conhecer Dostoiévski, objeto imediato e fundamento do dialogismo bakhtiniano. Entretanto, como explicar essa ausência de conhecimento do fundamento de uma teoria na reflexão de quem pretende substituí-la por sua própria "teoria"? Parafraseando um grande mestre uspiano, o que atrapalha a reflexão teórica sobre literatura é uma tal de literatura.

Na abertura de seu notável livro *A Personalidade de Dostoiévski*, Borís Búrtzov escreve: "O tipo mais desagradável de arrogância é a arrogância em relação ao gênio. Talvez em parte alguma ela tenha se revelado tanto como no estudo de Dostoiévski, evidentemente em razão de que, pela coincidência de incompatíveis características intelectuais, espirituais e simplesmente da vida, ele se destaca acentuadamente no campo de toda a literatura universal."[1]

Guardadas as devidas proporções, as palavras de Búrtzov se aplicam a Bakhtin, particularmente no que se refere a Julia Kristeva e ao que dela deriva em termos de interpretação da obra de Bakhtin. Em 1998, Kristeva deu uma entrevista a C. Thompson (publicada pela revista canadense *Recherches Sémiotiques...*, número especial "Bakhtine et l'avenir des signes...", v. 18, n. 1-2, p. 15-29, 1998 – Association Canadienne de Sémiotique), mais tarde traduzida para o russo e publicada pela revista *Dialog, Karnaval, Krhonotop* (*DKK* – n. 1, 2002), que tomo como referência. A entrevista trata da recepção das obras de Bakhtin na França. Depois de reclamar que os bakhtinólogos haviam esquecido seu "pioneirismo" na divulgação de Bakhtin (na França, não em todo o Ocidente!), Kristeva afirma que adaptou Bakhtin ao contexto francês e para o leitor francês, e sem essa "adaptação" Bakhtin "poderia parecer algo oriundo do folclore russo e não suscitaria o interesse que suscita hoje" (p. 114). Conclusão: sem a "adaptação" de Kristeva, Bakhtin não teria saído do limbo russo. Quanta empáfia! Que desrespeito à inteligência dos franceses! Que falta de respeito pelo outro, coisa tão cara ao próprio Bakhtin!

No Brasil, essa "adaptação" vem contribuindo para a deformação do pensamento bakhtiniano em escala temível. Citemos ao menos um exemplo. No livro *Intertextualidades* (Belo Horizonte: Lê, 1995), de G. Paulino, I. Walty e M. Z. Cury, lemos: "a intertextualidade foi estudada primeiramente pelo pensador russo Mikhail Bakhtin" (p. 21). E as autoras citam minha tradução de *PPD* como fonte biblio-

---

1 B. Búrtzov. *Lítchnost Dostoievskovo* (A Personalidade de Dostoiévski). Moscou: Soviétski Pissátiel, 1974, p. 5.

gráfica. Em que página do livro aparece o termo "intertextualidade", caríssimas caras-pálidas, que eu, o tradutor, nunca o encontrei?

Na mesma entrevista, Kristeva afirma (p. 114) que fez de Bakhtin um "interlocutor da moderna teoria dos anos sessenta e setenta" (leia-se estruturalismo e psicanálise!), e que a linguística estrutural e a psicanálise "foram o fundamento profundo do pensamento bakhtiniano" (p. 116). Acontece, porém, que Bakhtin é contra o estruturalismo por considerar que seu método de análise, centrado nas "categorias mecanicistas de 'oposição' e alternância de códigos", despreza a especificidade do discurso literário, o que redunda no "fechamento no texto... Quanto a mim, em tudo eu ouço vozes e relações dialógicas entre elas... No estruturalismo, existe apenas um sujeito: o próprio pesquisador. As coisas se transformam em conceitos... o sujeito nunca pode tornar-se conceito (ele mesmo fala e responde)".[1] Quanto à psicanálise, Bakhtin dela se distingue porque, ao longo de toda a sua obra, sempre enfatiza como essencial a questão da consciência. "A consciência é muito mais terrível que quaisquer complexos inconscientes."[2]

Adepta da psicanálise como religião ("se você não dispõe dos instrumentos oferecidos pela psicanálise, arrisca-se a dizer bobagens" – p. 125), Kristeva afirma: "em minha própria teoria da literatura, que leva em conta os conceitos de carnaval e polifonia, considerando as elaborações freudianas não preciso voltar sempre a Bakhtin... Porque me parece... que, partindo daquele psiquismo conflituoso que se revela durante as sessões de psicanálise, o que posso desenvolver com base em casos clínicos avança bem mais do que as intuições bakhtinianas" (p. 119). Portanto, Kristeva transforma em um banal procedimento clínico a teoria do carnaval, grandiosa contribuição bakhtiniana para a teoria da literatura e da cultura.

Assim, aplica-se perfeitamente a Kristeva a afirmação de Bakhtin sobre o estruturalismo: "no estruturalismo existe apenas um sujeito: o pesquisador". Da análise do discurso bakhtiniano restou uma voz: a voz autoritária da própria Kristeva com sua intertextualidade. Não há sujeito falante, não há vozes nem relações dialógicas entre elas, há apenas texto. Nenhuma contribuição para o entendimento de Bakhtin. No afã de "explicá-lo", ela produz uma leitura reducionista e uma

---

[1] M. Bakhtin. *Estética da Criação Verbal*, p. 409-410.
[2] *Ibid.*, p. 343.

deformação grosseira, pretensiosa e arrogante da teoria bakhtiniana, arvorando-se do direito de mudar conceitos, fato gravíssimo que desnatura uma teoria e pode reduzi-la a metáfora.

O dialogismo, essência do pensamento filosófico bakhtiniano e fundamento de *Problemas da Poética de Dostoiévski*, permite acompanhar as tensões no interior da obra literária, as relações interdiscursivas e intersubjetivas, as intenções ocultas das personagens, o diálogo entre culturas como essência da literatura, a luta entre tendências e "escolas literárias", entre vozes como pontos de vista sobre o mundo, o homem e a cultura. Na ótica do dialogismo, a consciência não é produto de um eu isolado, mas da interação e do convívio entre muitas consciências, que participam desse convívio com iguais direitos como *personas*, respeitando os valores dos outros que igualmente respeitam os seus. Eu tomo consciência de mim mesmo e me torno eu mesmo só me revelando para o outro, não posso passar sem o outro, não posso construir para mim uma relação sem o outro, que é a realidade que, por minha própria formação, trago dentro de mim, exerce um profundo ativismo em relação a mim. Essa relativização de mim mesmo é o que me permite ver o mundo fora de mim mesmo, construir minha autoconsciência, não me colocar acima do outro, ser capaz de entender a mim mesmo e, assim, auto-humanizado, entender o outro como parte de mim mesmo e eu como parte dele, tirando-me do isolamento, que é a morte (veja-se a que desespero o isolamento leva personagens dostoievskianas como Makar Diévuchkin, de *Gente Pobre*, Goliádkin, de *O Duplo*, Raskólnikov, de *Crime e Castigo*, Stavróguin, que se mata em *Os Demônios*, etc.), permitindo-me dialogar, comunicar-me e assim plasmar a vida, porque, como diz Bakhtin, "viver é comunicar-se pelo diálogo". Nesse aspecto, o dialogismo é uma visão de mundo, uma filosofia que mostra o individualismo exacerbado como impasse e o culto desse individualismo como tragédia. Daí a necessidade do diálogo como superação dos impasses da existência e sua representação na literatura, daí a importância fundamental de *Problemas da Poética de Dostoiévski* como obra que oferece respaldo teórico para a análise ampla e profunda dessas questões, e é isso que faz do livro de Bakhtin uma obra à prova do tempo.

Sumário

Introdução 1

O romance polifônico de Dostoiévski e seu enfoque na
crítica literária 3

A personagem e seu enfoque pelo autor na obra de
Dostoiévski 52

A ideia em Dostoiévski 87

Peculiaridades do gênero, do enredo e da composição
das obras de Dostoiévski 115

O discurso em Dostoiévski 207

   1. Tipos de discurso na prosa. O discurso
      dostoievskiano 207
   2. O discurso monológico do herói e o discurso
      narrativo nas novelas de Dostoiévski 234
   3. O discurso do herói e o discurso do narrador nos
      romances de Dostoiévski 274
   4. O diálogo em Dostoiévski 292

Adendo 1 311

Adendo 2 318

Conclusão 339

Introdução

O presente livro é dedicado aos problemas da poética[1] de Dostoiévski e analisa a sua obra somente sob esse ângulo de visão. Consideramos Dostoiévski um dos maiores inovadores no campo da forma artística. Estamos convencidos de que ele criou um tipo inteiramente novo de pensamento artístico, a que chamamos convencionalmente de tipo *polifônico*. Esse tipo de pensamento artístico encontrou expressão nos romances dostoievskianos, mas sua importância ultrapassa os limites da criação romanesca e abrange alguns princípios básicos da estética europeia. Pode-se até dizer que Dostoiévski criou uma espécie de novo modelo artístico do mundo, no qual muitos momentos basilares da velha forma artística sofreram transformação radical. Descobrir essa inovação *fundamental* de Dostoiévski por meio da análise teórico-literária é o que constitui a tarefa do trabalho que oferecemos ao leitor.

Na vasta literatura sobre Dostoiévski, as peculiaridades fundamentais de sua poética não podiam, evidentemente, passar despercebidas (no primeiro capítulo do presente livro, examinamos as opiniões mais importantes sobre essa questão); a novidade fundamental e a unidade orgânica de tais peculiaridades no conjunto do mundo artístico de Dostoiévski foram reveladas e abordadas de maneira ainda muito insuficiente. A literatura sobre esse romancista

---

[1] O grifo simples é do autor do presente livro, o grifo acompanhado de asterisco é de Dostoiévski e outros autores citados.

tem-se dedicado predominantemente à problemática ideológica de sua obra. A agudeza transitória dessa problemática tem encoberto momentos estruturais mais sólidos e profundos de sua visão artística. Amiúde quase se esquecia inteiramente que Dostoiévski era, acima de tudo, um *artista* (de tipo especial, é bem verdade), e não um filósofo ou jornalista político.

O estudo especial da poética de Dostoiévski continua sendo questão atual da teoria da literatura.

Para a segunda edição ("Sovietsky Pissatel", Moscou, 1963), o nosso livro, que saiu inicialmente em 1929 com o título *Problemas da Obra de Dostoiévski*, foi corrigido e consideravelmente ampliado. É evidente que, na nova edição, ele tampouco pode ter a pretensão de atingir a plenitude na abordagem dos problemas levantados, sobretudo questões complexas, como o problema do romance polifônico *integral*.

O romance polifônico de Dostoiévski e seu enfoque na crítica literária

Ao tomarmos conhecimento da vasta literatura sobre Dostoiévski, temos a impressão de tratar-se *não de um* autor e artista, que escrevia romances e novelas, mas de toda uma série de discursos filosóficos de *vários* autores e pensadores: Raskólnikov, Míchkin, Stavróguin, Ivan Karamázov, o Grande Inquisidor e outros. Para o pensamento crítico-literário, a obra de Dostoiévski se decompôs em várias teorias filosóficas autônomas mutuamente contraditórias, que são defendidas pelos heróis dostoievskianos. Entre elas, as concepções filosóficas do próprio autor nem de longe figuram em primeiro lugar. Para alguns pesquisadores, a voz de Dostoiévski se confunde com a voz desses e daqueles heróis, para outros, é uma síntese peculiar de todas essas vozes ideológicas, para terceiros, aquela é simplesmente abafada por estas. Polemiza-se com os heróis, aprende-se com os heróis, tenta-se desenvolver suas concepções até fazê-las chegar a um sistema acabado. O herói tem competência ideológica e independência, é interpretado como autor de sua concepção filosófica própria e plena, e não como objeto da visão artística final do autor. Para a consciência dos críticos, o valor direto e pleno das palavras do herói desfaz o plano monológico e provoca resposta imediata, como se o herói não fosse objeto da palavra do autor, mas veículo de sua própria palavra, dotado de valor e poder plenos.

Essa peculiaridade da literatura sobre Dostoiévski foi observada com toda justeza por B. M. Engelgardt, ao escrever: "Ao examinar-se a crítica russa de Dostoiévski, percebe-se facilmente que, salvo poucas exceções, ela não ultrapassa o nível intelectual dos heróis preferidos do escritor. Não é ela que domina a matéria que manuseia mas é a matéria que a domina inteiramente. Ela ainda continua aprendendo com Ivan Karamázov e Raskólnikov, Stavróguin e o Grande Inquisidor, enredando-se nas contradições em que eles se enredavam, detendo-se perplexa diante dos problemas que eles não resolvem e inclinando-se para lhes reverenciar as emoções complexas e angustiantes."[1]

Observação análoga fez J. Meier-Gräfe. "Quem já teve a ideia de participar de uma das conversas de *Educação sentimental*? Com Raskólnikov nós discutimos, e não somente com ele mas com qualquer figurante."[2]

É evidente que não se pode explicar essa peculiaridade da literatura crítica sobre Dostoiévski apenas pela impotência metodológica do pensamento crítico e considerá-la completa transgressão da vontade artística do autor. Semelhante abordagem da literatura crítica, assim como a concepção não preconceituosa dos leitores, que sempre discutem com os *heróis* de Dostoiévski, corresponde de fato à peculiaridade estrutural basilar das obras desse escritor. À semelhança do Prometeu de Goethe, Dostoiévski não cria escravos mudos (como Zeus), mas pessoas livres, capazes de colocar-se lado a lado com seu criador, de discordar dele e até rebelar-se contra ele.

A *multiplicidade de vozes e consciências independentes e imiscíveis e a autêntica polifonia de vozes plenivalentes*[*] *constituem, de fato, a peculiaridade fundamental dos romances de Dostoiévski.* Não é a multiplicidade de caracteres e destinos que, em um mundo

---

1   B. M. Engelgardt. *Ideologuítcheskiy roman Dostoievskovo*. – Cf. F. M. Dostoiévski, *Stati i materiali*. Col. II, sob redação de A. S. Dolínin, Ed. Misl., Moscou-Leningrado, 1924, p. 71.

2   Julius Meier-Gräfe. *Dostojewski der Dichter*, Berlim, 1926. Apud. T. L. Motilëva. "Dostoiévski i mirováya literatura", publicado na coletânea da Academia de Ciências da URSS, *Tvórtchestvo F. M. Dostoievskovo*, Moscou, 1959, p. 29.

*   Isto é, plenas de valor, que mantêm com as outras vozes do discurso uma relação de absoluta igualdade como participantes do grande diálogo (N. do T.).

objetivo uno, à luz da consciência una do autor, se desenvolve nos seus romances; é precisamente a *multiplicidade de consciências equipolentes* e seus mundos* que aqui se combinam numa unidade de acontecimento, mantendo a sua imiscibilidade. Dentro do plano artístico de Dostoiévski, suas personagens principais *são*, em realidade, *não apenas objetos do discurso do autor, mas os próprios sujeitos desse discurso diretamente significante*. Por esse motivo, o discurso do herói não se esgota, em hipótese alguma, nas características habituais e funções do enredo e da pragmática,[1] assim como não se constitui na expressão da posição propriamente ideológica do autor (como em Byron, por exemplo). A consciência do herói é dada como a outra, a consciência do *outro*, mas ao mesmo tempo não se objetifica, não se fecha, não se torna mero objeto da consciência do autor. Nesse sentido, a imagem do herói em Dostoiévski não é a imagem objetivada comum do herói no romance tradicional.

Dostoiévski é o criador do *romance polifônico*. Criou um gênero romanesco essencialmente novo. Por isso sua obra não cabe em nenhum limite, não se subordina a nenhum dos esquemas histórico-literários que costumamos aplicar às manifestações do romance europeu. Suas obras marcam o surgimento de um herói cuja voz se estrutura do mesmo modo como se estrutura a voz do próprio autor no romance comum. A voz do herói sobre si mesmo e o mundo é tão plena como a palavra comum do autor; não está subordinada à imagem objetificada do herói como uma de suas características, mas tampouco serve de intérprete da voz do autor. Ela possui independência excepcional na estrutura da obra, é como se soasse *ao lado* da palavra do autor, coadunando-se de modo especial com ela e com as vozes plenivalentes de outros heróis.

Segue-se daí que são insuficientes as habituais conexões do enredo e da pragmática de ordem material ou psicológica no mundo de Dostoiévski, pois essas conexões pressupõem a objetificação dos heróis no plano do autor, relacionam e combinam as imagens acabadas de pessoas na unidade do mundo percebido e interpretado em termos de monólogo, e não a multiplicidade de consciências

---

1   Ou seja, motivações prático-vitais.

*   *Equipolentes* são consciências e vozes que participam do diálogo com as outras vozes em pé de absoluta igualdade; não se *objetificam*, isto é, não perdem o seu SER como vozes e consciências autônomas (N. do T.).

iguais, com os seus mundos. A habitual pragmática do enredo nos romances de Dostoiévski desempenha papel secundário, sendo veículo de funções especiais, e não de funções comuns. Estas, de outro gênero, são vínculos que criam a unidade do mundo do romance dostoievskiano; o acontecimento basilar que esse romance releva não é suscetível à interpretação habitual do enredo e da pragmática.

Em seguida, a própria orientação da narração – independentemente de quem a conduza: o autor, um narrador ou uma das personagens – deve diferir essencialmente daquela dos romances de tipo monológico. A posição da qual se narra e se constrói a representação ou se comunica algo deve ser orientada em termos novos em face desse mundo novo, desse mundo de sujeitos investidos de plenos direitos, e não de um mundo de objetos. Os discursos narrativo, representativo e comunicativo devem elaborar uma atitude nova em face do seu objeto.

Desse modo, todos os elementos da estrutura do romance são profundamente singulares em Dostoiévski; todos são determinados pela tarefa que só ele soube colocar e resolver em toda a sua amplitude e profundidade: a tarefa de construir um mundo polifônico e destruir as formas já constituídas do romance europeu, principalmente do romance *monológico* (homofônico).[1]

Do ponto de vista de uma visão monológica coerente e da concepção do mundo representado e do cânon monológico da construção do romance, o mundo de Dostoiévski pode afigurar-se um caos, e a construção dos seus romances, algum conglomerado de matérias estranhas e princípios incompatíveis de formalização. Só à luz da meta artística central de Dostoiévski por nós formulada podem tornar-se compreensíveis a profunda organicidade, a coerência e a integridade de sua poética.

---

[1] Isso significa, evidentemente, que, na história do romance, Dostoiévski está isolado e que o romance polifônico por ele criado não teve precursores. Mas aqui devemos abstrair as questões históricas. Para situá-lo corretamente na história e descobrir as ligações essenciais entre ele e os antecessores e contemporâneos, é necessário antes de tudo descobrir a sua originalidade, mostrar Dostoiévski em Dostoiévski, mesmo que essa definição de originalidade, até que se façam amplas pesquisas históricas, tenha caráter apenas prévio e orientador. Sem essa orientação prévia as pesquisas históricas degeneram numa série desconexa de comparações fortuitas. Somente no quarto capítulo do presente livro abordamos as tradições do gênero em Dostoiévski, ou seja, questões de poética histórica.

É essa a nossa tese. Antes de desenvolvê-la com base nas obras de Dostoiévski, veremos como a crítica literária tem interpretado a peculiaridade fundamental que apontamos em sua obra. Não é nossa intenção apresentar nenhum ensaio com a plenitude mínima sequer da literatura sobre Dostoiévski. Dos trabalhos sobre ele publicados no século XX, abordaremos apenas aqueles que, em primeiro lugar, referem-se ao problema da sua *poética* e, em segundo, mais se aproximam das peculiaridades fundamentais dessa poética como as entendemos. Desse modo, a escolha se faz do ponto de vista da nossa tese, sendo, por conseguinte, subjetiva. Mas no caso dado essa subjetividade da escolha é inevitável e legítima, pois não estamos fazendo ensaio histórico nem muito menos uma resenha. Importa-nos apenas orientar a nossa tese, o nosso ponto de vista entre aqueles já existentes sobre a poética de Dostoiévski. No processo dessa orientação, esclarecemos momentos isolados da nossa tese.

*

Até ultimamente a literatura crítica sobre Dostoiévski foi uma resposta ideológica excessivamente direta às vozes dos seus heróis, cujo fim era perceber objetivamente as peculiaridades artísticas da nova estrutura dos seus romances. Além do mais, tentando analisar teoricamente esse novo mundo polifônico, ela não encontrou outra saída senão fazer desse mundo um monólogo do tipo comum, ou seja, apreender a obra de uma vontade artística essencialmente nova do ponto de vista de uma vontade velha e rotineira. Uns, escravizados pelo próprio aspecto conteudístico das concepções ideológicas de alguns heróis, tentaram enquadrá-los num todo sistêmico-monológico, ignorando a multiplicidade substancial de consciências imiscíveis, justamente o que constituía a ideia criativa do artista. Outros, que não se entregaram ao fascínio ideológico direto, transformaram as consciências plenivalentes dos heróis em psiquismos materializados objetivamente compreensíveis e interpretaram o universo de Dostoiévski como universo rotineiro do romance sociopsicológico europeu. Ao invés do fenômeno da interação de consciências plenivalentes, resultava, no primeiro caso, um monólogo filosófico, e, no segundo, um mundo objetivo monologicamente compreensível, correlato à consciência una e única do autor.

Tanto o cofilosofar apaixonado com os heróis como a análise psicológica ou psicopatológica objetivamente imparcial deles são igualmente incapazes de penetrar na arquitetônica propriamente artística das obras de Dostoiévski. A paixão de uns impede uma visão objetiva, verdadeiramente realista do mundo das consciências alheias; o realismo de outros "não é grande coisa". É perfeitamente compreensível que se omitam inteiramente ou se tratem de maneira apenas casual e superficial os diversos problemas especificamente artísticos.

O caminho da monologação filosófica é a via principal da literatura crítica sobre Dostoiévski. Foi esse caminho que seguiram Rózanov (V. V. Rózanov, 1856-1919), Volinski (A. Volinski, 1863-1926), Merejkovski, Lev Shestov e outros. Tentando enquadrar nos limites sistêmico-monológicos de uma concepção una do mundo a multiplicidade de consciências mostrada pelo artista, esses estudiosos foram forçados a apelar para a antinomia ou para a dialética. Das consciências concretas e íntegras dos heróis (e do próprio autor) desarticularam as teses ideológicas, que ou se dispunham numa série dialética dinâmica ou se opunham umas às outras como antinomias absolutas irrevogáveis. Ao invés da interação de várias consciências imiscíveis, colocavam eles a inter-relação de ideias, pensamentos e teses suficientes a uma consciência.

A dialética e a antinomia existem de fato no mundo de Dostoiévski. Às vezes, o pensamento dos seus heróis é realmente dialético ou antinômico. Mas todos os vínculos *lógicos* permanecem nos limites de consciências isoladas e não orientam as inter-relações de acontecimentos entre elas. O universo dostoievskiano é profundamente personalista. Ele adota e interpreta todo pensamento como posição do homem, razão pela qual, mesmo nos limites de consciências particulares, a série dialética ou antinômica é apenas um momento inseparavelmente entrelaçado com outros momentos de uma consciência concreta integral. Através dessa consciência concreta materializada, na *voz viva do homem integral* a série lógica se incorpora à unidade do acontecimento a ser representado. Incorporada ao acontecimento, a própria ideia se torna factual e assume o caráter especial de "ideia-sentimento", "ideia-força", que cria a originalidade ímpar da "ideia" no universo artístico de Dostoiévski. Retirada da interação factual de consciências e inserida num contexto sistêmico monológico ainda que dialético, a ideia perde fatalmente essa sua originalidade e se converte em precária afirmação filosófica. É por isso que todas as grandes monografias sobre

Dostoiévski, baseadas na monologação filosófica de sua obra, propiciam tão pouco para a compreensão da peculiaridade estrutural do seu mundo artístico por nós formulada. É bem verdade que essa peculiaridade suscitou todos esses estudos, mas nestes ela foi menos apreendida. Essa apreensão começa onde se tenta um enfoque mais objetivo da obra de Dostoiévski, e um enfoque não apenas das ideias em si mesmas, mas das obras como totalidades artísticas.

Vyatcheslav Ivánov[1] foi o primeiro a sondar – e apenas sondar – a principal peculiaridade estrutural do universo artístico de Dostoiévski. Ele define o realismo dostoievskiano como realismo que não se baseia no conhecimento (objetivado), mas na "penetração". Afirmar o "eu" do outro não como objeto, mas como outro sujeito, eis o princípio da cosmovisão de Dostoiévski. Afirmar o "eu" do outro – o "tu és" – é meta que, segundo Ivánov, devem resolver todos os heróis dostoievskianos para superar seu solipsismo ético, sua consciência "idealista" desagregada e transformar a outra pessoa de sombra em realidade autêntica. A catástrofe trágica em Dostoiévski sempre tem por base a desagregação solipsista da consciência do herói, seu enclausuramento em seu próprio mundo.[2]

Desse modo, a afirmação da consciência do outro como sujeito investido de plenos direitos, e não como objeto, é um postulado ético-religioso que determina o *conteúdo* do romance (a catástrofe da consciência desagregada). Trata-se do princípio da cosmovisão do autor, de cujo ponto de vista ele entende o mundo dos seus heróis. Por conseguinte, Ivánov mostra apenas uma interpretação puramente temática desse princípio no conteúdo do romance e, além do mais, predominantemente negativa: os heróis terminam na ruína porque não podem afirmar até o fim o outro "tu és"... A afirmação (e não afirmação) do "eu" do outro pelo herói é o tema das obras de Dostoiévski.

Mas esse tema é perfeitamente possível também no romance de tipo puramente monológico, em que de fato é tratado reiteradamente. Como postulado ético-religioso do autor e como tema substancial das obras, a afirmação da consciência do outro ainda não cria uma nova forma, um novo tipo de construção de romance.

---

[1] Veja-se seu ensaio "Dostoiévski e o Romance-Tragédia" no livro *Borózdi i miéji*. Ed. "Musaget", Moscou, 1916, p. 33-34.

[2] *Cf. Borózdi i miéji*, p. 33-34.

Vyatcheslav Ivánov não mostrou como esse princípio da cosmovisão dostoievskiana se converte em princípio de uma visão *artística* do mundo e de construção artística do todo *literário* – o romance. Para o crítico literário, esse princípio é essencial somente nessa forma, na forma de princípio de uma construção literária concreta, e não como princípio ético-religioso de uma cosmovisão abstrata. E só nessa forma tal princípio pode ser objetivamente revelado na matéria empírica de obras literárias concretas.

Mas não foi isso que Vyatcheslav Ivánov fez. No capítulo referente ao "princípio da forma", apesar de várias observações de suma importância, ele acaba interpretando o romance dostoievskiano nos limites do tipo monológico. A revolução artística radical, realizada por Dostoiévski, permaneceu incompreendida em sua essência. Achamos incorreta[1] a definição básica do romance de Dostoiévski como "romance-tragédia", feita por Ivánov. Ela é característica como tentativa de reduzir uma nova forma artística à já conhecida vontade artística. Como resultado, o romance de Dostoiévski redunda em certa hibridez artística.

Assim, encontrando uma definição profunda e correta para o princípio fundamental de Dostoiévski – a afirmação do "eu" do outro não como objeto, mas como outro sujeito –, Vyatcheslav Ivánov "monologou" esse princípio, isto é, incorporou-o à cosmovisão monologicamente formulada do autor e percebeu-o apenas como tema substancial do mundo, representado do ponto de vista da consciência monológica do autor.[2] Além do mais, relacionou a sua ideia a uma série de afirmações metafísicas e éticas diretas, que não são suscetíveis de nenhuma verificação objetiva na própria matéria das obras de Dostoiévski.[3] A meta artística de construção do romance polifônico, resolvida pela primeira vez por Dostoiévski, não foi descoberta.

*

---

1   A seguir faremos uma análise crítica dessa definição de Ivánov.

2   Ivánov comete aqui um erro metodológico típico: passa diretamente da cosmovisão do autor ao conteúdo das suas obras, contornando a forma. Em outros casos, entende mais corretamente a inter-relação cosmovisão-forma.

3   Tal é, por exemplo, a afirmação de Ivánov, segundo a qual os heróis de Dostoiévski são gêmeos multiplicados do próprio autor, que se transfigurou e como que, em vida, abandonou seu invólucro terrestre (Cf. *Borózdi i miéji*, p. 39-40).

À semelhança de Ivánov, S. Askóldov[1] também define a peculiaridade fundamental de Dostoiévski. Mas permanece nos limites da cosmovisão monológica ético-religiosa de Dostoiévski e do conteúdo das suas obras interpretado em termos monológicos.

"A primeira tese ética de Dostoiévski é algo à primeira vista mais formal porém mais importante em certo sentido. 'Sendo indivíduo', ele nos fala com todas as suas avaliações e simpatias",[2] diz Askóldov, para quem o indivíduo, por sua excepcional liberdade interior e completa independência em face do meio externo, difere do caráter, do tipo e do temperamento que costumam servir como objeto de representação na literatura.

É esse, por conseguinte, o princípio da cosmovisão ética do autor. Askóldov passa diretamente dessa cosmovisão ao conteúdo dos romances de Dostoiévski e mostra como e graças a que os heróis dostoievskianos se tornam personalidade *na vida* e se revelam como tais. Desse modo, a personalidade entra fatalmente em choque com o meio exterior, antes de tudo em choque exterior com toda sorte de universalidade. Daí o "escândalo" – essa revelação primeira e mais exterior da ênfase da personalidade – desempenhar imenso papel nas obras de Dostoiévski.[3] Para Askóldov, a maior revelação da ênfase da personalidade na vida é o crime. "O crime nos romances dostoievskianos é uma colocação vital do problema ético-religioso. O castigo é uma forma de sua solução, daí ambos representarem o tema fundamental da obra de Dostoiévski..."[4]

Desse modo, o problema gira sempre em torno dos meios de revelação do indivíduo na própria vida, e não dos meios de visão e representação artística desse indivíduo nas condições de uma determinada construção artística – o romance. Além do mais, a própria inter-relação da cosmovisão do autor e do mundo das personagens foi representada incorretamente. A transição direta da ênfase no indivíduo na cosmovisão do autor para a ênfase direta das suas personagens e daí mais uma vez para a conclusão monológica do autor é o caminho típico do romance monológico de tipo romântico, mas não é o caminho de Dostoiévski.

---

1   Cf. seu artigo "O Significado Ético-religioso de Dostoiévski" no livro: F. M. Dostoiévski. *Stati i materiali*. Ed. Misl, Moscou-Leningrado, 1922.
2   *Ibid.*, p. 2.
3   *Ibid.*, p. 5.
4   *Ibid.*, p. 10.

"Através de todas as suas simpatias e apreciações artísticas, Dostoiévski proclama uma tese sumamente importante: o perverso, o santo, o pecador comum, tendo levado ao último limite seu princípio pessoal, têm, contudo, certo valor igual justamente como individualidade que se opõe às correntes turvas do meio que tudo nivela"[1] – escreve Askóldov.

Semelhante proclamação caracteriza o romance romântico, que conhecia a consciência e a ideologia apenas como ênfase e como conclusão do autor, conhecendo o herói apenas como realizador da ênfase do autor ou como objeto da sua conclusão. São justamente os românticos que dão expressão imediata às suas simpatias e apreciações artísticas na própria realidade, objetificando e materializando tudo aquilo em que não podem inserir o acento da própria voz.

A originalidade de Dostoiévski não reside no fato de ter ele proclamado monologicamente o valor da individualidade (outros já o haviam feito antes), mas em ter sido capaz de vê-lo em termos objetivo-artísticos e mostrá-lo como o outro, como a individualidade do outro, sem torná-la lírica, sem fundir com ela a sua voz e ao mesmo tempo sem reduzi-la a uma realidade psíquica objetificada. A alta apreciação do indivíduo não aparece pela primeira vez na cosmovisão de Dostoiévski, mas a imagem artística da individualidade do outro (se adotarmos esse termo de Askóldov) e muitas individualidades imiscíveis, reunidas na unidade de um certo acontecimento espiritual, foram plenamente realizadas pela primeira vez em seus romances.

A impressionante independência interior das personagens dostoievskianas, corretamente observada por Askóldov, foi alcançada através de meios artísticos determinados. Trata-se, antes de mais nada, da liberdade e independência que elas assumem na própria estrutura do romance em relação ao autor, ou melhor, em relação às definições comuns exteriorizantes e conclusivas do autor. Isso, obviamente, não significa que a personagem saia do plano do autor. Não, essa independência e liberdade integram justamente o plano do autor. Esse plano como que determina de antemão a personagem para a liberdade (relativa, evidentemente) e a introduz como tal no plano rigoroso e calculado do todo.

A liberdade relativa da personagem não perturba a rigorosa precisão da construção, assim como a existência de grandezas irra-

---

[1] F. M. Dostoiévski. *Stati i materiali*. Leningrado, 1922, p. 9.

cionais ou transfinitas na composição de uma fórmula matemática não lhe perturba a rigorosa precisão. Essa nova colocação da personagem não é obtida pela opção do tema focalizado de maneira abstrata (embora ela também tenha importância), mas, através de todo um conjunto de procedimentos artísticos especiais de construção do romance, introduzidos pela primeira vez por Dostoiévski.

Assim, Askóldov "monologa" o mundo artístico de Dostoiévski, transfere o dominante desse mundo a uma pregação monológica e com isso reduz as personagens a simples ilustrações dessa pregação. Askóldov entendeu corretamente que o principal em Dostoiévski é a visão inteiramente nova e a representação do homem interior e, consequentemente, do acontecimento que relaciona homens interiores; não obstante, transferiu sua explicação para a superfície da cosmovisão do autor e a superfície da psicologia das personagens.

Um artigo mais tardio de Askóldov – "A psicologia dos caracteres em Dostoiévski"[1] – também se limita à análise das peculiaridades puramente caracterológicas das personagens e não revela os princípios da visão artística e representação destas. Como antes, a diferença entre personalidade e caráter, tipo e temperamento é dada na superfície psicológica. Mas, nesse artigo, Askóldov se aproxima bem mais do material concreto dos romances e por isso ele é cheio de valiosíssimas observações de peculiaridades artísticas particulares de Dostoiévski. Mas a concepção não vai além de observações particulares.

É preciso dizer que a fórmula de Vyatcheslav Ivánov – afirmar o "eu" do outro não como objeto, mas como outro sujeito –, "tu és", apesar de sua abstração filosófica, é bem mais adequada que a fórmula de Askóldov, "sendo personalidade". A fórmula de Ivánov transfere o dominante para a personalidade do outro, além disso melhor corresponde *interiormente ao enfoque dialógico* de Dostoiévski à consciência representada da personagem, ao passo que a fórmula de Askóldov é mais monológica e transfere o centro de gravidade para a realização da própria personalidade, o que no plano da criação artística – se o postulado de Dostoiévski fosse realmente esse – levaria a um tipo romântico subjetivo de construção do romance.

*

---
1   Segunda coletânea: F. M. Dostoiévski. *Stati i materiali*, 1924.

De outro ângulo – do ângulo da própria construção artística dos romances de Dostoiévski –, Leonid Grossman focaliza essa mesma peculiaridade fundamental. Para Grossman, Dostoiévski é acima de tudo o criador de um tipo novo e originalíssimo de romance. "Pensamos" – diz ele – "que, como resultado do levantamento de sua vasta atividade criativa e de todas as variadas tendências do seu espírito, temos de reconhecer que a importância principal de Dostoiévski não é tanto na filosofia, psicologia ou mística quanto na criação de uma página nova, verdadeiramente genial da história do romance europeu".[1]

Devemos reconhecer em Leonid Grossman o fundador do estudo objetivo e coerente da *poética* de Dostoiévski na nossa crítica literária.

Para Grossman, a peculiaridade fundamental da poética de Dostoiévski reside na violação da unidade orgânica do material, que requer um cânon especial, na unificação dos elementos mais heterogêneos e mais incompatíveis da unidade da construção do romance, na violação do tecido uno e integral da narrativa. "É esse" – diz ele – "o princípio fundamental da composição do seu romance: subordinar os elementos diametralmente opostos da narrativa à unidade do plano filosófico e ao movimento em turbilhão dos acontecimentos. Combinar numa criação artística confissões filosóficas com incidentes criminais, incluir o drama religioso na fábula da estória vulgar, através de todas as peripécias da narrativa de aventura, conduzir as revelações de um novo mistério – eis as tarefas artísticas que se colocavam diante de Dostoiévski e o chamavam a um complexo trabalho criativo. Contrariando as antigas tradições da estética, que exigia correspondência entre o material e a elaboração e pressupunha unidade e, em todo caso, homogeneidade, afinidade entre os elementos construtivos de uma dada criação artística. Dostoiévski coaduna os contrários. Lança um desafio decidido ao cânon fundamental da teoria da arte. Sua meta é superar a maior dificuldade para o artista: criar de materiais heterogêneos, heterovalentes e profundamente estranhos uma obra de arte una e integral. Eis por que o livro de Jó, as Revelações de S. João, os Textos Evangélicos, a Palavra de Simião, Novo Teólogo, tudo o que alimenta as páginas dos seus romances e dá o tom a

---

[1] Leonid Grossman. *Poétika Dostoievskovo*. "Gosudarsvennaya Akadêmiya Khudójestvennikh naúk". Moscou, 1925, p. 165.

diversos capítulos combina-se de maneira original com o jornal, a anedota, a paródia, a cena de rua, o grotesco e inclusive o panfleto. Lança ousadamente nos seus cadinhos elementos sempre novos, sabendo e crendo que no auge do seu trabalho criativo os fragmentos crus da realidade cotidiana, as sensações das narrativas vulgares e as páginas de inspiração divina dos livros sagrados irão fundir-se e corporificar-se numa nova composição e assumir a marca profunda do seu estilo e tom pessoais".[1]

Essa é uma excelente caracterização descritiva das peculiaridades do gênero e da composição dos romances de Dostoiévski. Quase nada temos a lhe acrescentar. Mas as explicações de Grossman nos parecem insuficientes.

Em realidade, o movimento em turbilhão dos acontecimentos, por mais potente que fosse, e a unidade do plano filosófico, por mais profunda que fosse, dificilmente seriam suficientes para solucionar a meta sumamente complexa e extremamente contraditória formulada com tanta argúcia e evidência por Grossman. Quanto ao movimento em turbilhão, qualquer romance cinematográfico vulgar pode competir com Dostoiévski. Em relação à unidade do plano filosófico, este por si só não pode servir de fundamento último da unidade artística.

Achamos incorreta também a afirmação de Grossman segundo a qual todo esse material sumamente heterogêneo de Dostoiévski assume a "marca profunda do seu estilo e tom". Se assim o fosse, então o que distinguiria o romance de Dostoiévski do tipo habitual de romance, da mesma "epopeia à maneira flaubertiana, que parece esculpida de um fragmento, lapidada e monolítica"? Romance como *Bouvard et Pécuchet*, por exemplo, reúne material extremamente heterogêneo em termos de conteúdo, mas essa heterogeneidade na própria construção do romance não aparece nem pode aparecer acentuadamente por estar subordinada à unidade do estilo e tom pessoal que a penetra inteiramente, à unidade de um mundo e de uma consciência. Já a unidade do romance de Dostoiévski está *acima* do estilo pessoal e *acima* do tom pessoal nos termos em que estes são entendidos pelo romance anterior a Dostoiévski.

Do ponto de vista da concepção monológica da unidade do estilo (e por enquanto existe apenas essa concepção), o romance de Dostoiévski

---

[1] L. Grossman. *Poétika Dostoievskovo*. Moscou, 1925, p. 174-175.

é *poliestilístico* ou sem estilo; do ponto de vista da concepção monológica do tom, é *polienfático* e contraditório em termos de valor; as ênfases contraditórias se cruzam em cada palavra de suas obras. Se o material sumamente heterogêneo de Dostoiévski fosse desdobrado num mundo uno, correlato a uma consciência monológica do autor, a meta de unificação do incompatível seria destruída e ele seria um artista mau e sem estilo. Esse mundo monológico "decompõe-se fatalmente em suas partes integrantes, diferentes e estranhas umas às outras, e diante de nós se estende uma página estática, absurda e impotente da Bíblia ao lado de uma observação tirada do diário de ocorrências ou se estende uma modinha de criado junto com um ditirambo schilleriano de alegria".[1]

De fato, os elementos sumamente incompatíveis da matéria em Dostoiévski são distribuídos entre si por vários mundos e várias consciências plenivalentes, são dados não em uma, mas em várias perspectivas equivalentes e plenas; não é a matéria diretamente, mas esses mundos, essas consciências com seus horizontes que se combinam numa unidade superior de segunda ordem, por assim dizer, na unidade do romance polifônico. O mundo da modinha combina-se com o mundo do ditirambo schilleriano, o horizonte de Smierdiakóv se combina com o horizonte de Dmítri e Ivan. Graças a essa *variedade de mundos*, a matéria pode desenvolver até o fim a sua *originalidade* e especificidade sem romper a unidade do todo nem mecanizá-la. É como se diferentes sistemas de cálculo aqui se unificassem na complexa unidade do universo einsteiniano (é evidente que a comparação do universo de Dostoiévski com o universo de Einstein é apenas uma comparação de tipo artístico, e não uma analogia científica).

Em outro ensaio, Grossman enfoca mais de perto precisamente a multiplicidade de vozes no romance dostoievskiano. No livro *Put Dostoievskovo* (O caminho de Dostoiévski), ele sugere a importância excepcional do diálogo na obra desse romancista. "A forma da conversa ou da discussão" – diz ele –, "onde diferentes pontos de vista podem dominar alternadamente e refletir matizes diversos de confissões opostas, aproxima-se sobremaneira da personificação dessa filosofia, que está em eterna formação e nunca chega à estagnação. Nos momentos em que um artista contemplador de imagens como

---

[1] L. Grossman. *Poétika Dostoievskovo*. Moscou, 1925, p. 178.

Dostoiévski fazia suas reflexões profundas sobre o sentido dos fenômenos e os mistérios do mundo, diante dele devia apresentar-se essa forma de filosofar, na qual cada opinião é como se viesse a tornar-se um ser vivo e constituir-se da voz inquieta do homem".[1]

Grossman tende a atribuir esse dialogismo ao fato de a contradição da cosmovisão de Dostoiévski não ter sido superada até o fim. Na consciência do romancista, cedo se chocaram duas forças poderosas – o ceticismo humanista e a fé –, que estão em luta constante para predominar em sua cosmovisão.[2]

Pode-se discordar dessa explicação, que ultrapassa de fato os limites da matéria objetiva existente, mas o próprio fato da multiplicidade (no caso dado, da dualidade) de consciências imiscíveis foi corretamente indicado. Grossman ainda observou corretamente, também, o caráter personalista da percepção das ideias em Dostoiévski. Neste, cada opinião se torna de fato um ser vivo e é inseparável da voz humana materializada. Inserida no contexto sistêmico-monológico abstrato, ela deixa de ser o que é.

Se Grossman relacionasse o princípio composicional de Dostoiévski – a unificação das matérias mais heterogêneas e mais incompatíveis – à multiplicidade de centros-consciências não reduzidos a um denominador ideológico, chegaria bem perto da chave artística dos romances dostoievskianos – a polifonia.

É característica a concepção que Grossman tem do diálogo em Dostoiévski como forma do drama e de toda dialogação, forçosamente como dramatização. A literatura da Idade Moderna conhece apenas o diálogo dramático e parcialmente o diálogo filosófico, reduzido a uma simples forma de exposição, a um procedimento pedagógico. No entanto, o diálogo dramático no drama e o diálogo dramatizado nas formas narrativas estiveram sempre guarnecidos pela moldura sólida e inquebrantável do monólogo. No drama, essa moldura monológica não encontra, evidentemente, expressão imediata, mas é ali mesmo que ela é, sobretudo, monolítica. As réplicas do diálogo dramático não subvertem o mundo a ser representado, não o tornam multiplanar; ao contrário, para serem autenticamente dramáticas, elas necessitam da mais monolítica unidade desse mundo.

---

1   Leonid Grossman. *Put Dostoievskovo*. Ed. Brokgauz-Efron. Leningrado, 1924, p. 9-10.
2   *Ibid.*, p. 17.

No drama, ele deve ser constituído de um fragmento. Qualquer enfraquecimento desse caráter monológico leva ao enfraquecimento do dramatismo. As personagens mantêm afinidade dialógica na perspectiva do autor, diretor, espectador, no fundo preciso de um universo monocomposto.[1] A concepção da ação dramática que soluciona todas as oposições dialógicas é puramente monológica. A verdadeira multiplanaridade destruiria o drama, pois a ação dramática baseada na unidade do mundo já não poderia relacionar e resolver essa multiplanaridade. No drama, é impossível a combinação de perspectivas integrais numa unidade supraperspectiva, pois a construção dramática não dá sustentáculo a semelhante unidade. Por isso, no romance polifônico de Dostoiévski o diálogo autenticamente dramático pode desempenhar apenas papel bastante secundário.[2]

É mais substancial a afirmação de Grossman segundo a qual os romances de Dostoiévski do último período são mistérios.[3] O mistério é realmente multiplanar e até certo ponto polifônico. Mas essa multiplanaridade e polifonicidade do mistério é puramente formal, e a própria construção do mistério não permite que a multiplicidade de consciências com seus mundos se desenvolva em termos de conteúdo. Aqui, desde o início, está tudo predeterminado, fechado e concluído, embora, diga-se a bem da verdade, não concluído em um plano.[4]

No romance polifônico de Dostoiévski, o problema não gira em torno da forma dialógica comum de desdobramento da matéria nos limites de sua concepção monológica no fundo sólido de um mundo material uno; o problema gira em torno da última dialogicidade,[*] ou seja, da dialogicidade do último todo. Já dissemos que, nesse sentido, o todo dramático é monológico; o romance de Dostoiévski é dialógico. Não se constrói como o todo de uma consciência que assumiu, em forma objetificada, outras consciências, mas como

---

[1] No drama é simplesmente inconcebível a heterogeneidade da matéria de que fala Grossman.

[2] Daí ser incorreta a fórmula "romance-tragédia" de Vyatcheslav Ivánov.

[3] Cf. L. Grossman. *Put Dostoievskovo*, p. 10.

[4] No Capítulo 4 voltaremos ao mistério, bem como ao diálogo filosófico do tipo platônico, relativamente ao problema das tradições de gênero em Dostoiévski.

[*] Caráter ou potencialidade dialógica, de *dialogia* ou ciência do diálogo, segundo a concepção de Bakhtin. Daí o adjetivo constantemente empregado (N. do T.).

o todo da interação entre várias consciências, dentre as quais nenhuma se converteu definitivamente em objeto da outra. Essa interação não dá ao contemplador a base para a objetivação de todo um evento segundo o tipo monológico comum (em termos de enredo, líricos ou cognitivos), mas faz dele um participante. O romance não só nega qualquer base sólida fora da ruptura dialogal a uma terceira consciência monologicamente abrangente como, ao contrário, tudo nele se constrói de maneira a levar ao impasse a oposição dialógica.[1] Da ótica de um "terceiro" indiferente, não se constrói nenhum elemento da obra. Esse "terceiro" indiferente não está representado de modo algum no próprio romance. Para ele não há lugar na composição nem na significação. Nisso não consiste a fraqueza do autor, mas a sua força grandiosa. Com isso conquista-se uma nova posição do autor, que está acima da posição monológica.

*

Em seu livro *Dostoewski und sein Schicksal*, Otto Kaus também indica que a multiplicidade de posições ideológicas equicompetentes e a extrema heterogeneidade da matéria constituem a peculiaridade fundamental dos romances de Dostoiévski. Segundo ele, nenhum autor reuniu em si tantos conceitos, juízos e apreciações contraditórios e mutuamente excludentes quanto Dostoiévski, e o mais impressionante é que as obras desse romancista é como se justificassem todos esses pontos de vista contraditórios: cada um deles realmente encontra apoio nos romances de Dostoiévski.

Eis como Kaus caracteriza essa multilateralidade e a multiplicidade de planos em Dostoiévski:

"Dostoiévski é aquele anfitrião que se entende perfeitamente com os mais diversos hóspedes, que é capaz de prender a atenção da sociedade mais díspar e consegue manter todos em idêntica tensão. O realista anacrônico pode, com pleno direito, ficar maravilhado com a representação dos trabalhos forçados, das ruas e praças de Petersburgo e do arbítrio do regime autocrático, enquanto o místico pode, com o mesmo direito, deixar-se maravilhar pela comunicação com Alióchá, o Príncipe Míchkin e Ivan Karamázov,

---

[1] Naturalmente, não se trata de antinomia ou oposição entre ideias abstratas, mas da oposição entre personagens integrais na narrativa.

este visitado pelo diabo. Os utopistas de todos os matizes podem encontrar sua alegria nos sonhos do 'homem ridículo', de Viersílov ou Stavróguin, enquanto as pessoas religiosas podem ficar com o espírito reforçado pela luta que santos e pecadores travam por Deus nesses romances. A saúde e a força, o pessimismo radical e a fé fervorosa na redenção, a sede de viver e a sede de morrer travam aqui uma luta que nunca chega ao fim. A violência e a bondade, a arrogância do orgulhoso e a humildade da vítima são toda a imensa plenitude da vida consubstanciada em forma relevante em cada partícula das suas obras. Cada um pode, com a mais rigorosa honestidade crítica, interpretar a seu modo a última palavra do autor. Dostoiévski é multifacético e imprevisível em todos os movimentos do seu pensamento artístico; suas obras são saturadas de forças e intenções que, pareceria, são separadas por abismos intransponíveis."[1]

De que maneira Kaus explica essa peculiaridade de Dostoiévski?

Ele afirma que o mundo de Dostoiévski é a expressão mais pura e mais autêntica do espírito do capitalismo. Os mundos, os planos – sociais, culturais e ideológicos – que se chocam na sua obra tinham antes significado autossuficiente, eram organicamente fechados, consolidados e interiormente conscientizados no seu isolamento. Não havia uma superfície plana material, real para um contato real e uma interpenetração entre eles. O capitalismo destruiu o isolamento desses mundos, fez desmoronar o caráter fechado e a autossuficiência ideológica interna desses campos sociais. Em sua tendência a tudo nivelar, que não deixa quaisquer separações exceto a separação entre o proletário e o capitalista, o capitalismo levou esses mundos à colisão e os entrelaçou em sua unidade contraditória em formação. Esses mundos ainda não haviam perdido o seu aspecto individual, elaborado ao longo dos séculos, mas já não podiam ser autossuficientes. Terminaram a coexistência cega entre eles e o mútuo desconhecimento ideológico tranquilo e seguro, revelando-se com toda a clareza a contradição e, ao mesmo tempo, o nexo de reciprocidade entre eles. Em cada átomo da vida vibra essa unidade contraditória do mundo capitalista e da consciência capitalista, sem permitir que nada se aquiete em seu isolamento, mas, simultaneamente, sem nada resolver. Foi o espírito desse mundo em formação que encontrou a mais completa expressão

---

[1]   Otto Kaus. *Dostoiewski und sein Schicksal*. Berlim, 1923, S. 36.

na obra de Dostoiévski. "A poderosa influência de Dostoiévski em nossa época e tudo o que há de vago e indefinido nessa influência encontra a sua explicação e a sua única justificação na peculiaridade fundamental da sua natureza: Dostoiévski é o bardo mais decidido, coerente e implacável do homem da era capitalista. Sua obra não é um canto fúnebre, mas uma canção de berço do nosso mundo atual, gerado pelo bafejo de fogo do capitalismo."[1]

As explicações de Kaus são corretas em muitos sentidos. De fato, o romance polifônico só pode realizar-se na época capitalista. Além do mais, ele encontrou o terreno mais propício justamente na Rússia, onde o capitalismo avançara de maneira quase desastrosa e deixara incólume a diversidade de mundos e grupos sociais, que não afrouxaram, como no Ocidente, seu isolamento individual no processo de avanço gradual do capitalismo. Aqui, a essência contraditória da vida social em formação, essência essa que não cabe nos limites da consciência monológica segura e calmamente contemplativa, devia manifestar-se de modo sobremaneira marcante, enquanto deveria ser especialmente plena e patente a individualidade dos mundos que haviam rompido o equilíbrio ideológico e se chocavam entre si. Criavam-se, com isso, as premissas objetivas da multiplanaridade essencial e da multiplicidade de vozes do romance polifônico.

Mas as explicações de Kaus não mostram o fato mais explicável. Ora, o "espírito do capitalismo" é aqui apresentado na linguagem da arte e, particularmente, na linguagem de uma variedade específica do gênero romanesco. É necessário mostrar antes de tudo as peculiaridades de construção desse romance multiplanar, despojado da costumeira unidade monológica. Kaus não resolve essa questão. Indicando corretamente o próprio fato da multiplanaridade e da polifonia semântica, ele transfere suas explicações do plano do romance diretamente para o plano da realidade. Seu mérito consiste em abster-se de tornar monológico esse mundo, em abster-se de qualquer tentativa de unificação e conciliação das contradições que ele encerra: adota a multiplanaridade e o caráter contraditório como momento essencial da própria construção e da própria ideia artística.

---

[1] Otto Kaus. *Op. cit.*, p. 63.

V. Komaróvitch abordou outro momento da mesma peculiaridade de Dostoiévski no ensaio: *Roman Dostoievskovo "Podróstok" Kak Khudójestvennoe iedinitso (O romance de Dostoiévski "O Adolescente" como unidade artística)*. Ao analisar esse romance, Komaróvitch descobre cinco temas isolados, concatenados apenas por uma relação fabular bastante superficial. Isso o leva a imaginar uma outra conexão do lado oposto do pragmatismo temático. "Arrancando... fragmentos da realidade, levando-lhes o 'empirismo' ao extremo, Dostoiévski não permite um minuto sequer que nos deixemos entorpecer pela satisfação de identificar essa realidade (como Flaubert ou Tolstói), mas assusta justamente porque arranca, desprende tudo isso da cadeia natural do real; transferindo *para si* esses fragmentos, não transfere para cá as conexões naturais da nossa experiência: não é o enredo que fecha o romance de Dostoiévski numa unidade orgânica."[1]

Efetivamente, rompe-se a unidade monológica do mundo no romance de Dostoiévski, mas os fragmentos arrancados da realidade não se combinam, absolutamente, na unidade do romance: esses fragmentos satisfazem ao horizonte integral desse ou daquele herói, são assimilados no plano dessa ou daquela consciência. Se esses fragmentos da realidade, desprovidos de conexões pragmáticas, se combinassem imediatamente como consonantes lírico-emocionais ou simbólicas na unidade do horizonte monológico, teríamos diante de nós o mundo de um romântico, de Hoffmann, por exemplo, mas não o de Dostoiévski.

Komaróvitch interpreta em termos monológicos, até exclusivamente monológicos, a última unidade fora do enredo do romance de Dostoiévski, embora introduza uma analogia com a polifonia e com a combinação contrapontística de vozes da fuga. Influenciado pela estética monológica de Bröder Christiansen, ele entende a unidade fora do enredo, extrapragmática do romance como unidade dinâmica do ato volitivo: "A subordinação teleológica dos elementos (enredos) pragmaticamente separados é, desse modo, o princípio da unidade artística do romance dostoievskiano. Também nesse sentido ele pode ser assemelhado ao todo artístico na música polifô-

---

[1] F. M. Dostoiévski. *Stati i materiali*, sb. II, pod. red. A. S. Dolínin. Ed. "Misl", M-L., 1924, p. 48.

nica: as cinco vozes da fuga, que entram em ordem e se desenvolvem na consonância contrapontística, lembram a 'condução das vozes' no romance de Dostoiévski. Essa comparação, caso seja correta, levará a uma definição mais genérica do próprio princípio da unidade. Tanto na música como no romance de Dostoiévski realiza-se a mesma lei da unidade que se realiza em nós mesmos, no 'eu' humano: a lei da atividade racional. No romance *O Adolescente*, esse princípio da unidade é absolutamente adequado àquilo que nele é simbolicamente representado; o 'amor-ódio' de Viersílov por Akhmákova é o símbolo dos arrebatamentos trágicos da vontade individual no sentido da supraindividual; nessa ótica, todo o romance foi construído segundo o tipo de ato volitivo individual."[1]

Achamos que o erro fundamental de Komaróvitch está na procura de uma combinação *direta* entre os elementos da realidade ou entre séries: séries particulares do enredo, já que se trata da combinação de consciências autênticas com os seus mundos. Por isso, ao invés de uma unidade do acontecimento do qual participam vários integrantes, investidos de plenos direitos, obtém-se uma unidade vazia do ato volitivo individual. Nesse sentido ele interpreta a polifonia de modo absolutamente incorreto. A essência da polifonia consiste justamente no fato de que as vozes, aqui, permanecem independentes e, como tais, combinam-se numa unidade de ordem superior à da homofonia. E se falarmos de vontade individual, então é precisamente na polifonia que ocorre a combinação de várias vontades individuais, realiza-se a saída de princípio para além dos limites de uma vontade. Poder-se-ia dizer assim: a vontade artística da polifonia é a vontade de combinação de muitas vontades, a vontade do acontecimento.

É inaceitável reduzir a unidade do universo de Dostoiévski a uma unidade individual volitivo-emocional enfatizada, assim como é inadmissível reduzir a ela a polifonia musical. Resulta dessa redução que *O Adolescente* é, para Komaróvitch, uma espécie de unidade lírica de tipo monológico simplificado, pois as unidades do enredo se combinam segundo suas ênfases volitivo-emocionais, ou seja, combinam-se segundo o princípio lírico.

Cabe observar que também a comparação que fazemos do romance de Dostoiévski com a polifonia vale como analogia figurada. A imagem

---

[1] F. M. Dostoiévski. *Stati i materiali*, p. 67-68.

da polifonia e do contraponto indica apenas os novos problemas que se apresentam quando a construção do romance ultrapassa os limites da unidade monológica habitual, assim como na música os novos problemas surgiram ao serem ultrapassados os limites de uma voz. Mas as matérias da música e do romance são diferentes demais para que se possa falar de algo superior à analogia figurada, à simples metáfora. Mas é essa metáfora que transformamos no termo *romance polifônico*, pois não encontramos designação mais adequada. O que não se deve é esquecer a origem metafórica do nosso termo.

*

Achamos que B. M. Engelgardt entendeu com muita profundidade a peculiaridade fundamental da obra de Dostoiévski, como mostra o seu ensaio *Ideologuítcheskiy roman Dostoievskovo (O Romance Ideológico de Dostoiévski)*.

Engelgardt parte da definição sociológica e ideológico-cultural do herói em Dostoiévski. O herói dostoievskiano, intelectual *raznotchínietz*[*] que se desligou da tradição cultural, do solo e da terra, é o porta-voz de um "povo fortuito". Ele contrai relações especiais com uma ideia: é indefeso diante dela e ante o seu poder, pois não criou raízes na existência e carece de tradição cultural. Converte-se em "homem de ideia", obsedado pela ideia. Nele a ideia se converte em ideia-força, que prepotentemente lhe determina e lhe deforma a consciência e a vida. A ideia leva uma vida autônoma na consciência do herói: não é propriamente ele que vive, mas ela, a ideia, e o romancista não apresenta uma biografia do herói, mas uma biografia da ideia neste; o historiador do "povo fortuito" se torna "historiógrafo da ideia". Por isso a característica metafórica dominante do herói é a ideia que o domina ao invés do dominante biográfico de tipo comum (como em Tolstói e Turguiêniev, por exemplo). Daí a definição, pelo gênero, do romance de Dostoiévski como "romance ideológico". Este, porém, não é o romance de ideias comum, o romance com uma ideia.

Como diz Engelgardt, "Dostoiévski representa a vida da ideia na consciência individual e na social, pois a considera fator determinante da sociedade intelectual. Mas não se deve interpretar a

---

[*] Intelectual que não pertencia à nobreza na Rússia dos séculos XVIII e XIX (N. do T.).

questão de maneira como se ele tivesse escrito romances de ideias e novelas orientadas e sido um artista tendencioso, mais filósofo do que poeta. Ele não escreveu romances de ideias, romances filosóficos segundo o gosto do século XVIII, mas *romances sobre ideias*. Como para outros romancistas o objeto central podia ser uma aventura, uma anedota, um tipo psicológico, um quadro de costumes ou histórico, para ele esse objeto era a "ideia". Ele cultivou e elevou a uma altura incomum um tipo inteiramente específico de romance, que, em oposição ao romance de aventura, sentimental, psicológico ou histórico, pode ser denominado romance *ideológico*. Nesse sentido a sua obra, a despeito do caráter polêmico que lhe é peculiar, nada deve em termos de objetividade à obra de outros grandes artistas da palavra: ele mesmo foi um desses artistas; colocou e resolveu em seus romances problemas antes e acima de tudo genuinamente artísticos. Só que a matéria que manuseava era muito original: sua heroína era a ideia".[1]

Como objeto de representação e dominante na construção das imagens dos heróis, a ideia leva à desintegração do mundo do romance em mundos dos heróis, mundos esses organizados e formulados pelas ideias que os dominam. A multiplicidade de planos do romance de Dostoiévski foi revelada com toda precisão por Engelgardt: "O princípio da *orientação* puramente artística do *herói no ambiente* é constituído por essa ou aquela forma de *atitude ideológica em face do mundo*. Assim como o dominante da representação artística do herói é o complexo de ideias-forças que o dominam, exatamente do mesmo modo o dominante na representação da realidade circundante é o ponto de vista sob o qual o herói contempla esse mundo. A cada herói o mundo se apresenta num aspecto particular segundo o qual constrói-se a sua representação. Em Dostoiévski não se pode encontrar a chamada descrição objetiva do mundo exterior; em termos rigorosos, no romance dostoievskiano não há modo de vida, não há vida urbana ou rural nem natureza, mas há ora o meio, ora o solo, ora a terra, dependendo do plano em que tudo é contemplado pelas personagens. Graças a isso surge aquela multiplicidade de planos da realidade na obra de arte que, nos continuadores de Dostoiévski, leva amiúde a uma singular desintegração do ser, de sorte que a ação do romance se

---

[1] B. M. Engelgardt. "Ideologuítcheskiy roman Dostoievskovo", *in* F. M. Dostoiévski. *Stati i materiali*, p. 90.

desenrola simultânea ou sucessivamente em campos ontológicos inteiramente diversos."[1]

Dependendo do caráter da ideia que dirige a consciência e a vida do herói, Engelgardt distingue três planos nos quais pode desenvolver-se a ação do romance. O primeiro plano é o "meio". Aqui domina uma necessidade mecânica; aqui não há liberdade, cada ato de vontade vital é produto natural das condições externas. O segundo plano é o "solo". É um sistema orgânico do espírito popular em desenvolvimento. Por último, o terceiro plano, a "terra".

"O terceiro conceito – *terra* – é um dos mais profundos que podemos encontrar em Dostoiévski" – prossegue Engelgardt. – "Trata-se daquela terra que não se distingue dos filhos, daquela terra que Alióchá Karamázov beijou chorando, soluçando e, banhado em lágrimas e delirando, jurou amar; enfim é tudo – toda a natureza, as pessoas, os animais, as aves, aquele jardim maravilhoso que o Senhor cultivou tirando sementes de outros mundos e semeando-as nesta terra.

É a realidade superior e simultaneamente o mundo onde transcorre a vida terrena do espírito, que atingiu o estado de autêntica liberdade. É o terceiro reinado – o reinado do amor, daí ser o da liberdade total, o reinado da alegria eterna, do contentamento."[2]

São esses, segundo Engelgardt, os planos do romance. Cada elemento da realidade (do mundo exterior), cada vivência e cada ação integram forçosamente um desses três planos. Os temas básicos dos romances de Dostoiévski, Engelgardt também dispõe segundo esses planos.[3]

De que maneira esses planos se combinam na unidade do romance? Quais são os princípios de sua combinação?

Segundo Engelgardt, esses três planos e os temas que lhes correspondem, vistos em inter-relação, representam *etapas isoladas do desenvolvimento dialético do espírito*. "Nesse sentido formam uma *trajetória única* que, entre tormentos e perigos, é percorrida por aquele que procura em sua aspiração a afirmação incondicional do ser. E não

---

1 B. M. Engelgardt. *Op. cit.*, p. 93.
2 *Ibid.*
3 Temas do primeiro plano: 1) tema do super-homem russo (*Crime e Castigo*), 2) tema do Fausto russo (Ivan Karamázov), etc. Temas do segundo plano: 1) tema de *O Idiota*, 2) tema da paixão prisioneira do "eu" sensorial (Stavróguin), etc. Tema do terceiro plano: tema do justo russo (Zossima, Alióchá). Cf. F. M. Dostoiévski. *Stati i materiali*, p. 98 e segs.

é difícil revelar o valor subjetivo dessa trajetória para o próprio Dostoiévski."[1]

É essa a concepção de Engelgardt. Ela focaliza com muita precisão as peculiaridades estruturais sumamente importantes das obras de Dostoiévski, tenta coerentemente superar a ideologia unilateral e abstrata da percepção e avaliação dessas obras. Mas achamos que nem tudo é correto nessa concepção. E já nos parecem totalmente incorretas as conclusões que Engelgardt faz do conjunto da obra de Dostoiévski no final do seu ensaio.

Engelgardt foi o primeiro a fazer uma definição verdadeira da colocação das ideias no romance de Dostoiévski. Aqui a ideia não é realmente o *princípio da representação* (como em qualquer romance), não é o *leitmotiv* da representação nem a conclusão dela (como no romance de ideias, filosófico), mas o *objeto da representação*. Ela só é princípio de visão e interpretação do mundo, de sua formalização no aspecto de uma dada ideia para os heróis,[2] mas não para o próprio autor, para Dostoiévski. Os mundos dos heróis são construídos segundo o princípio monológico-ideológico comum, como se não fossem construídos por eles mesmos. A "terra" também é apenas um dos mundos que integram a unidade do romance, um dos seus planos. Não importa que haja sobre ela certa ênfase superior hierarquicamente determinada em comparação com o "solo" e com o "meio", pois a "terra" é apenas um aspecto das ideias de heróis como Sônia Marmieládova, o *stáretz** Zossima e Aliócha.

As ideias dos heróis, que servem de base a esse plano do romance, são o mesmo objeto da representação, as mesmas "ideias-heroínas" como o são as ideias de Raskólnikov, Ivan Karamázov e outros. Não são, em hipótese alguma, princípios de representação e construção de todo o romance no conjunto, isto é, não são princípios do próprio autor como artista, pois, caso contrário, ter-se-ia um habitual romance filosófico de ideias. A ênfase hierárquica que recai sobre essas ideias não transforma o romance de Dostoiévski num romance monológico

---

1 B. M. Engelgardt. *Op. cit.*, p. 96.
2 Para Ivan Karamázov, como para o autor do "Poema Filosófico", a ideia é também um princípio de representação do mundo; mas ocorre que cada herói de Dostoiévski é um autor em potencial.
* Monge, mentor espiritual e chefe de religiosos ou de outros monges. Significa ainda ancião (N. do T.).

comum, que em seu fundamento último é sempre monoenfático. Do ponto de vista da construção artística do romance, essas ideias são apenas participantes isônomas em sua ação lado a lado com as ideias de Raskólnikov, Ivan Karamázov e outros. Além do mais, é como se a nota da construção do todo fosse dada justamente por heróis como Raskólnikov e Ivan Karamázov; é por isso que nos romances de Dostoiévski se distinguem tão acentuadamente as notas dos discursos de Khromonojka, nas histórias e discursos do peregrino Makar Dolgoruki e, por último, na "Vida de Zossima". Se o mundo do autor coincidisse com o plano da "terra", os romances seriam construídos no estilo hagiográfico próprio desse plano.

Assim, nenhuma das ideias dos heróis – seja dos heróis "negativos" ou "positivos" – se converte em princípio de representação pelo autor, nem constitui o mundo romanesco no seu todo. É isso que nos coloca ante a questão: como os mundos dos heróis, com as ideias que lhes servem de base, se unem em um mundo do autor, ou seja, no mundo do romance? A resposta de Engelgardt a essa pergunta é incorreta, ou melhor, ele contorna a pergunta respondendo, em essência, a outra inteiramente distinta.

Em realidade, as inter-relações dos mundos ou planos – para Engelgardt "meio" e "solo" e "terra" – no próprio romance não são dadas, absolutamente, como elos de uma série de dialética una, como etapas da via de formação do espírito uno. Ora, se as ideias em cada romance – os planos do romance são determinados pelas ideias que lhes servem de base – fossem realmente distribuídas como elos de uma série dialética una, cada romance seria um todo filosófico acabado, construído segundo o método dialético. No melhor dos casos teríamos diante de nós um romance filosófico, um romance de ideias (ainda que dialético), no pior, uma filosofia em forma de romance. O último elo da série dialética seria fatalmente uma síntese do autor, que eliminaria os elos anteriores como abstratos e totalmente superados.

Na realidade, a questão é diferente: em nenhum romance de Dostoiévski há formação dialética de um espírito uno, geralmente não há formação, não há crescimento exatamente como não há na tragédia (nesse sentido a analogia dos romances de Dostoiévski com a tragédia é correta).[1] Não ocorre, em cada romance, uma oposição

---

[1] O único plano de romance biográfico em Dostoiévski – *A Vida de um Grande Pecador*, que devia representar a história da formação da

dialeticamente superada entre muitas consciências que não se fundem em unidade do espírito em processo de formação, assim como não se fundem espíritos e almas no mundo formalmente polifônico de Dante. No melhor dos casos, como ocorre no universo de Dante, elas, sem perder a individualidade nem fundir-se mas combinando-se, poderiam formar uma figura estática, uma espécie de acontecimento estático, à semelhança da imagem dantesca da cruz (as almas dos cruzados), da águia (as almas dos imperadores) ou de uma rosa mística (as almas dos beatificados). Nos limites do próprio romance não se desenvolve, não se forma tampouco o espírito do autor; este, como no mundo de Dante, contempla ou se torna um dos participantes. Nos limites do romance, os universos das personagens estabelecem entre si inter-relações de acontecimentos, embora estas, como já dissemos, sejam as que menos se podem reduzir às relações de tese, antítese e síntese.

Mas nem a própria criação artística de Dostoiévski pode ser compreendida globalmente como formação dialética do espírito, pois o caminho dessa criação é uma evolução artística do seu romance que, embora esteja relacionada com a evolução ideológica, não se dissolve nesta. Somente fora dos limites da criação artística de Dostoiévski pode-se conjeturar acerca da formação dialética do espírito, que passa pelas etapas do "meio", do "solo" e da "terra". Como unidades artísticas, os romances dostoievskianos não representam nem expressam a formação dialética do espírito.

Como aconteceu com os seus antecessores, Engelgardt acaba tornando monológico o universo de Dostoiévski, reduzindo-o a um monólogo filosófico que se desenvolve dialeticamente. Interpretado em termos hegelianos, o espírito uno em processo de formação dialética não pode gerar outra coisa senão um monólogo filosófico. E menos ainda no terreno do idealismo monístico pode desabrochar a multiplicidade de consciências imiscíveis. Neste sentido, até mesmo como imagem, o espírito uno em formação é organicamente estranho a Dostoiévski, cujo universo é profundamente *pluralista*. Se procurarmos uma imagem para a qual como que tendesse todo esse mundo, uma imagem no espírito da cosmovisão dostoievskiana, essa imagem seria

---

consciência – ficou sem execução, ou melhor, no processo de execução desintegrou-se em vários romances polifônicos. Cf. V. Komaróvitch. "Nenapísannaya poema Dostoievskovo" (O Poema Não Escrito de Dostoiévski), *in* F. M. Dostoiévski. *Stati i materiali*, sb. I, pod. red. A. S. Dolínin, izd-vo "Misl", M-L., 1922.

a Igreja como comunhão de almas imiscíveis, onde se reúnem pecadores e justos; talvez possamos evocar a imagem do mundo de Dante, onde a multiplicidade de planos se transfere para a eternidade, onde há impenitentes e arrependidos, condenados e salvos. Esse é um tipo de imagem ao estilo do próprio Dostoiévski, ou melhor, de sua ideologia, ao passo que a imagem do espírito uno lhe é profundamente estranha. Mas a própria imagem da Igreja não passa de imagem que nada explica na estrutura propriamente dita do romance. A tarefa artística resolvida pelo romance independe essencialmente da interpretação ideológica secundária que talvez a tenha acompanhado, às vezes, na consciência do próprio Dostoiévski. As relações artísticas concretas entre os planos do romance e a sua combinação na unidade da obra devem ser explicadas e mostradas com base na matéria do romance; o "espírito hegeliano" e a "Igreja" desviam dessa tarefa imediata.

Se levantarmos a questão das causas e fatores extra-artísticos que tornaram possível a construção do romance polifônico, o que aqui menos teremos de fazer é recorrer a fatos de ordem subjetiva, por mais profundos que sejam. Se o caráter multiplanar e o aspecto contraditório fossem dados a Dostoiévski ou por ele percebidos apenas como fato da vida pessoal, como multiplicidade de planos e contrariedade do espírito – do seu e do de outro –, Dostoiévski seria um romântico e teria criado um romance monológico que focalizaria a formação contraditória do espírito humano e assim corresponderia efetivamente à concepção hegeliana. Em realidade, porém, o romancista encontrou a multiplicidade de planos e a contrariedade e foi capaz de percebê-los não no espírito, mas em um universo social objetivo. Nesse universo social os planos não são etapas, mas *estâncias*, e as relações contraditórias entre eles não são um caminho ascendente ou descendente do indivíduo, mas um *estado da sociedade*. A multiplicidade de planos e o caráter contraditório da realidade social eram dados como fato objetivo da época.

A própria época tornou possível o romance polifônico. Dostoiévski foi *subjetivamente* um partícipe dessa contraditória multiplicidade de planos do seu tempo, mudou de estância, passou de uma a outra e nesse sentido os planos que existiam na vida social objetiva eram para ele etapas da sua trajetória vital e sua formação espiritual. Essa experiência individual era profunda, mas Dostoiévski não lhe atribuiu expressão monológica imediata em sua obra. Essa experiência apenas o ajudou a entender com mais profundidade as amplas contradições que existem extensivamente entre os homens, e não entre as ideias numa consciência. Desse modo, as contradições objetivas da época determinaram a obra de Dostoiévski não no plano da erradicação individual dessas contradições na história espiritual do escritor, mas no plano da visão objetiva dessas contradições como forças coexistentes, simultâneas (é verdade que de um ângulo de visão aprofundado pela vivência pessoal).

Aqui nos aproximamos de uma peculiaridade muito importante da visão artística de Dostoiévski, peculiaridade essa que não foi inteiramente compreendida ou foi subestimada pelos seus críticos. A subestimação dessa peculiaridade levou até Engelgardt a conclusões falsas. A categoria fundamental da visão artística de Dostoiévski não é a de formação, mas a de *coexistência* e *interação*. Dostoiévski via e pensava seu mundo predominantemente no espaço, e não no tempo. Daí a sua profunda atração pela forma dramática.[1] Toda a matéria semântica que lhe era acessível e a matéria da realidade ele procurava organizar em um tempo sob a forma de confrontação dramática e procurava desenvolvê-las extensivamente. Um artista como Goethe, por exemplo, tende para a série em formação. Procura perceber todas as contradições existentes como diferentes etapas de um desenvolvimento uno, tende a ver em cada fenômeno do presente um vestígio do passado, o ápice da atualidade ou uma tendência do futuro; como consequência, nada para ele se dispõe num plano extensivo. É esta, em todo caso, a tendência fundamental da sua visão e concepção do mundo.[2]

Ao contrário de Goethe, Dostoiévski procura captar as etapas propriamente ditas em sua *simultaneidade, confrontá-las e contrapô-las* dramaticamente, e não estendê-las numa série em formação. Para ele, interpretar o mundo implica pensar todos os seus conteúdos como simultâneos e *atinar-lhe as inter-relações em um corte temporal*.

Essa tendência sumamente obstinada a ver tudo como coexistente, perceber e mostrar tudo em contiguidade e simultaneidade, como que situado no espaço e não no tempo leva Dostoiévski a dramatizar no espaço até as contradições e etapas interiores do desenvolvimento

---

[1] Mas, como dissemos, sem premissa dramática de um mundo monológico uno.

[2] Sobre essa peculiaridade de Goethe, cf. *Goethe*, de G. Zimmel, e *Goethe*, de F. Gundolfa (1916).

de um indivíduo, obrigando as personagens a dialogar com seus duplos, com o diabo, com seu *alter ego* e com sua caricatura (Ivan e o diabo, Ivan e Smierdiakóv, Raskólnikov e Svidrigáilov, etc.). Essa mesma particularidade de Dostoiévski explica o fenômeno habitual das personagens duplas em sua obra. Pode-se dizer francamente que Dostoiévski procura converter cada contradição interior de um indivíduo em dois indivíduos para dramatizar essa contradição e desenvolvê-la extensivamente. Essa particularidade tem sua expressão externa na propensão do escritor pelas cenas de massa, em sua tendência a concentrar em um lugar e em um tempo – contrariando frequentemente a verossimilhança pragmática – o maior número possível de pessoas e de temas, ou melhor, concentrar em um instante a maior diversidade qualitativa possível. Daí a tendência a seguir no romance o princípio dramático da unidade do tempo. Daí a rapidez catastrófica da ação, o "movimento em turbilhão", o dinamismo. Aqui, o dinamismo e a rapidez (como, aliás, em toda parte) não são um triunfo do tempo, mas a sua superação, pois a rapidez é o único meio de superar o tempo no tempo.

A possibilidade de coexistência simultânea, a possibilidade de contiguidade ou oposição é para Dostoiévski uma espécie de critério para separar o essencial do secundário. Só o que pode ser assimilado é dado simultaneamente, o que pode ser assimilado é conexo em um momento, só o que é essencial integra o seu universo; esse essencial pode transferir-se para a eternidade, pois acha ele que na eternidade tudo é simultâneo, tudo coexiste. Do mesmo modo, aquilo que tem sentido apenas como "antes" ou "depois", que satisfaz ao seu momento, que se justifica apenas como passado ou como futuro, ou como presente em relação ao passado e ao futuro e secundário para ele e não lhe integra o mundo. Por isso as suas personagens também não recordam nada, não têm biografia no sentido do ido e do plenamente vivido. Do seu passado recordam apenas aquilo que para elas continua sendo presente e é vivido como presente: o pecado não redimido, o crime e a ofensa não perdoados. São apenas esses fatos da biografia da personagem que Dostoiévski introduz nos seus romances, pois estão em consonância com o princípio dostoievskiano da simultaneidade.[1] Por isso nos seus romances não há causalidade, não há gênese, não há

---

[1]   Apenas nas primeiras obras de Dostoiévski (por exemplo, a *Infância de Várienka Dobrossiélova*) aparecem quadros do passado.

explicações do passado, das influências do meio, da educação, etc. Cada atitude da personagem está inteiramente no presente e nesse sentido não é predeterminada; o autor a concebe e representa como livre.

A peculiaridade de Dostoiévski que acabamos de caracterizar não é, evidentemente, uma peculiaridade da sua concepção de mundo no sentido habitual da palavra: é uma peculiaridade da sua percepção artística do mundo; somente na categoria de coexistência ele pode percebê-lo e representá-lo. É evidente, porém, que essa peculiaridade se manifesta também em sua cosmovisão abstrata. Também nesta observamos fenômenos análogos: no pensamento de Dostoiévski não há categorias genéticas nem causais. Ele polemiza constantemente, e polemiza com certa hostilidade orgânica, com a teoria do meio independentemente da forma em que esta se manifeste (por exemplo, nas justificações dos fatos pelo meio alegadas pelos advogados); ele quase nunca apela para a história como tal e trata qualquer problema social e político no plano da atualidade. Isso não se deve apenas à sua condição de jornalista, que requer o tratamento de tudo num corte da atualidade; ao contrário, achamos que a sua propensão pelo jornalismo e seu amor pelo jornal, a compreensão profunda e sutil da página de jornal como reflexo vivo das contradições da atualidade social no corte de um dia, onde se desenvolvem extensivamente, em contiguidade e conflito, as matérias mais diversas e mais contraditórias, devem-se precisamente à particularidade fundamental da sua visão artística.[1] Por último, no plano da cosmovisão abstrata, essa particularidade se manifestou na escatologia política e religiosa do romancista, em sua

---

[1] Leonid Grossman faz uma boa observação da propensão de Dostoiévski pelo jornal: "Dostoiévski nunca sentiu pela página de jornal aquela aversão característica de pessoas de sua formação intelectual, aquela repugnância desdenhosa pela imprensa diária expressa abertamente por Hoffmann, Schopenhauer ou Flaubert. Diferentemente deles, Dostoiévski gostava de mergulhar nas informações jornalísticas, censurava os escritores contemporâneos pela indiferença ante esses 'fatos mais reais e mais complicados' e com o senso do jornalista autêntico conseguia reconstruir a visão integral de um minuto histórico da atualidade a partir de fragmentos esparsos do dia passado. 'Você recebe algum jornal?' – pergunta ele em 1867 a um de seus correspondentes. – 'Leia, pelo amor de Deus, não por uma questão de moda mas para que a relação visível entre todos os assuntos gerais e particulares se torne cada vez mais forte e mais clara...'" (L. Grossman, *Poétika Dostoievskovo* (A Poética de Dostoiévski), "Gos. Akad. Khudójestvennikh naúk", M., 1925, p. 176).

tendência a aproximar os "fins", a tateá-los no presente, a vaticinar o futuro como já presente na luta das forças coexistentes.

O extraordinário dom artístico de ver tudo em coexistência e interação se constitui na maior força, mas também na maior fraqueza de Dostoiévski. Ele o tornava cego e surdo a muitas coisas – muitas e essenciais: muitos aspectos da realidade não podiam fazer parte do seu universo artístico. Por outro lado, porém, esse dom aguçava-lhe ao extremo a percepção na ótica de um dado momento e permitia ver coisas múltiplas e diversas onde outros viam coisas únicas e semelhantes. Onde outros viam apenas uma ideia ele conseguia sondar e encontrar duas ideias, um desdobramento; onde outros viam uma qualidade, ele descobria a existência de outra qualidade, oposta. Tudo o que parecia simples em seu mundo se tornava complexo e multicomposto. Em cada voz ele conseguia ouvir duas vozes em discussão; em cada expressão via uma fratura e a prontidão para se converter em outra expressão oposta; em cada gesto captava a segurança e a insegurança simultaneamente; percebia a profunda ambivalência e a plurivalência de cada fenômeno. Mas essas contradições e esses desdobramentos não se tornaram dialéticos, não foram postos em movimento numa via temporal, numa série em formação, mas se desenvolveram em um plano como contíguos e contrários, consonantes mas imiscíveis ou como irremediavelmente contraditórios, como harmonia eterna de vozes imiscíveis ou como discussão interminável e insolúvel entre elas. A visão de Dostoiévski era fechada nesse momento da diversidade desabrochada e permanecia nele, organizando e dando forma a essa diversidade no corte de um dado momento.

Esse dom especial de ouvir e entender todas as vozes de uma vez e simultaneamente, que só pode encontrar paralelo em Dante, foi o que permitiu a Dostoiévski criar o romance polifônico. A complexidade objetiva, o caráter contraditório e a polifonia da sua época, a condição de *raznotchinets* e peregrino social, a participação biográfica sumamente profunda e interna da multiplanaridade objetiva da vida e, por último, o dom de ver o mundo em interação e coexistência foram fatores que criaram o terreno no qual medrou o romance polifônico de Dostoiévski.

As peculiaridades da visão dostoievskiana por nós examinadas, sua singular concepção de espaço e tempo, como mostraremos no quarto capítulo, baseavam-se na tradição literária à qual ele estava organicamente ligado.

Assim, o universo dostoievskiano é uma coexistência artisticamente organizada e uma interação da diversidade espiritual, e não etapas de formação de um espírito indiviso. Por isso, o mundo das personagens e os planos do romance, a despeito da sua variada ênfase hierárquica, na construção do romance estão dispostos em contiguidade no aspecto da coexistência (como nos mundos de Dante) e da interação (o que não ocorre na polifonia formal de Dante), e não uns após os outros como etapas da formação. Mas isso, evidentemente, não significa que no mundo dostoievskiano dominem um precário impasse lógico, uma reflexão não acabada e uma precária contradição *subjetiva*. Absolutamente. O universo de Dostoiévski é, a seu modo, tão acabado e complexo quanto o de Dante. Mas é inútil procurar nele um acabamento *filosófico sistêmico-monológico*, ainda que dialético, e não porque o autor não o tenha conseguido, mas porque ele não fazia parte dos seus planos.

O que então teria levado Engelgardt a procurar nas obras de Dostoiévski "elos isolados de uma complexa construção filosófica, que expressa a história da formação paulatina do espírito humano",[1] isto é, tomar a senda da "monologização" filosófica da obra dostoievskiana?

Achamos que Engelgardt cometeu seu principal erro no início do caminho ao definir o "romance ideológico" de Dostoiévski. A ideia como objeto de representação ocupa posição imensa na obra dostoievskiana, porém não é ela a heroína dos seus romances. Seu herói é o homem, e o romancista, em suma, não representava a ideia no homem, mas, segundo suas próprias palavras, "o homem no homem". A ideia propriamente dita era para ele a pedra de toque para experimentar o homem no homem ou uma forma de localizá-lo ou, por último – e isto é o principal – o "médium", o meio no qual a consciência humana desabrocha em sua essência mais profunda. Engelgardt subestima o profundo personalismo de Dostoiévski. Este desconhece, não contempla nem representa a "ideia em si" no sentido platônico ou o "ser ideal" no sentido fenomenológico. Para Dostoiévski não há ideias, pensamentos e teses que não sejam de ninguém, que existam "em si". A própria "verdade em si" ele concebe no espírito da ideologia cristã, como

---

[1] F. M. Dostoiévski. *Stati i materiali*, sb. II, pod. red. A. S. Dolínin, Ed. "Misl", M-L., 1924, p. 105.

encarnação em Cristo, isto é, concebe-a como sendo um indivíduo que contrai relações de reciprocidade com outros indivíduos.

Por isso Dostoiévski não representa a vida da ideia numa consciência solitária nem as relações mútuas entre os homens, mas a interação de consciências no campo das ideias (e não apenas das ideias). Já que em seu universo a consciência não é dada no caminho de sua formação e de seu crescimento, ou seja, não é dada historicamente mas em contiguidade com outras consciências, ela não pode se concentrar em si mesma e em sua ideia, no desenvolvimento lógico imanente desta, e entra em interação com outras consciências. Em Dostoiévski a consciência nunca se basta por si mesma, mas está em tensa relação com outra consciência. Cada emoção, cada ideia da personagem é internamente dialógica, tem coloração polêmica, é plena de combatividade e está aberta à inspiração de outras; em todo caso, não se concentra simplesmente em seu objeto, mas é acompanhada de uma eterna atenção em outro homem. Podemos dizer que Dostoiévski apresenta em forma artística uma espécie de sociologia das consciências, se bem que apenas no plano da coexistência. Apesar disso, porém, eleva-se como artista, chegando a uma visão *objetiva* da vida das consciências e das formas de coexistência viva dessas consciências, possibilitando, por isso, um valioso material para a sociologia.

Cada ideia dos heróis de Dostoiévski ("O homem do subsolo", Raskólnikov, Ivan e outros) sugere desde o início uma *réplica* de um diálogo não concluído. Essa ideia não tende para o todo sistêmico-monológico completo e acabado. Vive em tensão na fronteira com a ideia de outros, com a consciência de outros. É a seu modo episódica e inseparável do homem.

Por isso nos parece que o termo "romance ideológico" não é adequado e desvia da autêntica tarefa artística de Dostoiévski.

Desse modo, também Engelgardt não percebeu inteiramente a vontade artística de Dostoiévski; observando vários momentos sumamente importantes dessa vontade, ele a interpreta, no conjunto, como vontade monológico-filosófica, transformando a polifonia de consciências coexistentes na formação homofônica de uma consciência.

*

O problema da polifonia foi levantado com muita precisão e amplitude por A. V. Lunatcharski no artigo "O mnogogolósnosti Dostoievskovo" (Acerca da "multiplicidade de vozes" em Dostoiévski).[1] No fundamental, Lunatcharski partilha a nossa tese do romance polifônico. "Desse modo" – escreve Lunatcharski – "admito que M. M. Bakhtin conseguiu não apenas estabelecer, com clareza maior do que alguém o fizera até hoje, a imensa importância da multiplicidade de vozes no romance de Dostoiévski, o papel dessa multiplicidade de vozes como o traço característico mais importante do seu romance, mas também determinar com exatidão a imensa autonomia – absolutamente inconcebível na grande maioria dos outros escritores – e a plenivalência de cada 'voz', desenvolvida de maneira formidável em Dostoiévski" (p. 405).

Adiante Lunatcharski salienta corretamente que todas as "vozes" que desempenham papel realmente essencial no romance são "convicções" ou "pontos de vista acerca do mundo".

"Os romances de Dostoiévski são diálogos esplendidamente construídos.

Nessas condições, a profunda independência das 'vozes' particulares se torna, por assim dizer, sobremaneira excitante. Temos de supor em Dostoiévski uma espécie de tendência a levar diversos problemas vitais ao exame dessas 'vozes' originais, que tremem de paixão e ardem com o fogo do fanatismo, como se ele mesmo apenas presenciasse essas discussões convulsivas e observasse, curioso, para ver de que modo elas terminariam e que rumo tomaria a questão. Até certo ponto é o mesmo que ocorre" (p. 406).

Adiante Lunatcharski levanta o problema dos precursores de Dostoiévski no campo da polifonia, considerando como tais precursores Shakespeare e Balzac.

Eis o que ele diz acerca da polifonia em Shakespeare.

"Não sendo tendencioso (pelo menos assim o julgaram durante muito tempo), Shakespeare é extremamente polifônico. Poderíamos

---

1   O artigo de Lunatcharski foi publicado pela primeira vez no nº 10 da revista *Nóviy Mir* (Mundo Novo) de 1929. Foi reeditado várias vezes. Nós o citaremos segundo a coletânea *F. M. Dostoiévski y rússkoy kritike* (F. M. Dostoiévski na crítica russa), Goslitizdat, M., 1956, p. 403-29. O referido artigo foi escrito por motivo da primeira edição do nosso livro sobre Dostoiévski (M. M. Bakhtin. *Problemi tvórtchestva Dostoievskovo* (Problemas da Obra de Dostoiévski). Ed. Priboy. L., 1929).

citar uma longa série de julgamento dos seus melhores críticos, imitadores ou admiradores, que ficavam encantados justamente com a sua habilidade para criar personagens independentes de si mesmas; isso, aliás, Shakespeare fazia imprimindo uma extraordinária diversidade e uma extraordinária lógica interna a todas as afirmações e a todos os atos de cada indivíduo nessa interminável ronda...

De Shakespeare não se pode dizer nem que as suas peças procurassem demonstrar alguma tese nem que as 'vozes' introduzidas na grande polifonia do seu mundo dramático perdessem a plenivalência em função do plano dramático, da construção como tal" (p. 410).

Segundo Lunatcharski, até as condições sociais da época de Shakespeare eram análogas às da época de Dostoiévski.

"Que fatos sociais se refletiam no polifonismo de Shakespeare? Evidentemente, os mesmos que, em suma, refletiram-se essencialmente em Dostoiévski. Aquele Renascimento colorido e estilhaçado numa multiplicidade de fragmentos cintilantes, que gerou Shakespeare e os dramaturgos a ele contemporâneos, também foi o resultado de uma célere penetração do capitalismo na Inglaterra medieval relativamente tranquila. E aqui começaram de modo igualmente preciso o gigantesco desmoronamento, os gigantescos avanços e os inesperados choques entre formações sociais, entre sistemas de consciência que antes não mantinham qualquer contato entre si" (p. 411).

Achamos que Lunatcharski tem razão no sentido de que é possível observar alguns elementos ou embriões de polifonia nos dramas shakespearianos. Ao lado de Rabelais, Cervantes, Grimmelshausen e outros, Shakespeare pertence àquela linha de desenvolvimento da literatura europeia na qual amadureceram os embriões da polifonia e que, nesse sentido, foi coroada por Dostoiévski. Achamos, porém, que não se pode, absolutamente, falar de uma polifonia plenamente constituída voltada para um fim, pelas seguintes razões.

Em primeiro lugar, o drama é por natureza estranho à autêntica polifonia; o drama pode ter uma multiplicidade de planos, mas não pode ter uma *multiplicidade de mundos;* admite apenas um, e não vários sistemas de referência.

Em segundo lugar, se é possível falar de multiplicidade de vozes plenivalentes, pode-se fazê-lo apenas em relação a toda a obra de Shakespeare, e não a dramas isolados; em essência, há em cada drama apenas uma voz plenivalente do herói, ao passo que a polifonia pressupõe uma multiplicidade de vozes plenivalentes nos limites de uma obra, pois somente sob essa condição são possíveis os princípios polifônicos de construção do todo.

Em terceiro lugar, as vozes em Shakespeare não são pontos de vista acerca do mundo no grau em que o são em Dostoiévski; os protagonistas de Shakespeare não são ideólogos no sentido completo do termo.

Até em Balzac se pode falar de elementos de polifonia, mas só de elementos. Balzac está situado na mesma linha que está Dostoiévski no romance europeu, sendo um dos seus precursores diretos e imediatos. Já se salientaram reiteradas vezes os pontos comuns entre os dois (Leonid Grossman o fez de maneira especialmente precisa e completa), e por isso não é necessário voltar ao assunto. Mas Balzac não supera a objetividade das suas personagens nem o acabamento monológico do seu mundo.

Estamos convencidos de que só Dostoiévski pode ser reconhecido como o criador da autêntica polifonia.

Lunatcharski dá atenção principal aos problemas da elucidação das causas histórico-sociais da polifonia de Dostoiévski.

Concordando com Kaus, Lunatcharski mostra com maior profundidade a contradição extremamente flagrante da época de Dostoiévski, época do jovem capitalismo russo; mostra, em seguida, o caráter contraditório, a *duplicidade* da personalidade social de Dostoiévski, suas vacilações entre o socialismo materialista revolucionário e uma cosmovisão religiosa conservadora, vacilações essas que acabaram impedindo-o de chegar a uma solução definitiva. Citemos as conclusões da análise histórico-genética de Lunatcharski.

"Somente a desintegração interna da consciência de Dostoiévski, concomitantemente com a desintegração da jovem sociedade capitalista russa, levou-o à necessidade de auscultar e reauscultar os processos do início socialista e da realidade, criando para esses processos as condições mais desfavoráveis ao socialismo materialista" (p. 427).

E um pouco adiante:

"E aquela *liberdade inaudita* de '*vozes*' na polifonia de Dostoiévski, que impressiona o leitor, resulta justamente do fato de ser, em essência, limitado o poder de Dostoiévski sobre os espíritos que ele despertou...

Se Dostoiévski é dono de sua casa* como escritor, acaso o seria como homem? Não, como homem Dostoiévski não é dono de sua casa, e a desintegração, a desagregação da sua personalidade – o fato de que ele gostaria de acreditar em algo que não lhe inspirasse uma fé verdadeira e gostaria de refutar aquilo que permanentemente torna a infundir-lhe dúvidas – é que o torna subjetivamente apto a ser o representador pungente e necessário das perturbações de sua época" (p. 428).

Essa análise genética que Lunatcharski faz da polifonia em Dostoiévski é indiscutivelmente profunda e não suscita dúvidas sérias por manter-se nos limites da análise histórico-genética. Mas as dúvidas começam onde se tiram dessa análise conclusões diretas e imediatas atinentes ao valor artístico e ao caráter historicamente progressista (em termos artísticos) do novo tipo de romance polifônico criado por Dostoiévski. As contradições extremamente exacerbadas do jovem capitalismo russo, o desdobramento de Dostoiévski como indivíduo social e sua incapacidade pessoal de adotar determinada solução ideológica, tomados em si mesmos, são algo negativo e historicamente transitório, mas, não obstante, constituíram as condições ideais para a criação do romance polifônico, "daquela inaudita liberdade de 'vozes' na polifonia de Dostoiévski", que é, sem qualquer sombra de dúvida, um passo adiante na evolução do romance russo e europeu. A época com suas contradições concretas e a personalidade biológica e social de Dostoiévski com sua epilepsia e sua dicotomia ideológica há muito se incorporaram ao passado, mas o novo princípio estrutural da polifonia, descoberto nessas condições, conserva e conservará a sua importância artística em condições inteiramente diversas das épocas posteriores. As grandes descobertas do gênio humano só são possíveis em condições determinadas de épocas determinadas, mas elas nunca se extinguem nem se desvalorizam juntamente com as épocas que as geraram.

Lunatcharski não tira diretamente de sua análise genética conclusões falsas acerca da extinção do romance polifônico. Mas as últimas palavras do seu artigo podem dar margem a semelhante interpretação. Ei-las:

---

* A expressão "Dostoiévski é dono de sua casa" é de Otto Kaus (N. do T.).

"Dostoiévski ainda não morreu nem em nosso país nem no Ocidente porque não morreram o capitalismo e muito menos os seus remanescentes... Daí a importância do exame de todos os problemas do trágico 'dostoievskismo'" (p. 429).

Achamos que não se pode considerar feliz essa formulação. A descoberta do romance polifônico por Dostoiévski sobreviverá ao capitalismo.

O "dostoievskismo" – que Lunatcharski, a exemplo de Gorki, conclama com justeza que se combata – não pode ser confundido com a polifonia. O "dostoievskismo" é um resíduo reacionário, *puramente monológico*, da polifonia de Dostoiévski. Sempre se fecha nos limites de uma consciência, dissecando-a, cria o culto do equilíbrio do indivíduo isolado. O principal na polifonia de Dostoiévski é justamente o fato de ela realizar-se *entre diferentes consciências*, ou seja, de ser interação e a interdependência entre estas.

Devemos aprender não com Raskólnikov ou com Sônia, com Ivan Karamázov ou Zossima, separando as suas vozes do todo polifônico dos romances (e assim deturpando-as); devemos aprender com o próprio Dostoiévski como criador do romance polifônico.

Em sua análise histórico-genética, Lunatcharsky expõe apenas as contradições da época de Dostoiévski, a duplicidade do romancista. Mas, para que esses fatores de conteúdo se transformassem numa nova forma de visão artística, gerassem uma nova estrutura do romance polifônico, ainda era necessária uma longa preparação das tradições estéticas universais e literárias. As novas formas de visão artística são preparadas lentamente, pelos séculos; uma época cria apenas as condições ideais para o amadurecimento definitivo e a realização de uma nova forma. Descobrir esse processo de preparação artística do romance polifônico é tarefa da poética histórica. Não se pode, evidentemente, separar a poética das análises histórico-sociais, assim como não se pode dissolvê-la nestas.

*

Nos dois decênios seguintes, ou seja, nas décadas de 30 e 40, os problemas da poética de Dostoiévski passaram para segundo plano ante outras tarefas importantes do estudo da sua obra. Prosseguia o trabalho de análise de textos,[*] publicavam-se importantes edições de

---

[*] Esse tipo de trabalho é denominado *textologia* na crítica soviética (N. do T.).

rascunhos e diários relacionados com romances isolados de Dostoiévski, continuavam os preparativos da seleção de suas cartas em quatro volumes, estudava-se a história artística de alguns romances.[1] Mas, nesse período, não surgiram trabalhos teóricos específicos sobre a sua poética que pudessem interessar do ponto de vista da nossa tese (o romance polifônico).

Desse ponto de vista merecem certa atenção algumas observações do pequeno ensaio *F. M. Dostoiévski*, de V. Kirpótin.

Ao contrário de muitos estudiosos, que viam em todas as obras de Dostoiévski uma única alma – a do próprio autor –, Kirpótin releva a capacidade especial do romancista de *perceber* justamente almas de outros.

"Dostoiévski era dotado da faculdade de *ver como que diretamente a psique de um outro*. Perscrutava a alma de outro como que munido de uma lupa que lhe permitia captar as mais delicadas nuanças, acompanhar as mais imperceptíveis modulações e mudanças da vida interior do homem. Como que *contornando os obstáculos externos*, observa diretamente os processos psicológicos que ocorrem no homem, fixando-os no papel...

No dom de Dostoiévski de ver a psique de um outro, a 'alma' de um outro, não havia nada *a priori*. Ele só adotava dimensões excepcionais, embora se baseasse também na introspecção, na observação em torno de outras pessoas e no estudo diligente do homem na literatura russa e universal, ou seja, baseava-se na experiência interna e externa e tinha por isso *valor objetivo*."[2]

Rechaçando as concepções falsas acerca do subjetivismo e do individualismo do psicologismo de Dostoiévski, Kirpótin lhe salienta o caráter *realista e social*.

"Diferentemente do psicologismo degenerado e decadente como o de Proust ou Joyce, que marca o ocaso e a morte da literatura burguesa, o *psicologismo de Dostoiévski*, em suas criações positivas, *não é subjetivo, mas realista*. Seu psicologismo é um método artístico especial de penetração na essência objetiva da *contraditória*

---

[1] Veja-se o importante ensaio de A. S. Dolínin, *No laboratório artístico de Dostoiévski* (história da criação do romance *O Adolescente*). Edição em russo, Moscou, Ed. "Sovietsky Pissatel", 1947.

[2] V. Kirpótin. *F. M. Dostoiévski*. Ed. "Sovietsky Pissatel", Moscou, 1947, p. 63-64.

coletividade humana, na própria medula das *relações sociais* que inquietavam o escritor, é um método artístico especial de reprodução de tais relações na arte da palavra... Dostoiévski pensava por imagens psicologicamente elaboradas, mas pensava *socialmente*."[1]

A compreensão precisa do "psicologismo" de Dostoiévski como visão realista-objetiva da coletividade contraditória das psiques dos outros leva consequentemente Kirpótin à correta compreensão da *polifonia* de Dostoiévski, embora ele mesmo não empregue esse termo.

"A história de cada 'alma' individual é dada... em Dostoiévski não de modo isolado mas juntamente com a descrição das inquietações psicológicas de muitas outras individualidades. Efetue-se em Dostoiévski a narração da primeira pessoa, na forma de confissão, ou da pessoa do autor-narrador, seja como for, vemos que o autor parte da premissa da *isonomia das personagens coexistentes*, que experimentam inquietações. Seu mundo é o mundo de uma multiplicidade de psicologias que existem objetivamente e estão em interação, fato que, na interpretação dos processos psicológicos, exclui o subjetivismo ou o solipsismo, tão próprio da decadência burguesa."[2]

São essas as conclusões de V. Kirpótin, que, seguindo seu caminho específico, chegou à formulação de teses aproximadas das nossas.

*

No último decênio a literatura sobre Dostoiévski enriqueceu-se com uma série de importantes ensaios sintéticos (livros e artigos), que englobam todos os aspectos da obra do escritor (ensaios de V. Ermílov, V. Kirpótin, G. Fridlender, A. Biélkin, F. Evnin, Ya. Bilinkins e outros). Mas em todos esses ensaios predominam análises histórico-literárias e histórico-sociológicas da obra de Dostoiévski e da realidade social nela refletida. Quanto aos problemas da poética propriamente dita, estes, em geral, são tratados apenas de passagem (embora em alguns desses ensaios haja observações valiosas porém dispersas de aspectos isolados da forma artística em Dostoiévski).[*]

---

1   V. Kirpótin. *Op. cit.*, p. 64-65.
2   V. Kirpótin. *Op. cit.*, p. 66-67.
*   Após a publicação da presente edição de Bakhtin, em 1972, publicou-se na URSS mais de uma dezena de livros sobre Dostoiévski, entre os quais

Do ponto de vista da nossa tese, constitui interesse especial o livro de Victor Chklovski, *Za i protiv. Zametki o Dostoievskom* (*Prós e Contras. Notas sobre Dostoiévski*).[1]

Chklovski parte da tese apresentada pela primeira vez por Leonid Grossman, segundo a qual é justamente a *discussão*, a luta entre vozes ideológicas que se constitui na base mesma da forma artística das obras de Dostoiévski, na base do seu estilo. Mas Chklovski não está tão interessado na forma polifônica de Dostoiévski quanto nas fontes históricas (de época) e biográfico-vitais da própria discussão ideológica que gerou essa forma. Em sua observação polêmica "Contras" ele mesmo define a essência do seu livro.

"Considero que a peculiaridade do meu livro não consiste em relevar essas particularidades estilísticas, que acho evidentes em si mesmas – o próprio Dostoiévski as salientou em *Os Irmãos Karamázov*, ao denominar 'Prós e Contras' o livro quinto deste romance. Procurei explicar outra coisa: o que suscita a polêmica da qual a forma literária de Dostoiévski é um vestígio e, simultaneamente, em que consiste a universalidade dos romances de Dostoiévski, ou seja, quem está atualmente interessado nessa polêmica."[2]

Citando um volumoso e diversificado material histórico, histórico-literário e biográfico, Chklovski mostra, naquela forma muito viva e penetrante que lhe é peculiar, a polêmica entre as forças históricas, entre as vozes da época – sociais, políticas e ideológicas – que se faz presente em todas as etapas da trajetória artística e da vida de Dostoiévski, que penetra em todos os acontecimentos da vida do romancista e organiza tanto a forma quanto o conteúdo de todas as suas obras. Essa polêmica não conseguiu chegar ao fim para a época de Dostoiévski e para ele mesmo. "Assim morreu Dostoiévski sem nada resolver, evitando os remates e sem se reconciliar com o mundo."[3]

---

os ensaios sobre poética são numerosos. Cf. V. E. Vetlovskaya. *A Poética do Romance Os Irmãos Karamazov*. Ed. Naúka, 1977; *Estudos de Poética e Estilística* (grupo de autores). Ed. Naúka, 1972, no qual predominam artigos sobre a poética de Dostoiévski e vários outros (N. do T.).

1   V. Chklovski. *Prós e Contras. Notas sobre Dostoiévski*. Ed. Sov. Pissatel, 1957.
2   Victor Chklovski. *Voprósi literaturi* (Questões de Literatura), 1960, nº 4, p. 98.
3   V. Chklovski. *Prós e Contras*, p. 258.

Podemos concordar com tudo isso (se bem que possamos, evidentemente, questionar certas teses de Chklovski). Mas devemos ressaltar, aqui, que se Dostoiévski morreu "sem nada resolver" entre as questões ideológicas colocadas pela época, no entanto morreu após haver criado uma nova forma de visão artística – o romance polifônico, que conserva o seu valor artístico mesmo quando já é coisa do passado a época com suas contradições.

O livro de Chklovski tem importantes observações, referentes aos problemas da poética de Dostoiévski. Do ponto de vista da nossa tese, são interessantes duas.

A primeira refere-se a algumas peculiaridades do processo artístico e aos esboços de plano de Dostoiévski.

"Fiódor Mikháiylovitch gostava de esboçar os planos das coisas; gostava ainda mais de desenvolver, pensar e complexificar os planos e não gostava de *concluir* um manuscrito...

Isto evidentemente não se devia à 'pressa', pois Dostoiévski trabalhava com muitos manuscritos, 'inspirando-me nela (na cena. – V. Chklovski) *por várias vezes*' (1858, carta a F. M. Dostoiévski). Mas por sua própria essência os planos de Dostoiévski contêm a inconclusibilidade,* como se fossem refutados.

Acho que não lhe chegava tempo não porque ele assinasse contratos demais e adiasse por si mesmo a conclusão da obra. *Enquanto ela permanecia multiplanar e polifônica,*** *enquanto nela se polemizava, não vinha do desespero por falta de solução.* O fim do romance significava para Dostoiévski o desmoronamento de uma nova torre de Babel."[1]

Essa é uma observação muito precisa. Nos rascunhos de Dostoiévski a natureza polifônica de sua obra e a inconclusibilidade de princípio dos seus diálogos se revelam em forma crua e manifesta. Em linhas gerais, o processo criativo em Dostoiévski, na maneira como se refletiu em seus rascunhos, difere acentuadamente do processo criativo de outros escritores (de Tolstói, por exemplo). Dostoiévski não trabalha com imagens objetivas de pessoas, não procura discursos

---

1 V. Chklovski. *Op. cit.*, p. 171-172.

* Empregamos esse termo porque "acabamento" ou "conclusão" não traduz a ideia do inacabado-em-aberto observado pelos críticos nos manuscritos de Dostoiévski (N. do T.).

** O próprio Chklosvski usa o termo "multiplicidade de vozes". Empregamos "polifônico" por questão de uniformidade estilística (N. do T.).

objetivos para as *personagens* (características e típicas), não procura palavras expressivas, diretas e conclusivas do autor; procura, acima de tudo, palavras *para o herói* muito ricas de significado e como que independentes do autor, que não expressem o caráter (ou a tipicidade) do herói nem sua posição em dadas circunstâncias vitais, mas a sua posição ideativa (ideológica) definitiva no mundo, a cosmovisão, procurando *para o autor e enquanto autor* palavras e situações temáticas provocantes, excitantes, interrogativas e veiculadoras do diálogo. Nisso reside a profunda originalidade do processo artístico em Dostoiévski.[1] Estudar sob essa ótica os rascunhos do romancista é tarefa importante e interessante.

Nos trechos que citamos, Chklovski toca no complexo problema da inconclusibilidade de princípios do romance polifônico. Nos romances dostoievskianos realmente observamos um conflito singular entre a inconclusibilidade interna das personagens e do diálogo e a *perfeição externa* (do enredo e da composição na maioria dos casos) de cada romance particular. Aqui não podemos nos aprofundar nesse complexo problema. Diremos apenas que quase todos os romances de Dostoiévski apresentam um fim *literário-convencional, monológico-convencional* (neste sentido é sobremaneira característico o fim de *Crime e Castigo*). Em essência, apenas *Os Irmãos Karamázov* têm um fim plenamente polifônico, mas foi justamente por isto que, do ponto de vista comum, ou seja, monológico, o romance ficou inacabado.

É igualmente interessante a segunda observação de Chklovski, relativa à natureza dialógica de todos os elementos da estrutura romanesca em Dostoiévski.

"Não só as personagens polemizam em Dostoiévski, os elementos isolados do desenvolvimento do enredo estão, de certa maneira,

---

[1] É análoga a caracterização do processo criativo de Dostoiévski, feita por A. Lunatcharski: "...É pouco provável que, se não na execução definitiva do romance, ao menos *na sua concepção inicial, no seu desenvolvimento gradual*, tenha sido próprio de Dostoiévski um plano de construção estabelecido *a priori*... Nesse caso, realmente, estamos antes diante do polifonismo do tipo de combinação, de entrelaçamento de *personalidades absolutamente livres*. Talvez o próprio Dostoiévski tenha alimentado ao extremo e com a maior intensidade o interesse de saber a que acabaria levando o conflito ideológico e ético entre as personagens imagináveis criadas por ele (ou, em termos mais precisos, criadas nele)" (F. M. *Dostoiévski v rússkoy Kritike* (F. M. Dostoiévski na Crítica Russa), p. 405).

em recíproca contradição: os fatos são diversamente interpretados, a psicologia das personagens é contraditória em si mesma; essa forma é o resultado da essência."[1]

De fato, o caráter essencialmente dialógico em Dostoiévski não se esgota, em hipótese alguma, nos diálogos externos composicionalmente expressos, levados a cabo pelas suas personagens. *O romance polifônico é inteiramente dialógico*. Há relações dialógicas entre todos os elementos da estrutura romanesca, ou seja, eles estão em oposição como contraponto. As relações dialógicas – fenômeno bem mais amplo do que as relações entre as réplicas do diálogo expresso composicionalmente – são um fenômeno quase universal, que penetra toda a linguagem humana e todas as relações e manifestações da vida humana, em suma, tudo o que tem sentido e importância.

Dostoiévski teve a capacidade de auscultar relações dialógicas em toda a parte, em todas as manifestações da vida humana consciente e racional; para ele, onde começa a consciência começa o diálogo. Apenas as relações puramente *mecânicas* não são dialógicas, e Dostoiévski negava-lhes categoricamente importância para a compreensão e a interpretação da vida e dos atos do homem (sua luta contra o materialismo mecanicista, o fisiologismo em moda e Claude Bernard, contra a teoria do meio, etc.). Por isso todas as relações entre as partes externas e internas e os elementos do romance têm nele caráter dialógico; ele construiu o todo romanesco como um "grande diálogo". No interior desse "grande diálogo" ecoam, iluminando-o e condensando-o, os diálogos composicionalmente expressos das personagens; por último, o diálogo adentra o interior, cada palavra do romance, tornando-o bivocal, penetrando em cada gesto, em cada movimento mímico da face do herói, tornando-o intermitente e convulso; isso já é o "microdiálogo", que determina as particularidades do estilo literário de Dostoiévski.

*

O último acontecimento no campo da literatura sobre Dostoiévski é a coletânea *Tvórtchestvo F. M. Dostoievskovo* (A Obra de Dostoiévski*)*, publicada pelo Instituto de Literatura Universal da

---

[1] Victor Chklovski. *Op. cit.*, p. 223.

Academia de Ciências da URSS (1959). Essa coletânea será por nós abordada na presente resenha.

Em quase todos os ensaios dos críticos soviéticos, incluídos nessa coletânea, há muitas observações particulares valiosas e generalizações teóricas mais amplas dos problemas da poética de Dostoiévski; do ponto de vista da nossa tese, achamos mais interessante o volumoso ensaio de Leonid Grossman, *Dostoiévski Artista*,* particularmente a segunda seção, denominada "As leis da composição".

Neste novo ensaio, Leonid Grossman amplia, aprofunda e enriquece com novas observações as concepções por ele desenvolvidas nos anos 20 e que já tivemos a oportunidade de analisar.

Segundo Grossman, a base da composição de cada romance de Dostoiévski é o "princípio das duas ou várias novelas que se cruzam", que completam pelo contraste umas às outras e estão relacionadas pelo princípio musical da polifonia.

Segundo Vogüé e Vyatcheslav Ivánov, que ele cita com simpatia, Grossman ressalta o caráter musical da composição de Dostoiévski.

Citemos essas observações e conclusões de Grossman, as mais interessantes para nós.

"O próprio Dostoiévski também apontou essa sequência de composição e de uma feita estabeleceu a analogia entre seu sistema construtivo e a teoria musical das 'passagens' ou contraposições. Na ocasião, estava escrevendo uma novela em três capítulos, diferentes entre si pelo conteúdo, mas com unidade interior. O primeiro capítulo é um monólogo polêmico e filosófico, e o segundo, um episódio dramático, que prepara o desfecho catastrófico do terceiro capítulo. Podem-se editar esses capítulos isoladamente? – pergunta o autor. Eles interiormente dialogam, soam em motivos diferentes mas inseparáveis, que permitem uma substituição orgânica de tons, mas não a sua fragmentação mecânica. Pode-se decifrar, assim, a curta, mas significativa, indicação de Dostoiévski, numa carta ao irmão, e referente à publicação que então se propunha das *Memórias do subsolo* na revista *Vriêmia*. A novela divide-se em três capítulos... O primeiro terá cerca de 1 1/2 folhas... Será preciso editá-los separado? Neste caso, provocará muitas

---

* *Dostoiévski Khudójnik*, publicado no Brasil pela Ed. Civilização Brasileira, 1967, com o título de *Dostoiévski Artista* e traduzido por Boris Schnaiderman. Nas citações manteremos as transcrições de nomes feitas por Schnaiderman (N. do T.).

zombarias, tanto mais que com os outros capítulos (os mais importantes) ele perde todo o seu suco. Você compreende o que é, em música, uma *passagem*. O mesmo ocorre no caso presente. No primeiro capítulo parece que há tagarelice; mas de repente essa tagarelice culmina numa inesperada catástrofe nos dois últimos capítulos.

Aqui Dostoiévski revela grande sutileza, ao transportar para o plano da composição literária a lei da passagem musical de um tom a outro. A novela é construída na base do contraponto artístico. No segundo capítulo, o suplício psicológico da jovem decaída responde à ofensa recebida pelo seu supliciador no primeiro capítulo, e ao mesmo tempo se opõe, pela humildade, à sensação que ele experimenta do amor-próprio ferido e irritado. E isso constitui justamente o ponto contra ponto (*punctum contra punctum*). *São vozes diferentes, cantando diversamente o mesmo tema*. Isso constitui precisamente a 'polifonia', que desvenda o multifacetado da existência e a complexidade dos sofrimentos humanos. 'Tudo na vida é contraponto, isto é, contraposição' – escrevia em suas memórias um dos compositores prediletos de Dostoiévski – M. I. Glinka."[1]

Trata-se de observações muito precisas e sutis de Grossman acerca da natureza musical da composição em Dostoiévski. Ao transpor da linguagem da teoria musical para a linguagem da poética a tese de Glinka segundo a qual tudo na vida é contraponto, pode-se dizer que, para Dostoiévski, *tudo na vida é diálogo, ou seja, contraposição dialógica*. De fato, do ponto de vista de uma estética filosófica, as relações de contraponto na música são mera variedade musical das *relações dialógicas* entendidas em termos amplos.

Assim Grossman conclui as observações por nós citadas:

"Era esta a manifestação da lei de 'não sei que outra narrativa' descoberta pelo romancista, uma lei trágica e terrível, que irrompia a partir da descrição-relatório da existência real. De acordo com a sua poética, esses dois argumentos podem ser completados com outros, o que não raro cria a conhecida multiplicidade de planos dos romances de Dostoiévski. Mas o princípio da elucidação bilate-

---

[1] Leonid Grossman. *Dostoiévski Artista*. Civilização Brasileira, Rio de Janeiro, 1967, p. 32-34.

ral do tema principal mantém-se dominante. Relaciona-se com ele o fenômeno, mais de uma vez estudado, do aparecimento na obra de Dostoiévski de 'sósias', que exercem, nas suas concepções, função importante não só quanto às ideias e à psicologia, mas também quanto à composição."[1]

São essas as valiosas observações de L. Grossman. Para nós elas constituem interesse especial porque Grossman, diferentemente de outros críticos, enfoca a polifonia de Dostoiévski sob o aspecto da composição. Ele está interessado não tanto na multiplicidade de vozes *ideológicas* dos romances de Dostoiévski quanto na aplicação propriamente composicional do contraponto, que liga as várias novelas inseridas no romance, as diversas fábulas e os diversos planos.

*

É essa a interpretação do romance polifônico de Dostoiévski na crítica literária que, em linhas gerais, abordou os problemas da sua poética. A maioria dos ensaios críticos e históricos dedicados a ele até hoje ignora a originalidade da sua forma artística e procura essa originalidade no conteúdo, nos temas, nas ideias e imagens isoladas tiradas de romances, que só podem ser apreciadas do ponto de vista do conteúdo real desses romances. Ocorre, porém, que nesse caso o próprio conteúdo sai fatalmente empobrecido, perdendo-se nele o mais essencial, o *novo* percebido por Dostoiévski. Sem entender a nova forma de visão, é impossível entender corretamente aquilo que pela primeira vez foi percebido e descoberto na vida com o auxílio dessa forma. Entendida corretamente, a forma artística não formaliza um conteúdo já encontrado e acabado, mas permite, pela primeira vez, percebê-lo e encontrá-lo.

Aquilo que no romance europeu e russo anterior a Dostoiévski era o todo definitivo – o mundo monológico uno da consciência do autor, – no romance de Dostoiévski se torna parte, elemento do todo; aquilo que era toda a realidade torna-se aqui um aspecto da realidade; aquilo que ligava o todo – a série do enredo e da pragmática e o estilo e tom pessoal – torna-se aqui momento subordinado. Surgem novos princípios de combinação artística dos elementos e da construção do todo, surge, metaforicamente falando, o contraponto romanesco.

---

[1] Leonid Grossman. *Op. cit.*, p. 34.

Mas a consciência dos críticos e estudiosos continua até hoje escravizada pela ideologia dos heróis de Dostoiévski. A vontade artística do escritor não é objeto de uma nítida tomada de consciência teórica. Parece que todo aquele que penetra no labirinto do romance polifônico não consegue encontrar a saída e, obstaculizado por vozes particulares, não percebe o todo. Amiúde não percebe sequer os contornos confusos do todo; o ouvido não capta, de maneira nenhuma, os princípios artísticos da combinação de vozes. Cada um interpreta a seu modo a última palavra de Dostoiévski, mas todos a interpretam como *uma* palavra, *uma* voz, *uma* ênfase, e nisso reside justamente um erro fundamental. A unidade do romance polifônico, que transcende a palavra, a voz e a ênfase, permanece oculta.

A personagem e seu enfoque pelo autor na obra de Dostoiévski

Expusemos a tese e fizemos um apanhado um tanto monológico – à luz da nossa tese – das tentativas mais essenciais de definir a peculiaridade fundamental da obra de Dostoiévski. No processo dessa análise crítica, elucidamos o nosso ponto de vista. Agora passaremos a desenvolvê-lo, detalhando-o mais e demonstrando-o com base na matéria das obras do romancista.

Nós nos deteremos sucessivamente em três momentos da nossa tese: na relativa liberdade e independência da personagem e de sua voz no plano polifônico, na colocação especial das ideias neste e, por último, nos novos princípios de conexão, que formam o todo do romance. O presente capítulo trata da personagem.

A personagem não interessa a Dostoiévski como um fenômeno da realidade, dotado de traços típico-sociais e caracterológico-individuais definidos e rígidos, como imagem determinada, formada de traços monossignificativos e objetivos que, no seu conjunto, respondem à pergunta: "quem é ele?". A personagem interessa a Dostoiévski como *ponto de vista específico sobre o mundo e sobre si mesma*, como posição racional e valorativa do homem em relação a si mesmo e à realidade circundante. Para Dostoiévski não importa o que a sua personagem é no mundo mas, acima de tudo, o que o mundo é para a personagem e o que ela é para si mesma.

Trata-se de uma particularidade de princípio e muito importante da percepção da personagem. Como ponto de vista, como concepção de mundo e de si mesma, a personagem requer métodos absolutamente específicos de revelação e caracterização artística. Isso porque o que deve ser revelado e caracterizado não é o ser determinado da personagem, não é a sua imagem rígida, mas o *resultado definitivo de sua consciência e autoconsciência*, em suma, a *última palavra da personagem sobre si mesma e sobre seu mundo*.

Por conseguinte, não são os traços da realidade – da própria personagem e de sua ambiência – que constituem aqueles elementos dos quais se forma a imagem da personagem, mas o *valor* de tais traços para *ela mesma*, para a sua autoconsciência. Em Dostoiévski, todas as qualidades objetivas estáveis da personagem, a sua posição social, a tipicidade sociológica e caracterológica, o *habitus*, o perfil espiritual e inclusive a sua aparência externa – ou seja, tudo de que se serve o autor para criar uma imagem rígida e estável da personagem, o "quem é ele" –, tornam-se objeto de reflexão da própria personagem e objeto de sua autoconsciência; a própria *função* dessa autoconsciência é o que constitui o objeto da visão e representação do autor. Enquanto a autoconsciência habitual da personagem é mero elemento de sua realidade, apenas um dos traços de sua imagem integral, aqui, ao contrário, toda a realidade se torna elemento de sua autoconsciência. O autor não reserva para si, isto é, não mantém em sua ótica pessoal nenhuma definição essencial, nenhum indício, nenhum traço da personagem: ele introduz tudo no campo de visão da própria personagem, lança-lhe tudo no cadinho da autoconsciência. Essa autoconsciência pura é o que fica *in totum* no próprio campo de visão do autor como objeto de visão e representação.

Mesmo no primeiro período de sua criação – no "período gogoliano"* –, Dostoiévski não representa o "funcionário pobre", mas a *autoconsciência* do funcionário pobre (Diévuchkin, Goliádkin e inclusive Prokhartchin). Aquilo que se apresenta no campo de visão de Gógol como conjunto de traços objetivos que se constituem no sólido perfil sociocaracterológico da personagem é introduzido por Dostoiévski no

---

* Nesse período Dostoiévski é profundamente influenciado pela temática de Gógol particularmente pela novela *O Capote* (da qual Akáki Akákievitch é personagem central), que deu novos rumos à literatura russa, donde a famosa afirmação de Dostoiévski: "Todos nós descendemos d'*O Capote* de Gógol" (N. do T.).

campo de visão da própria personagem, tornando-se, aqui, objeto de sua angustiante autoconsciência; Dostoiévski obriga a própria personagem[1] a contemplar no espelho até a figura do "funcionário pobre" que Gógol retratava. Graças a isso, porém, todos os traços estáveis da personagem, mantendo-se igualmente substantivos ao se transferirem de um plano de representação para outro, adquirem valor artístico totalmente diverso: já não podem concluir e fechar a personagem, construir-lhe a imagem integral, dar uma resposta artística à pergunta: "quem é ela?". Nós não vemos quem a personagem é, mas *de que modo* ela toma consciência de si mesma, a nossa visão artística já não se acha diante da realidade da personagem mas diante da função pura de tomada de consciência dessa realidade pela própria personagem. Assim, a personagem gogoliana se torna personagem dostoievskiana.[2]

Poderíamos apresentar uma fórmula um pouco simplificada da reviravolta que o jovem Dostoiévski realizou no mundo de Gógol: transferiu para o campo de visão da personagem o autor e o narrador com a totalidade dos seus pontos de vista e descrições, características e definições de herói feitas por eles, transformando em matéria da autoconsciência da personagem essa sua realidade integral acabada. Não é por acaso que Dostoiévski obriga Makár Diévuchkin a ler o *O Capote* de Gógol e encará-lo como novela sobre si mesmo, como

---

[1]   Indo ao encontro do general, Diévuchkin se olha no espelho: "Pasmei de tal modo que os lábios tremeram e as pernas tremeram. Aliás havia motivo, queridinha. Em primeiro lugar, estava envergonhado; olhei para a direita, no espelho, simplesmente dava para perder a cabeça pelo que eu acabava de ver... Sua Excelência voltou imediatamente a atenção para a minha figura e a minha roupa. Lembrei-me do que tinha visto no espelho, e lancei-me à procura do botão!" (F. M. Dostoiévski. *Obras Escolhidas em 10 Volumes*, v. 1. Ed. Gospilitizdat, Moscou, 1956-1958, p. 186. Salvo casos especiais de ressalvas, as citações das obras de Dostoiévski serão feitas de acordo com a referida edição, indicando-se no texto volume e página).

[2]   Dostoiévski traça frequentemente retratos externos das suas personagens tanto do ponto de vista do autor quanto do narrador ou através de outras personagens. Mas nele esses retratos externos não implicam uma função que o herói conclui, não criam uma imagem sólida e predeterminante. As funções desse ou daquele traço da personagem não dependem, evidentemente, apenas de métodos artísticos elementares de revelação desse traço (por meio da autocaracterização da personagem, pelo autor, por via indireta, etc.).

um "pasquim" de si mesmo; com isso introduz literalmente o autor no campo de visão da personagem.

Dostoiévski realizou uma espécie de revolução coperniciana em pequenas proporções, convertendo em momento da autodefinição do herói o que era definição sólida e conclusiva do autor. O universo de Gógol, o universo d'*O Capote, O Nariz, A Avenida Nievsky* e *Diário de um Louco* manteve-se, pelo conteúdo, o mesmo nas primeiras obras de Dostoiévski – em *Gente Pobre* e *O Duplo*. Mas aqui difere totalmente a distribuição desse material de conteúdo idêntico entre os elementos estruturais da obra. Aquilo que o autor executa é agora executado pela personagem, que focaliza a si mesma de todos os pontos de vista possíveis; quanto ao autor, já não focaliza a realidade da personagem, mas a sua autoconsciência como realidade de segunda ordem. O dominante de toda a visão e construção artística deslocou-se e todo o mundo adquiriu um novo aspecto, enquanto Dostoiévski quase não inseriu matéria essencialmente nova, não gogoliana.[1]

Além da realidade da própria personagem, o mundo exterior que a rodeia e os costumes se inserem no processo de autoconsciência, transferem-se do campo de visão do autor para o campo de visão da personagem. Esses componentes já não se encontram no mesmo plano concomitantemente com a personagem, lado a lado ou fora dela em um mundo uno do autor, daí não poderem ser fatores causais e genéticos determinantes da personagem nem encarnar na obra uma função elucidativa. Ao lado da autoconsciência da personagem, que personifica todo o mundo material, só pode coexistir no mesmo

---

[1] "Prokhartchin" também permanece nos limites da mesma matéria gogoliana. Tudo indica que também permaneceram nesses limites *Costeletas Raspadas*, cujos rascunhos foram destruídos por Dostoiévski. Aqui o autor percebeu que o seu novo princípio, baseado na mesma matéria gogoliana, já seria repetição e que era necessário assimilar, por conteúdo, nova matéria. Em 1846 ele escreve ao irmão: "Não estou mais escrevendo *Costeletas Raspadas*. Abandonei tudo, pois isso não seria mais que repetir coisa antiga há muito já exposta por mim. Agora ideias mais originais, vivas e nítidas brotam de mim para o papel. Quando terminei de escrever *Costeletas Raspadas*, tudo isso me pareceu involuntário. Na minha condição, a monotonia é a morte" (F. Dostoiévski. *Cartas*, t. 1, Gosizdat, Moscou-Leningrado, 1928, p. 100). Ele começa a escrever *Niétotchka Niezvánova* e *A Senhoria*, ou seja, tenta introduzir seu princípio novo em outro campo do mesmo mundo ainda gogoliano (*O Retrato*, em parte, *Terrível Vingança*).

plano outra consciência; ao lado do seu campo de visão, outro campo de visão; ao lado da sua concepção de mundo, outra concepção de mundo. À *consciência todo-absorvente da personagem o autor pode contrapor apenas um mundo objetivo – o mundo de outras consciências isônomas a ela.*

Não se pode interpretar a autoconsciência da personagem num plano sociocaracterológico e ver nela apenas um novo traço de personagem, considerar Diévuchkin ou Goliádkin, por exemplo, uma personagem gogoliana acrescida da autoconsciência. Foi assim mesmo que o crítico Bielinski entendeu Diévuchkin. Ele cita o episódio do espelho e do botão caído, que o impressionou, mas não lhe capta o valor artístico-formal: para ele a autoconsciência apenas enriquece a imagem do "homem pobre" no sentido humano, colocando-se em concomitância com outros traços na imagem sólida da personagem, construída no habitual campo de visão do autor. Talvez tenha sido isso o que impediu Bielinski de fazer uma correta apreciação d'*O Duplo*.

A autoconsciência, como *dominante artístico* da construção da personagem, não pode situar-se em concomitância com outros traços da sua imagem; ela absorve esses traços como matéria sua e os priva de qualquer força que determina e conclui a personagem.

A autoconsciência pode ser convertida em dominante na representação de qualquer pessoa. Mas nem toda pessoa é matéria igualmente propícia a semelhante representação. Nesse sentido, o funcionário gogoliano acenava com possibilidades extremamente limitadas. Dostoiévski procurava uma personagem que fosse predominantemente um ser tomando consciência, uma personagem que tivesse toda a vida concentrada na pura função de tomar consciência de si mesma no mundo. E eis que em sua obra aparecem o "sonhador" e o "homem do subsolo". O recurso ao "sonho" e ao "subsolo" são traços sociocaracterológicos das personagens, mas corresponde ao dominante artístico dostoievskiano. A consciência não materializada nem materializável do sonhador e do homem do subsolo constitui solo tão propício para a orientação artística de Dostoiévski que lhe permite uma espécie de fusão do dominante artístico da representação com o dominante caracterológico-vital do indivíduo representável.

"Ah se eu não fizesse nada só de preguiça! Meu Deus, como eu iria me respeitar! E me respeitaria justamente porque pelo menos preguiça eu estaria em condições de ter dentro de mim; haveria em mim pelo menos uma qualidade como que positiva, da qual eu mesmo estaria certo. Pergunta: quem é ele? Resposta: um preguiçoso; ora, seria agradabilíssimo ouvir isso a meu respeito. Logo, positivamente definido, logo, há o que dizer a meu respeito. 'Preguiçoso!' – ora, isto é título e função, é carreira!" (IV, 147).

O "homem do subsolo" não só absorve todos os possíveis traços estáveis da sua imagem, tornando-os objeto de reflexão; nele esses traços desaparecem, não há definições sólidas, dele nada se tem a dizer, ele não figura como um homem inserido na vida, mas como sujeito da consciência e do sonho. Para o próprio autor ele não é agente de qualidades e propriedades que possam ser neutras em relação à autoconsciência e coroá-la; a visão do autor está voltada precisamente para a autoconsciência e para a irremediável inconclusibilidade, a precária infinitude dessa autoconsciência. Por isso a definição caracterológico-vital do "homem do subsolo" e o dominante artístico da sua imagem fundem-se num todo único.

Só no Classicismo, só em Racine ainda podemos encontrar uma coincidência tão profunda e plena da forma da personagem com a forma do homem, do dominante da construção da imagem com o dominante do caráter. Mas essa comparação com Racine soa como um paradoxo, pois é, efetivamente, demasiado diverso o material em que, num caso e noutro, concretiza-se essa plenitude da adequação artística. A personagem de Racine é toda uma existência, estável e rígida como uma estátua plástica. A personagem de Dostoiévski é toda uma autoconsciência. A personagem de Racine é uma substância estática e finita, a personagem de Dostoiévski é uma função infinita. A personagem de Racine é igual a si mesma, a personagem de Dostoiévski em nenhum momento coincide consigo mesma. Mas, em termos artísticos, a personagem de Dostoiévski é tão precisa quanto a de Racine.

Como dominante artístico na construção da imagem da personagem, a autoconsciência já se basta por si mesma para decompor a unidade monológica do mundo artístico, desde que a personagem seja realmente representada e não expressa como autoconsciência, ou melhor, não se funde com o autor nem se torne veículo para a sua voz, desde que, consequentemente, os acentos da autoconsciência da personagem estejam realmente objetificados e a própria obra estabeleça a distância entre a personagem e o autor. Se não estiver cortado o cordão umbilical que une a personagem ao seu criador, então não estaremos diante de uma obra de arte, mas de um documento pessoal.

Nesse sentido, as obras de Dostoiévski são profundamente objetivas, razão pela qual a autoconsciência da personagem, após tornar-se dominante, decompõe a unidade monológica da obra (sem perturbar, evidentemente, a unidade artística de tipo novo, não monológico). A personagem se torna relativamente livre e independente, pois tudo aquilo que no plano do autor a tornara definida, por assim dizer sentenciada, aquilo que a qualificara de uma vez por todas como imagem acabada da realidade, tudo isso passa agora a funcionar não como forma que conclui a personagem, mas como material de sua autoconsciência.

No plano monológico, a personagem é fechada e seus limites racionais são rigorosamente delineados: ela age, sofre, pensa e é consciente nos limites daquilo que ela é, isto é, nos limites de sua imagem definida como realidade; ela não pode deixar de ser o que ela mesma é, vale dizer, ultrapassar os limites do seu caráter, de sua tipicidade, do seu temperamento, sem com isso perturbar o plano monológico do autor para ela. Essa imagem se constrói no mundo do autor, objetivo em relação à consciência da personagem; a construção desse mundo, com seus pontos de vista e definições conclusivas, pressupõe uma sólida posição exterior, um estável campo de visão do autor. A autoconsciência da personagem está inserida num sólido quadro – que lhe é interiormente inacessível – da consciência do autor que a determina e representa e é apresentada no fundo sólido do mundo exterior.

Dostoiévski recusa todas essas premissas monológicas. Tudo o que o autor-produtor de monólogo se reservou ao empregar para a criação da unidade definitiva da obra e do mundo nela representado Dostoiévski reserva à sua personagem, convertendo tudo isso em momento da autoconsciência dela.

Acerca do herói de *Memórias do Subsolo* não podemos dizer literalmente nada que ele já não saiba: sua tipicidade para o seu tempo e o seu círculo social, a racional definição psicológica e até psicopatológica da interioridade, a categoria caracterológica de sua consciência, seu caráter cômico e trágico, todas as possíveis definições morais de sua personalidade, etc., tudo isso, segundo a ideia do autor, aquele herói conhece; dissipa insistente e angustiosamente todas essas definições no interior. O ponto de vista do exterior é como se estivesse antecipadamente debilitado e privado da palavra conclusiva.

Tendo em vista que nessa obra o dominante da representação coincide de modo mais adequado com o dominante do representável, essa tarefa formal do autor encontra expressão essencial muito nítida. O que o "homem do subsolo" mais pensa é no que outros pensam e podem pensar a seu respeito, ele procura antecipar-se a cada consciência de outros, a cada ideia de outros a seu respeito, a cada opinião sobre sua pessoa. Com todos os momentos essenciais de suas confissões, ele procura antecipar-se a uma possível definição e apreciação de si por outros, vaticinar o sentido e o tom dessa apreciação, e tenta formular minuciosamente essas possíveis palavras de outros a seu respeito, interrompendo o seu discurso com imagináveis réplicas de outros.

"– E isto não é vergonhoso, e isto não é humilhante! – talvez me digais, balançando com desdém as cabeças. – Tendes sede de viver e resolveis questões vitais com uma confusão lógica... Em vós há até verdade, mas em vós não há pureza; pela mais ínfima vaidade expondes a vossa verdade à mostra, ao opróbio, no mercado... Vós quereis realmente dizer alguma coisa, mas por temor escondeis a vossa última palavra porque não tendes firmeza para enunciá-la mas apenas um covarde atrevimento. Vós vos gabais de conscientes, mas vós apenas vacilais porque embora a vossa inteligência funcione, o vosso coração está ofuscado pela perversão, e sem um coração puro não haverá consciência plena e justa. E quanta impertinência há em vós, como sois impositivos, como sois cheios de nove horas! Mentira, mentira e mentira!

É evidente que eu mesmo inventei todas essas vossas palavras. Isto também é do subsolo. *Ali passei quarenta anos consecutivos prestando atenção, por uma fresta, a essas vossas palavras. Eu mesmo as inventei, pois era só isso que se inventava*. Não é de admirar que tenham sido decoradas e assumido forma literária..." (IV, 164-165).

O herói do subsolo dá ouvido a cada palavra dos outros sobre si mesmo, olha-se aparentemente em todos os espelhos das consciências dos outros, conhece todas as possíveis refrações da sua imagem nessas consciências; conhece até a sua definição objetiva, neutra tanto em relação à consciência alheia quanto à sua própria autoconsciência, leva em conta o ponto de vista de um "terceiro". Mas sabe também que todas essas definições, sejam parciais ou objetivas, estão em suas mãos e não lhe concluem a imagem justamente porque ele está consciente delas; pode ultrapassar-lhes os limites e torná-las inadequadas. Sabe que lhe cabe a *última palavra* e procura a qualquer custo manter para si essa última palavra, sobre si mesmo, essa palavra da sua autoconsciência, para nela não ser mais aquilo que ele é. A sua autoconsciência vive de sua inconclusibilidade, de seu caráter não fechado e de sua insolubilidade.

Isso não é apenas um traço caracterológico da autoconsciência do "homem do subsolo", é também o dominante na construção da sua imagem pelo autor. O autor reserva efetivamente ao seu herói a última palavra. É precisamente desta, ou melhor, da tendência para ela que o autor necessita para o plano do herói. Ele não constrói a personagem com palavras estranhas a ela, com definições neutras; ele não constrói um caráter, um tipo, um temperamento nem, em geral, uma imagem objetiva do herói; constrói precisamente a *palavra* do herói sobre si mesmo e sobre o seu mundo.

A personagem dostoievskiana não é uma imagem objetiva, mas um discurso pleno, uma *voz pura*; não o vemos nem o ouvimos. Afora a sua palavra, tudo o que vemos e sabemos é secundário e absorvido pela palavra como matéria sua ou permanece fora dela como fator estimulante e excitante. Depois nós nos convencemos de que toda a construção artística do romance de Dostoiévski está voltada para a revelação e a elucidação dessa palavra da personagem, em relação à qual é agente de funções provocantes e orientadoras. O epíteto de "talento cruel", atribuído a Dostoiévski por N. K. Mikháilovski,[*] tem fundamento, se bem que não tão simples como se afigurava a Mikháilovski. Aquela espécie de torturas morais a que Dostoiévski submete as suas personagens, visando a obter delas a palavra de sua autoconsciência, que chega aos seus últimos limites, permite dissolver todo o concreto e material, todo o estável e imutável, todo o externo e neutro na representação do indivíduo no campo da sua autoconsciência e da autoenunciação.

Para que nos convençamos da profundidade e sutileza artística dos provocantes procedimentos artísticos de Dostoiévski, basta compará-lo aos recentes imitadores entusiasmadíssimos do "talento cruel": os expressionistas alemães Kornfeld, Werfel e outros. Na maioria dos casos, estes não conseguem ir além da provocação de

---

[*] Nikoláy Konstantínovitch Mikháilovski (1842-1904), o teórico e crítico literário mais importante da corrente populista russa, que publicava seus artigos nas populares revistas *Otiétchestviennie Zapíski* (*Anais Pátrios*) e *Rússkoe bogátstvo* (*Riqueza Russa*). "Talento cruel" é o título de um artigo de Mikháilovski, de 1882 (N. do T.).

histerias e toda sorte de delírios histéricos, pois não são capazes de criar aquele clima social sumamente complexo e sutil em torno da personagem que a leva a revelar-se dialogalmente, a elucidar, captar aspectos de si mesma nas consciências alheias e construir escapatórias, protelando e, com isso, expondo sua última palavra no processo da mais tensa interação com outras consciências. Os mais artisticamente moderados, como Werfel, criam uma situação simbólica para essa autorrevelação da personagem. Tal é, por exemplo, a cena de julgamento em *Spiegelmensch* (*O Homem do Espelho*), de Werfel, em que o herói se julga a si mesmo e o juiz se ocupa do protocolo e chama as testemunhas.

O dominante da autoconsciência na construção da personagem foi captado com precisão pelos expressionistas, mas estes não conseguem fazer essa autoconsciência revelar-se de maneira espontânea e artisticamente convincente. Ocorre daí um experimento premeditado e grosseiro com a personagem ou um ato simbólico.

A autoelucidação, autorrevelação da personagem, suas palavras sobre si mesma, não é predeterminada por sua imagem neutra como cadeia última da construção, mas, às vezes, torna realmente "fantástica" a orientação do autor até mesmo em Dostoiévski. A verossimilhança da personagem é, para Dostoiévski, a verossimilhança do seu discurso interior sobre si mesma em toda a sua pureza, mas para ouvi-lo e mostrá-lo, para inseri-lo no campo de visão de outra criatura torna-se necessário violar as leis desse campo de visão, pois um campo normal de visão tem capacidade para absorver a imagem objetiva de outra criatura, mas não outro campo de visão em seu todo. Tem-se de procurar para o autor algum ponto fantástico situado fora do campo de visão.

Vejamos o que diz Dostoiévski no seu prefácio à *Krótkaya*.[*]

"Agora sobre a própria história. Chamei-lhe 'fantástica', ainda que a considere propriamente real no mais alto grau. Mas o fantástico aqui existe de fato, e precisamente na forma mesma da narração, o que considero necessário explicar previamente.

Acontece que isso não é uma história nem são memórias. Imaginem um marido, em casa, a mulher deitada numa mesa, suicida, que

---

[*] Essa novela, que já havia sido objeto de duas traduções indiretas com os títulos *Ela Era Doce* e *Ela*, teve recentemente duas traduções diretamente do original russo: *A Dócil*, tradução de Vadin Nikítin, Ed. 34, São Paulo, 2003, e *Uma Criatura Dócil*, tradução de Fátima Bianchi, Ed. Cosac & Naify, São Paulo, 2003. Citarei a tradução de Fátima Bianchi (N. do T.).

algumas horas antes se atirara da janela. Ele está perturbado e ainda não teve tempo de concatenar suas ideias. Anda pelos cômodos e procura tomar consciência do ocorrido, 'concatenar suas ideias num ponto'. Além disso é hipocondríaco inveterado, daqueles que falam sozinhos. Ei-lo falando sozinho, contando a ocorrência, *aclarando-a* a si mesmo. Apesar da aparente coerência da fala, ele se contradiz várias vezes, tanto na lógica como nos sentimentos. Ele se justifica, e a acusa, e se entrega a explicações secundárias: aqui há rudeza do pensamento e do coração, e há sentimento profundo. Pouco a pouco ele realmente *aclara* a si mesmo a ocorrência e concatena 'as ideias num ponto'. A série de recordações que evoca acaba por levá-lo irrefutavelmente à *verdade*; a verdade lhe exalta irrefutavelmente a inteligência e o coração. No final até o tom da narração muda em comparação com o seu começo desordenado. A verdade se revela ao infeliz de maneira bastante clara e definida, pelo menos para ele.

Eis o tema. É claro que o processo da narração dura várias horas, com intermitências e variações e em forma confusa: ora ele fala para si, ora se dirige a uma espécie de ouvinte invisível, a algum juiz. Aliás, é assim que sempre acontece na realidade. Se um estenógrafo pudesse ouvi-lo e anotar-lhe as palavras, sairia mais áspero, menos elaborado do que foi representado por mim, mas, o quanto me parece, a ordem psicológica talvez permanecesse a mesma. Pois essa hipótese do estenógrafo que tudo anotaria (depois do que eu elaboraria as anotações) é o que eu denomino fantástico nessa história. Em parte, porém, semelhante processo já foi adotado mais de uma vez na arte: Victor Hugo, por exemplo, em sua obra-prima *O Último Dia de um Condenado*, usou quase o mesmo procedimento, e embora não tenha recorrido ao estenógrafo, cometeu uma inverossimilhança ainda maior ao supor que um condenado à morte pudesse (e tivesse tempo) de escrever diário não apenas no seu último dia mas até em sua última hora e, literalmente, no último minuto. Mas não admitisse ele essa fantasia e não existiria a própria obra, a obra mais realista e mais verdadeira de todas as que escreveu" (378-379).

Citamos esse prefácio quase integralmente pela extraordinária importância das teses aqui expostas para a compreensão da obra de Dostoiévski: aquela "verdade" a que o herói deve chegar e realmente acaba chegando, ao elucidar a si mesmo os acontecimentos, para Dostoiévski só pode ser, em essência, *a verdade da própria consciência do herói*. Ela não pode ser neutra em face da autoconsciência. Na boca de outro é essencial a mesma palavra; a mesma definição assumiria outro sentido, outro tom e já não seria verdade. Para Dostoiévski, só na forma de declaração confessional de si mesmo é dada a última palavra sobre o homem, realmente adequada a ele.

Mas como introduzir essa palavra na narração sem destruir a autonomia da palavra e sem destruir, ao mesmo tempo, o tecido da narração, sem reduzir a narração a uma simples motivação para introduzir a confissão? A forma fantástica de *Uma Criatura Dócil* é apenas uma das soluções desse problema, restrita, aliás, aos limites da novela. Entretanto, de que esforços artísticos Dostoiévski necessitou para substituir a função do estenógrafo fantástico em todo um romance polifônico!

A questão aqui, evidentemente, não está nas dificuldades pragmáticas nem nos procedimentos composicionais externos. Tolstói, por exemplo, introduz, à vontade e diretamente da parte do autor, na tessitura da narração (isso já se verifica nos *Contos de Sebastópol*; são sobretudo sintomáticas as últimas obras: *A Morte de Ivan Ilítch, O Patrão e o Empregado*) os pensamentos do herói moribundo, o último desabrochar de sua consciência com a sua última palavra. Para Tolstói não surge o problema propriamente dito; ele não precisa ressalvar o caráter fantástico do seu procedimento. O mundo de Tolstói é monoliticamente monológico: a palavra do herói repousa na base sólida das palavras do autor sobre ele. No envoltório da palavra do outro (do autor) está representada também a última palavra do herói; a autoconsciência do herói é apenas um momento de sua imagem estável e, em essência, é predeterminada por essa imagem inclusive nos casos em que a consciência passa tematicamente por uma crise e pela mais radical reviravolta interna (*O Patrão e o Empregado*). Em Tolstói, a autoconsciência e o renascimento espiritual permanecem num plano puramente conteudístico e não adquirem valor constituinte da forma; a incompletude ética do homem antes de sua morte não se converte em inconclusibilidade artístico-estrutural do herói. A estrutura artística da imagem de Brekhunov ou Ivan Ilítch[*] em nada difere da estrutura da imagem do velho conde Bolkonski ou de Natasha Rostova.[**] A autoconsciência e a palavra do herói não se convertem

---

[*] Personagens centrais de *O Patrão e o Empregado* e *A Morte de Ivan Ilítch*, respectivamente (N. do T.).

[**] Personagens de *Guerra e Paz* (N. do T.).

no dominante de sua construção, a despeito de toda a sua importância temática na obra de Tolstói. A segunda voz autônoma (paralela à do autor) não aparece no seu mundo; por isso não surge o problema da combinação de vozes nem a questão de uma colocação especial do ponto de vista do autor. O ponto de vista monologicamente ingênuo de Tolstói e sua palavra penetram em toda parte, em todos os cantos do mundo e da alma, subordinando tudo à sua unidade.

Em Dostoiévski a palavra do autor se contrapõe à palavra plenivalente e totalmente genuína da personagem. É por isso que surge o problema da colocação da palavra do autor, o problema de sua posição artístico-formal em face da palavra do herói. Esse problema é mais profundo do que a questão da palavra de superfície-composição do autor e do que o problema da sua remoção superficial-composicional pela forma do *Icherzählung* (narração da primeira pessoa), pela introdução do narrador e pela construção do romance com cenas e com a redução da palavra do autor a simples observação. Todos esses procedimentos composicionais de remoção ou desgaste da palavra composicional do autor por si sós ainda não tocam a essência da questão, seu autêntico sentido artístico pode ser profundamente distinto dependendo das diferentes tarefas artísticas. A forma do *Icherzählung* de *A Filha do Capitão* é infinitamente distante do *Icherzählung* de *Memórias do Subsolo*, mesmo que abstraiamos inteiramente o conteúdo que plenifica essas formas. Púchkin constrói a história de Griniov[*] num campo de visão rigorosamente monológico, embora esse campo de visão não seja, em hipótese nenhuma, concebido como exteriormente composicional por não haver discurso direto do autor. Mas é justamente esse campo de visão que determina toda a construção, donde resulta que a *imagem rigorosa de Griniov* é uma imagem, e não um discurso; o discurso do próprio Griniov é um elemento dessa imagem, vale dizer, esgota-se plenamente nas funções caracterológicas do enredo e da pragmática. A visão que Griniov tem do mundo e dos acontecimentos também é mero componente de sua imagem; tal visão é apresentada como *realidade característica* e nunca como *posição racional* imediatamente significativa e plena. O valor direto e imediato cabe apenas ao ponto de vista do autor, que serve de base à construção, sendo todo o restante mero objeto deste. A introdução do narrador

---

[*] Andrêy Pietróvitch Griniov, personagem da novela *A Filha do Capitão*, de A. S. Púchkin.

também pode não debilitar em nada o monologismo unividente e univalente da posição do autor e em nada reforçar o peso semântico e a autonomia das palavras do herói. Assim é, por exemplo, o narrador puchkiniano Biélkin.

Todos esses procedimentos composicionais, desse modo, são ainda incapazes de destruir por si mesmos o monologismo do mundo artístico. Mas em Dostoiévski eles têm realmente essa função, tornando-se instrumento de realização do seu plano artístico monológico. Adiante veremos como e graças a que eles exercem essa função. Por enquanto importa-nos a ideia artística, e não o meio de sua realização concreta.

*

A autoconsciência como dominante artístico na construção do modelo do herói pressupõe ainda uma nova *posição radical do autor* em relação ao indivíduo representado. Repetimos que não se trata da descoberta de novos traços ou novos tipos de indivíduo, que poderiam ser descobertos, percebidos e representados sob um habitual enfoque artístico monológico do homem, isto é, sem uma mudança radical da posição do autor. Absolutamente; trata-se justamente da descoberta daquele *novo aspecto integral do homem* – da "personalidade" (Askóldov) ou do "homem no homem" (Dostoiévski), que só é possível se o homem for enfocado de uma posição nova e *integral* do autor.

Tentemos enfocar mais pormenorizadamente essa posição integral, essa *forma* basicamente nova de visão artística do homem.

Na primeira obra, Dostoiévski já retrata uma espécie de pequena revolta do próprio herói contra o enfoque literário à revelia, exteriorizante e conclusivo do "pequeno homem". Como já observamos, Makar Diévuchkin leu o *O Capote* e ficou profundamente ofendido *como pessoa*. Reconheceu a si mesmo em Akáki Akákievitch e ficou indignado porque *espiaram* a sua pobreza, vasculharam e descreveram toda a sua vida, determinaram-no de uma vez por todas e não lhe deixaram nenhuma perspectiva.

"Às vezes a gente se esconde, se esconde, se oculta, vez por outra tem medo de mostrar o nariz seja onde for porque treme diante dos mexericos, porque de tudo o que há no mundo, de tudo lhe forjam uma pasquinada e então toda a sua vida civil e familiar anda pela literatura, tudo publicado, lido, ridicularizado, escarnecido" (I, 146).

Diévuchkin ficou especialmente indignado porque Akáki Akákievitch acabou morrendo como viveu.

Diévuchkin se viu na imagem de Akáki Akákievitch, por assim dizer, viu-se inteiramente calculado e mensurado e totalmente definido: eis você todinho aqui, em você não há mais nada e não há mais o que dizer a seu respeito. Sentiu-se irremediavelmente predeterminado e acabado, como que morto antes da morte, e sentiu ao mesmo tempo a falsidade de semelhante enfoque. Essa "revolta" singular do herói contra o seu acabamento literário foi construída por Dostoiévski em formas primitivas moderadas da consciência e do discurso de Diévuchkin.

O sentido sério e profundo dessa revolta pode ser assim expresso: não se pode transformar um homem vivo em objeto mudo de um conhecimento conclusivo à revelia. *No homem sempre há algo, algo que só ele mesmo pode descobrir no ato livre da autoconsciência e do discurso, algo que não está sujeito a uma definição à revelia, exteriorizante.* Em *Gente Pobre*, Dostoiévski tenta mostrar pela primeira vez, de maneira ainda imperfeita e vaga, *algo interiormente inconclusível no homem*, algo que Gógol e outros autores de "novelas sobre o funcionário pobre" não puderam mostrar de suas posições monológicas. Assim, em sua primeira obra, Dostoiévski já começa a perscrutar o futuro tratamento radicalmente novo que dará ao herói.

Nas obras posteriores, os heróis dostoievskianos já não travam polêmica *literária* com definições conclusivas do homem feitas à sua revelia (é bem verdade que vez por outra o próprio autor o faz pelos heróis em uma forma irônica parodiada muito sutil), mas todos eles lutam obstinadamente contra essas definições que os outros fazem de sua personalidade. Todos sentem vivamente a sua imperfeição interna, sua capacidade de superar-se como que interiormente e de converter em *falsidade* qualquer definição que os torne exteriorizados e acabados. Enquanto o homem está vivo, vive pelo fato de ainda não se ter rematado nem dito a sua última palavra. Já tivemos oportunidade de observar que o "homem do subsolo" escuta angustiado todas as palavras reais e possíveis dos outros a seu respeito e procura vaticinar e antecipar todas as possíveis definições de sua personalidade pelos outros. O herói de *Memórias do Subsolo* é o primeiro herói-ideólogo na obra de Dostoiévski. Uma de suas ideias básicas, que ele lança em sua polêmica com os socialistas, é precisamente a ideia segundo a qual o homem não é uma magnitude final e definida, que possa servir de base à construção de qualquer cálculo; o homem é livre e por isso pode violar quaisquer leis que lhe sejam impostas.

O herói de Dostoiévski sempre procura destruir a base das *palavras dos outros* sobre si, que o torna acabado e aparentemente morto. Às vezes essa luta se torna importante motivo trágico de sua vida (como é o caso de Nastássia Fillípovna, por exemplo).

Nos principais heróis, protagonistas de um grande diálogo como Raskólnikov, Sônia, Míchkin, Stavróguin, Ivan e Dmítri Karamázov, a profunda consciência da sua falta de acabamento e solução já se realiza nos caminhos muito complexos do pensamento ideológico, do crime ou da façanha.[1]

O homem nunca coincide consigo mesmo. A ele não se pode aplicar a forma de identidade: A é idêntico a A. No pensamento artístico de Dostoiévski, a autêntica vida do indivíduo se realiza como que na confluência dessa divergência do homem consigo mesmo, no ponto em que ele ultrapassa os limites de tudo o que ele é como ser material que pode ser espiado, definido e previsto "à revelia", a despeito de sua vontade. A vida autêntica do indivíduo só é acessível a um enfoque *dialógico*, diante do qual ele responde *por si mesmo* e se revela livremente.

A verdade sobre o homem na boca dos outros, não dirigida a ele por diálogo, ou seja, uma verdade *à revelia*, transforma-se em *mentira* que o humilha e mortifica caso esta lhe afete o "santuário", isto é, o "homem no homem".

Citemos algumas opiniões de heróis de Dostoiévski sobre *análises* da alma humana *à revelia*, que exprimem o mesmo pensamento.

Em *O Idiota*, Míchkin e Aglaya discutem a malograda tentativa de suicídio de Hippolit. Míchkin faz uma análise dos motivos profundos desse ato e Aglaya lhe observa:

---

[1] Oscar Wilde conseguiu entender corretamente e definir essa inconclusibilidade interna dos heróis de Dostoiévski como particularidade determinante. Referindo-se a Wilde, T. L. Motilëva escreve em seu ensaio *Dostoiévski i Mirováya Literatura* (*Dostoiévski e a Literatura Universal*): "Wilde via o principal mérito de Dostoiévski-artista no fato de que ele nunca explica inteiramente as suas personagens," Segundo palavras de Wilde, os heróis de Dostoiévski "sempre nos impressionam pelo que dizem ou fazem e conservam até o fim no seu íntimo o eterno mistério da existência" (Col. *Tvórtchestvo F.M. Dostoievskovo*, p. 32).

"Acho tudo isso muito feio da vossa parte, porque é *muito grosseiro ver e julgar assim a alma de um homem* como julgais Hippolit. Em vós não há ternura: *há apenas verdade, logo, injustiça*" (VI, 484).
A verdade se torna injustiça se se refere a profundidades da *personalidade* de outro.

O mesmo motivo ecoa com nitidez ainda maior, porém de modo mais complexo, em *Os Irmãos Karamázov*, na conversa de Aliócha e Lisa a respeito do capitão Sneguirióv, que pisoteia o dinheiro que lhe é oferecido. Após contar esse fato, Aliócha analisa o estado de espírito de Sneguirióv e *predetermina-lhe* o futuro comportamento, *prevendo* que da próxima vez ele aceitará *sem falta* o dinheiro. Lisa observa:
"Escute, Aliexsiêi Fiódorovitch, será que em todo esse nosso, ou melhor, seu raciocínio... não, é melhor dizer nosso... será que nesse raciocínio não haveria *desprezo* por ele, por esse coitado... no fato de estarmos *vasculhando a alma dele de maneira como que arrogante*, hem? No fato de que agora resolvemos de maneira tão *provável* que ele vai aceitar o dinheiro, hem?" (IX, 271-272).

Motivo análogo da inaceitabilidade da penetração *de um outro* no íntimo do indivíduo soa nas ásperas palavras pronunciadas por Stavróguin na cela de Tíkhonov, onde ele se encontrava para fazer sua "confissão":
"Olhe aqui, não gosto de *espiões* nem de psicólogos, pelo menos desses que se metem na minha alma."[1]
Cabe observar que, nesse caso, em relação a Tíkhonov Stavróguin não tem nenhuma razão: Tíkhonov o enfoca de maneira profundamente *dialógica* e entende-lhe a *imperfeição* da personalidade interior.

*

Em pleno fim de sua trajetória artística, Dostoiévski assim define em seu caderno de notas as peculiaridades do seu realismo:
"Com um realismo pleno, *descobrir o homem no homem*... Chamam-me de *psicólogo: não é verdade*, sou apenas um realista *no mais alto sentido*, ou seja, retrato todas as *profundezas da alma humana*."[2]

---

1 *Documentos sobre História da Literatura e da Vida Social*, v. I. F. M. Dostoiévski, ed. Tsentralarkhiv RSFSR, Moscou, 1922, p. 13.

2 *Biográfiya, písma i zamétki na zapisnóy knijke F. M. Dostoievskovo* (Biografia, cartas e notas no caderno de notas de Dostoiévski). São Petersburgo, 1883, p. 373.

Ainda teremos mais de uma oportunidade de voltar a essa fórmula magnífica. Por enquanto, importa-nos salientar nela três momentos.

Em primeiro lugar, Dostoiévski se considera realista e não um romântico subjetivista, fechado no mundo de sua própria consciência: sua *nova* tarefa – "retratar todas as profundezas da alma humana" – ele resolve "com um realismo pleno", isto é, vê essas profundezas *fora* de si, nas almas *dos outros*.

Em segundo lugar, Dostoiévski acha que para a solução dessa nova tarefa é insuficiente o realismo no sentido comum, ou o realismo *monológico*, conforme nossa terminologia, mas requer um enfoque especial do "homem no homem", ou seja, um "realismo no mais alto sentido".

Em terceiro lugar, *Dostoiévski nega categoricamente que seja um psicólogo*.

Devemos examinar mais detalhadamente o último momento.

Dostoiévski tinha uma atitude negativa em face da psicologia de sua época nas publicações científicas, na literatura de ficção e na prática forense. Via nela uma *coisificação* da alma do homem, que o humilha, despreza-lhe a liberdade, a inconclusibilidade e aquela especial *falta de definição* e *conclusão* que é o objeto principal de representação no próprio romancista; sempre retrata o homem no *limiar* da última decisão, no momento de *crise* e reviravolta incompleta – e *não predeterminada* – de sua alma.

Dostoiévski criticava frequente e veementemente a psicologia mecanicista, tanto a sua linha pragmática, baseada nos conceitos de *naturalidade* e *utilidade* como, especialmente, a sua linha fisiológica, que reduz a psicologia à fisiologia. Ele a ridiculariza até nos romances. Basta lembrar "tuberosidades no cérebro" nas explicações da crise de Catierina Ivánovna por Lebezyátnikov (*Crime e Castigo*) ou a transformação do nome de Claude Bernad em símbolo injurioso de liberação do homem de sua responsabilidade – os "bernards" de Mítenka Karamázov (*Os Irmãos Karamázov*).

Mas para a compreensão da posição artística de Dostoiévski é sobretudo significativa sua crítica à psicologia forense que, no melhor dos casos, é uma "faca de dois gumes", ou seja, admite com a mesma probabilidade a tomada de decisões que se excluem mutuamente e, no pior dos casos, é uma mentira que humilha o homem.

Em *Crime e Castigo*, o excelente juiz de instrução Porfiry Pietróvitch – foi ele que chamou à psicologia *faca de dois gumes* – não se orienta pela psicologia forense, mas por uma especial *intuição dialógica* que lhe permite penetrar na alma inacabada e irresoluta de Raskólnikov. Os três encontros de Porfiry com Raskólnikov não são, absolutamente, interrogatórios policiais do tipo comum por não se realizarem "segundo a forma" (o que Porfiry observa constantemente), mas porque violam os próprios fundamentos da tradicional inter-relação psicológica do juiz e do criminoso (o que Dostoiévski ressalta). Todos os três encontros de Porfiry com Raskólnikov são diálogos polifônicos autênticos e extraordinários.

Na prática, o quadro mais profundo da falsidade de uma psicologia encontramos nas cenas da investigação prévia e do julgamento de Dmítri em *Os Irmãos Karamázov*. O juiz de instrução, os juízes e o promotor, o defensor e a perícia são igualmente incapazes de penetrar sequer no núcleo inacabado e irresoluto da personalidade de Dmítri, que, em essência, passa toda a sua vida no limiar de grandes decisões e crises internas. No lugar desse núcleo vivo, que germina com a nova vida, eles colocam uma espécie de *definição preconcebida, predeterminada* "natural" e "normalmente" em todos os seus termos e nos atos pelas "leis psicológicas". Todos os que julgam Dmítri carecem de um autêntico enfoque dialógico dessa personagem, de uma penetração dialógica no núcleo inacabado da sua personalidade. Procuram e encontram em Dmítri apenas uma *definição material*, factual das emoções e dos atos, encaixando-os em conceitos e esquemas já definidos. O autêntico Dmítri permanece à margem do julgamento deles (ele será juiz de si mesmo).

Eis por que Dostoiévski não se considerava psicólogo em nenhum sentido. Não nos interessa, evidentemente, o aspecto teórico-filosófico de sua crítica em si mesma: ela não pode nos satisfazer e sofre antes de tudo da incompreensão da dialética da liberdade e da necessidade nos atos e na consciência do homem.[1] Importa-nos, aqui, a própria

---

1 Em *O Diário de um Escritor*, de 1877, Dostoiévski escreve a respeito de Anna Kariênina:
"É claro e evidentemente compreensível que o mal se oculta no gênero humano mais a fundo do que supõem os médicos socialistas, que em nenhum sistema social se evitará o mal, que a alma humana permanecerá a mesma, que a anormalidade e o pecado decorrem dessa alma mesma e que, por último, as leis do espírito humano são ainda tão desconhecidas, tão incógnitas para a ciência, tão *indefinidas* e misteriosas que ainda não pode haver nem médicos nem mesmo juízes *definitivos*, i.e., aquele que diz: 'Para mim a vingança é a retribuição' (*F. M. Dostoiévski. Obras*

orientação de sua atenção artística e a nova *forma* da visão artística do homem interior.

Aqui é oportuno assinalar que a ênfase principal de toda a obra de Dostoiévski, quer no aspecto da forma, quer no aspecto do *conteúdo*, é uma luta contra a *coisificação* do homem, das relações humanas e de todos os valores humanos no capitalismo. É bem verdade que o romancista não entendia com plena clareza as profundas raízes econômicas da coisificação e, o quanto sabemos, nunca empregou o próprio termo "coisificação", embora seja justamente esse termo o que melhor traduz o profundo sentido de sua luta pelo homem. Com imensa perspicácia, Dostoiévski conseguiu perceber a penetração dessa *desvalorização coisificante* do homem em todos os poros da vida de sua época e nos próprios fundamentos do pensamento humano. Ao criticar esse pensamento coisificante, vez por outra ele "confundia os endereços sociais", segundo expressão de V. Iermilov,[1] imputando-o, por exemplo, a todos os porta-vezes da corrente democrática revolucionária e do socialismo ocidental, considerado por ele um produto do espírito capitalista. Reiteramos, porém, que o importante para nós, aqui, não é o aspecto teórico-abstrato ou publicitário da sua crítica, mas o *sentido de sua forma artística*, o qual liberta e descoisifica o homem.

Assim, a nova posição artística do autor em relação ao herói no romance polifônico de Dostoiévski é uma *posição dialógica seriamente aplicada e concretizada até o fim*, que afirma a autonomia, a liberdade interna, a falta de acabamento e de solução do herói. Para o autor, o herói não é um "ele" nem um "eu", mas um "tu" plenivalente, isto é, o plenivalente "eu" de um outro (um "tu és"). O herói é o sujeito de um tratamento dialógico profundamente sério, *presente*, não retoricamente *simulado* ou literariamente *convencional*. E esse diálogo – o "grande diálogo" do romance na sua totalidade – realiza-se não no passado mas neste momento, ou seja, no *presente* do processo artístico.[2] Não se trata, em hipótese alguma, do estenograma de um diálogo

---

Completas de Ficção, sob redação de B. Tomachevski e K. Khalabáiev, t. XI, Ed. Gosizdat. Moscou-Leningrado, 1929, p. 210).

1 Cf. V. E. Iermilov, *F. M. Dostoiévski*. Ed. Gosizdat, Moscou, 1956.

2 O *sentido* não "vive" no tempo em que há o "ontem", o "hoje" e o "amanhã", isto é, no tempo em que "viveram" os heróis e transcorre a vida biográfica do autor.

acabado, do qual o autor já saiu e *acima* do qual se encontra neste momento como quem se encontra numa posição superior e decisiva: ora, isso transformaria imediatamente o diálogo autêntico e inacabado em *modelo* material e acabado do diálogo, modelo comum a qualquer romance monológico. Em Dostoiévski, esse grande diálogo é artisticamente organizado como o *todo não fechado* da própria vida situada no *limiar*.

O tratamento dialógico do herói é realizado por Dostoiévski no momento do processo criativo e no momento de sua conclusão, é parte da sua ideia e, consequentemente, permanece no próprio romance acabado como momento necessário de constituição da forma.

A palavra do autor sobre o herói é organizada no romance dostoievskiano como *palavra sobre alguém presente*, que o escuta (ao autor) e *lhe pode responder*. Essa organização da palavra do autor nas obras de Dostoiévski não é, absolutamente, um procedimento convencional, mas a posição *definitiva* inconvencional do autor. No quinto capítulo deste livro procuraremos mostrar que a originalidade do estilo literário de Dostoiévski é ditada pela importância determinante precisamente dessa palavra tratada dialogicamente e pelo papel insignificante do discurso monologicamente fechado, que não é suscetível de resposta.

Na ideia de Dostoiévski, o herói é o agente do discurso autêntico, e não um objeto mudo do discurso do autor. A ideia do autor sobre o herói é a *ideia sobre o discurso*. Por isso até o discurso do autor sobre o herói é o discurso sobre o discurso. Está orientado para o herói como para a palavra, daí, *dialogicamente orientado* para ele. Através de toda a construção do seu romance, o autor não fala *do* herói, mas *com* o herói. Aliás nem poderia ser diferente: a orientação dialógica, coparticipante é a única que leva a sério a palavra do outro e é capaz de focalizá-la como posição racional ou como um outro ponto de vista. Somente sob uma orientação dialógica interna minha palavra se encontra na mais íntima relação com a palavra do outro mas sem se fundir com ela, sem absorvê-la nem absorver seu valor, ou seja, conserva inteiramente a sua autonomia como palavra. Manter a distância numa tensa relação racional nem de longe é questão simples. Mas a distância entra no plano do autor, pois ela é a única que assegura a autêntica objetividade da representação do herói.

A autoconsciência como dominante da construção da imagem do herói requer a criação de um clima artístico que permita à sua palavra revelar-se e autoelucidar-se. Nenhum elemento de semelhante clima pode ser neutro: tudo deve atingir o herói em cheio, provocá-lo, interrogá-lo, até polemizar com ele e zombar dele, tudo deve estar orientado para o próprio herói, voltado para ele, tudo deve *ser sentido* como discurso *acerca de um presente*, e não acerca de um ausente, como discurso da "segunda" pessoa e não da "terceira". O ponto de vista racional da "terceira", em cuja região constrói-se a imagem estável do herói, destruiria esse clima porque ele nem faz parte do universo artístico de Dostoiévski; e não o faz, consequentemente, não por ser inacessível ao romancista (em decorrência, por exemplo, do caráter autobiográfico dos heróis ou do polemismo exclusivo do autor), mas por não lhe fazer parte do plano artístico. Este requer a total dialogação de todos os elementos da construção. Daí o aparente nervosismo, a extrema mortificação e a intranquilidade do clima nos romances de Dostoiévski, que a uma visão superficial empana a sutilíssima intencionalidade artística, a ponderabilidade e a necessidade de cada tom, de cada ênfase, de cada reviravolta inesperada dos acontecimentos, de cada escândalo e de cada excentricidade. É unicamente à luz dessa tarefa artística que podem ser entendidas as verdadeiras funções de elementos de composição, como o narrador e seu tom, o diálogo composicionalmente expresso, as peculiaridades da narração feita pelo autor (ali onde ele está presente), etc.

É essa a relativa autonomia dos heróis nos limites da ideia artística de Dostoiévski. Aqui cabe prevenir um possível mal-entendido. Pode parecer que a autonomia do herói contrarie o fato de ele ser representado inteiramente apenas como um momento da obra de arte e, consequentemente, ser, do começo ao fim, totalmente criado pelo autor. Em realidade, tal contradição não existe. Afirmamos a liberdade dos heróis nos limites do plano artístico e nesse sentido ela é criada do mesmo modo que a não liberdade do herói objetificado. Mas criar não significa inventar. Toda criação é concatenada tanto por suas leis próprias quanto pelas leis do material sobre o qual ela trabalha. Toda criação é determinada por seu objeto e sua estrutura, e por isso não admite o arbítrio e, em essência, nada inventa, mas apenas descobre aquilo que é dado no próprio objeto. Pode-se chegar a uma ideia verdadeira, mas esta tem a sua lógica, daí não poder ser inventada, ou melhor, produzida do começo ao fim. Do mesmo modo não se inventa uma imagem artística, seja ela qual for, pois ela também tem a sua lógica artística, as suas leis. Quando nos propomos uma determinada tarefa, temos de nos submeter às suas leis.

O herói de Dostoiévski também não é inventado, como não é inventado o herói do romance realista comum, como não é inventado o herói romântico, como não é inventado o herói dos classicistas. Mas cada um tem as suas leis, a sua lógica situada além dos limites da vontade artística do autor, mas inviolável ao arbítrio deste. Após escolher o herói e o dominante da sua representação, o autor já está ligado à lógica interna do que escolheu, a qual ele deve revelar em sua representação. A lógica da autoconsciência admite apenas certos métodos artísticos de revelação e representação. Revelar e representar o herói só é possível interrogando-o e provocando-o, mas sem fazer dele uma imagem predeterminante e conclusiva. Essa imagem concreta não abrange justamente aquilo que o autor se propõe como seu objeto.

Desse modo, a liberdade do herói é um momento da ideia do autor. A palavra do herói é criada pelo autor, mas criada de tal modo que pode desenvolver até o fim a sua lógica interna e sua autonomia enquanto *palavra do outro*, enquanto palavra *do próprio herói*. Como consequência, desprende-se não da ideia do autor, mas apenas do seu campo de visão monológico. Mas é justamente a destruição desse campo de visão que entra na ideia de Dostoiévski.

*

Em seu livro *A Linguagem da Literatura de Ficção*, V. V. Vinográdov apresenta uma ideia muito interessante, quase *polifônica*, de um romance não concluído de N. G. Tchernichevski. Ele a apresenta como exemplo de tentativa de conseguir uma construção a mais objetiva possível da *imagem de autor*. O romance de Tchernichevski tinha vários títulos nos manuscritos, um dos quais *Pérola da Criação*. No prefácio, Tchernichevski assim revela a essência da sua ideia: "Escrever um romance sem amor, sem qualquer personagem feminina, é coisa muito difícil. No entanto eu tinha necessidade de testar minhas forças em um assunto ainda mais difícil: *escrever um romance genuinamente objetivo, no qual não houvesse nenhum vestígio não só das minhas relações pessoais mas inclusive nenhum vestígio das minhas simpatias pessoais*. Na literatura russa não existe nenhum romance semelhante. Oniéguin,[*]

---

[*] Personagem central do poema Ievguiêni, Oniéguin de A. S. Púchkin (N. do T.).

O Herói do Nosso Tempo* são coisas francamente subjetivas; em *Almas Mortas*** não há retrato pessoal do autor ou retratos de seus conhecidos, mas estão inseridas as simpatias pessoais do autor, pois é nelas que está a força da impressão que esse romance produz. Acho que, para mim, homem de convicções fortes e sólidas, o mais difícil é escrever como escreveu Shakespeare: *ele retrata as pessoas e a vida sem mostrá-las, do mesmo modo que pensa a respeito de questões que são resolvidas pelas suas personagens no sentido conveniente a cada uma delas.* Otelo diz 'sim', Iago diz 'não', Shakespeare cala, não tem vontade de externar seu amor ou desamor pelo 'sim' ou pelo 'não'. É claro que estou falando da maneira, e não da força do talento... Podem procurar com quem estão as minhas simpatias... Não encontrarão tal coisa... Mesmo em *Pérola da Criação*, cada situação poética é considerada sob todos os quatro aspectos: procurem o ponto de vista que eu partilho ou não. *Procurem ver como um ponto de vista se transforma em outro totalmente distinto.* É esse o verdadeiro sentido do título *Pérola da Criação*: aqui estão todas as irisações das cores do arco-íris como no nácar. Mas, como no nácar, todas as tonalidades apenas bailam, brincam no fundo de uma brancura nevada. Por isso podem relacionar ao meu romance os versos da epígrafe:

Wie Schnee, so weiss,
Und kalt, wie Eis,

relacionando a mim o segundo verso.

'A brancura, como brancura da neve', está em meu romance, 'mas a frieza, como frieza do gelo', está em seu autor... ser frio como o gelo foi difícil para mim, homem que ama com muito calor aquilo de que gosta. Isso eu consegui. Por isso vejo que tenho tanta força de arte poética quanto me é necessária para ser romancista... *Minhas personagens são muito diferentes pela expressão que lhes cabe às fisionomias...* Pensem em cada fisionomia, como quiserem. *Cada uma fala por si mesma: 'o pleno direito está comigo' – julguem essas*

---

* Romance de M. Yu. Liérmontov, que traduzimos para o português (N. do T.).

** A obra mais célebre de Gógol, que o próprio autor denominou poema (N. do T.).

pretensões que se chocam entre si. Eu não as julgo. Essas personagens se elogiam umas às outras, se censuram umas às outras: nada tenho a ver com isso."[1]

Era essa a ideia de Tchernichevski (evidentemente, apenas na medida em que podemos julgar a seu respeito pelo prefácio). Vemos que Tchernichevski vislumbrou uma forma estrutural inteiramente nova de "romance objetivo", como ele o denomina. O próprio Tchernichevski enfatiza a absoluta novidade dessa forma ("Na literatura russa não existe nenhum romance semelhante") e a contrapõe ao habitual romance "subjetivo" (nós diríamos monológico).

Segundo Tchernichevski, em que consiste a essência dessa nova estrutura romanesca? O ponto de vista subjetivo do autor não deve ser representado nele: nem as simpatias ou antipatias do autor, nem seu acordo ou desacordo com certos heróis, nem sua posição propriamente ideológica ("do mesmo modo que pensa a respeito de questões que são resolvidas pelas suas personagens...").

Isso não significa, evidentemente, que Tchernichevski tenha concebido o romance sem posição do autor. Semelhante romance é absolutamente impossível. A isso se refere Vinográdov com absoluta razão: "A atração pela 'objetividade' da reprodução e os diversos procedimentos de construção 'objetiva' são apenas princípios especiais, porém correlativos, da construção da *imagem do autor*."[2] Não se trata da ausência, mas da *mudança radical da posição do autor*, e o próprio Tchernichevski ressalta que essa nova posição é bem mais difícil do que a habitual e pressupõe uma imensa "força de criação poética".

Essa nova posição "objetiva" do autor (só em Shakespeare Tchernichevski encontra a aplicação dessa posição) permite que os pontos de vista das personagens se revelem com toda a plenitude e autonomia. Cada personagem revela e fundamenta *livremente* (sem interferência do autor) a sua razão: "cada uma fala por si mesma: 'o pleno direito está comigo' – julguem essas pretensões que se chocam entre si. Eu não as julgo".

É precisamente *nessa liberdade de autorrevelação dos pontos de vistas dos outros*, sem as conclusivas avaliações do autor, que

---

1   *Apud* V. V. Vinográdov. *O yazikiê khudójestvennoy literatúri* (*A Linguagem da Literatura de Ficção*), Ed. Gosizdat, Moscou, 1959, p. 141-142.
2   V. V. Vinográdov. *Op. cit.*, p. 140.

Tchernichevski vê a vantagem básica da nova forma "objetiva" de romance. Salientemos que nisso Tchernichevski não via nenhuma traição às suas "convicções fortes e sólidas". Desse modo, podemos dizer que Tchernichevski quase chegou ao âmago da ideia da polifonia. Além do mais, aqui Tchernichevski se aproxima do contraponto e da "imagem da ideia". "Procurem – diz ele – *ver como um ponto de vista se transforma em outro totalmente distinto*. É esse o verdadeiro sentido do título *Pérola da Criação*: *aqui estão todas as irisações das cores do arco-íris como no nácar*". Essa é, em essência, uma esplêndida definição figurada do contraponto em literatura.

É essa a interessante concepção da nova estrutura romanesca de um contemporâneo de Dostoiévski que, como ele, experimentava a sensação da extraordinária multiplicidade de vozes de sua época. É bem verdade que essa concepção não pode ser denominada polifônica na plena acepção da palavra. A nova posição do autor é caracterizada nessa concepção de maneira predominantemente negativa como ausência da habitual subjetividade do autor. Não há indicação de atividade dialógica do autor, sem a qual a nova posição é inexequível. Contudo, Tchernichevski sentiu nitidamente a necessidade de ultrapassar os limites da forma monológica dominante no romance.

Aqui é oportuno enfatizar mais uma vez o *caráter positivamente ativo* da nova posição do autor no romance polifônico. Seria absurdo pensar que nos romances de Dostoiévski a consciência do autor não estivesse absolutamente expressa. A consciência do criador do romance polifônico está constantemente presente em todo esse romance, no qual é ativa ao extremo. Mas a função dessa consciência e a forma de seu caráter ativo são diferentes daquelas do romance monológico: a consciência do autor não transforma as consciências dos outros (ou seja, as consciências dos heróis) em objetos nem faz dessas definições acabadas à revelia. Ela sente ao seu lado e diante de si as consciências equipolentes dos outros, tão infinitas e inconclusas quanto ela mesma. Ela reflete e recria não um mundo de objetos, mas precisamente essas consciências dos outros com os seus mundos, recriando-as na sua autêntica *inconclusibilidade* (pois a essência delas reside precisamente nessa inconclusibilidade).

Entretanto, não se podem contemplar, analisar e definir as consciências alheias como objetos, como coisas: *comunicar-se* com elas só é possível *dialogicamente*. Pensar nelas implica *conversar com elas, pois do contrário elas voltariam imediatamente para nós o seu aspecto objetificado*: elas calam, fecham-se e imobilizam-se nas imagens objetificadas acabadas. Do autor do romance polifônico exige-se uma atividade dialógica imensa e sumamente tensa: tão logo ela diminui, os heróis começam a imobilizar-se e objetificar-se, aparecendo no romance fragmentos da vida monologicamente formalizados. Esses fragmentos, que se desintegram do plano polifônico, podem ser encontrados em todos os romances de Dostoiévski, mas não determinam, evidentemente, o caráter do todo.

Não se exige do autor do romance polifônico uma renúncia a si mesmo ou à sua consciência, mas uma ampliação incomum, o aprofundamento e a reconstrução dessa consciência (em certo sentido, é verdade) para que ela possa abranger as consciências plenivalentes dos outros. Trata-se de uma questão muito difícil e inédita (o que, tudo indica, Tchernichevski entendia perfeitamente ao criar o seu plano do "romance objetivo"). Mas isso era necessário à recriação artística da natureza polifônica da própria vida.

Todo *verdadeiro* leitor de Dostoiévski, que não lhe interprete o romance à maneira monológica mas é capaz de elevar-se à nova posição do autor, sente essa *ampliação especial* da consciência dostoievskiana não apenas no sentido do domínio de novos objetos (tipos humanos, caracteres, fenômenos sociais e naturais), mas, acima de tudo, no sentido de uma comunicação dialógica especial e nunca experimentada com as consciências plenivalentes alheias e de uma ativa penetração dialógica nas profundezas inconclusíveis do homem.

A atividade conclusiva do autor do romance monológico manifesta-se particularmente no fato de ele lançar suspeita objetificante sobre todo ponto de vista que não partilhe, coisificando-o em diferentes graus. Diferentemente, a atividade de Dostoiévski-autor se manifesta no fato de levar cada um dos pontos de vista em debate a atingir força e profundidade máximas, ao limite da capacidade de convencer. Ele procura revelar e desenvolver todas as possibilidades semânticas jacentes naquele ponto de vista (como vimos, o próprio Tchernichevski fez semelhante tentativa em *Pérola da Criação*). Dostoiévski sabia fazê-lo com intensidade excepcional. E essa atividade, que aprofunda o pensamento alheio, só é possível à base de um tratamento dialógico da consciência do outro, do ponto de vista do outro.

Não vemos qualquer necessidade de dizer especialmente que o enfoque polifônico nada tem em comum com o relativismo (e igualmente com o dogmatismo). Devemos dizer que o relativismo e o dogmatismo excluem igualmente qualquer discussão, todo diálogo autêntico, tornando-o desnecessário (o relativismo) ou impossível (o dogmatismo). Já a polifonia como método *artístico* situa-se inteiramente em outro plano.

*

A nova posição do autor do romance polifônico pode ser esclarecida através de um confronto concreto dessa posição com a posição monológica nitidamente expressa na matéria de qualquer obra.

Analisemos brevemente o conto de L. Tolstói *Três Mortes*, do ponto de vista que nos interessa. Essa obra pouco volumosa, constituída de três planos, é muito característica da maneira monológica de Tolstói.

O conto retrata três mortes: a morte de uma senhora rica, a de um cocheiro e a de uma árvore. Mas aqui Tolstói apresenta a morte como resultado da vida, resultado que enfoca toda essa vida como ponto de vista ideal para a compreensão e a avaliação de toda a vida em sua totalidade. Daí poder-se dizer que no conto estão representadas, essencialmente, três vidas, plenamente concluídas em seu sentido e em seu valor. E eis que essas três vidas e os três planos da narração por elas determinados *são interiormente fechados e se ignoram mutuamente*. Entre eles há apenas um nexo pragmático exterior, indispensável à unidade temático-composicional do conto: o cocheiro Serióga, que conduz a senhora doente, pega numa *izbá* de postilhões as botas de um cocheiro moribundo (o moribundo não precisa mais delas) e em seguida, depois que este morre, corta uma árvore no bosque para fazer a cruz para a cova dele. Assim, três vidas e três mortes resultam exteriormente relacionadas.

Mas aqui não há relação interna, *relação entre consciências*. A senhora moribunda nada sabe acerca da vida e da morte do cocheiro e da árvore, que não fazem parte do seu campo de visão e da sua consciência. E tampouco a senhora e a árvore faziam parte da consciência do cocheiro. A vida e a morte das três personagens, juntamente com seus mundos, encontram-se lado a lado com um mundo objetivo uno e chegam até a se contatar *exteriormente* nele, mas elas mesmas nada sabem umas sobre as outras nem se refletem umas nas outras. São fechadas e surdas, não escutam nem respondem umas às outras.

Entre elas não há nem pode haver quaisquer relações dialógicas. Não estão em acordo nem em desacordo.

Mas todas as três personagens e seus mundos fechados estão unificados, confrontados e mutuamente assimilados no campo de visão uno e na consciência do *autor*, que os abrangem. Ele, o autor, sabe tudo acerca deles, confronta, contrapõe e avalia todas as três vidas e todas as três mortes. Todas essas vidas e mortes enfocam umas às outras, mas apenas para o autor, que se encontra *fora* delas e usa a sua *extrainventividade* para assimilá-las definitivamente e concluí-las. O abrangente campo de visão do autor dispõe de um excedente imenso e de princípio em comparação com os campos de visão das personagens. A senhora vê e entende apenas o seu pequeno mundo, a sua vida e morte, nem chega a suspeitar da possibilidade de uma vida e uma morte como a do cocheiro e a da árvore. Por isso não consegue entender e avaliar toda a *falsidade* de sua vida e morte: para tanto ela não dispõe de fundo dialogador. O cocheiro também não pode entender e avaliar a razão e a verdade da sua vida e morte. Tudo isso se revela apenas no abundante campo de visão do autor. A árvore, por sua natureza, evidentemente não tem capacidade para entender a razão e a beleza de sua morte: o autor o faz por ela.

Desse modo, o sentido total e conclusivo da vida e da morte de cada personagem revela-se somente no campo de visão do autor e apenas à custa do seu excedente sobre cada uma das personagens, vale dizer, à custa daquilo que a própria personagem não pode ver nem entender. Nisso consiste a função monológica conclusiva do campo de visão excedente do autor.

Já vimos que entre as personagens e seus mundos não existem relações dialógicas. Mas nem o próprio autor lhes dá um tratamento dialógico. A Tolstói é estranha a posição dialógica em relação às personagens. Ele não leva e, em princípio, não pode levar seu ponto de vista à consciência da personagem e esta, por sua vez, não pode dar uma resposta a esse ponto de vista. Por sua própria natureza, a avaliação conclusiva da personagem pelo autor no romance monológico é uma *avaliação à revelia*, que não pressupõe nem leva em conta a possível *resposta* da própria personagem a tal avaliação. Não se tem a última palavra da personagem. Esta não pode destruir a sólida base da avaliação autoral à revelia, base essa que dá por acabada a personagem. A posição do autor não encontra resistência dialógica interna por parte da personagem.

A consciência e o discurso de Tolstói-autor em nenhuma parte estão voltados para a personagem, não lhe fazem perguntas nem esperam que ela responda. O autor não discute nem está de acordo com a sua personagem. Ele não fala com ela, mas sobre ela. A última palavra cabe ao autor; esta, baseada naquilo que a personagem não vê e nem entende, que é exterior à sua consciência, nunca pode encontrar-se com a palavra da personagem em um plano dialógico.

O mundo exterior em que vivem e morrem as personagens do conto é o *mundo do autor*, que é objetivo em relação às consciências de todas as personagens. Tudo nele foi visto e representado no campo de visão todo-abrangente e onisciente do autor. O próprio mundo da senhora – seu apartamento, o ambiente, os próximos com seus sentimentos, os médicos, etc. – é representado do ponto de vista do autor, e não como o vê e sente a senhora (embora ao lermos o conto entendamos perfeitamente o *aspecto subjetivo* desse mundo na visão dela). O mundo do cocheiro (a *izbá*, a estufa, a cozinheira, etc.) e o mundo da árvore (a natureza, o bosque), tudo isso, assim como o mundo da senhora, é parte de um mesmo mundo objetivo, visto e representado *de uma mesma posição do autor*. O campo de visão do autor nunca se cruza nem se choca dialogicamente com os campos de visão-aspectos das personagens; a palavra do autor nunca sente a resistência de uma possível palavra da personagem que possa focalizar o mesmo objeto de maneira diferente, a seu modo, ou seja, do ponto de vista de sua própria *verdade*. O ponto de vista do autor e o ponto de vista da personagem não podem situar-se no mesmo plano, no mesmo nível. O ponto de vista da personagem (onde é evidenciado pelo autor) é sempre objetificado para o ponto de vista do autor.

Assim, apesar do caráter multiplanar do conto de Tolstói, nele não há nem polifonia nem contraponto (na nossa acepção). Aqui há apenas um *sujeito cognoscente*, sendo os demais meros *objetos* do seu conhecimento. Aqui é impossível um tratamento dialógico das personagens pelo autor, daí a ausência do "grande diálogo", do qual personagens e autor participem em pé de igualdade; daí haver apenas diálogos objetificados das personagens, composicionalmente expressos no interior do campo de visão do autor.

A posição monológica de Tolstói no referido conto manifesta-se de modo muito acentuado e com grande *evidência externa*, razão pela qual escolhemos precisamente esse conto. Nos romances e grandes novelas de Tolstói a questão é, evidentemente, bem mais complexa.

As personagens centrais dos romances e seus mundos não são fechados nem surdos uns aos outros, mas se cruzam e se entrelaçam multifaceticamente. As personagens se conhecem, intercambiam suas "verdades", estão de acordo ou em desacordo, dialogam entre si (inclusive no que se refere às questões definitivas da cosmovisão). Heróis como Andriêi Bolkonski, Pierre Biezúkhov, Liévin e Niekhlyúdov têm seus próprios campos de visão desenvolvidos, que às vezes chegam *quase* a coincidir com o do autor (ou seja, às vezes o autor parece ver o mundo pelos olhos dessas personagens); suas vozes, às vezes, *quase* se fundem com a voz do autor. Mas nenhuma delas se situa no mesmo plano com a palavra do autor e com a verdade do autor, e o autor não contrai relações dialógicas com nenhuma delas. Todas elas, com seus campos de visão, suas verdades, suas buscas e discussões, estão inseridas no *todo monolítico-monológico* do romance que remata *a todas elas*, romance esse que, em Tolstói, nunca é um "grande diálogo" como em Dostoiévski. Todos os vínculos e momentos conclusivos desse todo monológico situam-se na zona do excedente do autor, zona radicalmente inacessível às consciências das personagens.

Voltemos a Dostoiévski. Como seria o conto *As Três Mortes*, se tivesse sido escrito por Dostoiévski (admitamos por um instante essa estranha hipótese), isto é, se tivesse sido escrito à maneira polifônica?

Antes de tudo, Dostoiévski faria todos os três planos refletirem-se uns nos outros, concatená-los-ia por relações dialógicas. Introduziria a vida e a morte do cocheiro e da árvore no campo de visão e na consciência da senhora, introduzindo a vida da senhora no campo de visão e na consciência do cocheiro. Obrigaria as suas personagens a ver e conhecer todo o essencial que o próprio autor vê e conhece. Não reservaria para si nenhum excedente *essencial* (do ponto de vista de uma verdade incógnita) do autor. Colocaria cara a cara a verdade da senhora e a do cocheiro e as levaria a contatar-se dialogicamente (não forçosamente, é claro, nos diálogos diretos composicionalmente expressos) e ocuparia pessoalmente, em relação a elas, uma posição dialógica equipolente. Construiria o todo da obra como um grande diálogo, ao passo que autor atuaria como organizador e participante desse diálogo, sem reservar-se a última palavra, isto é, refletiria em sua obra a natureza dialógica da própria vida e do próprio pensamento humano. Na linguagem do conto ecoariam não só as genuínas *entonações do autor*, mas também as entonações da senhora e do cocheiro, ou seja, as palavras seriam bivocais, em cada palavra soaria a discussão (microdiálogo) e se ouviriam os ecos do grande diálogo.

É evidente que Dostoiévski nunca retrataria três *mortes*: em seu mundo, onde o dominante da imagem do homem é a autoconsciência e o acontecimento fundamental é a interação de consciências isônomas, morte não pode ter nenhum valor conclusivo e esclarecedor da vida. A morte no sentido tolstoiano inexiste totalmente no universo de Dostoiévski.[1] Este retrataria não a morte dos seus heróis, *mas as crises e reviravoltas* em suas vidas, ou seja, representaria as suas vidas no *limiar*. E então suas personagens ficariam internamente *inacabadas* (pois a autoconsciência não pode ser acabada de *dentro*). Essa seria a maneira polifônica do conto.

Dostoiévski nunca deixa nada que tenha a mínima importância fora dos limites da consciência das suas personagens centrais (isto é, daqueles heróis que participam em pé de igualdade dos grandes diálogos dos seus romances); ele a coloca em contato dialógico com todo o essencial que faz parte do universo dos seus romances. Cada "verdade" alheia, representada em algum romance, é infalivelmente introduzida no *campo de visão dialógico* de todas as outras personagens centrais do romance. Ivan Karamázov, por exemplo, conhece e entende as verdades de Zossima, Dmítri, Alióchca e a "verdade" do sensual Fiódor Pávlovitch, seu pai. Dmítri também entende todas essas verdades, assim como Alióchca as entende perfeitamente. Em *Os Demônios* não há uma só ideia que não encontre resposta dialógica na consciência de Stavróguin.

Dostoiévski nunca reserva para si mesmo o excedente *racional* substantivo, mas apenas o mínimo indispensável do excedente pragmático, puramente *informativo*, que é necessário à condução da narração. Isso porque a existência, no autor, de um substantivo excedente racional transformaria o grande diálogo do romance em um diálogo objetificado acabado ou em diálogo retoricamente representado.

---

[1] O universo de Dostoiévski se caracteriza por assassinatos (retratados no campo de visão do assassino), suicídios e loucura. Nele há poucas mortes naturais, sobre as quais o autor costuma apenas informar.

Citemos um trecho do primeiro grande monólogo interior de Raskólnikov (no início do romance *Crime e Castigo*); trata-se da decisão de Dúnietchka* de casar-se com Lújin:

"...É evidente que quem aparece em primeiro plano não é outro senão Rodion Românovitch Raskólnikov. Mas e como então fazer a felicidade dele, mantê-lo na universidade, torná-lo sócio de um escritório, garantir-lhe o completo destino; talvez venha a ser um ricaço, honrado, respeitado e pode ser até que termine a vida como um homem célebre! E a mãe? E note-se que ainda tem Ródya, o magnífico Ródya, o primogênito! E por um primogênito como esse, como não sacrificar até mesmo uma filha com Dúnietchka?! Oh corações caros e injustos! Qual! Vai ver que não recusaríamos nem mesmo o destino de Sónietchka!** Sónietchka, Sónietchka Marmieládova, a eterna Sónietchka, que vai durar como o mundo. O sacrifício, o sacrifício, será que vocês duas o mediram plenamente? Será? Terão sido capazes? Será que vale a pena? Será sensato? Será que você sabe, Dúnietchka, que o destino de Sónietchka não é em nada pior do que um destino ao lado do senhor Lújin? 'Neste caso não pode haver amor', escreve a mamãe. E se além de amor não puder haver nem respeito, mas, ao contrário, já houver aversão, desprezo, repulsa, o que acontecerá? Resulta, então, que seria novamente preciso *'manter a decência'*. Não seria isto? Será que você entende, Dúnietchka, o que significa essa decência? Será que você entende que a decência de Lújin é a mesma que a decência de Sónietchka ou talvez até pior, mais torpe, mais vil, porque você, Dúnietchka, apesar de tudo, está contando com excesso de conforto, ao passo que no caso dela trata-se pura e simplesmente de morrer de fome! 'Cara, muito cara sai essa decência, Dúnietchka!' Bem, e se depois você não aguentar, vai se arrepender? Então quanta dor, quanta tristeza, quantas maldições e lágrimas ocultadas a todos, porque, convenhamos, você não é uma Marfa Pietróvna! E então o que será de mamãe? Veja bem, se ela agora já anda inquieta e atormentada, imagine quando vir tudo claramente! E de mim? Afinal de contas, que cargas d'água vocês pensaram de mim? Não quero o seu sacrifício, Dúnietchka, não o quero, mamãe! Isso não vai acontecer enquanto eu estiver vivo, não vai, não vai! Não aceito!

---

*   Diminutivo de Dúnia (N. do T.).
** Diminutivo de Sônia (N. do T.).

'Ou renunciar à vida de uma vez! – exclamou ele de repente, com frenesi – aceitar o destino com resignação, como ele é, de uma vez por todas, e reprimir tudo o que há em mim, renunciando a todo o direito de agir, viver e amar!'
'Entende, será que entende, meu caro senhor, o que significa não ter mais aonde ir?' – de repente lembrou-se da pergunta feita na véspera por Marmieládov – 'pois é preciso que qualquer pessoa possa ter pelo menos aonde ir...'" (V, 49-51).

Esse monólogo interior, como já dissemos, ocorre em pleno começo, no segundo dia de ação do romance, ante a tomada da decisão definitiva de assassinar a velha. Raskólnikov acabava de receber uma carta minuciosa da mãe com a história de Dúnia e Svidrigáilov e com a notícia do pedido de casamento de Lújin. Já na véspera encontrara-se com Marmieládov e dele ficara sabendo de toda a história de Sônia. E eis que todas essas futuras personagens centrais do romance já estão refletidas na consciência de Raskólnikov, fazem parte do seu monólogo interior inteiramente dialogado, aí penetraram com todas as suas "verdades", com suas posições na vida, e ele travou com elas um diálogo interior tenso e de princípio, o diálogo das últimas perguntas e das últimas decisões vitais. Desde o início ele já sabe de tudo, leva em conta e antecipa tudo. Já entrou em contato dialogado com toda a vida que o cerca.

O monólogo interior dialogado de Raskólnikov, cujos extratos citamos, é um magnífico protótipo de *microdiálogo*; nele todas as palavras são bivocais, em cada uma delas há vozes em discussão. De fato, no começo do extrato, Raskólnikov recria as palavras de Dúnia com as entonações apreciadoras e persuasivas dela e às entonações da irmã sobrepõe as suas entonações irônicas, indignadas, precautórias, ou seja, nessas palavras ecoam simultaneamente duas vozes, a de Raskólnikov e a de Dúnia. Nas palavras seguintes ("E note-se que ainda tem Ródya, o magnífico Ródya, o primogênito!", etc.) já ecoam a voz da mãe com suas entonações de amor e ternura e simultaneamente a voz de Raskólnikov com as entonações de uma ironia amarga, de indignação (provocada pelo sacrifício) e de um melancólico amor recíproco. Em seguida ouvimos nas palavras de Raskólnikov a voz de Sônia e a de Marmieládov. O diálogo penetrou no âmago de cada palavra, provocando nela luta e dissonância de vozes. É o microdiálogo.

Assim, no início do romance já começam a soar as vozes principais do grande diálogo. Essas vozes não se fecham nem são surdas umas às outras. Elas sempre se escutam mutuamente, respondem umas às outras e se refletem reciprocamente (sobretudo nos microdiálogos). Fora desse diálogo de "verdades em luta" não se concretiza nenhum ato de importância, nenhuma ideia importante das personagens centrais.

No desdobramento do romance, nada que faz parte do seu conteúdo – pessoas, ideias, coisas – permanece exterior à consciência de Raskólnikov; tudo está em oposição a essa consciência e nela refletido em forma de diálogo. Todas as possíveis apreciações e os pontos de vista sobre sua personalidade, o seu caráter, as suas ideias e atitudes são levados à sua consciência e a ela dirigidos nos diálogos com Porfiry, Sônia, Svidrigáilov, Dúnia e outros. Todas as visões de mundo dos outros se cruzam com a sua visão. Tudo o que ele vê e observa – seja as favelas de Petersburgo, seja o Petersburgo dos monumentos com todos os seus encontros fortuitos e pequenas ocorrências –, tudo isso é inserido no diálogo, responde às suas perguntas, coloca-lhe novas perguntas, provoca-o, discute com ele ou confirma as suas ideias. O autor não reserva para si nenhum excedente racional de peso e em pé de igualdade com Raskólnikov; entra no grande diálogo do romance em sua totalidade.

É essa a nova posição do autor em relação à personagem no romance polifônico de Dostoiévski.

A ideia em Dostoiévski

Passemos ao momento seguinte da nossa tese: à colocação da ideia no universo artístico de Dostoiévski. A meta polifônica é incompatível com a forma comum estruturada numa só ideia. Na colocação da ideia, a originalidade de Dostoiévski deve manifestar-se de modo sobremaneira preciso e nítido. Na nossa análise abstrairemos o aspecto conteudístico das ideias inseridas pelo escritor, pois aqui nos importa a sua função artística na obra.

O herói dostoievskiano não é apenas um discurso sobre si mesmo e sobre seu ambiente imediato, mas também um discurso sobre o mundo: ele não é apenas um ser consciente, é um ideólogo.

O "homem do subsolo" já é um ideólogo, mas a criatividade ideológica dos heróis adquire pleno significado nos romances; aqui, a ideia quase chega a se converter realmente na heroína da obra. Mas também aqui o dominante da representação do herói continua o mesmo: a autoconsciência.

Por isso, o discurso sobre o mundo se funde com o discurso confessional sobre si mesmo. A verdade sobre o mundo, segundo Dostoiévski, é inseparável da verdade do indivíduo. As categorias de autoconsciência, que definiram a vida já em Diévuchkin e especialmente em Goliádkin – aceitação e rejeição, revolta ou resignação –, tornam-se agora categorias fundamentais do pensamento sobre o mundo. Por isso, os princípios supremos da cosmovisão são idênticos aos princípios das vivências pessoais concretas. Obtém-se, com isso, a fusão artística, tão característica em Dostoiévski, da vida do indivíduo com a visão de mundo, da mais íntima vivência com a ideia. A vida pessoal se torna singularmente desinteressada e de princípio, enquanto o pensamento ideológico supremo se torna intimamente pessoal e apaixonado.

Essa fusão da palavra do herói sobre si mesmo com sua palavra ideológica sobre o mundo eleva consideravelmente o valor semântico direto da autoenunciação, reforça-lhe a capacidade interna de resistência a qualquer acabamento externo. A ideia ajuda a autoconsciência a afirmar a sua soberania no universo artístico de Dostoiévski e a triunfar sobre qualquer imagem neutra rígida e estável.

Por outro lado, porém, a própria ideia pode conservar o seu valor, sua plenitude semântica somente na base da autoconsciência, como dominante da representação artística do herói. No universo artístico monológico, a ideia, colocada na boca do herói representado como imagem sólida e acabada da realidade, perde fatalmente seu valor direto, tornando-se o momento da realidade, predeterminado por um traço desta, idêntico a qualquer outra manifestação do herói. É uma ideia típico-social ou característico-individual ou, por último, um simples gesto intelectual, uma mímica intelectual de sua personalidade espiritual. A ideia deixa de ser ideia para tornar-se simples característica artística. É como tal que ela se combina com a imagem do herói.

Se no universo monológico a ideia conserva a sua significação como ideia, ela se separa inevitavelmente da imagem sólida do herói e artisticamente já não se combina com ele: ela é apenas colocada em sua boca, assim como poderia ser colocada na boca de qualquer outro herói. O importante para o autor é que uma ideia verdadeira seja expressa no contexto de uma dada obra; quem e quando a exprime é fato determinado por razões composicionais de comodidade e oportunidade ou por critérios puramente negativos, de modo que ela não perturbe a verossimilhança da imagem do falante. Por si mesma essa ideia *não é de ninguém*. O herói é apenas um simples agente dessa ideia-fim; como ideia verdadeira, significante, ela tende para um contexto sistêmico-monológico impessoal, por outras palavras, para a cosmovisão sistêmico-monológica do próprio autor.

O universo monológico do artista desconhece o pensamento do outro, a ideia do outro como objeto de representação. Nesse universo, todo o ideológico se desintegra em duas categorias. Algumas ideias –

ideias verdadeiras, significantes – se bastam à consciência do autor, procuram constituir-se em unidade puramente intelectiva da cosmovisão; essas ideias não se representam, afirmam-se. Sua capacidade de afirmação encontra expressão objetiva no acento que lhes é imprimido, na posição especial que elas ocupam no conjunto de uma obra, na própria forma estilístico-literária em que são enunciadas e em toda uma série de outros modos sumamente variados de enunciação de uma ideia como ideia significante, afirmada. Sempre a captamos no contexto de uma obra: a ideia afirmada sempre soa diferentemente da ideia não afirmada. Outros pensamentos e ideias – falsos ou indiferentes do ponto de vista do autor, que não se enquadram em sua cosmovisão – não se afirmam mas se negam polemicamente ou perdem sua significação direta e se tornam simples elementos de caracterização, gestos intelectuais ou qualidades intelectuais mais permanentes do herói.

No universo monológico, *tertium non datur*: a ideia ou é afirmada ou negada, caso contrário ela simplesmente deixa de ser uma ideia de significação plena. Para integrar a estrutura artística, a ideia não afirmada deve perder toda a sua significação, tornar-se um fato psicológico. Quanto às ideias polemicamente refutáveis, estas tampouco são representadas, pois, independentemente da forma que assuma a refutação, esta exclui a verdadeira representação das ideias. A ideia refutada do outro não abre o contexto monológico; ao contrário, este se fecha de maneira ainda mais rígida e obstinada em seus limites. A ideia refutada do outro não pode criar, ao lado de uma consciência, a consciência equipolente do outro, caso essa negação permaneça mera negação teórica da ideia como tal.

A representação artística das ideias só é possível onde ela é colocada no lado oposto da afirmação ou da negação, mas, ao mesmo tempo, não se reduz a um simples evento psicológico interior sem significação imediata. No universo monológico é impossível essa maneira de colocação da ideia: ela contradiz os próprios princípios básicos desse universo. Estes, por sua vez, vão muito além dos limites da simples criação artística, pois são os princípios de toda a cultura ideológica dos tempos modernos. Que princípios são esses?

Os princípios do monologismo ideológico encontraram na filosofia idealista a expressão mais nítida e teoricamente precisa. O princípio monístico, isto é, a afirmação da unidade do *ser*, transforma-se, na filosofia idealista, em princípio da unidade da *consciência*.

O que aqui nos importa, evidentemente, não é o aspecto filosófico da questão, mas uma certa peculiaridade universalmente ideológica que se manifestou nessa transformação idealista do monismo do ser em monologismo da consciência. Mas essa peculiaridade universalmente ideológica também nos importa apenas do ponto de vista de sua sucessiva aplicação artística.

A unidade da consciência, que substitui a unidade do ser, transforma-se inevitavelmente em unidade de *uma* consciência; daí ser absolutamente secundário que forma metafísica ela assuma: da "consciência em geral" (*"Bewusstsein uberhaupt"*), do "eu absoluto", do "espírito absoluto", da "consciência normativa", etc. Ao lado dessa consciência indivisa e inevitavelmente *única*, há uma infinidade de consciências humanas empíricas. Do ponto de vista da "consciência em geral", essa multiplicidade de consciências é casual e, por assim dizer, supérflua. Tudo o que nelas é essencial e verdadeiro faz parte do contexto único da "consciência em geral" e carece de individualidade. O mesmo que é individual, que distingue uma consciência de outra e de outras consciências, é cognitivamente secundário e pertence ao campo da organização psíquica e das limitações da pessoa humana. Do ponto de vista da verdade não há consciências individuais. O único princípio de individualização cognitiva que o idealismo conhece é o *erro*. Ao indivíduo não se fixa qualquer juízo verdadeiro; este se basta a um certo contexto sistêmico-monológico uno. Só o erro individualiza. Todo o verdadeiro se enquadra nos limites de uma consciência, e se não se enquadra isso se deve de fato apenas a razões fortuitas e estranhas à própria verdade. No ideal, uma consciência e uma boca são totalmente suficientes para toda a plenitude do conhecimento: não há necessidade de uma multiplicidade de consciências nem há base para ela.

Cabe salientar que do conceito propriamente dito de verdade una ainda não decorre, em hipótese alguma, a necessidade de uma consciência única e una. Pode-se perfeitamente admitir e pensar que a verdade única requer uma multiplicidade de consciências, que ela, por princípio, não cabe nos limites de uma consciência e que, por assim dizer, é, por natureza, uma verdade *baseada em acontecimentos* e surge no ponto de convergência de várias consciências. Tudo depende de como se conceba a verdade e sua relação com a consciência. A forma monológica de percepção do conhecimento e da verdade é apenas uma das formas possíveis.

Essa forma só surge onde a consciência é colocada acima do ser e a unidade do ser se converte em unidade da consciência.

No terreno do monologismo filosófico é impossível uma interação substantiva de consciências, razão pela qual é impraticável um diálogo substantivo. Em essência, o idealismo conhece apenas uma modalidade de interação cognitiva entre as consciências, ou seja, o sujeito que é cognoscente e domina a verdade ensina ao que não é cognoscente e comete erros, vale dizer, conhece a inter-relação entre o mestre e o discípulo e, consequentemente, apenas o diálogo pedagógico.[1]

A percepção monológica da consciência domina também em outros campos da criação ideológica. Em toda parte, os elementos de significação e valor se concentram em torno de um centro: o agente. Toda a criação ideológica é concebida e percebida como a possível expressão de uma consciência, de um espírito. Até mesmo onde a questão gira em torno de uma coletividade, da diversidade de forças criadoras, a unidade é ilustrada pela imagem de uma consciência: do espírito da nação, do espírito do novo, do espírito da história, etc. Todos os elementos significantes podem ser reunidos numa consciência e subordinados a um acento; o que não é suscetível de situar-se nesse contexto é casual e secundário. Na Idade Moderna, o fortalecimento do princípio monológico e sua penetração em todos os campos da vida ideológica tiveram a contribuição do racionalismo europeu com seu culto da razão única e una, sobretudo o culto da época do Renascimento, quando se constituíram as principais formas do gênero da prosa ficcional europeia. Todo o sistema utópico europeu também se fundamenta nesse princípio monológico. Assim era o socialismo utópico com a sua fé na onipotência das convicções. Em toda parte só a consciência e o ponto de vista se tornam representantes de qualquer unidade de sentidos.

Essa fé na autossuficiência de uma consciência em todos os campos da vida ideológica não é uma teoria, criada por esse ou aquele pensador; é, isso sim, uma profunda particularidade estrutural da criação ideológica da Idade Moderna, que determina todas as formas

---

1 O idealismo de Platão não é puramente monológico. Somente na interpretação neokantiana Platão aparece como produtor de monólogo puro. O diálogo platônico tampouco é de tipo pedagógico, embora nele o monologismo seja bem acentuado. Abordaremos minuciosamente os diálogos de Platão no Capítulo IV, relacionando-o às tradições do gênero em Dostoiévski.

externas e internas dessa criação. Aqui podem interessar-nos apenas as manifestações dessa particularidade na criação literária.

Como vimos, a colocação da ideia em literatura costuma ser totalmente monológica. Nega-se ou afirma-se a ideia. Todas as ideias afirmáveis se fundem na unidade da consciência autoral que vê e representa; as ideias não afirmadas são distribuídas entre as personagens, porém não mais como ideias significantes, e sim como manifestações socialmente típicas ou individualmente características do pensamento. O autor é o único que sabe, entende e influi em primeiro grau. Só ele é ideológico. As ideias do autor levam a marca de sua individualidade. Desse modo, *a significação ideológica direta e plena e a individualidade nele se combinam sem se enfraquecerem mutuamente*. Mas apenas nele. Nos heróis, a individualidade destrói a significação das suas ideias e quando essa significação se mantém elas descartam a individualidade dos heróis e combinam-se com a individualidade do autor. Daí o *acento ideológico único de uma obra*; o surgimento de um segundo acento é fatalmente interpretado como uma contradição prejudicial dentro da visão de mundo do autor.

A ideia afirmada e plenivalente do autor pode ter função tríplice na obra de tipo monológico: em primeiro lugar, constitui *o princípio da própria visão e representação do mundo*, o princípio de *escolha* e unificação do material, o princípio de *monotonia** *ideológica* de todos os elementos de uma obra. Em segundo lugar, a ideia pode ser apresentada como conclusão mais ou menos precisa ou consciente tirada do objeto representado. Em terceiro, a ideia do autor pode ter expressão direta *na posição ideológica da personagem principal*.

Como princípio de representação, a ideia se funde com a forma. Determina todos os acentos formais, todas as apreciações ideológicas que compõem a unidade formal do estilo artístico e o tom único da obra.

As camadas profundas dessa ideologia geradora de formas, que determinam as particularidades fundamentais do gênero das obras, são de caráter tradicional e se constituem e evoluem no decorrer dos séculos. A essas camadas profundas da forma pertence o monologismo artístico por nós examinado.

---

*   O termo é aqui empregado para designar uma *estrutura ideológica invariável*, constituída de um único tom (N. do T.).

Como conclusão, como resumo semântico da representação, a ideologia, dentro desse princípio monológico, transforma inevitavelmente o mundo representado *em objeto sem voz dessa conclusão*. As próprias formas da conclusão ideológica podem ser bastante diversas. Dependendo delas, muda até a colocação do objeto representável: este pode ser uma simples ilustração à ideia, um simples exemplo, ou um material de generalização ideológica (romance experimental), ou, por último, pode manter-se dentro de uma relação mais complexa com o resultado definitivo. Onde a representação está totalmente voltada para a conclusão ideológica, há diante de nós um romance filosófico ideológico (por exemplo, *Cândido*, de Voltaire) ou, no pior dos casos, simplesmente um romance grosseiramente tendencioso. Mesmo que não haja essa orientação retilínea, o elemento de conclusão ideológica está presente em toda representação, por mais modestas e latentes que sejam as funções formais dessa conclusão. Os acentos da conclusão ideológica não devem estar em contradição com os acentos da própria representação, geradores de formas. Se tal contradição existe, ela é sentida como falha, pois nos limites do universo monológico os acentos contraditórios se chocam numa só voz. A unidade desse ponto de vista deve fundir num todo único tanto os elementos mais formais do estilo quanto as conclusões filosóficas mais abstratas.

A posição semântica do herói pode situar-se no mesmo plano ao lado da ideologia geradora da forma e da conclusão ideológica final, podendo seu ponto de vista transferir-se do campo objetificado para o campo dos princípios. Nesse caso, os princípios ideológicos que servem de base à construção já não se limitam a retratar o herói, determinando o ponto de vista que o autor tem deste, como são inclusive expressos pelo próprio herói, determinando a sua própria concepção de mundo. Formalmente, esse herói difere acentuadamente dos heróis do tipo comum. Não é necessário ultrapassar os limites de uma determinada obra para procurar outros documentos que confirmem a coincidência da ideologia do autor com a ideologia do herói. Além do mais, essa coincidência de conteúdo, estabelecida fora da obra, por si mesma não tem efeito probatório. A unidade entre os princípios ideológicos de representação do autor e a posição ideológica do herói deve ser descoberta na própria obra *como unicidade acentual da representação autoral e dos discursos e vivências do herói*, e não como coincidência de conteúdo dos pensamentos do herói com as concepções ideológicas do autor, expressas em outro lugar. Aliás a palavra e as vivências desse herói são apresentadas de modo diferente: não são objetificadas mas caracterizam o objeto a que se destinam, e não caracterizam apenas o falante propriamente dito. A palavra de semelhante herói e a palavra do autor situam-se no mesmo plano.

A ausência de distância entre a posição do autor e a posição do herói manifesta-se em toda uma série de outras peculiaridades formais. Como o próprio autor, o herói, por exemplo, não é fechado nem internamente acabado, daí não caber totalmente no leito de Procusto do enredo que se adota como um dos possíveis enredos de uma obra e, em suma, como tema fortuito para um dado herói. Esse herói não fechado é característico do Romantismo, de Byron e Chateaubriand, e o encontramos parcialmente na figura de Pietchórin, em Liérmontov, etc.

Por último, as ideias do autor podem estar esporadicamente difundidas em toda a obra. Podem manifestar-se no discurso do autor como máximas isoladas, sentenças ou juízos inteiros, podem ser colocadas na boca de diferentes heróis, às vezes, como volumes grandes e compactos, sem se fundir, entretanto, com a sua individualidade (como é o caso de Potúguin em Turguiêniev, por exemplo).

Todo esse volume de ideologia, organizado e desorganizado, dos princípios geradores da forma a sentenças fortuitas e removíveis do autor, deve subordinar-se a um acento, traduzir um ponto de vista único e indiviso. Tudo o mais é objeto desse ponto de vista, é matéria posta sob acento. Somente a ideia que envereda pelos trilhos do ponto de vista do autor pode conservar sua significação sem destruir o caráter monoacentual da unidade da obra. Independentemente da função que possam desempenhar, essas ideias do autor *não são representadas* em sua totalidade: representam e orientam internamente a representação, ou enfocam o objeto representável ou, por último, acompanham a representação como ornamento semântico separável. *Elas são expressas diretamente, sem distância*. Nos limites do universo monológico que elas formam, a ideia não pode ser representada. Esta é assimilada, polemicamente negada ou deixa de ser ideia.

*

Dostoiévski sabia *representar* precisamente *a ideia do outro*, conservando-lhe toda a plenivalência enquanto ideia, mas mantendo simultaneamente a distância, sem afirmá-la nem fundi-la com sua própria ideologia representada.

Na criação dostoievskiana, a ideia se torna *objeto de representação artística*, e o próprio autor tornou-se um *grande artista da ideia*.

É característico que a imagem do artista da ideia se esboça em Dostoiévski em 1846-1847, ou seja, em pleno começo da sua trajetória artística. Temos em vista a imagem de Ordinov, herói de *A Senhoria*, um solitário jovem cientista, que tem seu próprio sistema de criação, seu enfoque insólito da ideia científica:

"Ele criava o seu próprio sistema; este sobrevivia nele anos a fio, enquanto em sua alma já se insurgia, pouco a pouco, uma *imagem* ainda obscura, imprecisa mas de certo modo maravilhosamente agradável da *ideia* materializada *numa nova forma clara*, e essa forma brotava de sua alma, atormentando essa alma; ele *sentia* ainda timidamente a originalidade, a *verdade* e a autenticidade dela: a criação já se anunciava às suas forças, formava-se e fortalecia-se" (I, 425).

Adiante, já no fim da novela:

"Talvez se realizasse nele uma ideia integral, original, autêntica. Talvez seu destino fosse o de ser um *artista* na ciência" (I, 498).

Era a Dostoiévski que estava reservado o destino de ser esse artista da ideia, não na ciência, porém na literatura.

Que condições determinam em Dostoiévski a possibilidade de representação artística da ideia?

Cabe lembrar, antes de mais nada, que a imagem da ideia é inseparável da imagem do homem, seu portador. Não é a ideia por si mesma a "heroína das obras de Dostoiévski", como o afirma B. M. Engelgardt, mas o *homem de ideias*. É indispensável salientar mais uma vez que o herói de Dostoiévski é o homem de ideias. Não se trata de caráter, temperamento ou tipo social ou psicológico: é evidente que a imagem da ideia *plenivalente* não pode combinar-se com semelhantes imagens exteriorizadas e acabadas dos homens. Seria absurda a própria tentativa de combinar, por exemplo, a ideia de Raskólnikov, a qual entendemos e *sentimos* (segundo Dostoiévski, a ideia não deve ser apenas entendida, mas "sentida" também), com o seu caráter acabado ou com a sua tipicidade social enquanto *raznotchínets* dos anos sessenta. A ideia de Raskólnikov perderia imediatamente a significação imediata como ideia plenivalente e sairia da polêmica em que *vive* em constante interação dialógica com outras ideias plenivalentes como as ideias de Sônia, Porfiry, Svidrigáilov e outros. O único que pode ser portador de ideia plenivalente é o "homem no homem", com sua livre falta de acabamento e solução, de que já falamos no capítulo anterior. É precisamente para esse núcleo interno inacabado da personalidade de Raskólnikov que Sônia, Porfiry e outros apelam dialogalmente. E é para esse mesmo núcleo que se volta o próprio autor com toda a construção do seu romance sobre Raskólnikov.

Por conseguinte, só o inacabado e inexaurível "homem no homem" poderia ser homem de ideia, cuja imagem se combinaria com a imagem da ideia plenivalente. É essa a primeira condição da representação da ideia em Dostoiévski.

Mas essa condição tem uma espécie de efeito retroativo. Podemos dizer que em Dostoiévski o homem supera sua "exterioridade" e se converte em "homem no homem" somente entrando no campo puro e inacabado da ideia, ou seja, somente após tornar-se um desinteressado homem de ideia. Assim são todas as personagens principais, ou seja, os protagonistas do grande diálogo em Dostoiévski.

Nesse sentido, aplica-se a todos os heróis a definição da personalidade de Ivan Karamázov, feita por Zossima. Ele a faz, evidentemente, em sua linguagem eclesiástica, ou seja, no campo da ideia cristã no qual ele, Zossima, vive. Citemos o trecho correspondente de um diálogo *penetrante*, característico de Dostoiévski, que se desenvolve entre o *stárietz* Zossima e Ivan Karamázov.

– Será que você partilha mesmo essa convicção sobre as consequências da extinção da fé na mortalidade da alma entre os homens? – perguntou de repente o *stárietz* a Ivan Fiódorovitch.

– Sim, foi o que afirmei. Não há virtude se não há imortalidade.

– Você é que é feliz, se é que acredita nisso, ou muito infeliz.

– Por que infeliz? – sorriu Ivan Fiódorovitch.

– Porque tudo indica que não acredita nem na imortalidade da sua alma e nem mesmo no que escreveu sobre a Igreja e a questão religiosa.

– Pode ser que o senhor tenha razão!... Contudo, eu não estava totalmente brincando... – de repente confessou Ivan de maneira estranha, corando rapidamente.

– Não estava totalmente brincando, isso é verdade. *Essa ideia ainda não está resolvida no seu coração e o martiriza*. Mas, às vezes, até o mártir gosta de brincar com o seu desespero, como que por desespero

também. Por ora você mesmo se diverte em desespero de causa – com artigos em revistas e polêmicas nos salões –, sem acreditar em sua própria dialética e com dor no coração rindo ironicamente dela consigo mesmo... *Em você essa questão ainda não está resolvida e nisto está a sua grande mágoa, pois ela exige imperiosamente uma solução...*
– Mas será que ela pode ser resolvida em mim? Resolvida num sentido positivo? – continuou Ivan Fiódorovitch a perguntar estranhamente, sem deixar de olhar para o *stárietz* com um sorriso inexplicável.
– Se não pode ser resolvida num sentido positivo, então nunca se resolverá num sentido negativo, pois você mesmo conhece essa qualidade do seu coração; e nisso reside todo o tormento dele. Mas dê graças ao Criador por lhe haver dado um *coração elevado, capaz de torturar-se com esse tormento.* "Pensai nas alturas e as alturas buscai, porque nossa morada está nos céus". "Deus permita que a solução do seu coração ainda encontre na terra, e abençoe os seus caminhos!" (IX, 91-92).

Em sua conversa com Rakítin, Aliócha também faz uma definição análoga de Ivan, porém numa linguagem mais leiga.

"Eh, Micha, a alma dele (Ivan – M. B.) é impetuosa, a inteligência, cativa. *Nele há uma ideia grandiosa e não resolvida. Ele é daqueles que não precisam de milhões, mas precisam resolver uma ideia"* (IX, 105).

A todas as personagens principais de Dostoiévski é dado "pensar nas alturas e as alturas buscar", em cada uma delas "há uma ideia grandiosa e não resolvida", todas precisam antes de tudo "resolver uma ideia". E é nessa solução da ideia que reside toda a vida autêntica e a própria falta de acabamento dessas personagens. Separadas da ideia em que vivem, sua imagem será totalmente destruída. Por outras palavras, a imagem do herói é indissolúvel da imagem da ideia e inseparável dele. Vemos o herói na ideia e através da ideia, enquanto vemos a ideia nele e através dele.

Como homens de ideia, todas as personagens principais de Dostoiévski são absolutamente desinteressadas, pois a ideia realmente domina o núcleo profundo da sua personalidade. Esse desinteresse não é um traço do caráter objetificado dessas personagens, nem uma definição externa dos seus atos: o desinteresse lhes expressa a vida real no campo das ideias (eles "não precisam de milhões, mas precisam resolver uma ideia"); é como se ideologia e desinteresse fossem sinônimos. Nesse sentido, são desinteressados: Raskólnikov que matou e roubou a velha agiota, a prostituta Sônia e Ivan, cúmplice da morte do pai. Também é absolutamente desinteressada a ideia do "adolescente" de tornar-se um Rotschild. Tornamos a repetir: não se trata de uma qualificação habitual do caráter e dos atos do homem, mas do índice de participação real da sua personalidade profunda numa ideia.

A segunda condição da criação da imagem da ideia em Dostoiévski é a profunda compreensão que ele tem da natureza dialógica do pensamento humano, da natureza dialógica da ideia. Dostoiévski conseguiu ver, descobrir e mostrar o verdadeiro campo da vida da ideia. A ideia não vive na consciência individual isolada de um homem: mantendo-se apenas nessa consciência, ela degenera e morre. Somente quando contrai relações dialógicas essenciais com as ideias dos *outros* é que a ideia começa a ter vida, isto é, a formar-se, desenvolver-se, encontrar e renovar sua expressão verbal, gerar novas ideias. O pensamento humano só se torna pensamento autêntico, isto é, ideia, sob as condições de um contato vivo com o pensamento dos outros, materializado na voz dos outros, ou seja, na consciência dos outros expressa na palavra. É no ponto desse contato entre vozes-consciências que nasce e vive a ideia.

A ideia, como a considerava Dostoiévski-artista, não é uma formação psicológico-individual subjetiva com "sede permanente" na cabeça do homem; não, a ideia é interindividual e intersubjetiva, a esfera da sua existência não é a consciência individual, mas a comunicação dialogada *entre* as consciências. A ideia é um *acontecimento vivo*, que irrompe no ponto de contato dialogado entre duas ou várias consciências. Nesse sentido, a ideia é semelhante *ao discurso*, com o qual forma uma unidade dialética. Como o discurso, a ideia quer ser ouvida, entendida e "respondida" por outras vozes e de outras posições. Como o discurso, a ideia é por natureza dialógica, ao passo que o monólogo é apenas uma forma convencional de composição de sua expressão, que se constituiu na base do monologismo ideológico da Idade Moderna, por nós já caracterizado.

Era precisamente como esse acontecimento vivo, que irrompe entre as consciências-vozes, que Dostoiévski via e representava artisticamente a *ideia*. Foi essa descoberta artística da natureza dialógica da ideia, da consciência e de toda a vida humana focalizada pela consciência (e pelo menos levemente partícipe da ideia) que o tornou o grande artista da ideia.

Dostoiévski nunca expõe em forma monológica ideias prontas, assim como não mostra a formação *psicológica* dessas ideias *numa* consciência individual. Em qualquer dos casos as ideias deixariam de ser imagens vivas.

Lembremos, por exemplo, o primeiro monólogo interior de Raskólnikov, do qual citamos um trecho no capítulo anterior. Aqui não há nenhuma formação psicológica da ideia *numa* consciência fechada. Ao contrário, a consciência do solitário Raskólnikov se converte em arena de luta das vozes dos outros. Nessa consciência, as ocorrências de ideias mais próximas (a carta da mãe, o encontro com Marmieládov) nela refletidas assumem a forma do mais tenso diálogo com interlocutores ausentes (a mãe, Sônia e outros), e é nesse diálogo que ele procura "resolver sua ideia".

Antes de iniciar-se a ação do romance, Raskólnikov publicara num jornal um artigo em que expunha os fundamentos teóricos da sua ideia. Dostoiévski nunca expõe esse artigo em forma monológica. Vamos conhecer-lhe pela primeira vez o teor e, consequentemente, a ideia fundamental de Raskólnikov no diálogo tenso – e terrível para Raskólnikov – que este trava com Porfiry (Razumikhin e Zamiétov também participam do diálogo). Inicialmente o artigo é exposto por Porfiry e exposto em forma premeditadamente deturpada e provocante. Essa exposição interiormente dialogada é sempre interrompida pelas perguntas dirigidas a Raskólnikov e pelas réplicas deste. Em seguida, é o próprio Raskólnikov que expõe o seu artigo, constantemente interrompido por perguntas e observações provocantes de Porfiry. E a própria exposição de Raskólnikov é impregnada de uma polêmica interna com o ponto de vista de Porfiry e seus asseclas. E Razumikhin também replica. Como resultado, a ideia de Raskólnikov se nos apresenta na zona interindividual de uma tensa luta entre várias consciências individuais, e o aspecto teórico da ideia combina-se inseparavelmente com as últimas posições dos participantes do diálogo em relação à vida.

A ideia de Raskólnikov revela nesse diálogo várias de suas facetas, matizes e possibilidades, contrai diferentes relações de reciprocidade com outras posições em face da vida. Ao perder o seu acabamento monológico teórico-abstrato, que satisfaz apenas a *uma* consciência, a ideia assume uma complexidade contraditória e a viva variedade de ideia-força, que nasce, vive e atua no grande diálogo da época e guarda semelhança com as ideias cognatas de outras épocas. Surge diante de nós a *imagem da ideia*.

Do mesmo modo, a ideia de Raskólnikov torna a surgir diante de nós nos diálogos igualmente tensos entre ele e Sônia; aqui ela já assume outra tonalidade, entra em contato dialógico com outra atitude vital muito forte e completa de Sônia e por isso revela as suas novas facetas e possibilidades. Em seguida ouvimos essa ideia na exposição dialogada de Svidrigáilov em seu diálogo com Dúnia. Mas aqui, na voz de Svidrigáilov, um dos duplos parodiados de Raskólnikov, a ideia soa de maneira totalmente distinta e se nos apresenta sob outro aspecto. Por último, ao longo de todo o romance, a ideia de Raskólnikov entra em contato com diversas ocorrências da vida, que a experimentam, verificam, confirmam ou negam. A isso já nos referimos no capítulo anterior.

Lembremos ainda a ideia de Ivan Karamázov, segundo a qual se não há imortalidade da alma, "tudo é permitido". Que vida dialogada tensa leva essa ideia ao longo de todo o romance *Os Irmãos Karamázov*! Que vozes heterogêneas a realizam! Em que contatos dialógicos inesperados ela entra!

Essas duas ideias (a de Raskólnikov e a de Ivan Karamázov) recebem os reflexos de outras ideias, assim como na pintura, em consequência dos reflexos das tonalidades ambientes, uma certa tonalidade perde a sua pureza abstrata mas em compensação começa a viver uma vida autenticamente pictórica. Se retirássemos essas ideias do campo dialógico de sua vida e lhes déssemos uma forma teórica monologicamente acabada, que construções ideológicas pálidas e facilmente refutáveis obteríamos!

*

Como artista, Dostoiévski não criava as suas ideias do mesmo modo que as criam os filósofos ou cientistas: ele criava imagens vivas de ideias auscultadas, encontradas, às vezes adivinhadas por ele na *própria realidade,* ou seja, ideias que já têm vida ou que ganham vida como ideia-força. Dostoiévski tinha o dom genial de auscultar o diálogo de sua época, ou, em termos mais precisos, auscultar a sua época como um grande diálogo, de captar nela não só vozes isoladas mas antes de tudo as *relações dialógicas* entre as vozes, a *interação* dialógica entre elas. Ele auscultava também as vozes dominantes, reconhecidas e estridentes da época, ou seja, as ideias dominantes, principais (oficiais e não oficiais), bem como vozes ainda fracas, ideias ainda não inteiramente manifestadas, ideias latentes ainda não auscultadas por ninguém exceto por ele, e ideias que apenas começavam a amadurecer, embriões de futuras concepções do mundo. "A realidade toda" – escreveu o próprio Dostoiévski – "não se esgota no essencial, pois uma grande parte deste nela se encerra sob a forma de *palavra futura ainda latente, não pronunciada*".[1]

No diálogo do seu tempo, Dostoiévski auscultava também os ecos das vozes-ideias do passado, tanto do passado mais próximo (dos anos 30-40) quanto do mais distante. Como já dissemos, ele procurava auscultar também as vozes-ideias do futuro, tentava adivinhá-las, por assim dizer, pelo lugar a elas destinado no diálogo do presente, da mesma forma que se pode adivinhar no diálogo já desencadeado a réplica ainda não pronunciada do futuro. Desse modo, no plano da atualidade confluíam e polemizavam o passado, o presente e o futuro.

Repetimos: Dostoiévski nunca criava as suas imagens das ideias a partir do nada, nunca "as inventava", como o artista não inventa as pessoas que retrata; sabia auscultá-las ou adivinhá-las na realidade presente. Por isso podemos encontrar e indicar certos *protótipos* para as imagens das ideias nos romances de Dostoiévski, bem como para as imagens dos seus heróis. Assim, por exemplo, os protótipos das ideias de Raskólnikov foram as ideias de Marx Stirner, expostas no tratado *O Único e Sua Particularidade*, e as ideias de Napoleão III, desenvolvidas por ele no livro *A História de Júlio César* (1865);[2] um dos protótipos das ideias de Piótr Vierkhoviénski foi o *Catecismo de um Revolucionário*;[3] foram protótipos das ideias de Viersílov (*O*

---

[1] *Cadernos de Notas de F. M. Dostoiévski*, Ed. Academia, M.L., 1935, p. 179. Essa mesma questão é mencionada muito bem por L. Grossman, que se baseia em palavras do próprio Dostoiévski: "O artista ausculta, pressente, vê até" que "surgem e se desenvolvem novos elementos, sedentos de uma palavra nova" – escreveu bem mais tarde Dostoiévski; "é a eles que cabe captar e expressar" (L.P . Grossman. *Dostoiévski Artista*, Ed. da Academia de Ciências da URSS, Moscou, 1959, p. 366).

[2] Esse livro, publicado quando Dostoiévski estava escrevendo *Crime e Castigo*, teve grande repercussão na Rússia. Cf. o ensaio de F. I. Ievínin, o romance *Crime e Castigo*. Ed. AN SSSR, M., 1959, p. 153-157.

[3] Veja-se a respeito o ensaio de F. I. Ievínin, o romance *Os Demônios*, idem editora, p. 228-229.

Adolescente) as ideias de Tchaadáiev e Herzen.[1] Nem de longe foram descobertos e indicados os protótipos das ideias de Dostoiévski. Salientamos que não se trata das "fontes" de Dostoiévski (aqui esse termo seria inoportuno), mas precisamente dos *protótipos* das imagens das ideias.

Dostoiévski absolutamente não copiou nem expôs esses protótipos, mas os reelaborou de maneira livremente artística, convertendo-os em imagens artísticas vivas das ideias, rigorosamente como o faz um artista até com seus protótipos humanos. O que ele fez, acima de tudo, foi destruir a forma monológica fechada das ideias-protótipos e incluí-las no grande diálogo dos seus romances, onde elas começam a viver uma nova vida artística factual.

Como artista, Dostoiévski revelou na imagem dessa ou daquela ideia não só os traços histórico-reais dessa imagem, presentes no protótipo (por exemplo, na *História de Júlio César*, de Napoleão III), mas também as suas *possibilidades*, e essas possibilidades são justamente o mais importante para a imagem artística. Como artista, Dostoiévski adivinhava frequentemente como uma determinada ideia iria desenvolver-se e atuar em condições modificadas, que direções inesperadas tomaria seu sucessivo desenvolvimento e sua transformação. Para tanto, colocava a ideia no limite das consciências dialogicamente cruzadas. Ele reunia ideias e concepções de mundo, que na própria realidade eram absolutamente dispersas e surdas umas às outras, e as obrigava a polemizar. É como se acompanhasse essas ideias distantes umas das outras, pontilhando-as até o lugar em que elas se cruzam dialogicamente. Assim, ele previu os futuros encontros dialógicos de ideias ainda dispersas. Previu novas combinações de ideias, o surgimento de novas vozes-ideias e mudanças na disposição de todas as vozes-ideias no diálogo universal. Por isso esse diálogo russo e universal – que ecoa nas obras de Dostoiévski com as vozes-ideias já viventes e com as ainda embrionárias, não acabadas e plenas de novas possibilidades – ainda continua atraindo para o seu jogo elevado e trágico as mentes e as vozes dos leitores de Dostoiévski.

Assim, as ideias-protótipos, aplicadas nos romances de Dostoiévski, mudam a forma de sua existência sem perder a plenivalência semântica: elas se tornam imagens inacabadas totalmente dialógicas

---

1   Veja-se a respeito no livro de A. S. Dolínin. *No Laboratório Artístico de Dostoiévski*, Ed. Sovietsky Pissatel, Moscou, 1947.

e monológicas das ideias, vale dizer, entram no campo para elas novo da existência *artística*.

Dostoiévski não foi apenas um artista, autor de romances e novelas, mas também um jornalista político e pensador, que publicou artigos em *Vriêmya*,* *Epókha*,** *Grajdanín**** e seu *Diário de um Escritor*. Nesses artigos ele expressou determinadas *ideias* filosóficas, filosófico-religiosas, político-sociais e outras. Também aqui (ou seja, nesses artigos) ele as expôs como *ideias próprias afirmadas* em forma *sistêmico-monológica ou retórico-monológica (propriamente publicitária)*. Às vezes expressava essas mesmas ideias em cartas a diferentes destinatários. Aqui – em cartas e artigos – não se trata, evidentemente, de imagens de ideias mas de ideias francas, monologicamente afirmadas.

Mas essas mesmas "ideias de Dostoiévski" nós encontramos em seus romances. Como devemos considerá-las aqui, ou seja, no contexto artístico de sua criação?

Como consideramos as ideias de Napoleão III em *Crime e Castigo*, das quais Dostoiévski-pensador discorda totalmente, ou as ideias de Tchaadáiev e Herzen em *O Adolescente*, com as quais Dostoiévski-pensador está parcialmente de acordo, devemos igualmente considerar as ideias do próprio Dostoiévski-pensador como *ideias-protótipos* de algumas imagens de ideias nos seus romances (as imagens das ideias de Sônia, Míchkin, Aliócha, Ivan Karamázov, Zossima).

De fato, quando as ideias de Dostoiévski-pensador entram no seu romance polifônico, mudam a própria forma de sua existência, transformam-se em imagens artísticas das ideias: combinam-se numa unidade indissolúvel com as imagens das ideias (de Sônia, Míchkin, Zossima), rompem o seu fechamento monológico e seu acabamento, tornam-se inteiramente dialógicas e entram no grande diálogo do romance em *absoluto pé de igualdade* com outras imagens de ideias (as ideias de Raskólnikov, Ivan Karamázov e outros). É inteiramente inaceitável atribuir-lhes a função conclusiva das ideias dos autores do romance monológico. Aqui elas não têm absolutamente essa função,

---

* *Vriêmya (O Tempo)*. Revista mensal de literatura e política, publicada em Petersburgo de 1861 a 1863, da qual Dostoiévski foi íntimo colaborador (N. do T.).

** *A Época*. Revista publicada de 1864 a 1865 (N. do T.).

*** *O Cidadão*. Jornal-revista russo, político e literário, editado em Petersburgo de 1872 a 1914, do qual Dostoiévski foi redador de 1873 a 1874 (N. do T.).

são participantes equipolentes do grande diálogo. Se certa paixão de Dostoiévski-publicista por algumas ideias e imagens reflete-se às vezes em seus romances, ela se manifesta apenas em momentos superficiais (por exemplo, o epílogo convencionalmente monológico de *Crime e Castigo*) e não pode perturbar a poderosa lógica artística do romance polifônico. Dostoiévski-artista sempre triunfa sobre Dostoiévski-publicista.

Assim, as ideias do próprio Dostoiévski, expressas por ele em forma monológica fora do contexto artístico de sua criação (em artigos, cartas e palestras públicas), são meros protótipos de algumas imagens de ideias nos seus romances. Por isso, é absolutamente inadmissível substituir pela crítica dessas ideias-protótipos monológicas a autêntica análise do pensamento artístico polifônico de Dostoiévski. É importante mostrar a *função* das ideias no universo polifônico de Dostoiévski, e não apenas sua *substância monológica*.

*

Para entender corretamente a representação da ideia em Dostoiévski, é necessário levar em conta mais uma peculiaridade de sua ideologia geradora de forma. Temos em vista, acima de tudo, aquela ideologia de Dostoiévski que serviu de princípio à sua visão e representação do mundo, precisamente a ideologia geradora de forma, pois é dela que, em suma, dependem as funções na produção de pensamentos e ideias abstratos.

Na ideologia geradora de formas de Dostoiévski faltavam justamente os dois elementos básicos sobre os quais se assenta qualquer ideologia, isto é, a *ideia particular* e o *sistema* concreto uno de ideias. Para o enfoque ideológico comum, existem ideias particulares, afirmações e teses que por si mesmas podem ser verdadeiras ou falsas, dependendo da relação entre elas e o objeto e independendo de quem seja o seu agente, da pessoa a quem elas pertençam. Essas ideias concreto-verdadeiras "sem dono" se reúnem numa unidade sistêmica de ordem concreta. Nessa unidade sistêmica, as ideias entram em contato e relação entre si em base concreta. A ideia se basta ao sistema como totalidade definitiva e o sistema é constituído de ideias particulares como elementos.

Nesse sentido, a ideologia de Dostoiévski desconhece quer a ideia particular, quer a unidade sistêmica. Para o romancista, não é a ideia particular concretamente limitada, uma tese ou afirmação que constitui a última unidade indivisível, mas o ponto de vista integral, a posição total do indivíduo. Para ele, a significação concreta se funde indissoluvelmente com a posição do indivíduo. É como se o indivíduo estivesse plenamente representado em cada ideia. Por isso, a combinação de ideias é a combinação de posições integrais, combinação de indivíduos.

Em termos paradoxais, Dostoiévski não pensava através de ideias, mas de pontos de vista, de consciências, de vozes. Ele procurava interpretar e formular cada ideia de maneira a que nela se exprimisse e repercutisse todo o homem e assim, em forma torcida, toda a concepção de mundo deste do alfa ao ômega. Só uma ideia que comprimisse uma orientação espiritual completa era por Dostoiévski convertida em elemento de sua visão artística do mundo; para ele, essa ideia era uma unidade indivisível. Unidades dessa espécie formavam não mais um sistema concretamente unificado, mas uma ocorrência concreta de vozes e orientações humanas organizadas. Em Dostoiévski, duas ideias já são duas pessoas, pois ideias de ninguém não existem e cada ideia representa o homem em seu todo.

Essa tendência de Dostoiévski a interpretar cada ideia como posição completa do indivíduo e a pensar através de vozes manifesta-se nitidamente até na estrutura composicional dos seus artigos publicitários. Sua maneira de desenvolver uma ideia é idêntica em toda parte: ele a desenvolve dialogicamente, mas não no diálogo lógico seco e, sim, por meio do confronto de vozes completas profundamente individualizadas. Até mesmo em seus artigos polêmicos ele, em essência, não persuade, mas organiza vozes, conjuga os objetivos semânticos, usando, na maioria dos casos, a forma de um diálogo imaginário.

Eis uma construção típica de artigo publicitário.

No artigo "O Meio", Dostoiévski expressa inicialmente uma série de considerações em forma de questões e hipóteses acerca dos estados psicológicos e tendências dos jurados, interrompendo e ilustrando como sempre as suas ideias com as vozes e meias-vozes das pessoas. Eis o exemplo:

"Parece que uma sensação geral de todos os jurados do mundo, e dos nossos em particular (além de outras sensações, evidentemente), deve ser a sensação de poder, ou melhor, de prepotência. Às vezes a sensação é obscena, isto é, caso predomine sobre as demais... Sonhei com sessões onde todos os participantes eram, por exemplo, os

camponeses, servos de ontem. O procurador e os advogados se dirigiam a eles, adulando-os e sondando-os, enquanto os nossos *mujiques* continuavam sentados e calados, pensando consigo mesmos:
'Olha aí a coisa como está; se eu quiser, pego e inocento, se não, mando direto pra Sibéria...'
'Simplesmente dá pena arruinar o destino dos outros, também são gente. O povo russo é piedoso', resolvem alguns, como às vezes tive oportunidade de escutar."
E passa diretamente ao arranjo do seu tema através do diálogo imaginário.
"Mesmo supondo – parece-me ouvir a voz – que as vossas bases sólidas (ou seja, cristãs) sejam as mesmas e que, com efeito, deva-se ser acima de tudo um cidadão e neste caso manter a honra, etc., como proclamaram os senhores, pois bem, mesmo supondo tal coisa, por ora sem contestação, pensem cá comigo: onde é que vamos arranjar esses cidadãos? Imaginem só o que ocorria ontem! Os direitos civis (e que direitos!) desabaram de repente sobre ele como se caíssem do céu. E acontece que o esmagaram, e que por ora representam para ele apenas um fardo, um fardo!
– É claro que há verdade na vossa observação – respondo à voz, um pouco desanimado – no entanto mais uma vez o povo russo...
– O povo russo? Desculpe – parece-me ouvir outra voz –, dizem que as dádivas lhe caíram do céu e o esmagaram. Ocorre, porém, que talvez ele não apenas sinta que tenha recebido tanto poder como dádiva mas também sinta, além disso, que o recebeu mesmo por dádiva, ou seja, que por enquanto ele não merece essas dádivas..." (Segue o desenvolvimento desse ponto de vista).
"Em parte isto é a voz dos eslavófilos[*] – penso cá comigo. – A ideia é efetivamente consoladora, ao passo que a hipótese da resignação do

---

[*] Corrente idealista conservadora do pensamento russo do século XIX ou filoeslavismo – que na década de 40-50 influenciou consideravelmente uma parcela da intelectualidade ligada à literatura. Para os eslavófilos (ou filoeslavos) a história da Rússia apresentava como peculiaridades fundamentais a religião ortodoxa (que eles reconheciam como a mais universalmente verdadeira), a vida e os costumes comunais (que eles idealizavam), a resignação do povo russo, a ausência da divisão da sociedade em classes, etc. Seu programa político era utópico e reacionário, pois propagavam a evolução da nobreza pela via capitalista com a manutenção do maior número possível dos privilégios da antiga sociedade russa, no que se colocavam à retaguarda até mesmo do imperador

povo diante de um poder recebido como dádiva e doado a um povo ainda 'indigno' é, evidentemente, mais precisa do que a hipótese da vontade de 'provocar o procurador...'" (Desenvolvimento da resposta).

"– Mas apesar de tudo – creio ouvir alguma voz sarcástica – parece que o senhor impõe ao povo a moderna filosofia do meio. Agora me diga: de que jeito ela chegou a ele? Ora, algumas vezes esses doze jurados eram *mujiques*, e a cada um deles atribuía-se o pecado mortal de haver quebrado a abstinência durante a quaresma. O senhor na certa lhes imputaria diretamente tendências sociais.

É claro, é claro, que têm eles, ou melhor, todos eles a ver com o 'meio'? – penso cá comigo. – Se bem que as ideias flutuem no ar, e nas ideias exista alguma coisa penetrante...

– Aí é que está a coisa! – gargalha a voz sarcástica.

– Mas o que fazer se o nosso povo, inclusive pelo seu próprio ser, suponhamos que até pelas suas inclinações eslavas, tenha uma propensão especial pela doutrina do meio? O que fazer se na Europa ele é precisamente o melhor alvo dos diversos propagadores?

A voz sarcástica dá gargalhadas ainda mais estridentes mas de certa forma salientes."[1]

O desenvolvimento posterior do tema se estrutura em meias-vozes e em material de cenas concretas da vida e dos costumes e situações que, no fim das contas, têm como finalidade última caracterizar algum posicionamento do ser humano: do criminoso, do advogado, do jurado, etc.

É essa a estruturação de muitos artigos publicitários de Dostoiévski, cujo pensamento avança, em toda parte, através do labirinto de vozes, meias-vozes, palavras e gestos dos outros. Ele nunca demonstra as suas teses com base em outras teses abstratas, não combina o pensamento segundo um princípio concreto, mas confronta os posicionamentos e entre eles constrói o seu.

É evidente que, nos artigos publicitários, essa peculiaridade geradora de forma da ideologia de Dostoiévski não pode manifestar-se com a suficiente profundidade. Aqui isso é apenas uma forma de

---

Alexandre II. A doutrina se baseava no sistema místico-religioso dos seus dois fundadores: na ontologia voluntarista de A. S. Khomyakóv e na epistemologia irracionalista de I. V. Kiriêievski (N. do T.).

1 F. M. Dostoiévski. *Obras Completas*, sob redação de B. Tomachevski e K. Khalabáiev, t. XI, Ed. Gosizdat M-L., 1929, p. 11-15.

exposição, pois nesse caso o monologismo do pensamento evidentemente não predomina. A literatura publicitária cria as condições menos favoráveis para que isso ocorra. Contudo, nem aqui Dostoiévski pode ou quer separar o pensamento do homem, da sua boca viva para ligá-lo a outro pensamento num plano impessoal puramente concreto. Enquanto o posicionamento ideológico comum vê na ideia o seu sentido material, seus "pináculos" concretos, Dostoiévski vê acima de tudo no homem as "pequenas raízes" dessa ideia; para ele a ideia é bilateral e os dois lados não podem separar-se um do outro nem na abstração. Todo o seu material se desenvolve diante dele como posicionamentos humanos. Seu caminho não se estende da ideia para a ideia, mas do posicionamento para o posicionamento. Para ele, pensar implica interrogar e ouvir, experimentar posicionamentos, combinando uns e desmascarando outros. É necessário salientar que no universo de Dostoiévski até o assentimento conserva o seu *caráter dialógico*, ou seja, nunca leva à *fusão* das vozes e verdades numa verdade *impessoal* una como ocorre no universo monológico.

É típico das obras de Dostoiévski não haver semelhantes ideias *particulares*, teses e formulações do tipo de sentenças, máximas, aforismos, etc., que, separadas do contexto e desligadas da voz, conservem em forma impessoal a sua significação semântica. Mas quantas ideias particulares e verdadeiras como essas podem-se destacar (e habitualmente se destacam) dos romances de Tolstói, Turguiêniev, Balzac e outros! Aqui elas estão difusas quer nos discursos das personagens, quer no discurso do autor; desligadas da voz, elas conservam toda a plenitude do seu valor aforístico impessoal.

A literatura do Classicismo e do Iluminismo elaborou um tipo especial de pensamento aforístico, ou seja, um pensamento através de ideias particulares fluentes e autossuficientes, pelo seu próprio plano, independentes do contexto. Os românticos elaboraram outro tipo de pensamento aforístico.

Esses tipos de pensamento foram especialmente estranhos e hostis a Dostoiévski, cuja ideologia geradora de formas desconhece a *verdade impessoal* e em cujas obras não há verdades impessoais destacáveis. Nelas há apenas vozes-ideias integrais e indivisíveis, vozes-pontos de vista, mas estas também não podem ser destacadas do tecido dialógico da obra sob pena de deformar-se a natureza delas.

É verdade que em Dostoiévski há personagens que representam a linha mundana epigônica do pensamento aforístico, ou melhor, da tagarelice aforística, personagens que se derramam em chistes e aforismos vulgares, como, por exemplo, o velho Príncipe Sokólski (*O Adolescente*). Aqui também podemos incluir Viersílov, se bem que apenas parcialmente, apenas no aspecto periférico de sua personalidade. Esses aforismos mundanos são objetificados, evidentemente. Mas há em Dostoiévski um herói de tipo especial, que é Stiepán Trofímovitch Vierkhoviénski. Esse é um epígono de linhas mais elevadas do pensamento aforístico iluminista e romântico. Ele se derrama em "verdades" particulares justamente por não dispor de uma "ideia dominante" que lhe determine o núcleo da personalidade, por não ter a *sua* verdade, mas tão somente verdades impessoais particulares que, assim, deixam de ser verdadeiras até o fim. Em suas últimas horas de vida ele mesmo define sua atitude em face da verdade:

"Meu amigo, passei toda a vida mentindo. Até quando dizia a verdade. Eu nunca falei em prol da verdade mas em prol de mim mesmo; antes eu o sabia, agora apenas vejo..." (VII, 678).

Todos os aforismos de Stiepán Trofímovitch carecem de significação plena fora do contexto, são objetificados em diferentes graus e levam a marca irônica do autor (isto é, são bivocais).

Nos diálogos composicionalmente expressos dos heróis de Dostoiévski também não há teses e ideias particulares. Eles nunca polemizam sobre *pontos particulares, mas sempre através de pontos de vista integrais,* inserindo inteiramente a si e a sua ideia até mesmo na réplica mais breve. Eles quase nunca desmembram nem analisam a sua posição ideológica integral.

Em todo o grande diálogo do romance, as vozes particulares e seus mundos estão em oposição também como todos indivisíveis, e não em forma desmembrável ponto por ponto ou tese por tese.

Numa de suas cartas a Pobiedonóssiets[*] por motivo de *Os Irmãos Karamázov*, Dostoiévski caracteriza muito bem o seu método de contraposições dialógicas completas:

"Como resposta a todo esse *aspecto negativo* eu imaginei esse sexto livro, 'O Monge Russo', que será publicado no dia 31 de agosto.

---

[*] Konstantin Pietróvitch Pobiedonóssiets (1827-1907), sociólogo, jurista, político reacionário russo e ideólogo da autocracia, procurador-geral do Sínodo (1880-1905). Idealizava a inércia humana, afirmava o fideísmo, o irracionalismo e o alogismo. É o procurador "provocado" por Dostoiévski no referido diálogo do artigo "O Meio" (N. do T.).

É por isso que temo por ele no sentido de saber se ele será ou não uma resposta *suficiente*, tanto mais porque essa *resposta às teses anteriormente expressas* (em *O Grande Inquisidor* e antes) *por pontos não é direta*, mas apenas indireta. Aqui se apresenta algo diretamente [e inversamente] contrário à concepção de mundo acima expressa: e apresenta-se novamente não por pontos mas, por assim dizer, no *quadro artístico*" (Cartas, t. IV, p. 109).

*

As peculiaridades da ideologia geradora de formas de Dostoiévski por nós examinadas determinam todos os aspectos da sua criação polifônica.

Resulta desse enfoque ideológico que diante de Dostoiévski não se desenvolve um mundo de objetos, elucidado e ordenado pelo seu pensamento monológico, mas um mundo de consciências que se elucidam mutuamente, um mundo de posicionamentos semânticos conjugados do homem. Entre estes, ele procura o posicionamento supremo mais autorizado, mas não o adota como sua própria ideia verdadeira, e sim como outro homem verdadeiro e sua palavra. Na imagem do homem ideal ou na imagem de Cristo afigura-se a ele a solução das buscas ideológicas. Essa imagem ou essa imagem suprema deve coroar o mundo de vozes, organizá-lo e subordiná-lo. É precisamente a imagem do homem e sua voz estranha ao autor que constitui o último critério ideológico para Dostoiévski: não é a fidelidade às suas convicções nem a fidelidade das convicções, expressas de maneira abstrata, mas precisamente a fidelidade à imagem do homem produzida pelo autor.[1]

Em resposta a Kaviélin, Dostoiévski rascunha em seu caderno de notas:

"É insuficiente definir a moralidade pela fidelidade às convicções. É necessário ainda suscitar em si mesmo a pergunta: será que as minhas convicções são verdadeiras? A verificação delas é uma só: Cristo. Mas neste caso já não se trata de filosofia, mas de fé, e a fé é uma flor vermelha...

---

1 Aqui não temos em vista, evidentemente, a imagem acabada e fechada da realidade (o tipo, o caráter, o temperamento), mas a palavra-imagem aberta. Essa imagem ideal abalizada, que não é acabada, mas seguida, apenas se apresenta a Dostoiévski como limite último dos seus planos artísticos, embora essa imagem não se tenha concretizado em sua obra.

Não posso reconhecer como homem de moral aquele que queima os hereges, pois não aceito a vossa tese segundo a qual moralidade é consenso com as convicções internas. Isso é apenas *honestidade* (a língua russa é rica), e não moralidade. Em mim, o protótipo moral e o ideal é Cristo. Agora eu pergunto: será que ele queimaria os hereges? Não. Donde se conclui que queimar hereges é um ato amoral...
Foi demonstrado que Cristo errou. Esse sentimento ardente diz: é melhor ficar com Cristo, com os erros, do que convosco...
A vida viva o abandonou, restaram apenas fórmulas e categorias e por isso pareceis alegres. Diz-se que há mais tranquilidade (preguiça)...
Dizeis que só o ato praticado por convicção é moral. Mas de onde tirastes semelhante conclusão? Francamente, não acredito em vós, e digo o contrário: amoral é agir segundo suas convicções. E vós, evidentemente, não me refutareis com nada."[1]

O que importa nessas ideias de Dostoiévski não é a sua confissão cristã em si, mas aquelas *formas* vivas do seu pensamento artístico-ideológico que aqui adquirem consciência própria e expressão precisa. As fórmulas e categorias lhe são estranhas ao pensamento. Ele prefere ficar com os erros mas com Cristo, ou seja, sem a verdade-fórmula, sem a verdade-tese. É altamente característica a *interrogação* feita ao modelo ideal (como faria Cristo?), ou seja, o posicionamento dialógico interno em relação a Cristo, sem se fundir com ele mas o seguindo.

A desconfiança nas convicções e em sua habitual função monológica, a procura da verdade não como conclusão de sua própria consciência, geralmente fora do contexto monológico da própria consciência, mas no modelo ideal abalizado de um outro ser, a orientação para a voz do outro e a palavra do outro caracterizam a ideologia geradora de formas de Dostoiévski. A ideia do autor não deve ter na obra uma função todo-elucidativa do mundo representado, mas deve inserir-se nesse mundo como imagem do homem, como um posicionamento entre outros posicionamentos, como palavra entre outras palavras. Esse posicionamento ideal (a palavra verdadeira) e sua possibilidade devem estar ao alcance dos olhos, mas não devem colorir a obra como tom ideológico pessoal do autor.

---
1   *Biografia. Cartas e Observações do Caderno de Notas* de F. M. *Dostoiévski.* St. Petersburgo, 1883, p. 371-372, 374.

No plano de *A Vida de um Grande Pecador* há a seguinte passagem muito sugestiva:

"1. PRIMEIRAS PÁGINAS. 1. Tom, 2. introduzir as ideias de modo artístico e conciso.

Primeiro NB, o *tom* (a história da *vida*, embora narrada pelo autor, é concisa, sem regatear com explicações, mas sendo representada por cenas. Aqui se faz necessária a harmonia). *A secura da narração atinge às vezes Gil-Blaz*. É como se não fosse absolutamente necessário dar valor a isso em passagens efetivas e cênicas.

Mas é necessário que também a ideia dominante da vida seja perceptível – isto é, embora não tenhamos de explicar em palavras toda a ideia dominante e a mantenhamos sempre envolta em mistério – para que o leitor sempre veja que se trata de uma ideia religiosa e que a vida é uma coisa tão importante que merece ser vivida desde tenra idade. Com a *escolha do tema da narração*, de todos os fatos, é como se constantemente aparecesse (algo) e *constantemente se colocasse em exposição e no pedestal o homem do futuro*".[1]

A "ideia dominante" aparece no plano de cada romance de Dostoiévski. Em suas cartas ele ressalta frequentemente a excepcional importância que dá à ideia básica. Escrevendo a Strákhov,[*] ele assim se refere a *O Idiota*: "No romance muita coisa foi escrita às pressas, estendeu-se ou malogrou, mas alguma coisa foi bem-sucedida. Não defendo o meu romance, defendo a minha ideia."[2] Referindo-se a *Os Demônios*, escreve a Maikov:[**] "A ideia me seduziu e eu me apaixonei terrivelmente por ela, no entanto não sei se estou construindo ou estragando o romance. Eis o mal!"[3] Mas até nos planos a função da ideia dominante é especial. Ela não ultrapassa os limites do grande diálogo nem o conclui. Cabe-lhe orientar apenas a escolha e a distribuição do material ("com a escolha do tema da narração"), enquanto esse material é composto pelas vozes dos

---

1   *Documentos sobre História da Literatura e da Vida Social*, fasc. 1. "F. M. Dostoiévski", Ed. Tsentrarkhiv RSFSR, Moscou, 1922, p. 71-72.

2   F. M. Dostoiévski. *Cartas*, t. II, Ed. Gosizdat, Moscou-Leningrado, 1930, p. 170.

3   F. M. Dostoiévski. *Cartas*, p. 333.

*   Nikoláiy Nikoláievitch Strakhóv (1828-1896), publicista e crítico russo (N. do T.).

**   A. Maikov. Poeta russo da segunda metade do século XIX (N. do T.).

outros, pelos pontos de vista dos outros, entre os quais, "coloca-se constantemente no pedestal o homem do futuro".[1]

Já dissemos que só para os heróis a ideia é um princípio monológico comum de visão e interpretação do mundo. É entre eles que se distribui tudo o que na obra pode servir de expressão direta e sustentáculo para a ideia. O autor se acha diante do herói, diante da sua voz genuína. Em Dostoiévski não há representação objetiva do meio, dos costumes, da natureza ou das coisas, vale dizer, de tudo o que possa tornar-se ponto de apoio para o autor. O universo sumamente multifacético das coisas e das relações materiais, que faz parte do romance de Dostoiévski, é dado no enfoque dos heróis, no seu espírito e tom. Como agente de sua própria ideia, o autor não entra em contato direto com nenhuma coisa una, pois seu contato é unicamente com pessoas. Compreende-se perfeitamente por que nesse universo de sujeitos não são possíveis nem o *leitmotiv* ideológico, nem a conclusão ideológica, que transformam a sua matéria em objeto.

Em 1878, Dostoiévski escreve a um de seus correspondentes: "Além de tudo isso (tratava-se da insubordinação do homem à lei geral da natureza. – M. B.), acrescente-se aqui o *meu eu*, que tinha consciência de tudo. Se ele tinha consciência disso tudo, ou seja, de toda a terra e seu axioma (a lei da autoconservação – M. B.), logo se conclui que esse meu eu está acima de tudo isso, pelo menos não cabe nesses limites, colocando-se, por assim dizer, à parte, acima de tudo isso, que ele julga e de que tem consciência... Mas neste caso esse *eu* não só não se subordina ao axioma terrestre, à lei da terra, como os ultrapassa, tem uma lei superior."[2]

No entanto, Dostoiévski não aplicou monologicamente em sua criação artística essa apreciação basicamente idealista da consciência. O "eu" que tem consciência e julga e o mundo enquanto seu

---

[1] Em carta a Maikov, Dostoiévski diz: "Pretendo apresentar como figura central da próxima novela Tíkhonov Zadonski, naturalmente com outro nome; mas este também levará uma tranquila vida de bispo em um convento... Talvez eu construa uma figura majestosa e positiva de santo. Já não se trata de Kostanjoglo, nem do alemão (esqueci o sobrenome) de Oblômov... nem dos Lopukhov ou Rakhmiétov. *Na verdade não vou criar nada*. Apenas mostrarei o Tíkhonov real, que eu aceitei em meu coração há muito tempo e com encantamento" (*Cartas*, t. II. Gosizdat, Moscou-Leningrado, 1930, p. 264).

[2] F. M. Dostoiévski. *Cartas*, t. IV, Gosizdat, Moscou, 1959, p. 5.

objeto são aqui representados no plural, e não no singular. Dostoiévski superou o solipsismo. Não reservou para si a consciência idealista, mas para os seus heróis, e não a reservou para uns, mas para todos. Ao invés da atitude do "eu" que é consciente e julga em relação ao mundo, ele colocou no centro da sua arte o problema das inter-relações entre esses "eus" que são conscientes e julgam.

Peculiaridades do gênero, do enredo e da composição das obras de Dostoiévski

As peculiaridades da poética de Dostoiévski, que tentamos mostrar nos capítulos anteriores, subentendem, evidentemente, um enfoque totalmente novo das manifestações do gênero, do enredo e da composição na obra dostoievskiana. Nem o herói, nem a ideia e nem o próprio princípio polifônico de construção do todo cabe nas formas do gênero, do enredo e da composição do romance biográfico, psicológico-social, familiar e de costumes, ou seja, não cabe nas formas que dominavam na literatura da época de Dostoiévski e foram elaboradas por contemporâneos seus como Turguiêniev, Gontcharóv, L. Tolstói. Comparada à obra desses escritores, a obra de Dostoiévski pertence a um tipo de gênero totalmente diverso e estranho a eles.

O enredo do romance biográfico é inadequado ao herói de Dostoiévski, pois se baseia inteiramente no aspecto definido social e caracterológico e na personificação real do herói. Entre o caráter do herói e o enredo de sua vida deve haver uma profunda unidade orgânica. É nessa unidade que se fundamenta o romance biográfico. O herói e o mundo objetivo que o cerca devem ser feitos de um fragmento. Nesse sentido, em Dostoiévski ele não é personificado nem pode personificar-se. Em seu romance não pode haver o enredo biográfico normal. E é em vão que os próprios heróis sonham e desejam ardentemente personificar-se, incorporar-se ao tema normal da vida. A sede de personificação do "sonhador" – gerado da ideia do "homem do subsolo" – e do "herói da família casual" é um dos importantes temas de Dostoiévski.

O romance polifônico de Dostoiévski se constrói sobre outro enredo e outra composição e está relacionado a outras tradições do gênero na evolução da prosa literária europeia.

Os críticos de Dostoiévski relacionam muito amiúde as particularidades da obra dostoievskiana com as tradições do romance de aventura europeu. Nisso há certa dose de verdade.

Entre o herói do romance de aventura e o herói dostoievskiano existe uma semelhança formal muito importante para a construção do romance. Também não se pode dizer quem é o herói aventureiro. Ele não tem qualidades socialmente típicas e individualmente caracterológicas que possibilitem a formação de uma sólida imagem do seu caráter, tipo ou temperamento. Uma imagem definida como essa tornaria pesado o tema do romance de aventura, limitaria as possibilidades da aventura. Tudo pode acontecer com o herói aventuresco, e este pode ser tudo. Ele também não é substância, mas mera função da aventura. O herói aventuresco, como o herói de Dostoiévski, é igualmente inacabado e não é predeterminado pela sua imagem.

É verdade que se trata de uma semelhança muito superficial e muito grosseira, porém suficiente para tornar os heróis dostoievskianos possíveis agentes do enredo aventuresco. O círculo de conexões que os heróis podem concatenar e de acontecimentos cujos protagonistas eles podem ser não é predeterminado ou limitado nem pelo caráter social dos heróis nem pelo universo social em que eles poderiam realmente ser personificados. Por isso, Dostoiévski pôde aplicar tranquilamente os procedimentos mais extremos e consequentes quer do romance de aventura nobre, quer do romance vulgar. Os heróis dostoievskianos nada excluem de sua vida, exceto uma coisa: o comportamento socialmente bem educado do herói plenamente personificado do romance biográfico e familiar.

Por esses motivos, Dostoiévski era o que menos podia seguir algum aspecto ou guardar alguma semelhança ponderável com Turguiêniev, Tolstói e os representantes do romance biográfico europeu ocidental. Por outro lado, o romance de aventura de todas as variedades deixou marcas profundas em sua obra. A esse respeito, escreve Leonid Grossman:

"Ele reproduziu acima de tudo – caso único em toda a história do romance clássico russo – as fábulas típicas da literatura de aventuras. Mais de uma vez os quadros tradicionais do romance europeu de aventuras serviram a Dostoiévski de arquétipos de esboço de construção das suas intrigas. Ele usava, inclusive, clichês desse gênero literário. No auge do trabalho apressado, ele se deixava seduzir pelos modelos correntes das fábulas de aventuras, englobadas pelos romancistas vulgares e pelos narradores folhetinistas...

Parece não haver um só atributo do velho romance de aventuras que não tenha sido usado por Dostoiévski. Além de crimes misteriosos e desastres em massa, títulos e fortunas inesperadas, encontramos aqui o traço mais típico do melodrama: aristocratas errando pelos bairros pobres, confraternizando com a escória social. Entre os heróis de Dostoiévski, Stavróguin não é o único com esse traço. Este é igualmente próprio dos príncipes Volkovski e Sokólski e, parcialmente, até do príncipe Míchkin."[1]

Mas em que o mundo das aventuras serviu a Dostoiévski? Que funções ele desempenha na totalidade do plano artístico dostoievskiano?

Respondendo a essa pergunta, Grossman indica as três funções básicas do tema da aventura. Com a inserção do mundo da aventura atingia-se, em primeiro lugar, o abrangente interesse narrativo, que facilitava ao leitor o difícil caminho através do labirinto das teorias filosóficas, imagens e relações humanas, encerradas em um romance. Em segundo lugar, no romance-folhetim Dostoiévski encontrou aquela "centelha de simpatia pelos humilhados e ofendidos que se sente por todas as aventuras dos miseráveis afortunados e dos enjeitados salvos". Por último, refletiu-se aqui o "traço tradicional" da obra de Dostoiévski: "o empenho em inserir a exclusividade no próprio seio do cotidiano, em fundir num todo, segundo o princípio romântico, o elevado com o grotesco e através de uma transformação imperceptível levar as imagens e os fenômenos da realidade cotidiana aos limites do fantástico".[2]

Só podemos concordar com Grossman em que as funções por ele indicadas são de fato inerentes à matéria da aventura no romance de Dostoiévski. Parece-nos, entretanto, que nem de longe isso esgota a

---

[1] Leonid Grossman. *A Poética de Dostoiévski*, 1925, p. 53, 56-57.
[2] Leonid Grossman. *Op. cit.*, p. 61-62.

questão. O divertido por si só nunca foi para Dostoiévski um fim em si mesmo, assim como não foi um objetivo artístico em si o princípio romântico do entrelaçamento do elevado com o grotesco, do exclusivo com o cotidiano. Se ao introduzirem os bairros pobres, os trabalhos forçados e os hospitais, os autores do romance de aventura prepararam de fato o caminho para o romance social, o que Dostoiévski encontrou diante de si foram protótipos do autêntico romance social, do romance sociopsicológico, biográfico, de costumes, protótipos esses aos quais ele quase não recorreu. Tendo começado juntamente com Dostoiévski, Grigórovitch* e outros focalizaram o mesmo mundo dos humilhados e ofendidos, lançando mão de protótipos inteiramente diversos.

As referidas funções indicadas por Grossman são secundárias. Não é nelas que consiste o fundamental, o principal.

A configuração do enredo do romance sociopsicológico, biográfico, familiar e de costumes liga herói com herói não como indivíduo com indivíduo, mas como pai com filho, marido com mulher, rival com rival, amante com amada ou como fazendeiro com camponês, proprietário com proletário, pequeno-burguês próspero com vagabundo desclassificado, etc. As relações familiares, concreto-fabulares e biográficas, de camadas sociais e de classes sociais constituem a base sólida todo-determinante de todas as relações do enredo: aqui a casualidade está excluída. O herói se incorpora ao enredo como ser personificado e rigorosamente situado na vida, na roupagem concreta e impenetrável de sua classe ou camada, de sua posição familiar, da sua idade e dos seus fins biográfico-vitais. Sua *humanidade* está tão concretizada e especificada pelo seu lugar na vida que por si mesma carece de influência determinante sobre as relações do enredo, podendo revelar-se somente nos limites rigorosos dessas relações.

Os heróis são distribuídos pelo enredo e apenas numa base concreta determinada podem reunir-se uns aos outros. As relações de reciprocidade entre eles são criadas pelo enredo e concluídas pelo próprio enredo. As autoconsciências e as consciências desses heróis como seres humanos não podem contrair entre si quaisquer relações

---

* Dmítri Vassílievitch Grigórovitch (1822-1899), escritor russo cuja obra foi fortemente influenciada pelo Naturalismo. Contemporâneo de Dostoiévski, Grigórovitch foi também um crítico do sistema servil e do despotismo da autocracia russa, bem como do parasitismo dos latifundiários da nobreza e da exploração dos camponeses. Sua obra não é um todo coerente nem apresenta grandes inovações artísticas (N. do T.).

extratemáticas que tenham a mínima importância. Aqui o enredo nunca pode tornar-se simples matéria de comunicação fora do enredo, entre as consciências, pois o herói e o enredo são feitos de um só fragmento. Os heróis como tais são gerados pelo próprio enredo. Este não lhes serve apenas de roupagem, mas de corpo e alma, e vice-versa: esses corpo e alma podem revelar-se e concluir-se somente no enredo.

O enredo do romance de aventura, ao contrário, é precisamente a roupagem que cai bem ao herói, uma roupagem que ele pode mudar o quanto lhe convier. O enredo de aventura não se baseia no que é o herói e no lugar que ele ocupa na vida, mas antes no que ele não é e que, do ponto de vista de qualquer realidade já existente, não é predeterminado nem inesperado. O enredo de aventura não se baseia em posições existentes e sólidas – familiares, sociais, biográficas – e se desenvolve apesar delas. As situações de aventura são aquelas situações em que se pode ver qualquer homem como homem. Além disso, o enredo de aventura usa qualquer situação social estável não como forma vital conclusiva, mas como "posição". Assim, o aristocrata do romance vulgar nada tem em comum com o aristocrata do romance social familiar. A aristocracia do romance vulgar é uma posição em que se encontra o homem. Este atua vestido de aristocrata como homem: dá tiros, comete crimes, foge dos inimigos, supera obstáculos, etc. Nesse sentido, o enredo de aventura é profundamente humano. Todas as instituições sociais e culturais, camadas, classes e relações familiares são apenas posições em que pode encontrar-se o homem eterno e igual a si mesmo. As tarefas, ditadas pela sua eterna natureza humana – a autoconservação –, pela sede de vitória e criação, pela sede de posse e pelo amor sensual, determinam o enredo de aventura.

É verdade que esse homem eterno do enredo de aventura é, por assim dizer, um homem carnal e carnal-espiritual. Por isso, fora do próprio enredo ele é vazio e, consequentemente, não estabelece quaisquer ligações com outros heróis fora do enredo. Por isso, o enredo de aventura não pode ser a última ligação no universo romanesco de Dostoiévski, mas como enredo ele é matéria propícia para a concretização do seu plano artístico.

O enredo de aventura em Dostoiévski combina-se com uma problematicidade profunda e aguda; além do mais, está totalmente a serviço da ideia. Coloca o homem em situações extraordinárias que o revelam e provocam, aproxima-o e o põe em contato com outras pessoas em circunstâncias extraordinárias e inesperadas justamente com a finalidade de *experimentar* a ideia e o homem de ideia, ou seja, o "homem no homem". Isso permite combinar com a aventura gêneros que, pareceria, lhe eram estranhos como a confissão, a vida, etc.

Essa combinação da aventura, frequentemente vulgar, com a ideia, o diálogo-problema, a confissão, a vida e a pregação parecia de certo modo inusitada do ponto de vista das concepções do gênero, dominantes no século XIX, e era interpretada como uma violação grosseira e totalmente injustificada da "estética do gênero". E de fato, no século XIX, esses gêneros e elementos do gênero isolaram-se acentuadamente e afiguraram-se estranhos. Lembremos a excelente caracterização dessa natureza estranha feita por L. Grossman e por nós citada nas páginas iniciais do presente livro. Procuramos mostrar que esse caráter estranho do gênero e do estilo é assimilado e superado por Dostoiévski com base no polifonismo coerente de sua criação. Mas é chegado o momento de analisar essa questão também do ponto de vista da *história* dos gêneros, ou seja, de transferi-la para o plano da *poética histórica*.

Ocorre que a combinação do caráter aventuresco com a aguda problematicidade, o caráter dialógico, a confissão, a vida e a pregação não era, em hipótese alguma, algo absolutamente novo e inédito. Novo era apenas o emprego polifônico e a assimilação dessa combinação dos gêneros por Dostoiévski. A combinação propriamente dita tem suas raízes na remota Antiguidade. O romance de aventuras do século XIX é apenas um ramo – e ademais empobrecido e deformado – da poderosa e amplamente ramificada tradição do gênero, que, como dissemos, remonta a um passado remoto, às próprias fontes da literatura europeia. Consideramos necessário estudar essa tradição precisamente até as suas fontes. Não podemos nos limitar, de maneira nenhuma, à análise dos fenômenos do gênero mais íntimos a Dostoiévski. Além disso, é justamente nas fontes que pretendemos concentrar a atenção principal, razão por que teremos de abstrair Dostoiévski por algum tempo para folhearmos algumas páginas antigas da história dos gêneros, quase completamente ignoradas em nosso país. Essa digressão histórica nos ajudará a entender de modo mais profundo e mais correto as peculiaridades do gênero, do enredo e da composição das obras de Dostoiévski, que, em essência, até hoje quase não foram elucidadas pelos seus críticos. Além disso, achamos que essa questão tem importância mais ampla para a teoria e a história dos gêneros literários.

Por sua natureza mesma, o gênero literário reflete as tendências mais estáveis, "perenes" da evolução da literatura. O gênero sempre conserva os elementos imorredouros da *archaica*.* É verdade que nele essa *archaica* só se conserva graças à sua permanente *renovação*, vale dizer, graças à atualização. O gênero sempre é e não é o mesmo, sempre é novo e velho ao mesmo tempo. O gênero renasce e se renova em cada nova etapa do desenvolvimento da literatura e em cada obra individual de um dado gênero. Nisso consiste a vida do gênero. Por isso, não é morta nem a *archaica* que se conserva no gênero; ela é eternamente viva, ou seja, é uma *archaica* com capacidade de renovar-se. O gênero vive do presente, mas sempre *recorda* o seu passado, o seu começo. É o representante da memória criativa no processo de desenvolvimento literário. É precisamente por isso que tem a capacidade de assegurar a *unidade* e a *continuidade* desse desenvolvimento.

*

No ocaso da Antiguidade Clássica e, posteriormente, na época do Helenismo, formam-se e desenvolvem-se inúmeros gêneros, bastante diversos exteriormente, mas interiormente cognatos, constituindo, por isso, um campo especial da literatura que os próprios antigos denominaram muito expressivamente sério-cômico. Neste, os antigos incluíam os mimos de Sófron, o "diálogo de Sócrates" (como gênero específico), a vasta literatura dos simpósios** (também gênero específico), a primeira Memorialística (Íon de Quio, Crítias), os panfletos, toda a poesia bucólica, a "sátira menipeia" (como gênero específico) e alguns outros gêneros. Dificilmente poderíamos situar os limites precisos e estáveis desse campo do sério-cômico. Mas os antigos percebiam nitidamente a originalidade essencial desse campo e o colocavam em oposição aos gêneros sérios, como a epopeia, a tragédia, a história, a retórica clássica, etc. Efetivamente, são muito

---

*   Entendida aqui no sentido etimológico grego como Antiguidade ou traços característicos e distintos dos tempos antigos (N. do T.).

**   Bakhtin emprega o termo *sympósion* no sentido etimológico grego, referindo-se à literatura que descreve os festins e bebedeiras na Grécia antiga (N. do T.).

substantivas as diferenças entre esse campo e toda a outra literatura clássica antiga.

Em que consistem as particularidades características dos gêneros do sério-cômico? A despeito de toda a sua policromia exterior, esses gêneros estão conjugados por uma profunda relação com o *folclore carnavalesco*. Variando de grau, todos eles estão impregnados de uma *cosmovisão carnavalesca* específica, e alguns deles são variantes literárias diretas dos gêneros folclórico-carnavalescos orais. A cosmovisão carnavalesca, que penetra totalmente esses gêneros, determina-lhes as particularidades fundamentais e coloca-lhes a imagem e a palavra numa relação especial com a realidade. É bem verdade que em todos os gêneros do sério-cômico há também um forte elemento retórico, mas este muda essencialmente no clima de *alegre relatividade* da cosmovisão carnavalesca: debilitam-se a sua seriedade retórica unilateral, a racionalidade, a univocidade e o dogmatismo.

A cosmovisão carnavalesca é dotada de uma poderosa força vivificante e transformadora e de uma vitalidade indestrutível. Por isso, aqueles gêneros que guardam até mesmo a relação mais distante com as tradições do sério-cômico conservam, mesmo em nossos dias, o fermento carnavalesco que os distingue acentuadamente entre outros gêneros. Tais gêneros sempre apresentam uma marca especial pela qual podemos identificá-los. Um ouvido sensível sempre adivinha as repercussões, mesmo as mais distantes, da cosmovisão carnavalesca.

Chamaremos *literatura carnavalizada* à literatura que, direta ou indiretamente, através de diversos elos mediadores, sofreu a influência de diferentes modalidades de folclore carnavalesco (antigo ou medieval). Todo o campo do sério-cômico constitui o primeiro exemplo desse tipo de literatura. Para nós, o problema da carnavalização da literatura é uma das importantíssimas questões de poética histórica, predominantemente de poética dos gêneros.

Porém, só mais adiante examinaremos o problema da carnavalização (após analisarmos o carnaval e a cosmovisão carnavalesca). Aqui abordaremos algumas peculiaridades exteriores de gênero do campo do sério-cômico, que já são o resultado da influência transformadora da cosmovisão carnavalesca.

A primeira peculiaridade de todos os gêneros do sério-cômico é o novo tratamento que eles dão à realidade. A *atualidade* viva, inclusive o dia a dia, é o objeto ou, o que é ainda mais importante, o ponto de partida da interpretação, apreciação e formalização da realidade. Pela primeira vez, na literatura antiga, o objeto da representação *séria* (e simultaneamente cômica) é dado sem qualquer distância épica ou trágica, no nível da atualidade, na zona do contato imediato e até profundamente familiar com os contemporâneos vivos, e não no passado absoluto dos mitos e lendas. Nesses gêneros, os heróis míticos e as personalidades históricas do passado são deliberada e acentuadamente atualizados, falam e atuam na zona de um contato familiar com a atualidade inacabada. Daí ocorrer, no campo do sério-cômico, uma mudança radical da zona propriamente valorativo-temporal de construção da imagem artística. É essa a primeira peculiaridade desse campo.

A segunda peculiaridade é inseparável da primeira: os gêneros do sério-cômico não se baseiam na *lenda* nem se consagram através dela. Baseiam-se *conscientemente* na *experiência* (se bem que ainda insuficientemente madura) e na *fantasia livre*; na maioria dos casos seu tratamento da lenda é profundamente crítico, sendo, às vezes, cínico-desmascarador. Aqui, por conseguinte, surge pela primeira vez uma imagem quase liberta da lenda, uma imagem baseada na experiência e na fantasia livre. Trata-se de uma verdadeira reviravolta na história da imagem literária.

A terceira peculiaridade são a pluralidade de estilos e a variedade de vozes de todos esses gêneros. Eles renunciam à unidade estilística (em termos rigorosos, à unicidade estilística) da epopeia, da tragédia, da retórica elevada e da lírica. Caracterizam-se pela politonalidade da narração, pela fusão do sublime e do vulgar, do sério e do cômico, empregam amplamente os gêneros intercalados: cartas, manuscritos encontrados, diálogos relatados, paródias dos gêneros elevados, citações recriadas em paródia, etc. Em alguns deles observa-se a fusão do discurso da prosa e do verso, inserem-se dialetos e jargões vivos (e até o bilinguismo direto na etapa romana), surgem diferentes disfarces de autor. Concomitantemente com o discurso de representação, surge o discurso *representado*. Em alguns gêneros os discursos bivocais desempenham papel principal. Surge nesse caso, consequentemente, um tratamento radicalmente novo do discurso como matéria literária.

São essas as três peculiaridades fundamentais e comuns de todos os gêneros integrantes do sério-cômico. Aqui já fica clara a enorme importância desse campo da literatura antiga para a evolução do futuro romance europeu e da prosa literária, que gravita em torno do romance e se desenvolve sob a sua influência.

Em termos simplificados e esquemáticos, pode-se dizer que o gênero romanesco se assenta em três raízes básicas: a *épica*, a *retórica* e a *carnavalesca*. Dependendo do predomínio de uma dessas raízes, formam-se três linhas na evolução do romance europeu: a *épica*, a *retórica* e a *carnavalesca* (entre elas existem, evidentemente, inúmeras formas transitórias). É no campo do sério-cômico que devemos procurar os pontos de partida do desenvolvimento das variedades da linha carnavalesca do romance, inclusive daquela variedade que conduz à obra de Dostoiévski.

Para a formação dessa variedade de desenvolvimento do romance, a qual chamaremos convencionalmente de variedade *dialógica* e que, como dissemos, conduz a Dostoiévski, são determinantes dois gêneros do campo do sério-cômico: o *diálogo socrático* e a *sátira menipeia*. Eles merecem um exame mais minucioso.

O "diálogo socrático" é um gênero específico e amplamente difundido em seu tempo. Platão, Xenofonte, Antístenes,[*] Ésquines, Simia, Fédon, Alexameno, Euclides, Gláucon, Cráton e outros escreveram "diálogos socráticos". Até nós, chegaram apenas os diálogos de Platão e Xenofonte, restando apenas informações e alguns fragmentos dos demais. Mas, com base em tudo isso, podemos fazer uma ideia do caráter desse gênero.

O "diálogo socrático" não é um gênero retórico. Ele medra em base carnavalesco-popular e é profundamente impregnado da cosmovisão carnavalesca, sobretudo no estágio socrático *oral* de seu desenvolvimento. Voltaremos posteriormente ao fundamento carnavalesco desse gênero.

A princípio, já na fase literária de seu desenvolvimento, o "diálogo socrático" era quase um gênero memorialístico: eram recordações das palestras reais proferidas por Sócrates, anotações das palestras memorizadas, organizadas numa breve narração. Mas, muito breve, o tratamento artístico livre da matéria quase liberta totalmente o gênero das suas limitações históricas e memorialísticas e conserva nele apenas o método propriamente socrático de revelação da

---

[*] Uniformizamos os nomes gregos com base em *Vidas e Doutrinas dos Filósofos Ilustres*, de Diógenes Laércio, traduzido para o português por Mário da Gama Kury, editora da UnB, Brasília, 1987 (N. do T.).

verdade e a forma exterior do diálogo registrado e organizado em narrativa. É esse caráter criativo livre que observamos nos "diálogos socráticos" de Platão, em menor grau em Xenofonte e nos diálogos de Antístenes, que conhecemos em fragmentos. Examinaremos as manifestações de gênero do "diálogo socrático", que têm importância especial para a nossa concepção.

1. O gênero se baseia na concepção socrática da natureza dialógica da verdade e do pensamento humano sobre ela. O método dialógico de busca da verdade se opõe ao monologismo *oficial* que se pretende *dono de uma verdade acabada*, opondo-se igualmente à ingênua pretensão daqueles que pensam saber alguma coisa. A verdade não nasce nem se encontra na cabeça de um único homem; ela nasce *entre os homens*, que juntos a procuram no processo de sua comunicação dialógica. Sócrates se denominava "alcoviteiro": reunia as pessoas, colocando-as frente a frente em discussão, de onde resultava o nascimento da verdade. Em relação a essa verdade nascente, Sócrates se denominava "parteira", pois contribuía para o seu nascimento. Daí ele mesmo denominar o seu método *maiêutico*. Mas Sócrates nunca se declarou dono unipessoal da verdade acabada. Cabe ressaltar que as concepções socráticas da natureza dialógica da verdade se assentavam na base carnavalesco-popular do gênero do "diálogo socrático" e determinavam-lhe a *forma*, mas nem de longe encontravam sempre expressão no próprio conteúdo de alguns diálogos. O conteúdo adquiria frequentemente caráter monológico, que contradizia a ideia formadora do gênero. Nos diálogos do primeiro e do segundo período da obra de Platão, o reconhecimento da natureza dialógica da verdade ainda se mantém na própria cosmovisão filosófica, se bem que em forma atenuada. Por isso, os diálogos desse período ainda não se convertem em método simples de exposição das ideias acabadas (com fins pedagógicos) e Sócrates ainda não se torna o "mestre". Mas no último período da obra de Platão isso já se verifica: o monologismo do conteúdo começa a destruir a forma do "diálogo socrático". Mais tarde, quando o gênero do "diálogo socrático" passa a servir a concepções dogmáticas do mundo já acabadas de diversas escolas filosóficas e doutrinas religiosas, ele perde toda a relação com a cosmovisão carnavalesca e se converte em simples forma de exposição da verdade já descoberta, acabada e indiscutível, degenerando completamente numa forma de perguntas-respostas de ensinamento de neófitos (catecismo).

2. A síncrise (αναχρισιζ) e a anácrise (ανακρισιζ) eram os dois procedimentos fundamentais do "diálogo socrático". Entendia-se por síncrise a confrontação de diferentes pontos de vista sobre um determinado objeto. Atribuía-se uma importância muito grande à técnica dessa confrontação de diferentes palavras-opiniões referentes ao objeto no "diálogo socrático", o que derivava da própria natureza desse gênero. Entendiam-se por anácrise os métodos pelos quais se provocavam as palavras do interlocutor, levando-o a externar sua opinião e externá-la inteiramente. Sócrates era um grande mestre da anácrise: tinha a habilidade de fazer as pessoas *falarem*, expressarem em palavras suas opiniões obscuras, mas obstinadamente preconcebidas, aclarando-as através da palavra e, assim, desmascarando-lhes a falsidade ou a insuficiência; tinha a habilidade de trazer à luz as verdades correntes. A anácrise é a técnica de provocar a palavra pela própria palavra (e não pela situação do enredo, como ocorre na "sátira menipeia", de que falaremos mais tarde). A síncrise e a anácrise convertem o pensamento em diálogo, exteriorizam-no, transformam-no em *réplica* e o incorporam à comunicação dialogada entre os homens. Esses dois procedimentos decorrem da concepção da natureza dialógica da verdade, concepção essa que serve de base ao "diálogo socrático". Na base desse gênero carnavalizado, a síncrise e a anácrise perdem seu estreito caráter retórico-abstrato.

3. Os heróis do "diálogo socrático" são *ideólogos*. O primeiro ideólogo é o próprio Sócrates, como são ideólogos todos os seus interlocutores: os discípulos, os sofistas e as pessoas simples, que ele incorpora ao diálogo e transforma em ideólogos involuntários. O próprio acontecimento que se realiza no "diálogo socrático" (ou melhor, reproduz-se nele) é um acontecimento genuinamente ideológico de procura e *experimentação* da verdade. Às vezes esse acontecimento se desenvolve com um dramatismo autêntico (porém original), como é o caso das peripécias das ideias da imortalidade da alma no *Fédon* de Platão. Desse modo, o "diálogo socrático" introduz o herói-ideólogo pela primeira vez na história da literatura europeia.

4. No "diálogo socrático" usa-se, às vezes, com o mesmo fim, a situação do enredo do diálogo paralelamente à anácrise, ou seja, à provocação da palavra pela palavra. Em Platão, na *Apologia*, a situação do julgamento e da sentença de morte esperada determina o caráter especial do discurso de Sócrates como confissão-prestação de contas de um homem que se encontra no *limiar*. Em *Fédon*, o diálogo sobre

a imortalidade da alma, com todas as suas peripécias internas e externas, é determinado pela situação de pré-morte. Aqui, em ambos os casos, está presente a tendência à criação *excepcional*, que livra a palavra de qualquer automatismo efetivo e da objetificação, que obriga o homem a revelar as camadas profundas da personalidade e do pensamento. É evidente que a liberdade de criação de situações excepcionais, que provocam a palavra profunda, no "diálogo socrático" é muito limitada pela natureza histórica e memorialística desse gênero (no seu estágio literário). Contudo, já podemos falar do surgimento de um tipo especial de "diálogo no limiar" (*Schwellenndialog*) em base dialógica socrática, e esse tipo especial é amplamente difundido na literatura dos períodos helênico e romano, posteriormente na Idade Média e, por último, na literatura do Renascimento e do período da Reforma.

5. No "diálogo socrático", a ideia se combina organicamente com a imagem do homem, o seu agente (Sócrates e outros participantes importantes do diálogo). A experimentação dialógica da ideia é simultaneamente uma experimentação do homem que a representa. Por conseguinte, aqui podemos falar de *imagem* embrionária *da ideia*. Aqui observamos também um tratamento criativo livre dessa imagem. Nesse caso, as ideias de Sócrates, dos principais sofistas e de outras personalidades históricas não são citadas nem reproduzidas, mas são dadas numa evolução criativa livre no fundo de outras ideias que as torna dialogadas. Na medida em que se debilitam as bases históricas e memorialísticas do gênero, as ideias alheias se tornam cada vez mais plásticas, nos diálogos começam a encontrar-se ideias e homens, que na realidade histórica nunca entraram (mas poderiam entrar) em contato dialógico real. Fica-se a um passo do futuro "diálogo dos mortos", no qual homens e ideias, separados por séculos, se chocam na superfície do diálogo. Mas o "diálogo socrático" ainda não deu esse passo. É bem verdade que, na *Apologia*, Sócrates já parece predizer esse futuro gênero dialógico, quando, prevendo a sentença de morte, fala dos diálogos que entabulará no inferno com as sombras do passado como o fizer aqui na terra. É necessário ressaltar, entretanto, que a *imagem da ideia* no "diálogo socrático", ao contrário da imagem da ideia em Dostoiévski, ainda é de caráter *sincrético*. Na época do "diálogo socrático" ainda não está concluído o processo de delimitação do *conceito* científico-abstrato e filosófico e da imagem artística. O "diálogo socrático" ainda é um gênero artístico-filosófico sincrético.

São essas as particularidades fundamentais do "diálogo socrático". Elas nos permitem considerar esse gênero como sendo um dos princípios daquela linha de evolução da prosa literária europeia e do romance, que leva à obra de Dostoiévski.

Como gênero determinado, o "diálogo socrático" teve vida breve, mas no processo de sua desintegração formaram-se outros gêneros dialógicos, entre eles a "sátira menipeia". Mas esta, evidentemente, não pode ser considerada como produto genuíno da decomposição do "diálogo socrático" (como às vezes o fazem), pois as raízes dela remontam *diretamente* ao folclore carnavalesco cuja influência determinante é ainda mais considerável aqui que no "diálogo socrático".

Antes de entrarmos no exame propriamente dito da "sátira menipeia", faremos a seu respeito uma referência breve de caráter meramente informativo.

Esse gênero deve a sua denominação ao filósofo do século II a.C. Menipo de Gádara, que lhe deu forma clássica.[1] No entanto, o termo, como denominação de um determinado gênero, foi propriamente introduzido pela primeira vez pelo erudito romano do século I a.C., Varro,[*] que chamou a sua sátira de *"saturae menippea"*. Mas o gênero propriamente dito surgiu bem antes e talvez o seu primeiro representante tenha sido Antístenes, discípulo de Sócrates e um dos autores dos "diálogos socráticos". "Sátiras menipeias" foram escritas também pelo contemporâneo de Aristóteles, Heracleides Pôntico, que, segundo Cícero, foi ainda o criador do gênero *logistoricus* (uma combinação do "diálogo socrático" com histórias fantásticas). Mas o indiscutível representante da "sátira menipeia" foi Bíon de Boristênide, ou seja, das margens do Dniepr (século III a.C.). Depois vem Menipo, que deu ao gênero melhor definição, vindo em seguida Varro, de cujas sátiras chegaram até nós inúmeros fragmentos. Uma "sátira menipeia" clássica é o *Apolokyntosys Claudii*, de Sêneca. O *Satiricon*, de Petrônio, não passa de uma "sátira menipeia" desenvolvida até os limites do romance. A noção mais completa do gênero é, evidentemente, aquela que nos dão as "sátiras menipeias" de Luciano que chegaram perfeitas até nós (embora elas não se refiram a todas as

---

[1] Suas sátiras não chegaram até nós, mas Diógenes Laércio informa sobre as suas denominações.

[*] Trata-se de Marco Terêncio Varro (116-27 a.C.), escritor romano (N. do T.).

variedades desse gênero). São uma "sátira menipeia" desenvolvida as *Metamorfoses* (*O Asno de Ouro*), de Apuleio (assim como a sua fonte grega, que conhecemos pela breve exposição de Luciano). Um protótipo muito interessante de "sátira menipeia" é também o *Romance de Hipócrates* (primeiro romance epistolar europeu). A evolução da "sátira menipeia" na etapa antiga é concluída pela *Consolação da Filosofia*, de Boécio. Encontramos elementos de "sátira menipeia" em algumas variedades do "romance grego", no romance utópico antigo, na sátira romana (em Lucrécio e Horácio). Na órbita da "sátira menipeia" desenvolveram-se alguns gêneros cognatos, geneticamente relacionados com o "diálogo socrático": a diatribe, o gênero *logistoricus*, a que já nos referimos, o solilóquio, os gêneros aretológicos, etc.

A "sátira menipeia" exerceu uma influência muito grande na literatura cristã antiga (do período antigo) e na literatura bizantina (e, através desta, na escrita russa antiga). Em diferentes variantes e sob diversas denominações de gênero, ela continuou a desenvolver-se também nas épocas posteriores: na Idade Média, nas épocas do Renascimento e da Reforma e na Idade Moderna. Em essência, sua evolução continua até hoje (tanto com uma nítida consciência do gênero quanto sem ela). Esse gênero carnavalizado, extraordinariamente flexível e mutável como Proteu, capaz de penetrar em outros gêneros, teve uma importância enorme, até hoje ainda insuficientemente apreciada, no desenvolvimento das literaturas europeias. A "sátira menipeia" tornou-se um dos principais veículos e portadores da cosmovisão carnavalesca na literatura até os nossos dias. Adiante ainda falaremos dessa importância.

Após o nosso breve (e nem de longe completo, evidentemente) exame das "sátiras menipeias" antigas, devemos mostrar as particularidades fundamentais desse gênero na forma em que elas foram definidas na Antiguidade. A seguir chamaremos as "sátiras menipeias" simplesmente de *menipeias*.

1. Em comparação com o "diálogo socrático", na *menipeia* aumenta globalmente o peso específico do elemento cômico, embora esse peso oscile consideravelmente em diferentes variedades desse gênero flexível: a presença do elemento cômico é muito grande, por exemplo, em Varro, desaparecendo, ou melhor, reduzindo-se[1] em Boécio. Poste-

---

[1] O fenômeno do riso reduzido tem uma importância bastante grande na literatura universal. O riso reduzido carece de expressão direta, por assim

riormente, faremos um exame mais detalhado do caráter carnavalesco (na ampla acepção desse termo) especial do elemento cômico.

2. A *menipeia* liberta-se totalmente daquelas limitações histórico-memoralísticas que ainda eram inerentes ao "diálogo socrático" (embora a forma memorialística externa às vezes se mantenha), está livre das lendas e não está presa a quaisquer exigências da verossimilhança externa vital. A *menipeia* se caracteriza por uma *excepcional liberdade de invenção do enredo e filosófica*. Isso não cria o menor obstáculo ao fato de os heróis da *menipeia* serem figuras históricas e lendárias (Diógenes, Menipo e outros). É possível que em toda a literatura universal não encontremos um gênero mais livre pela invenção e a fantasia do que a *menipeia*.

3. A particularidade mais importante do gênero da *menipeia* consiste em que a fantasia mais audaciosa e descomedida e a aventura são interiormente motivadas, justificadas e focalizadas aqui pelo fim puramente filosófico-ideológico, qual seja, o de criar *situações extraordinárias* para provocar e experimentar uma ideia filosófica: uma palavra, uma *verdade* materializada na imagem do sábio que procura essa verdade. Cabe salientar que, aqui, a fantasia não serve à *materialização* positiva da verdade, mas à busca, à provocação e principalmente à *experimentação* dessa verdade. Com esse fim, os heróis da *menipeia* sobem aos céus, descem ao inferno, erram por desconhecidos países fantásticos, são colocados em situações extraordinárias reais (Diógenes, por exemplo, vende-se a si mesmo como escravo na feira, Peregrino se queima vivo solenemente durante os jogos olímpicos, o asno Lucius encontra-se constantemente em situações extraordinárias, etc.). Muito amiúde o fantástico assume caráter de aventura, às vezes simbólico ou até místico-religioso (em Apuleio). Mas, em todos os casos, ele está subordinado à função puramente ideológica de provocar e experimentar a verdade. A mais descomedida fantasia da aventura e a ideia filosófica estão aqui em unidade artística orgânica e indissolúvel. Ainda é necessário salientar que se trata precisamente da experimentação da *ideia*, da *verdade*, e não da experimentação

---

dizer, "não soa", mas deixa sua marca na estrutura da imagem e da palavra, é percebido nela. Parafraseando Gógol, podemos falar de um "riso invisível ao mundo". Esse mundo nós encontramos nas obras de Dostoiévski.

de um determinado caráter humano, individual ou típico-social. A experimentação de um sábio é a experimentação de sua posição filosófica no mundo, e não dos diversos traços do seu caráter, independentes dessa posição. Nesse sentido, podemos dizer que o conteúdo da *menipeia* é constituído pelas aventuras da *ideia* ou da *verdade* no mundo, seja na Terra, no inferno ou no Olimpo.

4. Uma particularidade muito importante da *menipeia* é a combinação orgânica do fantástico livre e do simbolismo e, às vezes, do elemento místico-religioso com o *naturalismo de submundo** extremado e grosseiro (do nosso ponto de vista). As aventuras da verdade na terra ocorrem nas grandes estradas, nos bordeis, nos covis de ladrões, nas tabernas, nas feiras, prisões, orgias eróticas dos cultos secretos, etc. Aqui a ideia não teme o ambiente do submundo nem a lama da vida. O homem de ideia – um sábio – se choca com a expressão máxima do mal universal, da perversão, baixeza e vulgaridade. Tudo indica que esse naturalismo de submundo já aparece nas primeiras *menipeias*. Referindo-se a Bíon de Boristênide, os antigos já diziam que ele era o "primeiro a enfeitar a filosofia com a roupagem multicor da hetera". Há muito naturalismo de submundo em Varro e Luciano. Mas esse naturalismo pôde desenvolver-se de modo mais amplo e pleno apenas nas *menipeias* de Petrônio e Apuleio, convertidas em romance. A combinação orgânica do diálogo filosófico, do elevado simbolismo, do fantástico da aventura e do naturalismo de submundo constitui uma extraordinária particularidade da *menipeia*, que se mantém em todas as etapas posteriores da evolução da linha dialógica da prosa romanesca até Dostoiévski.

5. A ousadia da invenção e do fantástico combina-se na *menipeia* com um excepcional universalismo filosófico e uma extrema capacidade de ver o mundo. A *menipeia* é o gênero das "últimas questões", onde se experimentam as últimas posições filosóficas. Procura apresentar, parece, as palavras derradeiras, decisivas e os atos do homem, apresentando em cada um deles o homem em sua totalidade e toda a vida humana em sua totalidade. Ao que parece, esse traço do gênero manifestou-se de modo especialmente acentuado nas primeiras *menipeias* (em Heracleides Pôntico, Bíon, Teles e Menippo), mas conservou-se, mesmo em forma desgastada, em todas

---

* *Truschóbniy naturalizm*, empregado pelo autor para referir-se ao mundo das camadas mais baixas da sociedade, ao submundo humano (N. do T.).

as variedades desse gênero como traço característico. Dentro das condições da *menipeia* e comparado ao "diálogo socrático", o próprio caráter da problemática filosófica devia mudar acentuadamente, pois não havia mais problemas acadêmicos de nenhuma espécie (gnosiológicos ou estéticos), desaparecera o argumento complexo e amplo e puseram-se essencialmente a nu os "últimos problemas" de tendência ético-prática. A *menipeia* se caracteriza pela síncrise (ou seja, o confronto) precisamente dessas "últimas atitudes no mundo" já desnudadas, tendo-se como exemplo a representação satírico-carnavalesca da *Venda de Vidas*, ou seja, dos últimos posicionamentos vitais em Luciano, as navegações fantásticas pelos mares ideológicos em Varro (*Sesculixes*), a incursão em todas as escolas filosóficas (pelo visto, já em Bíon), etc. Aqui se verificam, em toda parte, os *pro et contra* evidenciados nas últimas questões da vida.

6. Considerando o universalismo filosófico da *menipeia*, aqui se manifesta uma estrutura assentada em três planos: a ação e as síncrises dialógicas se deslocam da Terra para o Olimpo e para o inferno. Essa estrutura triplanar se apresenta com maior evidência exterior, por exemplo, no *Apokokyntosys* de Sêneca, onde também se apresentam com grande precisão exterior os "diálogos no limiar", no limiar do Olimpo (onde Cláudio foi barrado) e no limiar do inferno. A estrutura triplanar da *menipeia* exerceu influência determinante na estrutura do mistério medieval da sua tipologia cênica. O gênero do "diálogo no limiar" também foi amplamente difundido na Idade Média, tanto nos gêneros sérios quanto nos cômicos (por exemplo, a famosa trova do camponês que discute às portas do paraíso), e representado com amplitude especial na literatura do período da Reforma, a chamada "literatura das portas do céu" (*Himmelspforten-Literatur*). Na *menipeia* teve grande importância a representação do *inferno*, onde germinou o gênero específico dos "diálogos dos mortos", amplamente difundido na literatura europeia do Renascimento, dos séculos XVII e XVIII.

7. Na *menipeia* surge a modalidade específica do *fantástico experimental*, totalmente estranho à epopeia e à tragédia antiga. Trata-se de uma observação feita de um ângulo de visão inusitado, como, por exemplo, de uma altura na qual variam acentuadamente as dimensões dos fenômenos da vida em observação. É o que ocorre com o *Iracomenippo*, em Luciano, ou o *Endimion*, em Varro

(observação da vida da cidade vista do alto). A linha desse fantástico experimental continua sob a influência determinante da *menipeia* até em épocas posteriores em Rabelais, Swift, Voltaire (*Micromégas*) e outros.

8. Na *menipeia* aparece pela primeira vez também aquilo a que podemos chamar experimentação moral e psicológica, ou seja, a representação de inusitados estados psicológico-morais anormais do homem – toda espécie de loucura ("temática maníaca"), da dupla personalidade, do devaneio incontido, de sonhos extraordinários, de paixões limítrofes com a loucura.[1] Todos esses fenômenos têm na *menipeia* não um caráter estreitamente temático, mas um caráter formal de gênero. As fantasias, os sonhos e a loucura destroem a integridade épica e trágica do homem e do seu destino: nele se revelam as possibilidades de um outro homem e de outra vida, ele perde a sua perfeição e a sua univalência, deixando de coincidir consigo mesmo. Os sonhos são comuns também na epopeia, mas aqui eles são proféticos, motivadores ou precautórios, não levam o homem para além dos limites do seu destino e do seu caráter, não lhe destroem a integridade. Evidentemente, essa imperfeição do homem e essa divergência consigo mesmo ainda têm, na *menipeia*, um caráter bastante elementar e embrionário, mas já estão manifestas e permitem uma nova visão do homem. A destruição da integridade e da perfeição do homem é facilitada pela atitude dialógica (impregnada de desdobramento da personalidade) em face de si mesmo, que aparece na *menipeia*. Nesse sentido, é muito interessante a *menipeia* de Varro, *Bimarcus*, ou seja, *O Duplo Marco*. Como ocorre em todas as *menipeias* de Varro, o elemento cômico é aqui muito forte. Marco promete escrever um trabalho sobre tropos e figuras, mas não cumpre a promessa. O segundo Marco, ou seja, a sua consciência, o seu duplo, lembra-lhe constantemente esse fato e não lhe dá tranquilidade. O primeiro Marco tenta cumprir a promessa, mas não consegue concentrar-se: entrega-se à leitura de Homero, começa a escrever versos, etc. Esse diálogo entre os dois Marco, ou seja, entre o homem e sua consciência, tem em Varro caráter cômico, mas assim mesmo, como uma espécie de descoberta artística, exerceu grande influência sobre o *Soliloquia* de Sto.

---
[1] Nas *Euménides* (fragmentos), Varro retrata como loucura paixões como a ambição, a cobiça, etc.

Agostinho. Observemos de passagem que, na representação da duplicidade, Dostoiévski também conserva sempre o elemento *cômico* paralelamente ao trágico (tanto em *O Duplo* quanto na conversa de Ivan Karamázov com o diabo).

9. São muito características da *menipeia* as cenas de escândalos, de comportamento excêntrico, de discursos e declarações inoportunas, ou seja, as diversas violações da marcha universalmente aceita e comum dos acontecimentos, das normas comportamentais estabelecidas e da etiqueta, incluindo-se também as violações do discurso. Pela estrutura artística, esses escândalos diferem acentuadamente dos acontecimentos épicos e das catástrofes trágicas. Diferem essencialmente também dos desmascaramentos e brigas da comédia. Pode-se dizer que, na *menipeia*, surgem novas categorias artísticas do escandaloso e do excêntrico, inteiramente estranhas à epopeia clássica e aos gêneros dramáticos (adiante, falaremos especialmente do caráter carnavalesco dessas categorias). Os escândalos e excentricidades destroem a integridade épica e trágica do mundo, abrem uma brecha na ordem inabalável, normal ("agradável") das coisas e acontecimentos humanos e livram o comportamento humano das normas e motivações que o predeterminam. Os escândalos e manifestações excêntricas penetram as reuniões dos deuses no Olimpo (em Luciano, Sêneca e Juliano, O Apóstata, e outros), o mesmo ocorrendo com as cenas no inferno e as cenas na Terra (em Petrônio, por exemplo, são os escândalos na praça pública, nas hospedarias e nos banhos). A "palavra inoportuna" é inoportuna por sua franqueza cínica ou pelo desmascaramento profanador do sagrado ou pela veemente violação da etiqueta, também bastante característica da *menipeia*.

10. A *menipeia* é plena de contrastes agudos e jogos de oxímoros: a hetera virtuosa, a autêntica liberdade do sábio e sua posição de escravo, o imperador convertido em escravo, a decadência moral e a purificação, o luxo e a miséria, o bandido nobre, etc. A *menipeia* gosta de jogar com passagens e mudanças bruscas, o alto e o baixo, ascensões e decadências, aproximações inesperadas do distante e separado, com toda sorte de casamentos desiguais.

11. A *menipeia* incorpora frequentemente elementos da *utopia social*, que são introduzidos em forma de sonhos ou viagens a países misteriosos; às vezes, a *menipeia* se transforma diretamente em romance utópico (*Abaris*, de Heracleides Pôntico). O elemento

utópico combina-se organicamente com todos os outros elementos desse gênero.

12. A *menipeia* se caracteriza por um amplo emprego dos gêneros intercalados: novelas, cartas, discursos oratórios, *simpósios*, etc., e pela fusão dos discursos da prosa e do verso. Os gêneros acessórios são apresentados em diferentes distâncias em relação à última posição do autor, ou seja, com grau variado de paródia e objetificação. As partes em verso sempre se apresentam com certo grau de paródia.

13. A existência dos gêneros intercalados reforça a multiplicidade de estilos e a pluritonalidade da *menipeia*: aqui se forma um novo enfoque da palavra como matéria literária, característico de toda a linha dialógica de evolução da prosa literária.

14. Por último, a derradeira particularidade da *menipeia* é sua *publicística*[*] atualizada. Trata-se de uma espécie de gênero "jornalístico" da Antiguidade, que enfoca em tom mordaz a atualidade ideológica. As sátiras de Luciano são, no conjunto, uma autêntica enciclopédia da sua atualidade: são impregnadas de polêmica aberta e velada com diversas escolas ideológicas, filosóficas, religiosas e científicas, com tendências e correntes da atualidade, são plenas de imagens de figuras atuais ou recém-desaparecidas, dos "senhores das ideias" em todos os campos da vida social e ideológica (citados nominalmente ou codificados), são plenas de alusões a grandes e pequenos acontecimentos da época, perscrutam as novas tendências da evolução do cotidiano, mostram os tipos sociais em surgimento em todas as camadas da sociedade, etc. Trata-se de uma espécie de "Diário de escritor", que procura vaticinar e avaliar o espírito geral e a tendência da atualidade em formação. As sátiras de Varro, tomadas em conjunto, constituem esse "Diário de escritor" (porém, com acentuado predomínio do elemento cômico-carnavalesco). Encontramos a mesma particularidade em Petrônio, Apuleio e outros. O caráter jornalístico, a *publicística*, o folhetinismo e a atualidade mordaz caracterizam, em diferentes graus, todos os representantes da *menipeia*. A última particularidade por nós indicada combina-se com todos os outros indícios do mencionado gênero. São essas as particularidades fundamentais do gênero da *menipeia*.

---

[*] O termo é empregado pela crítica soviética como *gênero literário* ou *literatura político-social* centrada em temas da atualidade (N. do T.).

É necessário ressaltar mais uma vez a unidade orgânica de todos esses indícios aparentemente muito heterogêneos e a profunda integridade interna desse gênero. Ele se formou na época da desintegração da tradição popular nacional, da destruição daquelas normas éticas que constituíam o ideal antigo do "agradável" ("beleza-dignidade"), numa época de luta tensa entre inúmeras escolas e tendências religiosas e filosóficas heterogêneas, quando as discussões em torno das "últimas questões" da visão de mundo se converteram em fato corriqueiro entre todas as camadas da população e se tornaram uma constante em toda parte onde quer que se reunisse gente: na praça pública, nas ruas, estradas, tavernas, nos banhos, nos conveses dos navios, etc.; nessas ocasiões, a figura do filósofo, do sábio (o cínico, o estoico, o epicurista) ou do profeta e do milagreiro tornou-se típica e mais frequente que a figura do monge na Idade Média, época em que o florescimento das ordens religiosas chegou ao auge. Era a época de preparação e formação de uma nova religião universal: o cristianismo.

Outro traço dessa época foi a desvalorização de todos os aspectos exteriores da vida humana, a transformação destes em *papéis* que eram interpretados nos palcos do teatro mundial de acordo com a vontade de um destino cego (a profunda conscientização filosófica desses fatos encontramos em Epicteto e Marco Aurélio e, no plano literário, em Luciano e Apuleio). Isso levou à destruição da totalidade épica e trágica do homem e do seu destino.

É por isso que o gênero da *menipeia* talvez seja a expressão mais adequada das particularidades dessa época. Aqui o conteúdo vital fundiu-se numa sólida forma de gênero, dotada de *lógica interna*, que determina o entrelaçamento indissolúvel de todos os seus elementos. Graças a isso, o gênero da *menipeia* conquistou um imenso significado – até hoje quase não avaliado pela ciência – na história da evolução da prosa literária europeia.

Dotado de integridade interna, o gênero da *menipeia* possui simultaneamente grande plasticidade externa e uma capacidade excepcional de absorver os pequenos gêneros cognatos e penetrar como componente nos outros gêneros grandes.

Assim, a *menipeia* incorpora gêneros cognatos como a diatribe, o solilóquio e o simpósio. O parentesco entre esses gêneros é determinado pelo seu *caráter dialógico interno* e externo no enfoque da vida e do pensamento humanos.

A diatribe é um gênero retórico interno dialogado, construído habitualmente em forma de diálogo com um interlocutor ausente, fato que levou à dialogização do próprio processo de discurso e pensamento. Os antigos atribuíam a criação da diatribe ao mesmo Bíon de Boristênide, que era considerado também criador da *menipeia*. Cabe observar que foi precisamente a diatribe, e não a retórica clássica, que exerceu influência determinante sobre as particularidades do gênero do sermão cristão antigo.

O enfoque dialógico de si mesmo determina o gênero do solilóquio. Trata-se de um diálogo consigo mesmo. Antístenes (discípulo de Sócrates e talvez um autor de *menipeias*) já considerava conquista máxima de sua filosofia a "capacidade de comunicar-se dialogicamente consigo mesmo". Epicteto, Marco Aurélio e Sto. Agostinho foram insignes mestres desse gênero. Baseia-se o gênero na descoberta do *homem interior* – de "si mesmo" – inacessível à auto-observação passiva e acessível apenas ao ativo *enfoque dialógico de si mesmo*, que destrói a integridade ingênua dos conceitos sobre si mesmo, que serve de base às imagens lírica, épica e trágica do homem. O enfoque dialógico de si mesmo rasga as roupagens externas da imagem de si mesmo, que existem para outras pessoas, determinam a avaliação externa do homem (aos olhos dos outros) e turvam a nitidez da consciência-de-si.

Os dois gêneros – a diatribe e o solilóquio – desenvolveram-se na órbita da *menipeia*, nela penetraram e se fundiram (especialmente em bases romana e cristã primitiva).

O simpósio era o diálogo dos festins, já existentes na época do "diálogo socrático" (cujos protótipos encontramos em Platão e Xenofonte), mas que teve um desenvolvimento amplo e bastante diversificado em épocas posteriores. O discurso dialógico dos festins tinha privilégios especiais (a princípio de caráter cultural): possuía o direito de liberdade especial, desenvoltura e familiaridade, franqueza especial, excentricidade e ambivalência, ou seja, podia combinar no discurso o elogio e o palavrão, o sério e o cômico. O simpósio é por natureza um gênero puramente carnavalesco. Às vezes a *menipeia* era formalizada diretamente como simpósio (parece que já em Menipo; três sátiras de Varro foram formalizadas como simpósios; em Luciano e Petrônio também encontramos elementos do simpósio).

Como dissemos, a *menipeia* tinha a capacidade de inserir-se nos grandes gêneros, submetendo-os a uma certa transformação. Assim, sentem-se nos "romances gregos" elementos de *menipeia*. Por exemplo, a *menipeia* penetra em imagens isoladas e episódios das *Novelas Efésias* de Xenofonte de Éfeso. Do espírito do naturalismo de submundo reveste-se a representação das camadas mais baixas da sociedade: prisioneiros, escravos, assaltantes, pescadores, etc. Outros romances apresentam como característica uma estrutura dialógica interna, elementos de paródia e riso reduzido. Os elementos da *menipeia* penetram também nas obras utópicas da Antiguidade e nas obras do gênero aretológico (por exemplo, em *A Vida de Apolônio* de Tiana de Filostrato). É também de grande importância a penetração transformadora da *menipeia* nos gêneros narrativos da literatura cristã antiga.

Nossa caracterização descritiva das peculiaridades de gênero da *menipeia* e dos gêneros cognatos a ela relacionados é extremamente próxima da caracterização que se poderia fazer das particularidades de gênero da obra de Dostoiévski (veja-se, por exemplo, a caracterização de Leonid Grossman, que citamos nas páginas iniciais deste livro). Em essência as peculiaridades da *menipeia* (com as respectivas modificações e complexificações, evidentemente) encontramos em Dostoiévski. Trata-se, efetivamente, do mesmo universo de gênero, observando-se, entretanto, que na *menipeia* ele se apresenta na *etapa inicial* de sua evolução, ao passo que em Dostoiévski atinge *o apogeu*. Já sabemos, porém, que o começo, isto é, a *archaica* do gênero, conserva-se em forma renovada também nos estágios superiores de evolução do gênero. Além disso, quanto mais alto e complexo é o grau de evolução atingido pelo gênero, tanto melhor e mais plenamente ele revive o passado.

Poderíamos concluir que Dostoiévski partiu *direta e conscientemente* da *menipeia* antiga? Absolutamente! Ele não foi, em hipótese alguma, um *estilizador* de gêneros antigos. Dostoiévski se juntava à cadeia de uma dada tradição de gênero naqueles lugares em que ela lhe transpassava a atualidade, embora os elos do passado dessa cadeia, inclusive o elo antigo, lhe fossem, em diferentes graus, bem conhecidos e próximos (ainda voltaremos à questão das fontes de gênero em Dostoiévski). Em termos um tanto paradoxais, podemos dizer que quem conservou as particularidades da *menipeia* antiga não foi a memória subjetiva de Dostoiévski, mas a memória objetiva do próprio gênero com o qual ele trabalhou.

Essas particularidades de gênero da *menipeia* não só renasceram como *se renovaram* na obra de Dostoiévski. No que tange ao emprego criativo das possibilidades dos gêneros, esse romancista se distanciou muito dos autores das *menipeias* antigas. Comparadas à produção dostoievskiana, as *menipeias* antigas parecem primitivas e pálidas pela problemática filosófica e social e pelas qualidades artísticas. No entanto, a diferença mais importante consiste em que a *menipeia* antiga ainda desconhece a *polifonia*. Como o "diálogo socrático", a *menipeia* antiga podia apenas preparar algumas condições de gênero para o surgimento da polifonia.

*

Agora passaremos ao problema do carnaval e da carnavalização da literatura.

Um dos problemas mais complexos e interessantes da história da cultura é o problema do *carnaval* (no sentido de conjunto e todas as variadas festividades, ritos e formas de tipo carnavalesco), da sua essência, das suas raízes profundas na sociedade primitiva e no pensamento primitivo do homem, do seu desenvolvimento na sociedade de classes, de sua excepcional força vital e seu perene fascínio. Aqui não vamos, evidentemente, examinar esse problema em profundidade, pois nosso interesse essencial se prende apenas ao problema da carnavalização, ou seja, da influência determinante do carnaval na literatura, especialmente sobre o aspecto do gênero.

O carnaval propriamente dito (repetimos, no sentido de um conjunto de todas as variadas festividades de tipo carnavalesco) não é, evidentemente, um fenômeno literário. É uma forma *sincrética de espetáculo* de caráter ritual, muito complexa, variada, que, sob base carnavalesca geral, apresenta diversos matizes e variações dependendo da diferença de épocas, povos e festejos particulares. O carnaval criou toda uma linguagem de formas concreto-sensoriais simbólicas, entre grandes e complexas ações de massas e gestos carnavalescos. Essa linguagem exprime de maneira diversificada e, pode-se dizer, bem articulada (como toda linguagem) uma cosmovisão carnavalesca una (porém complexa), que lhe penetra todas as formas. Tal linguagem não pode ser traduzida com o menor grau de plenitude e adequação para a linguagem verbal, especialmente para a linguagem dos conceitos abstratos, no entanto é suscetível de certa transposição para a linguagem cognata, por caráter concretamente sensorial, das imagens artísticas, ou seja, para a linguagem da literatura. É a essa transposição do carnaval para a linguagem da literatura que chamamos *carnavalização da literatura*. É sob a ótica dessa transposição que vamos discriminar e examinar momentos isolados e particularidades do carnaval.

O carnaval é um espetáculo sem ribalta e sem divisão entre atores e espectadores. No carnaval todos são participantes ativos, todos participam da ação carnavalesca. Não se contempla e, em termos rigorosos, nem se representa o carnaval mas *vive-se* nele, e vive-se conforme as suas leis enquanto estas vigoram, ou seja, *vive-se uma vida carnavalesca*. Esta é uma vida desviada da sua ordem *habitual*, em certo sentido uma "vida às avessas", um "mundo invertido" (*"monde à l'envers"*).

As leis, proibições e restrições, que determinavam o sistema e a ordem da vida comum, isto é, extracarnavalesca, revogam-se durante o carnaval: revogam-se antes de tudo o sistema hierárquico e todas as formas conexas de medo, reverência, devoção, etiqueta, etc., ou seja, tudo o que é determinado pela desigualdade social hierárquica e por qualquer outra espécie de desigualdade (inclusive a etária) entre os homens. Elimina-se toda *distância* entre os homens e entra em vigor uma categoria carnavalesca específica: *o livre contato familiar entre os homens*. Esse é um momento muito importante da cosmovisão carnavalesca. Os homens, separados na vida por intransponíveis barreiras hierárquicas, entram em livre contato familiar na praça pública carnavalesca. Através dessa categoria do contato familiar, determina-se também o caráter especial da organização das ações de massas, determinando-se igualmente a livre gesticulação carnavalesca e o franco discurso carnavalesco.

No carnaval forja-se, em forma concreto-sensorial semirreal, semirrepresentada e vivenciável, *um novo modus de relações mútuas do homem com o homem*, capaz de opor-se às onipotentes relações hierárquico-sociais da vida extracarnavalesca. O comportamento, o gesto e a palavra do homem libertam-se do poder de qualquer posição hierárquica (de classe, título, idade, fortuna) que os determinava totalmente na vida extracarnavalesca, razão pela qual se tornam excêntricos e inoportunos do ponto de vista da lógica do cotidiano não carnavalesco. A *excentricidade* é uma categoria específica da cosmovisão carnavalesca, organicamente relacionada com a categoria do contato familiar; ela permite que se revelem e se expressem – em forma concreto-sensorial – os aspectos ocultos da natureza humana.

A familiarização está relacionada à terceira categoria da cosmovisão carnavalesca: as *mésalliances* carnavalescas. A livre relação familiar estende-se a tudo: a todos os valores, ideias, fenômenos e coisas. Entram nos contatos e combinações carnavalescas todos os elementos antes fechados, separados e distanciados uns dos outros pela cosmovisão hierárquica extracarnavalesca. O carnaval aproxima, reúne, celebra os esponsais e combina o sagrado com o profano, o elevado com o baixo, o grande com o insignificante, o sábio com o tolo, etc.

A isso está relacionada a quarta categoria carnavalesca: a *profanação*. Esta é formada pelos sacrilégios carnavalescos, por todo um sistema de descidas e aterrissagens carnavalescas, pelas indecências carnavalescas, relacionadas com a força produtora da terra e do corpo, e pelas paródias carnavalescas dos textos sagrados e sentenças bíblicas, etc.

Essas categorias todas não são *ideias abstratas* acerca da igualdade e da liberdade, da inter-relação de todas as coisas ou da unidade das contradições, etc. São, isto sim, "ideias" concreto-sensoriais, espetacular-rituais vivenciáveis e representáveis na forma da própria vida, que se formaram e viveram ao longo de milênios entre as mais amplas massas populares da sociedade europeia. Por isso foram capazes de exercer enorme influência na literatura *em termos de forma e formação dos gêneros*.

Ao longo de milênios, essas categorias carnavalescas, antes de tudo a categoria de livre familiarização do homem com o mundo, foram transpostas para a literatura, especialmente para a linha dialógica de evolução da prosa artística romanesca. A familiarização contribuiu para a destruição das distâncias épica e trágica e para a transposição de todo o representável para a zona do contato familiar, refletiu-se substancialmente na organização dos enredos e das situações de enredo, determinou a familiaridade específica da posição do autor em relação aos heróis (familiaridade impossível nos gêneros elevados), introduziu a lógica das *mésalliances* e das descidas profanadoras, exerceu poderosa influência transformadora sobre o próprio estilo verbal da literatura. Tudo isso se manifesta com muita nitidez na menipeia. Ainda voltaremos a esse problema, pois cabe examinar inicialmente alguns outros aspectos do carnaval, antes de tudo as *ações carnavalescas*.

A ação carnavalesca principal é a *coroação bufa* e o *posterior destronamento do rei do carnaval*. Esse ritual se verifica em formas variadas em todos os festejos de tipo carnavalesco. Aparece nas formas mais apuradas: nas saturnais, no carnaval europeu e na festa dos bobos (nesta, em lugar do rei, escolhiam-se sacerdotes bufos, bispos ou o papa, dependendo da categoria da igreja); em forma menos apurada, aparece em todos os outros festejos desse tipo, incluindo-se os festins com a escolha de reis efêmeros e reis da festa.

Na base da ação ritual de coroação e destronamento do rei reside o próprio núcleo da cosmovisão carnavalesca: a *ênfase das mudanças e transformações, da morte e da renovação*. O carnaval é a festa do tempo que tudo destrói e tudo renova. Assim se pode expressar a ideia fundamental do carnaval. Contudo, salientemos mais uma vez: aqui não se trata de uma ideia abstrata, mas de uma cosmovisão viva, expressa nas formas concreto-sensoriais vivenciáveis e representáveis de ação ritual.

A coroação-destronamento é um ritual ambivalente biunívoco, que expressa a inevitabilidade e, simultaneamente, a criatividade da mudança-renovação, a *alegre relatividade* de qualquer regime ou ordem social, de qualquer poder e qualquer posição (hierárquica). Na coroação já está contida a ideia do futuro destronamento; ela é ambivalente desde o começo. Coroa-se o antípoda do verdadeiro rei – o escravo ou o bobo, como que se inaugurando e se consagrando o mundo carnavalesco às avessas. Na cerimônia de coroação, todos os momentos do próprio ritual, os símbolos do poder que se entregam ao coroado e a roupa que ele veste tornam-se ambivalentes, adquirem o matiz de uma alegre relatividade, tornam-se quase acessórios (mas acessórios rituais); o valor simbólico desses elementos se torna biplanar (como símbolos reais do poder, ou seja, no mundo extracarnavalesco, eles são monoplanares, absolutos, pesados e monoliticamente sérios). Por entre a coroação já transparece desde o início o destronamento. E assim são todos os símbolos carnavalescos: estes sempre incorporam a perspectiva de negação (morte) ou o contrário. O nascimento é prenhe de morte, a morte, de um novo nascimento.

O rito de destronamento é como se encerrasse a coroação, da qual é inseparável (repito: trata-se de um rito biunívoco). Através dela transparece uma nova coroação. O carnaval triunfa sobre a mudança, sobre o processo propriamente dito de mudança, e não precisamente sobre aquilo que muda. O carnaval, por assim dizer, não é substancional mas funcional. Nada absolutiza, apenas proclama a alegre relatividade de tudo. O cerimonial do rito do destronamento se opõe ao rito da coroação; o destronado é despojado de suas vestes reais, da coroa e de outros símbolos de poder, ridicularizado e surrado. Todos os momentos simbólicos desse cerimonial de destronamento adquirem um segundo plano positivo; não representam uma negação pura, absoluta da destruição (o carnaval desconhece tanto a negação absoluta quanto a afirmação absoluta). Além do mais, era precisamente no ritual do destronamento que se manifestava com nitidez especial a ênfase carnavalesca nas mudanças e renovações, a imagem da morte criadora. Por esse motivo a imagem do destronamento era a mais frequentemente transposta para a literatura. Mas, repetimos: as coroação-descoroação são inseparáveis, biunívocas e se transformam uma na outra. Separadas absolutamente, perdem todo o sentido carnavalesco.

A ação carnavalesca da coroação-destronamento está repleta, evidentemente, de categorias carnavalescas (da lógica do universo carnavalesco): do livre contato familiar (isso se manifesta de modo muito acentuado no destronamento), das *mésalliances* carnavalescas (escravo-rei), da profanação (jogo com símbolos do poder supremo), etc.

Aqui não nos ateremos às minúcias do ritual de coroação-destronamento (embora elas sejam muito interessantes), nem às suas diversas variações por épocas e diferentes festejos de tipo carnavalesco, assim como não pretendemos analisar os diversos ritos secundários do carnaval, como, por exemplo, as mudanças de traje, ou seja, as mudanças carnavalescas dos trajes, situações reais e destinos, as mistificações carnavalescas, as incruentas guerras carnavalescas, as porfias-altercações, a troca de presentes (a abundância como momento da utopia carnavalesca), etc. Todos esses rituais também se transformaram em literatura, e com eles enredos respectivos e situações de enredo adquiriram profundidade simbólica e ambivalência ou a relatividade alegre, a leveza carnavalesca e a rapidez das mudanças.

É evidente, porém, que foi o ritual de coroação-destronamento que exerceu influência excepcional no pensamento artístico-literário. Ele determinou um especial *tipo destronante* de construção das imagens artísticas e de obras inteiras, e, neste caso, o destronamento é ambivalente e biplanar por excelência. Se a ambivalência carnavalesca se extinguisse nas imagens do destronamento, estas degenerariam num *desmascaramento* puramente negativo de caráter moral ou político-social, tornando-se monoplanares, perdendo seu caráter artístico e transformando-se em *publicística* pura e simples.

É necessário, ainda, focalizar especialmente a natureza ambivalente das imagens carnavalescas. Todas as imagens do carnaval são biunívocas, englobam os dois campos da mudança e da crise: nascimento e morte (imagem da morte em gestação), bênção e maldição (as maldições carnavalescas que abençoam e desejam simultaneamente a morte e o renascimento), elogio e impropérios, mocidade e velhice, alto e baixo, face e traseiro, tolice e sabedoria. São muito típicos do pensamento carnavalesco as imagens pares, escolhidas de acordo com o contraste (alto-baixo, gordo-magro, etc.) e pela semelhança (sósias-gêmeos). É típico ainda o emprego de objetos ao contrário: roupas pelo avesso, calças na cabeça, vasilhas em vez de adornos de cabeças, utensílios domésticos como armas, etc. Trata-se de uma manifestação específica da categoria carnavalesca de *excentricidade*, da violação do que é comum e geralmente aceito; é a vida deslocada do seu curso habitual.

É profundamente ambivalente a imagem do *fogo* no carnaval. É um fogo que destrói e renova simultaneamente o mundo. Nos carnavais europeus figurava quase sempre um veículo especial (habitualmente um carro com toda sorte de trastes), chamado "inferno". Ao término do carnaval queimava-se solenemente esse "inferno" (às vezes o "inferno" carnavalesco combinava-se ambivalentemente com a cornucópia). É característico o ritual do *moccoli* do carnaval romano: cada participante do carnaval portava uma vela acesa (um "coro de velas") e cada um deles procurava apagar a vela do outro ao grito de *Sia ammazzato!* ("Morte a ti!"). Em sua célebre descrição do carnaval romano (em *A Viagem à Itália*), Goethe, procurando descobrir o profundo sentido que havia atrás dos protótipos carnavalescos, apresenta uma cena profundamente simbólica: durante o *moccoli*, um garoto apaga a vela do pai ao alegre grito carnavalesco *Sia ammazzato il Signore Padre!* ("Morte a ti, Senhor Pai!").

O próprio *riso* carnavalesco é profundamente ambivalente. Em termos genéricos, ele está relacionado às formas mais antigas do riso ritual. Este estava voltado para o supremo: achincalhava-se, ridicularizava-se o Sol (deus supremo), outros deuses, o poder supremo da Terra para forçá-los a *renovar-se*. Todas as formas do riso ritual estavam relacionadas com a morte e o renascimento, com o ato de produzir, com os símbolos da força produtiva. O riso ritual reagia às *crises* na vida do Sol (solstícios), às crises na vida da divindade, na vida do universo e do homem (riso fúnebre). Nele se fundiam a ridicularização e o júbilo.

Esse antiquíssimo sentido ritual da ridicularização do supremo (da divindade e do poder) determinou os privilégios do riso na Antiguidade e na Idade Média. Na forma do riso resolvia-se muito daquilo que era inacessível na forma do sério. Na Idade Média, sob a cobertura da liberdade legalizada do riso, era possível a *paródia sacra*, ou seja, a paródia dos textos e rituais sagrados.

O riso carnavalesco também está dirigido contra o supremo; para a mudança dos poderes e verdades, para a mudança da ordem universal. O riso abrange os dois polos da mudança, pertence ao processo propriamente dito de mudança, à própria *crise*. No ato do riso carnavalesco combinam-se a morte e o renascimento, a negação (a ridicularização) e a afirmação (o riso de júbilo). É um riso profundamente universal e assentado numa concepção do mundo. É essa a especificidade do riso carnavalesco ambivalente.

Ainda em relação ao riso, examinemos mais uma questão: a natureza carnavalesca da *paródia*.

Como já tivemos oportunidade de observar, a paródia é um elemento inseparável da "sátira menipeia" e de todos os gêneros carnavalizados. A paródia é organicamente estranha aos gêneros puros (epopeia, tragédia), sendo, ao contrário, organicamente própria dos gêneros carnavalizados. Na Antiguidade, a paródia estava indissoluvelmente ligada à cosmovisão carnavalesca. O parodiar é a criação do *duplo destronante,* do mesmo "mundo às avessas". Por isso a paródia é ambivalente. A Antiguidade, em verdade, parodiava tudo: o drama satírico, por exemplo, foi, inicialmente, um aspecto cômico parodiado da trilogia trágica que o antecedeu. Aqui a paródia não era, evidentemente, uma negação pobre do parodiado. Tudo tem a sua paródia, vale dizer, um aspecto cômico, pois tudo renasce e se renova através da morte. Em Roma, a paródia era momento obrigatório tanto do riso fúnebre quanto do triunfal (ambos eram, claro, rituais de tipo carnavalesco). O parodiar carnavalesco era empregado de modo muito amplo e apresentava formas e graus variados: diferentes imagens (os pares carnavalescos de sexos diferentes, por exemplo) se parodiavam umas às outras de diversas maneiras e sob diferentes pontos de vista, e isso parecia constituir um autêntico sistema de espelhos deformantes: espelhos que alongam, reduzem e distorcem em diferentes sentidos e em diferentes graus.

Os duplos parodiadores tornaram-se um elemento bastante frequente, inclusive na literatura carnavalizada. Isso se manifesta com nitidez especial em Dostoiévski: quase todas as personagens principais dos romances dostoievskianos têm vários duplos, que as parodiam de diferentes maneiras. Raskólnikov tem como duplos Svidrigáilov, Lújin, Lebezyátnikov; Stavróguin, Piótr Vierkhoviénsnki, Chátov, Kiríllov; Ivan Karamázov, Smierdiakóv, o diabo, Rakítin. Em cada um deles (ou seja, dos duplos) o herói morre (isto é, é negado) para renovar-se (ou melhor, purificar-se e superar a si mesmo).

Na paródia literária formalmente limitada da Idade Moderna rompe-se quase totalmente a relação com a cosmovisão carnavalesca. Mas, nas paródias do Renascimento (Erasmo, Rabelais e outros), a chama carnavalesca ainda arde: a paródia é ambivalente e sente sua relação com a morte, a renovação. Foi por isso que pôde germinar no seio da paródia um dos romances maiores e simultaneamente mais carnavalescos da literatura universal: *O Dom Quixote*, de Cervantes. Dostoiévski assim avaliava esse romance: "Em todo o mundo não há obra mais profunda e pungente. É, por ora, a última e a mais grandiosa palavra do pensamento humano, a mais amarga ironia que o homem já foi capaz de expressar, tanto que se a Terra deixasse de existir e se em algum lugar perguntassem ao homem: 'como é, você entendeu a sua vida na Terra, que conclusões tirou?', o homem poderia mostrar o *Dom Quixote* e responder sem palavras: 'Eis a minha conclusão sobre a vida; será que por ela os senhores poderão me julgar?'"

É característico que Dostoiévski construa essa avaliação de *Dom Quixote* na forma do típico "diálogo no limiar".

Para concluir a nossa análise do carnaval (sob o ângulo da carnavalização da literatura), diremos algumas palavras sobre a praça pública carnavalesca.

O principal palco das ações carnavalescas eram a praça pública e as ruas contíguas. É verdade que o carnaval entrava também nas casas, limitava-se essencialmente no tempo, e não no espaço. O carnaval ignora a arena cênica e a ribalta. Mas só a praça pública podia ser o palco central, pois o carnaval é por sua própria ideia *público e universal*, pois *todos* devem participar do contato familiar. A praça era o símbolo da universalidade pública. A praça pública carnavalesca

– praça das ações carnavalescas – adquiriu um novo matiz simbólico que a ampliou e aprofundou. Na literatura carnavalizada, a praça pública, como lugar da ação do enredo, torna-se biplanar e ambivalente: é como se através da praça pública real transparecesse a praça pública carnavalesca do livre contato familiar e das cenas de coroações e destronamentos públicos. Outros lugares de ação (evidentemente motivados em termos de enredo e realidade), se é que podem ser lugares de encontro e contato de pessoas heterogêneas – ruas, tabernas, estradas, banhos públicos, convés de navios, etc. –, recebem nova interpretação público-carnavalesca (a despeito de toda a sua representação naturalista, a simbólica carnavalesca universal não teme nenhum naturalismo).

Os festejos de tipo carnavalesco ocupavam um espaço imenso na vida das mais amplas massas populares da Antiguidade grega e especialmente romana, onde o festejo central (mas não o único) de tipo carnavalesco eram as *saturnais*. Não era menor (e talvez nem maior) a importância desses festejos na Idade Média europeia e na Renascença, ressaltando-se que, aqui, eles eram, em parte, uma sequência viva imediata das saturnais romanas. No campo da cultura popular carnavalesca não houve qualquer interrupção da tradição entre a Antiguidade e a Idade Média. Em todos esses períodos de sua evolução, os festejos de tipo carnavalesco exerceram uma influência imensa, até hoje não avaliada nem estudada suficientemente, sobre o desenvolvimento de toda a cultura, inclusive a literatura, que teve alguns de seus gêneros e correntes submetidos a uma *carnavalização* especialmente vigorosa. Na Antiguidade, a comédia ática antiga e todo o campo do sério-cômico foram alvo de uma carnavalização especialmente forte. Em Roma, todas as variedades de sátira e epigrama estavam até organizacionalmente relacionadas com as saturnais, eram escritas para as saturnais ou, em todo caso, eram criadas ao abrigo das legitimadas liberdades carnavalescas desses festejos (por exemplo, toda a obra de Marcial está ligada diretamente às saturnais).

Na Idade Média, a vastíssima literatura do riso e da paródia nas línguas populares e no latim estava, de um modo ou de outro, relacionada com os festejos de tipo carnavalesco, com o carnaval propriamente dito, com a "festa dos bobos", com o livre "riso pascal" (*risus pachalis*), etc. Na Idade Média, quase toda festa religiosa tinha, em essência, seu aspecto carnavalesco público-popular (sobretudo festejos como o

Corpus Christi). Muitas festividades nacionais, como as touradas, por exemplo, tinham nítido caráter carnavalesco. A atmosfera carnavalesca dominava os dias de feira, as festas da colheita da uva, os dias das representações dos milagres, mistérios, da sota, etc.; toda a vida do teatro e do espetáculo tinha caráter carnavalesco. As grandes cidades da Idade Média tardia (Roma, Nápoles, Veneza, Paris, Lyon, Nurembergue, Colônia e outras) viviam uma vida plenamente carnavalesca cerca de três (e às vezes mais) meses por ano. Pode-se dizer (com algumas ressalvas, evidentemente) que o homem medieval levava mais ou menos *duas vidas*: uma oficial, monoliticamente séria e sombria, subordinada à rigorosa ordem hierárquica, impregnada de medo, dogmatismo, devoção e piedade, e outra *público-carnavalesca*, livre, cheia de riso ambivalente, profanações de tudo o que é sagrado, descidas e indecências do contato familiar com tudo e com todos. E essas duas vidas eram legítimas, porém separadas por rigorosos limites temporais.

Sem levar em conta a alternância e o mútuo estranhamento desses dois sistemas de vida e pensamento (o oficial e o carnavalesco), é impossível entender corretamente a originalidade da consciência cultural do homem medieval, é impossível interpretar muitos fenômenos da literatura medieval, como, por exemplo, a "paródia sacra."[1]

Nessa época, ocorre também a carnavalização da *linguagem* dos povos europeus. Camadas inteiras da linguagem – o chamado *discurso familiar de rua* – estavam impregnadas da cosmovisão carnavalesca; criava-se um imenso acervo de livre gesticulação carnavalesca. A linguagem familiar de todos os povos europeus, especialmente a linguagem do insulto e da zombaria, continua até hoje cheia de remanescentes carnavalescos; a gesticulação atual do insulto e da zombaria também está impregnada de simbólica carnavalesca.

Pode-se dizer que, na época do Renascimento, a espontaneidade carnavalesca levantou muitas barreiras e invadiu muitos campos da vida oficial e da visão de mundo. Dominou, acima de tudo, todos os gêneros da grande literatura e os transformou substancialmente. Ocorreu uma carnavalização muito profunda e quase total de toda

---

[1] As duas vidas – uma oficial e uma carnavalesca – existiram também na Antiguidade, embora aqui nem sempre houvesse entre elas (sobretudo na Grécia) um abismo tão grande.

a literatura de ficção. A cosmovisão carnavalesca com suas categorias, o riso carnavalesco, a simbólica das ações carnavalescas de coroação-descoroação, das mudanças e trocas de trajes, a ambivalência carnavalesca e todos os matizes da linguagem carnavalesca livre – a familiar, a cinicamente franca, a excêntrica e a elogioso-injuriosa, etc. – penetraram a fundo em quase todos os gêneros da literatura de ficção. À base da cosmovisão carnavalesca constituem-se também as formas complexas da cosmovisão renascentista. Por entre o prisma da cosmovisão carnavalesca, interpreta-se em certo sentido também a Antiguidade, assimilada pelos humanistas da época. O Renascimento é a culminância da vida carnavalesca.[1] A partir daí começa o declínio.

A partir do século XVII, a vida carnavalesco-popular entra em declínio: chega quase a perder seu caráter universalmente popular, cai vertiginosamente seu peso específico na vida das pessoas, suas formas se empobrecem, degeneram e simplificam-se. Já na época renascentista começa a desenvolver-se a cultura *festivo-cortês da mascarada* que reúne em si toda uma série de formas e símbolos carnavalescos (predominantemente de caráter decorativo externo). Em seguida, começa a desenvolver-se uma linha mais ampla (não mais cortês) de festejos e divertimentos, a que podemos chamar *linha da mascarada*. Esta conserva algumas liberdades e reflexos distantes da cosmovisão carnavalesca. Muitas formas carnavalescas foram arrancadas de sua base popular e saíram da praça pública para essa linha cameresca da mascarada que existe até hoje. Muitas formas antigas do carnaval se mantiveram e continuam a viver e renovar-se no *teatro de feira* e no *circo*. Alguns elementos do carnaval também se mantêm nas representações teatrais dos tempos modernos. É característico que até o "pequeno mundo dos atores" conservou algo das liberdades carnavalescas, da cosmovisão carnavalesca e do charme carnavalesco, o que foi magistralmente mostrado por Goethe em *Os Anos de Aprendizagem de Wilhelm Meister* e, em nossa época, por Niemiróvitch-Dántchenko em suas memórias. Algo do clima carnavalesco manteve-se sob certas

---

1 À cultura carnavalesco-popular da Idade Média e do Renascimento (e em parte da Antiguidade) dediquei meu livro *A Obra de F. Rabelais e a Cultura Popular da Idade Média e do Renascimento* (Ed. Khudójestvennaya Literatura, Moscou, 1965), no qual apresento uma bibliografia específica do assunto.

condições na chamada boêmia, embora aqui, na maioria dos casos, estejamos diante da degradação e banalização da cosmovisão carnavalesca (pois aqui já não existe qualquer vestígio do espírito carnavalesco da popularidade total).

Paralelamente a essas ramificações mais tardias do tronco carnavalesco fundamental, que o esgotaram, continuaram e continuam a existir o carnaval de rua na acepção própria e outros festejos de tipo carnavalesco, mas estes perderam o antigo sentido e a antiga riqueza de formas e símbolos.

De tudo isso resultaram a mudança e a dispersão do carnaval e da cosmovisão carnavalesca, a perda do autêntico caráter universalmente popular de rua. Por isso, mudou também o caráter da carnavalização da literatura. Até a segunda metade do século XVII, as pessoas eram *participantes imediatas* das ações carnavalescas e da cosmovisão carnavalesca, ainda viviam em carnaval, ou seja, o carnaval era uma forma da própria vida. Por isso, a carnavalização tinha caráter imediato (pois alguns gêneros chegavam inclusive a discutir diretamente o carnaval). *O próprio carnaval era fonte de carnavalização*. Além disso, a carnavalização tinha valor formador de gênero, isto é, determinava não só o conteúdo, mas também os próprios fundamentos de gênero da obra. A partir da segunda metade do século XVII, o carnaval deixa quase totalmente de ser fonte imediata de carnavalização, cedendo lugar à influência da literatura já anteriormente carnavalizada; assim, a carnavalização se torna tradição genuinamente literária. Paralelamente à influência direta do carnaval, já observamos em Sorel e Scarron uma forte influência da literatura carnavalizada do Renascimento (principalmente de Rabelais e Cervantes), e esta última influência predomina. A carnavalização, consequentemente, já se torna tradição literária e de gênero. Nessa literatura, já desligada da fonte imediata, o carnaval, os elementos carnavalescos sofrem certa modificação e são reinterpretados.

É evidente que o carnaval, *stricto sensu*, e outros festejos de tipo carnavalesco (touradas, por exemplo), a linha da máscara, a comicidade do teatro de feira e outras formas de folclore carnavalesco continuam até hoje a exercer certa influência direta na literatura. Na maioria dos casos, porém, essa influência se limita ao conteúdo das obras, sem lhes tocar o fundamento do gênero, ou seja, carece de força formadora de gênero.

*

Agora, podemos voltar à carnavalização dos gêneros no campo do sério-cômico, cuja denominação, por si só, já soa ambivalente à moda carnavalesca.

Apesar da forma literária sumamente complexificada e da profundidade filosófica do "diálogo socrático", seu fundamento carnavalesco não suscita qualquer dúvida. Os "debates" carnavalesco-populares em torno da morte e da vida, da sombra e da luz do inverno e do verão, etc., debates eivados daquela ênfase nas mudanças e na alegre relatividade que não permite ao pensamento parar e imobilizar-se na seriedade unilateral, na definição precária e na univocidade, serviram de base ao núcleo primário desse gênero. É isso que difere o "diálogo socrático" tanto do diálogo meramente retórico quanto do diálogo trágico, mas a base carnavalesca o aproxima, em certo sentido, dos propósitos agônicos da comédia ática antiga e dos mimos de Sófron (tentou-se, inclusive, restaurar os mimos de Sófron segundo alguns diálogos de Platão). A própria descoberta socrática da natureza dialógica do pensamento e da verdade pressupõe a familiarização carnavalesca das relações entre as pessoas que participam do diálogo, a abolição de todas as distâncias entre elas; além disso, pressupõe a familiarização dos enfoques do próprio objeto do pensamento, por mais elevado e importante que ele seja, e da própria verdade. Em Platão, alguns diálogos foram construídos segundo o tipo carnavalesco da coroação-destronamento. O "diálogo socrático" se caracteriza por livres *mésalliances* de ideias e imagens. A "ironia socrática" é um riso carnavalesco reduzido.

A imagem de Sócrates (veja-se a sua caracterização dada por Alcibíades em *O Banquete*, de Platão) tem caráter ambivalente – combinação do belo e do feio –, assim como o espírito dos aviltamentos carnavalescos serviu de base à construção da autodenominação de Sócrates como "alcoviteiro" e "parteira". A própria vida pessoal de Sócrates esteve cercada de lendas carnavalescas (por exemplo, a lenda de suas relações com sua mulher Xantipa). Em termos gerais, as lendas carnavalescas diferem profundamente das lendas heroicas épicas: fazem o herói descer e aterrissar, familiarizam-no, aproximam-no e humanizam-no. O riso carnavalesco ambivalente destrói tudo o que é empolgado e estagnado, mas em hipótese alguma destrói o núcleo autenticamente heroico da imagem. Cabe dizer que também as imagens romanescas dos heróis (Gargantua, Eulenspiegel, Dom Quixote, Fausto, Simplicissimus, etc.) formaram-se num clima de lendas carnavalescas.

A natureza carnavalesca da menipeia se manifesta de maneira ainda mais precisa; suas camadas externas e o seu núcleo profundo são impregnados de carnavalização. Algumas menipeias representam diretamente os festejos de tipo carnavalesco (em Varro, por exemplo, duas sátiras retratam festejos romanos. Numa das menipeias de Juliano, o Apóstata, retrata-se a comemoração das saturnais no Olimpo). Trata-se, ainda, de uma relação meramente externa (temática, por assim dizer), mas ela também é típica. É mais substancial o tratamento carnavalesco dos três planos da menipeia: do Olimpo, do inferno e da Terra. A representação do Olimpo é de caráter nitidamente carnavalesco: a livre familiarização, os escândalos e excentricidades e a coroação-destronamento caracterizam o Olimpo da menipeia. É como se o Olimpo se transformasse em praça pública carnavalesca (veja-se, por exemplo, o *Zeus Trágico*, de Luciano). Às vezes as cenas olímpicas são apresentadas no plano das descidas e aterrissagens carnavalescas (no mesmo Luciano). É ainda mais interessante a carnavalização coerente do inferno. O inferno coloca em condição de igualdade todas as situações terrestres; nele, o imperador e o escravo, o rico e o miserável se encontram e entram em contato familiar em pé de igualdade, etc., a morte tira a coroa de todos os coroados em vida. Emprega-se frequentemente a lógica carnavalesca do "mundo às avessas" para a representação do inferno: aqui o imperador se torna escravo, o escravo, imperador, etc. O inferno carnavalizado da menipeia determinou a tradição medieval das representações do *inferno alegre*, que encontrou seu apogeu em Rabelais. Essa tradição medieval se caracteriza por uma fusão deliberada do inferno antigo com o inferno cristão. Nos mistérios, o inferno e o diabo (nas "diabruras") também são coerentemente carnavalizados.

Na menipeia, o plano terrestre também é carnavalizado: atrás de quase todas as cenas e ocorrências da vida real, representadas de modo naturalista na maioria dos casos, transparece de maneira mais ou menos nítida a praça pública carnavalesca com a sua específica lógica carnavalesca dos contatos familiares, *mésalliances*, travestimentos e mistificações, imagens contrastantes de pares, escândalos e coroações-destronamentos, etc. Assim, atrás de todas as cenas naturalistas de submundo do *Satiricon* transparece com maior ou menor nitidez a praça pública carnavalesca. Aliás, o próprio enredo do *Satiricon* é coerentemente carnavalizado. O mesmo observamos nas *Metamorfoses (O Asno de Ouro)* de Apuleio. Às vezes, a carnavalização se situa nas camadas mais profundas e permite falar apenas dos *módulos carnavalescos maiores* de imagens e acontecimentos particulares. Às vezes, porém, ela se manifesta na superfície, por exemplo, no episódio genuinamente carnavalesco do assassinato fictício no *limiar*, quando Lúcio, em lugar das outras pessoas, perfura as odres de vinho, tomando o vinho por sangue, e na cena posterior da mistificação carnavalesca do julgamento de Lúcio. Os módulos carnavalescos maiores soam, inclusive, numa menipeia de tom tão sério como a *Consolação da Filosofia*, de Boécio.

A carnavalização também penetra no profundo núcleo filosófico dialógico da menipeia. Vimos que esse gênero se caracteriza por uma colocação manifesta das últimas questões da vida e da morte e por uma extrema universalidade (ele desconhece os problemas particulares e a argumentação filosófica ampla). O pensamento carnavalesco também se faz presente no campo das últimas questões, não apresentando para estas, porém, nítida solução filosófica abstrata ou dogmático-religiosa, mas interpretando-as na forma concreto-sensorial das ações e imagens carnavalescas. Por isso, a carnavalização permitiu, através da cosmovisão carnavalesca, transferir as últimas questões, do plano filosófico abstrato para o plano concreto-sensorial das imagens e acontecimentos carnavalescamente dinâmicos, diversos e vivos. Foi a cosmovisão carnavalesca que permitiu "pôr na filosofia as vestes multicores da hetera". A cosmovisão carnavalesca era a correia de transmissão entre a *ideia e a imagem artística da aventura*. Na literatura europeia dos tempos modernos, encontramos um claro exemplo disso nas novelas filosóficas de Voltaire, com seu universalismo filosófico e a dinâmica e policromia carnavalesca (*Cândido*, por exemplo). Essas novelas mostram, em forma muito patente, as tradições da menipeia e da carnavalização.

Desse modo, a carnavalização penetra até mesmo no núcleo propriamente filosófico da menipeia.

Agora podemos fazer a seguinte conclusão. Descobrimos na menipeia uma impressionante combinação de elementos que, pareceria, são absolutamente heterogêneos e incompatíveis: elementos do diálogo filosófico, da aventura e do fantástico, do naturalismo de submundo e da utopia, etc. Agora podemos dizer que o carnaval e a cosmovisão carnavalesca foram o princípio consolidador que uniu todos esses elementos heterogêneos no todo orgânico do gênero, foram a fonte de uma força excepcional e tenacidade. Na evolução posterior da literatura europeia, a carnavalização ajudou constantemente a remover barreiras de toda espécie entre os gêneros, entre os sistemas herméticos de pensamento, entre diferentes estilos, etc., destruindo toda hermeticidade e o desconhecimento mútuo, aproximando os elementos distantes e unificando os dispersos. Nisso reside a grande função da carnavalização na história da literatura.

Agora, algumas palavras sobre a menipeia e a carnavalização em bases cristãs.

Os principais gêneros narrativos da literatura cristã antiga – o evangelho, os "feitos dos apóstolos", o "apocalipse" e a "hagiografia dos santos e mártires" – estão relacionados à aretologia antiga, que, nos primeiros séculos da nossa era, desenvolveu-se na órbita da menipeia. Nos gêneros cristãos, essa influência aumenta consideravelmente, sobretudo à custa do *elemento dialógico* da menipeia. Nesses gêneros, especialmente nos inúmeros "evangelhos" e "feitos", elaboram-se as clássicas síncrises dialógicas cristãs: do tentado (Cristo, o Justo) com o tentador, do crente com o ateu, do justo com o pecador, do mendigo com o rico, do seguidor de Cristo com o fariseu, do apóstolo (cristão) com o pagão, etc. Essas síncrises são conhecidas de todos através dos evangelhos e dos feitos canônicos. Elaboram-se também as anácrises correspondentes (isto é, a provocação pela palavra ou pela situação do enredo).

Nos gêneros cristãos, bem como na menipeia, reveste-se de imensa importância organizadora a *provação da ideia e do seu portador*, a provação por sedução e martírio (sobretudo, evidentemente, no gênero hagiográfico). Como ocorre na menipeia, soberanos, ricos, bandidos, mendigos, heteras, etc. encontram-se aqui num mesmo plano essencialmente dialogado, em pé de igualdade. Tanto aqui quanto na menipeia têm certa importância as visões dos sonhos, a loucura e toda espécie de obsessão. Por último, a literatura narrativa cristã incorporou também os gêneros cognatos: o *simpósio* (os repastos evangélicos) e o solilóquio.

A literatura narrativa cristã (independentemente da influência da menipeia carnavalizada) também foi alvo da carnavalização direta. Basta lembrar a cena de coroação-destronamento do "rei dos judeus", dos evangelhos canônicos. Mas a carnavalização se manifesta com muito mais força na literatura cristã apócrifa.

Assim, a literatura narrativa cristã antiga (inclusive aquela que foi canonizada) é impregnada de elementos da menipeia e da carnavalização.[1]

São essas as fontes antigas, os "princípios" (*"archaika"*) daquela tradição do gênero cujo apogeu foi a obra de Dostoiévski. Esses "princípios" se mantêm em forma renovada na obra dostoievskiana.

Mas dois milênios separaram Dostoiévski dessas fontes, durante os quais a tradição do gênero continuou a desenvolver-se, complexificando-se, modificando-se e sendo reinterpretada (conservando, nesse processo, sua unidade e a sua continuidade). Algumas palavras sobre a evolução posterior da menipeia.

Vimos que, em bases antigas, inclusive na cristã antiga, a menipeia já revela uma excepcional "capacidade proteica" de mudar sua forma externa (conservando sua essência interna de gênero), de desdobrar-se até constituir-se em autêntico romance, de combinar-se com os gêneros cognatos e introduzir-se nos outros gêneros grandes (por exemplo, no romance grego e grego antigo). Essa capacidade também se manifesta na evolução posterior da menipeia, tanto na Idade Média quanto na Idade Moderna.

Na Idade Média, as peculiaridades de gênero da menipeia continuam a ter vida e a renovar-se em alguns gêneros da literatura teológica latina, que dá continuidade imediata à tradição da literatura cristã antiga, sobretudo em algumas variedades da literatura hagiográfica. A menipeia vive em formas mais livres e originais em gêneros dialogados e carnavalizados da Idade Média como as "discussões", os "debates" e as "glorificações" ambivalentes (*disputaisons, dits, débats*),[*] a moralidade e os milagres e, na Idade Média tardia, os mistérios e *sotas*. Os elementos da menipeia transparecem na literatura medieval parodística e semiparodística acentuadamente carnavalizada: nas visões parodiadas de além-túmulo, nas "leituras evangélicas" parodiadas, etc. Por último, essa tradição de gênero encontra um momento muito importante de sua evolução na novelística

---

1 Dostoiévski conhecia perfeitamente a literatura canônica cristã e os apócrifos.

* Os termos entre aspas são os correspondentes russos dos termos franceses (entre parênteses e grifados), traduzidos para o russo pelo autor (N. do T.).

da Idade Média e do começo do Renascimento, profundamente impregnada de elementos da menipeia carnavalizada.[1]

Toda essa evolução medieval da menipeia é plena de elementos do folclore carnavalesco *local* e reflete as particularidades específicas de diferentes períodos da Idade Média.

Na época do Renascimento – época da carnavalização profunda e quase total de toda a literatura e da visão de mundo –, a menipeia se introduz em todos os grandes gêneros da época (em Rabelais, Cervantes, Grimmelshausen e outros); desenvolvem-se simultaneamente diversas formas renascentistas de menipeia, que, na maioria dos casos, combinam as tradições antigas e medievais desse gênero: *Cymbalum mundi*, de Desperries, o *Elogio da Loucura*, de Erasmo, as *Novelas Exemplares*, de Cervantes, a *Satyre Menippée de la Vertue du Catholicon d'Espagne*, 1594 (uma das mais grandiosas sátiras políticas da literatura universal), as sátiras de Grimmelshausen, Quevedo e outros.

Na Idade Moderna, a introdução da menipeia em outros gêneros carnavalizados é acompanhada de sua contínua evolução em diversas variantes e sob diferentes denominações: o "diálogo luciânico", as "conversas sobre o reino dos mortos" (modalidades com predomínio das tradições antigas), a "novela filosófica" (modalidade de menipeia característica do período do Iluminismo), o "conto fantástico" e o "conto filosófico" (formas típicas do Romantismo, por exemplo, de Hoffmann), etc. Aqui cabe observar que, na Idade Moderna, as particularidades de gênero da menipeia foram aplicadas por diversas correntes literárias e métodos criativos, que, evidentemente, as renovavam de diferentes modos. Assim, por exemplo, a "novela filosófica" racionalista de Voltaire e o "conto filosófico" romântico de Hoffmann apresentam traços genéricos comuns da menipeia e uma carnavalização igualmente acentuada a despeito da profunda diferença de suas orientações artísticas, conteúdo ideológico e, evidentemente, individualidade criativa (basta comparar, por exemplo, o *Micromégas* e o *O Pequeno Zacarias*). Devemos dizer que, na literatura dos tempos modernos, a menipeia era o acompanhante predominante das formas mais condensadas e vivas de carnavalização.

---

1 Aqui cabe mencionar a imensa influência exercida pela novela "A Casta Matrona de Éfeso" (de *Satiricon*) na Idade Média e na Renascença. Essa novela intercalada é uma das maiores menipeias da Antiguidade.

Para concluir, achamos necessário ressaltar que a denominação genérica de "menipeia", assim como todos os outros termos genéricos antigos – "epopeia", "tragédia", "idílio", etc. –, se aplica à literatura dos tempos modernos como denominação da *essência de gênero*, e não de um determinado cânon de gênero (como ocorria na Antiguidade).[1]

Neste ponto, concluímos nossa digressão no campo da história dos gêneros e voltamos a Dostoiévski (é bem verdade que, em toda a digressão, não o perdemos de vista um só instante).

*

Em nossa digressão, observamos que a caracterização que apresentamos da menipeia e dos gêneros cognatos estende-se quase inteiramente às particularidades genéricas da obra de Dostoiévski. Agora devemos concretizar essa tese mediante a análise de algumas obras-*chave* quanto ao gênero.

Dois "contos fantásticos" da fase tardia de Dostoiévski – *Bobók* (1873) e *Sonho de um Homem Ridículo* (1877) – podem ser denominados *menipeias* quase na rigorosa acepção antiga do termo, tão nítida e plena é a manifestação das peculiaridades clássicas desse gênero que neles se observa. Em várias outras obras (*Memórias do Subsolo, Uma Criatura Dócil* e outras), manifestam-se outras variantes da mesma essência do gênero, mais livres e mais distantes dos protótipos antigos. Por último, a menipeia se introduz em todas as grandes obras de Dostoiévski, sobretudo nos seus cinco romances maduros, e introduz-se nos momentos mais essenciais, decisivos desses romances. Daí podermos dizer, sem evasivas, que a menipeia dá, em verdade, o tom de toda a obra de Dostoiévski.

É pouco provável que erremos se dissermos que *Bobók* é, por sua profundidade e ousadia, uma das mais grandiosas menipeias em toda

---

[1] Mas termos genéricos como "epopeia", "tragédia" e "idílio", aplicados à literatura moderna, tornaram-se universalmente aceitos e habituais, e não nos causa qualquer transtorno quando chamam *Guerra e Paz* de epopeia, *Borís Godunóv* de tragédia e *Fazendeiros de Antanho** de idílio. Mas o termo genérico "menipeia" é insólito (sobretudo na nossa crítica literária), daí sua aplicação à literatura moderna (a Dostoiéviski, por exemplo) poder parecer um tanto estranha e forçada.

* As duas últimas obras pertencem às penas de Púchkin e Gógol, respectivamente (N. do T.).

a literatura universal. Mas aqui não nos deteremos na profundidade do seu conteúdo, pois estamos interessados nas particularidades do gênero dessa obra.

São característicos, acima de tudo, a imagem do narrador e o *tom* da sua narração. O narrador – "uma pessoa"[1] – encontra-se no *limiar* da loucura (distúrbio mental). Afora isso, porém, ele *não é um homem como todos*, isto é, que se desviou da norma geral, do curso normal da vida, ou melhor, temos diante de nós uma nova variedade do "homem do subsolo". Seu tom é vacilante, ambíguo, com ambivalência abafada e elementos de bufonaria satânica (como nos diabos dos mistérios). Apesar da forma exterior das frases "truncadas" curtas e categóricas, ele oculta sua última palavra, esquiva-se dela. Ele mesmo cita a caracterização do seu estilo, feita por um amigo: "Teu estilo muda, é truncado. Truncas, truncas a oração intercalada, depois a intercalada da intercalada, depois intercalas mais alguma coisa entre parênteses e depois tornas a truncar, a truncar..." (X, 343).

Seu discurso é interiormente dialogado e todo impregnado de polêmica. A narração começa diretamente com uma polêmica com um tal de Semión Ardaliônovitch, que o acusa de embriaguez. Ele polemiza com redatores que não editam as suas obras (ele é um escritor não reconhecido), com o público contemporâneo, é incapaz de entender o humor, polemiza essencialmente com todos os seus contemporâneos. Em seguida, quando se desenvolve a ação principal, polemiza indignado com os "mortos contemporâneos". São esses o estilo literário e o tom do conto, dialogados e ambíguos, típicos da menipeia.

No início do conto há um juízo sobre um tema típico da menipeia carnavalizada, isto é, o juízo acerca da relatividade e da ambivalência da razão e da loucura, da inteligência e da tolice. Em seguida, vem a descrição de um cemitério e de cerimônias fúnebres.

Toda essa descrição está impregnada de uma atitude *familiar* e *profana* em face do cemitério, das cerimônias fúnebres, do clero necropolense, dos mortos e do próprio "mistério da morte". Toda a descrição se estrutura sobre combinações de oxímoros e *mésalliances* carnavalescas, é impregnada de *descidas* e *aterrissagens*, de *simbólica* carnavalesca e, ao mesmo tempo, de um naturalismo grosseiro.

---

[1] No *Diário de um Escritor*, ele aparece mais uma vez nas "Semicartas" de "uma pessoa".

Eis alguns trechos típicos:

"Saí para *me divertir*, acabei num *enterro*... Faz uns vinte e cinco anos, acho, que eu não ia a um cemitério; só me faltava um lugarzinho assim!
Em primeiro lugar, o espírito. Com uns quinze mortos fui logo dando de cara. Mortalhas de todos os preços; havia até dois carros funerários: o de um general e outro de alguma grã-fina. Muitas caras tristes, e também muita dor fingida, e muita alegria franca. O pároco não pode se queixar: são rendas. Mas esse espírito... esse espírito... Eu não queria ser o pároco daqui."

"Olhava com cautela para as caras dos mortos, desconfiando da minha impressionabilidade. Há expressões amenas, como há desagradáveis. Os *sorrisos são* geralmente maus, uns até muito..."

"Enquanto transcorria a *missa*, saí para dar uma voltinha *além dos portões*. Fui logo encontrando um hospício, e um pouco adiante um *restaurante*. E um restaurantezinho mais ou menos: tinha de salgadinhos e de tudo. Havia muita gente, inclusive *acompanhantes do enterro*. Notei muita *alegria e animação sincera. Comi uns salgadinhos e tomei um trago*" (X, 343-344).

Grifamos os matizes mais acentuados da familiarização e da profanação, das combinações de oxímoros, das *mésalliances*, aterrissagens, do naturalismo e da simbólica. Vemos que o texto está saturadíssimo desses elementos, temos diante de nós um protótipo bastante condensado de estilo da menipeia carnavalizada. Lembremos o valor simbólico da combinação ambivalente: morte-riso – (neste caso, alegria) – banquete (aqui "comi uns salgadinhos e tomei um trago").

Segue-se uma divagação breve e vacilante do narrador, que, sentado sobre a lápide, reflete acerca do tema do *espanto* e do respeito, aos quais os contemporâneos renunciaram. Essa consideração é importante para compreender a concepção do autor. Em seguida, vem um detalhe simultaneamente naturalista e simbólico:

"Sobre a *lápide*, perto de mim, havia um *resto de sanduíche*: coisa boba e *inoportuna*. Atirei-o sobre a terra, pois não era *pão*, mas apenas *sanduíche*. Aliás, parece que não é pecado esfarelar pão sobre a *terra*; sobre o assoalho é que é pecado. Procurar informação no almanaque de Suvórin" (X, 345).

O detalhe estritamente naturalista e profânico – um resto de sanduíche sobre a lápide – dá motivo para evocar a simbólica de tipo carnavalesco: permite-se esfarelar pão sobre a terra – trata-se de semeadura, de fecundação –, mas não se permite sobre o assoalho – seio estéril.

Segue-se o desenvolvimento do enredo fantástico, que cria uma *anácrise* de uma expressividade excepcional (Dostoiévski é um grande mestre da anácrise). O narrador ouve a conversa dos mortos que estão debaixo do chão. Ocorre que as suas vidas ainda continuam por algum tempo nos túmulos. O falecido filósofo Platón Nikoláievitch (alusão ao "diálogo socrático") dá ao fenômeno a seguinte explicação:

"Ele (Platón Nikoláievitch – M. B.) explica tudo isso com o fato mais simples, ou seja, dizendo que lá em cima, quando ainda estávamos vivos, julgávamos erroneamente a morte como morte. Aqui é como se o corpo tornasse a viver, os restos de vida se concentram, *mas apenas na consciência*. Isto não tenho como lhe expressar – é a vida que continua como que por inércia. Tudo concentrado, segundo ele, em algum ponto da consciência, e ainda dura de dois a três meses... às vezes até meio ano... Há aqui, por exemplo, um tal que quase já se decompôs inteiramente mas durante umas seis semanas de vez em quando ainda vem balbuciando de repente uma palavrinha, claro que sem sentido, sobre um tal *bobók: 'Bobók, bobók'*, logo, até nele ainda persiste uma centelha invisível de vida..." (X, 354).

Cria-se, com isso, uma situação excepcional: a *última vida da consciência* (dois-três meses até o sono completo), liberta de todas as condições, situações, obrigações e leis da vida comum é, por assim dizer, uma *vida fora da vida*. Como será aproveitada pelos "mortos contemporâneos"? A anácrise, que provoca a consciência dos mortos, manifesta-se com *liberdade absoluta*, não restrita a nada. E eles se revelam.

Descortina-se o típico inferno carnavalizado das menipeias: uma multidão bastante variegada de mortos, que não conseguem libertar-se imediatamente das suas posições hierárquicas e relações terrenas, conflitos cômicos que surgem nessa base, blasfêmias e escândalos. Do outro lado, as liberdades de tipo carnavalesco, a consciência da total irresponsabilidade, o sincero erotismo sepulcral, o riso nos túmulos ("... *gargalhando* a contento, começou a balançar o *cadáver* do general"), etc. O acentuado tom carnavalesco dessa paradoxal "vida fora da vida" é dado desde o início pelo jogo de cartas no túmulo sobre o qual está sentado o narrador (evidentemente, é um jogo no vazio, "de cor"). Tudo isso são traços típicos do gênero.

O "rei" desse carnaval dos mortos é um "pulha da pseudoalta sociedade" (como ele mesmo se autocaracteriza), o barão Kliniêvitch. Citemos as suas palavras, que enfocam a anácrise e o seu emprego. Fugindo às interpretações morais do filósofo Platón Nikoláievitch (expostas por Lebezyátnikov), ele declara:

"Basta, e estou certo de que todo o resto é absurdo. O principal são os dois ou três meses de vida e, no fim das contas, *bobók*. Sugiro que todos passemos esses dois meses da maneira mais agradável possível, e para tanto todos nos organizemos em outras bases. *Senhores! proponho que não nos envergonhemos de nada!*"

Encontrando apoio geral dos mortos, ele aprofunda mais a sua ideia:

"Mas por enquanto *eu quero que não se minta*. É só o que eu quero, porque isto é o essencial. *Na terra é impossível viver* e não mentir, pois vida e mentira são sinônimos; mas *para rir* aqui não vamos mentir. Aos diabos, pois o *túmulo* significa alguma coisa! *Todos nós vamos contar em voz alta as nossas histórias já sem nos envergonharmos de nada*. Serei o primeiro de todos a contar a minha história. Eu, saibam, sou dos sensuais. *Lá em cima tudo isto estava preso por cordas podres*. Abaixo as cordas, e viveremos esses dois meses na mais *desavergonhada verdade! Desnudemo-nos, dispamo-nos!*

– Dispamo-nos, dispamo-nos! – gritaram em coro" (X, 355-356).

O diálogo dos mortos foi inesperadamente interrompido à maneira carnavalesca:

"E eis que de repente eu *espirrei*. Aconteceu de súbito e involuntariamente, mas o efeito foi surpreendente: tudo ficou em silêncio, *exatamente como no cemitério*, tudo desapareceu com um sonho. Fez-se um silêncio verdadeiramente sepulcral."

Citaremos mais uma apreciação conclusiva do narrador, interessante pelo tom:

"Não, isso eu não posso admitir; não, efetivamente não! Bobók não me perturba (eis em que deu ele, esse bobók!).

Perversão em um lugar como este, perversão das últimas esperanças, perversão de cadáveres flácidos e em decomposição, sem poupar sequer *os últimos lampejos de consciência!* Deram-lhes, presentearam-nos com esses lampejos e... E o mais grave, o mais grave num lugar como este! Não, isto eu não posso admitir..." (X, 357-358).

Aqui irrompem no discurso do narrador palavras e entonações quase genuínas de outra voz inteiramente diferente, ou seja, da voz do autor, irrompem mas no mesmo instante interrompem-se na expressão reticente "e...".

O conto tem um final jornalístico-folhetinístico: "Vou levar ao *Grajdanín*; lá também publicaram o retrato de um redator. Pode ser que publiquem!"

É essa a menipeia quase clássica de Dostoiévski. Aqui o gênero se mantém com uma integridade surpreendentemente profunda. Pode-se até dizer, nesse caso, que o gênero da menipeia revela as suas melhores potencialidades, realiza as suas possibilidades máximas. O que isso menos representa é, evidentemente, a *estilização* de um gênero morto. Ao contrário, nessa obra de Dostoiévski o gênero da menipeia continua a *viver* sua plena vida de gênero, pois o viver do gênero consiste em renascer e renovar-se permanentemente em obras *originais*. Evidentemente, o *Bobók* de Dostoiévski é profundamente original. Dostoiévski tampouco escreveu paródias do gênero, ele o empregou com função direta. Cabe observar, entretanto, que a menipeia – inclusive a antiquíssima e a antiga – sempre parodia a si mesma. Essa paródia é um traço do gênero da menipeia. O elemento da autoparódia constitui uma das causas da excepcional vitalidade desse gênero.

Aqui devemos abordar a questão das possíveis fontes do gênero em Dostoiévski. A essência de cada gênero realiza-se e revela-se em toda a sua plenitude apenas naquelas suas diversas variações que se formam no processo de evolução histórica de um dado gênero. Quanto mais pleno for o acesso do artista a todas essas variações, tanto mais rico e flexível será o domínio que ele manterá sobre a linguagem de um dado gênero (pois a linguagem de um gênero é concreta e histórica).

Dostoiévski tinha uma compreensão muito precisa e aguda de todas as possibilidades do gênero da menipeia, era dotado de um senso excepcionalmente profundo e diversificado desse gênero. Examinar todos os possíveis contatos do escritor com as diversas variedades de menipeia seria muito importante, quer para uma compreensão mais profunda das peculiaridades de gênero de sua obra, quer para uma concepção mais completa da evolução da tradição do gênero propriamente dito que o antecedeu.

É através da literatura cristã antiga (isto é, através do *Evangelho*, do *Apocalipse*, das *Vidas dos Santos* e outras) que Dostoiévski está vinculado da maneira mais direta e estreita às modalidades da menipeia antiga. Ele, porém, conheceu indiscutivelmente os protótipos clássicos da menipeia antiga. É bastante provável que tenha conhecido as menipeias de Luciano, *Menippo, ou uma Viagem pelo Reino de Além-túmulo* ou *Diálogos no Reino dos Mortos* (grupo de pequenas sátiras dialogadas). Nessas obras, aparecem diversos tipos de *comportamento dos mortos* no reino de além-túmulo, ou seja, no inferno carnavalizado. É necessário dizer que Luciano – o Voltaire da Antiguidade – foi amplamente conhecido na Rússia a partir do século XVIII[1] e suscitou inúmeras imitações, tendo a situação-gênero do "encontro no mundo de além-túmulo" se convertido numa constante na literatura e até em exercícios escolares.

É provável que Dostoiévski conhecesse também a menipeia de Sêneca, *Apokokyntosys...*, pois encontramos nele três momentos consonantes com essa sátira: 1) é possível que a "alegria sincera" dos acompanhantes do enterro em Dostoiévski tenha sido inspirada por um episódio de Sêneca: ao passar pela Terra em voo do Olimpo para o inferno, Cláudio encontra na Terra seus próprios funerais e se convence de que todos os acompanhantes do enterro estão muito alegres (à exceção dos chicaneiros); 2) o jogo de cartas no vazio, "de memória" talvez esteja inspirado no jogo de dados de Cláudio no inferno, este também no vazio (os dados rolam antes de serem lançados); 3) a descoroação naturalista da morte em Dostoiévski lembra a representação naturalista ainda mais grosseira da morte de Cláudio, que morre (entrega a alma) no momento em que está evacuando.[2]

Não resta dúvida de que Dostoiévski conhecia mais ou menos de perto outras obras antigas desse gênero, como *Satiricon*, *O Asno de Ouro* e outros.[3]

---

1 No século XVIII, "Diálogos no Reino dos Mortos" foram escritos por Sumárokov e até por A. V. Suvórov, futuro chefe militar (veja-se o seu *Diálogo no Reino dos Mortos entre Alexandre, o Grande, e Herostrate*, 1755).

2 É bem verdade que comparações dessa natureza não podem ter força demonstrativa decisiva. Todos esses momentos semelhantes podem ter sido gerados também pela lógica do próprio gênero, particularmente a lógica das descoroações, descidas e *mésalliances* carnavalescas.

3 Não está excluída, embora seja duvidosa, a possibilidade de ter Dostoiévski conhecido as sátiras de Varro. Uma edição científica completa dos fragmentos de Varro foi editada em 1865 (*Riese, Varronis Saturarum Menippearum reliquiae*, Leipzig, 1865). O livro suscitou interesse não

Podem ter sido inúmeras e heterogêneas as fontes europeias do gênero em Dostoiévski, as quais lhe revelam a riqueza e a diversidade da menipeia. Ele conhecia, provavelmente, a menipeia polêmico-literária de Boileau, *Dialogue sur les Héros des Romans*, como talvez conhecesse a sátira polêmico-literária de Goethe, *Deuses, Heróis e Wieland*. Conhecia, tudo indica, os "diálogos dos mortos" de Fénelon e Fontenelle (Dostoiévski foi um excelente conhecedor de literatura francesa). Todas essas sátiras estão relacionadas com a representação do reino de além-túmulo, e todas conservam exteriormente a forma antiga (predominantemente a luciânica) desse gênero.

Para compreender as tradições do gênero em Dostoiévski, são essencialmente importantes as menipeias de Diderot, livres pela forma externa, porém típicas pela essência do gênero. Mas o tom e o estilo da narração em Diderot (às vezes no espírito da literatura erótica do século XVIII) diferem de Dostoiévski, evidentemente. Em *O Sobrinho de Rameau* (em essência, também uma menipeia, mas sem o elemento fantástico), o motivo das confissões extremamente francas, sem qualquer indício de arrependimento, está em consonância com *Bobók*. A própria imagem do sobrinho de Rameau, um "tipo francamente feroz" que, a exemplo de Kliniêvitch, considera a moral vigente "cordas podres" e só reconhece a "verdade desavergonhada", é consonante à imagem de Kliniêvitch.

Dostoiévski conheceu outra variedade de menipeia livre através dos *Contos Filosóficos* de Voltaire. Esse tipo de menipeia foi muito próximo de alguns aspectos da obra dostoievskiana (Dostoiévski chegou inclusive a esboçar a ideia de escrever um *Cândido Russo*).

Cabe mencionar a enorme importância que tinha para Dostoiévski a *cultura dialógica* de Voltaire e Diderot, que remonta ao "diálogo socrático", à menipeia antiga e, em parte, às diatribes e ao solilóquio.

Outro tipo de menipeia livre, com elemento fantástico e fabular, esteve representado na obra de Hoffmann, autor que influenciou consideravelmente o Dostoiévski-jovem. Chamaram a atenção de Dostoiévski os contos de Edgar Alan Poe, que, pela essência, se aproximam da menipeia. Em sua observação, "Três Contos de Edgar Poe", Dostoiévski frisou com muita precisão as particularidades desse escritor muito afins às suas:

> apenas nos círculos estritamente filológicos e Dostoiévski pode tê-lo conhecido indiretamente durante sua estada no estrangeiro ou, talvez, através de filólogos russos conhecidos.

"Ele toma quase sempre a realidade mais excepcional, *coloca seu herói na mais excepcional situação externa ou psicológica*; e que forte perspicácia, que impressionante fidelidade usa para narrar o estado de espírito dessa pessoa!"[1]

É verdade que nessa definição está lançado apenas um momento da menipeia, ou seja, a criação de uma excepcional situação de enredo, isto é, da anácrise provocante, e foi precisamente esse momento que Dostoiévski apresentou permanentemente como o principal traço característico do seu próprio método criativo.

Nosso levantamento (nem de longe completo) das fontes do gênero em Dostoiévski mostra que ele conheceu ou pode ter conhecido diversas variações da menipeia, gênero muito plástico, rico em possibilidades, excepcionalmente adaptado para penetrar nas "profundezas da alma humana" e para uma colocação arguta e clara dos "últimos problemas".

O conto *Bobók* pode servir de base para mostrar o quanto a essência do gênero da menipeia corresponde a todas as aspirações criativas de Dostoiévski. Quanto ao gênero, esse conto é uma das maiores obras-chave do acervo dostoievskiano.

Prestemos atenção, antes de tudo, ao seguinte. O pequeno conto *Bobók* – um dos enredos de conto mais breves de Dostoiévski – é quase um microcosmo de toda a sua obra. Muitas ideias, temas e imagens de sua obra, todos sumamente importantes, manifestam-se aqui em forma extremamente arguta e clara: a ideia de que não existindo Deus nem a imortalidade da alma "tudo é permitido" (um dos principais modelos de ideia em toda a sua obra); o tema, vinculado a essa ideia, da confissão sem arrependimento e da "verdade desavergonhada", presente em toda a obra de Dostoiévski, a começar por *Memórias do Subsolo*; o tema dos últimos lampejos de consciência (relacionado, em outras obras, aos temas da pena de morte e do suicídio); o tema da consciência, situada à beira da loucura; o tema da voluptuosidade, que penetrou nas esferas superiores da consciência e das ideias; o tema da absoluta "inconveniência" e da "fealdade" da vida desvinculada das raízes populares e da fé popular, etc. Todos esses temas e ideias foram inseridos, em forma condensada e clara, nos limites, pareceria, estreitos daquele conto.

---

[1] F. M. Dostoiévski. *Obras Completas* sob a redação de B. Tomachevski e K. Khalabáiev, t. XIII, Ed. Gosizdat, Moscou-Leningrado, 1930, p. 523.

As próprias imagens determinantes do conto (poucas, diga-se de passagem) estão em consonância com outras imagens dostoievskianas: em forma simplisticamente aguçada; Kliniêvitch repete o príncipe Volkovski, Svidrigáilov e Fiódor Pávlovitch. O narrador ("uma pessoa") é uma variante do "homem do subsolo". Em certo sentido, conhecemos o general Piervoiédov,[1] o velho dignatário voluptuoso, que esbanjou uma imensa quantia de dinheiro público destinado às "viúvas e aos órfãos", o bajulador Lebezyátnikov e o engenheiro progressista, que deseja "organizar a vida daqui em bases racionais".

Entre os mortos ocupa posição especial o "homem simples" (o vendeiro abstrato). Ele é o único que manteve ligação com o povo e sua fé, por isso comporta-se com decência no túmulo, aceita a morte como um mistério, o que ocorre ao redor (entre mortos depravados) interpreta como "peregrinação da alma por entre tormentos", aguarda ansiosamente sua "missa de trinta dias" ("Seria bom que a nossa missa de trinta dias viesse o mais rápido: ouvir vozes chorosas, o pranto da mulher e o choro baixinho dos filhos!..."). A boa aparência e o estilo venerabundo do discurso desse homem simples, contrapostos à inconveniência e ao cinismo familiar de todos os outros (tanto dos vivos quanto dos mortos), antecipam parcialmente a futura imagem do peregrino Makar Dolgoruki, embora aqui, nas condições da menipeia, a "boa aparência" do homem simples seja apresentada com um leve matiz de comicidade e de uma certa inconveniência.

Além disso, o inferno carnavalizado de *Bobók* está *internamente* em profunda consonância com as cenas de escândalos e catástrofes tão essencialmente importantes em todas as obras de Dostoiévski. Essas cenas, que ocorrem habitualmente nos salões, são, evidentemente, bem mais complexas, policrômicas e completas que os contrastes carnavalescos, as marcantes *mésalliances*, as excentricidades e as essenciais coroações-destronamentos, mas têm uma essência interna análoga: rompem-se (ou pelo menos se debilitam por um instante) as

---

[1] O general Piervoiédov nem no túmulo pode renunciar à consciência de sua dignidade de general, e é em nome dessa dignidade que protesta categoricamente diante da proposta de Kliniêvitch ("não se envergonhar de nada"), declarando: "servi ao meu soberano". Em *Os Demônios* há uma situação análoga, mas no plano terreno real: o general Drozdov, encontrando-se entre niilistas, para quem a simples palavra "general" é um epíteto injurioso, defende sua dignidade de general com as mesmas palavras. Ambos os episódios são tratados num plano cômico.

"cordas podres" da mentira oficial e individual e revelam-se as almas humanas, horríveis como no inferno ou, ao contrário, radiantes e puras. Por um instante as pessoas se veem fora das condições habituais de vida, como na praça pública carnavalesca ou no inferno, e então se revela um outro sentido – mais autêntico – delas mesmas e das relações entre elas.

Assim ocorre, por exemplo, com a famosa cena do dia do santo de Nastássia Fillípovna (*O Idiota*). Aqui também há consonância externa com *Bobók*: Ferdischenko (um pequeno diabinho misterioso) sugere a Nastássia Fillípovna um *petit jeu*:* cada um deve contar o ato mais vil de toda a sua vida (compare-se a proposta de Kliniêvitch: "Todos nós vamos contar em voz alta as nossas histórias já sem nos envergonharmos de nada"). É verdade que as histórias contadas não justificaram as expectativas de Ferdischenko, mas esse *petit jeu* contribuiu para a preparação daquele clima carnavalesco de rua no qual ocorrem bruscas mudanças carnavalescas dos destinos e da personalidade das pessoas, desmascaram-se os cálculos cínicos e soa como na praça pública carnavalesca a fala familiar destronante de Nastássia Fillípovna. Aqui, evidentemente, não enfocaremos o profundo sentido psicológico-moral e social dessa cena, já que estamos interessados no seu aspecto de gênero propriamente, naqueles *módulos maiores carnavalescos* que soam em quase todas as imagens e palavras (a despeito de todo o caráter realista e motivado delas) e naquele segundo plano da praça carnavalesca (e do inferno carnavalizado) que parece transparecer por entre o tecido real dessa cena.

Mencionaremos ainda uma cena acentuadamente carnavalesca de escândalos e destronamentos nas exéquias de Marmieládov (em *Crime e Castigo*), ou a cena ainda mais complexificada no salão mundano de Varvára Pietróvna Stavróguina, em *Os Demônios*, com a participação da louca "coxa", com o discurso do seu irmão, capitão Lebyádkin, com o primeiro aparecimento do "demônio" Piótr Vierkhoviénski, com a exaltada excentricidade de Varvára Pietróvna, o desmascaramento e a expulsão de Stiepán Trofímovitch, a histeria e o desmaio de Lisa, o soco de Chátov em Stavróguin, etc. Tudo aqui é inesperado, inoportuno, incompatível e inadmissível no curso comum, "normal" da vida. É absolutamente impossível imaginar semelhante cena, por exemplo, num romance de Tolstói ou Turguiêniev. Isso não é um salão

---

*   Em francês no texto original (N. do T.).

mundano, mas uma praça pública com toda a lógica específica da vida carnavalesca de rua. Lembremos, por último, a cena excepcionalmente clara pelo colorido menipeico-carnavalesco do escândalo na cela do *stáriets* Zossima (*Os Irmãos Karamázov*).

Essas cenas de escândalos – e elas ocupam lugar muito importante nas obras de Dostoiévski – foram quase sempre comentadas negativamente pelos contemporâneos,[1] o que continua acontecendo até hoje. Elas eram e continuam sendo concebidas como inverossímeis em termos reais e artisticamente injustificadas. Foram frequentemente atribuídas ao apego do autor a uma falsa eficácia puramente externa. Em realidade, porém, essas cenas estão no espírito e no estilo de toda a obra de Dostoiévski. E são profundamente orgânicas, nada têm de inventado: são determinadas no todo e *em cada detalhe* pela lógica artística coerente das ações e categorias carnavalescas que anteriormente caracterizamos e que séculos a fio absorveram a linha carnavalesca da prosa literária. Elas se baseiam numa profunda cosmovisão carnavalesca, que assimila e reúne tudo o que nessas cenas parece absurdo e surpreendente, criando para elas uma verdade artística.

Graças ao seu enredo *fantástico*, *Bobók* apresenta essa lógica carnavalesca numa forma um tanto simplificada (exigência do gênero), mas acentuada e manifesta, podendo, por isso, servir como espécie de comentário a fenômenos mais complexos, porém análogos, da obra de Dostoiévski.

No conto *Bobók*, como num foco, estão reunidos raios que se fazem presentes na obra anterior e posterior de Dostoiévski. *Bobók* pôde tornar-se esse foco justamente porque se trata de uma menipeia. Todos os elementos da obra dostoievskiana aqui são percebidos em sua veia espontânea. Como vimos, os limites estreitos desse conto resultaram muito abrangentes.

Lembremos que a menipeia é o gênero *universal das últimas questões*. Nela a ação não ocorre, apenas, "aqui" e "agora", mas em todo o mundo e na eternidade: na Terra, no inferno e no céu. Em Dostoiévski, a menipeia se aproxima do mistério, pois este nada mais é que uma variante dramática medieval modificada da menipeia. Em Dostoiévski, os participantes da ação se encontram *no limiar* (no limiar da vida e da morte, da mentira e da verdade, da razão e da loucura).

---

[1] Inclusive por contemporâneos competentes e benévolos como A. P. Maikov.

E aqui eles são apresentados como *vozes* que ecoam, que se manifestam "diante da Terra e do céu". Aqui também a ideia central da imagem é oriunda do mistério (é verdade que no espírito dos mistérios eleusínicos): os "mortos atuais" são grãos estéreis lançados na terra mas incapazes de morrer (ou seja, de livrar a si mesmos de suas próprias impurezas, de colocar-se acima de si mesmos) ou de renascer renovados (ou seja, dar fruto).

*

Em termos de gênero, a segunda obra-chave de Dostoiévski é *Sonho de um Homem Ridículo* (1877).

Pela essência do gênero, essa obra não só remonta à menipeia, mas a outras variedades desta, como a "sátira do sonho" e as "viagens fantásticas" com elemento utópico. Essas duas variedades se combinam frequentemente na evolução posterior da menipeia.

Como já dissemos, o sonho, com assimilação artística específica (não aquela da epopeia), penetrou pela primeira vez na literatura europeia no gênero da "sátira menipeia" (e geralmente no campo do sério-cômico). Na epopeia, o sonho não destruía a unidade da vida representada nem criava um segundo plano, assim como não destruía a integridade *simples* da imagem do herói. Não se contrapunha à vida comum como *outra* vida possível. É essa contraposição (sob diversos ângulos de visão) que surge pela primeira vez com a menipeia. Aqui o sonho é introduzido precisamente como *possibilidade* de outra vida totalmente diferente, organizada segundo leis diferentes daquelas da vida comum (às vezes diretamente como "mundo às avessas"). A vida vista em sonho afasta a vida comum, obriga a entendê-la e avaliá-la de maneira nova (à luz de outra possibilidade vislumbrada). E em sonho o homem se torna outro, descobre em si novas potencialidades (piores e melhores), é experimentado e verificado pelo sonho. Às vezes, o sonho se constrói diretamente como coroação-destronamento.

Assim, cria-se no sonho uma *situação excepcional* impossível na vida comum, que serve ao mesmo fim básico da menipeia, qual seja, o da experimentação da ideia do homem de ideias.

A tradição menipeica do uso artístico do sonho continua viva na evolução posterior da literatura europeia em diversas variações e com diferentes matizes: nas "visões do sonho" da literatura medieval, nas sátiras grotescas dos séculos XVI e XVII (com nitidez especial em Quevedo e Grimmelshausen), no emprego simbólico-fantástico entre os românticos (inclusive na lírica original dos sonhos em Heine), na aplicação de cunho psicológico e utópico-social em romances realistas (George Sand e Tchernichevski). Cabe observar especialmente a importante variação dos *sonhos de crise*, que levam o homem a renascer e renovar-se (a variação de crise do sonho foi aplicada na dramaturgia: em Shakespeare e Calderón de La Barca, e em Grillparzer no século XIX).

Dostoiévski aproveitou amplamente as possibilidades artísticas do sonho em quase todos os seus matizes e variações. Talvez em toda literatura europeia não haja um escritor em cuja obra os sonhos tenham desempenhado papel tão importante e essencial como em Dostoiévski. Lembremos os sonhos de Raskólnikov, Svidrigáilov, Míchkin, Hippolit, do adolescente, de Viersílov, Alióstha e Dmítri Karamázov, e o papel que eles desempenham na realização do plano das ideias dos respectivos romances. Em Dostoiévski predomina a variação de crise do sonho. Situa-se nessa variação o sonho de um "homem ridículo".

Quanto à variedade de gênero das "viagens fantásticas", aplicada em *O Sonho de um Homem Ridículo*, é provável que Dostoiévski conhecesse a obra de Cyrano de Bergerac, *O Outro Mundo* ou *História Cômica dos Estados e Impérios da Lua* (1647-1650). Aqui há uma descrição do paraíso terrestre na Lua, de onde o narrador foi expulso por desrespeito. Em sua viagem pela Lua ele é acompanhado pelo "demônio de Sócrates", o que permite ao autor introduzir o elemento filosófico (no espírito do materialismo de Gassendi). Pela forma exterior, a obra de Bergerac é um autêntico romance filosófico fantástico.

É interessante a menipeia de Grimmelshausen *Derfliegende Wandersmann nach dem Monde* (aproximadamente 1659), cuja fonte geral foi um livro de Cyrano de Bergerac. Aqui aparece no primeiro plano o elemento utópico. Retrata-se a excepcional pureza e a justeza dos habitantes da Lua, os quais desconhecem os vícios, os crimes, a mentira, em seu país a primavera é eterna, eles vivem muito e comemoram a morte com um banquete alegre em círculos de amigos. As crianças que nascem com inclinações para o vício são enviadas à Terra para evitar que corrompam a sociedade. Indica-se a data precisa da chegada do herói à Lua (como no sonho de Dostoiévski).

É indiscutível que Dostoiévski conhecia a menipeia de Voltaire, *Micrómegas*, que segue a mesma linha fantástica – que realiza o estranhamento da realidade terrestre – da evolução da menipeia.

Em *O Sonho de um Homem Ridículo*, o que acima de tudo nos impressiona é o extremo universalismo dessa obra e, simultaneamente, a sua extrema concisão, o magnífico laconismo artístico-filosófico. Ela não contém argumentação discursiva com o mínimo de amplitude, revela com muita precisão a excepcional capacidade de Dostoiévski para *perceber e sentir a ideia artisticamente*, e dessa capacidade já falamos no capítulo anterior. Aqui temos diante de nós o verdadeiro *artista da ideia*.

O Sonho de um Homem Ridículo apresenta uma síntese completa e profunda do universalismo da menipeia como gênero das últimas questões da cosmovisão, com o universalismo do mistério medieval, que retrata o destino do gênero humano: o paraíso terrestre, o pecado original e a expiação. Em *O Sonho de um Homem Ridículo* revela-se de maneira patente o parentesco interno desses dois gêneros, que, evidentemente, também são ligados por parentesco histórico-genético. Mas, em termos de gênero, o que aqui domina é a menipeia antiga. E, em linhas gerais, é o espírito antigo, e não o cristão, que domina em *O Sonho de um Homem Ridículo*.

Pelo estilo e pela composição, *O Sonho de um Homem Ridículo* difere muito consideravelmente de *Bobók*; ali há elementos essenciais da diatribe, da confissão e do sermão. Esse complexo de gêneros é uma característica geral da obra de Dostoiévski.

O centro da obra é a história de uma visão do sonho. Aqui há uma excelente caracterização, por assim dizer, da originalidade composicional dos sonhos:

"...Aconteceu tudo como sempre acontece em sonho, *quando se salta por cima do espaço e do tempo e por cima das leis da existência e da razão e se para somente nos pontos com os quais sonha o coração*" (X, 429).

É essa, em essência, uma característica absolutamente verdadeira do método composicional de construção da menipeia fantástica. Além disso, com certas restrições e ressalvas, essa caracterização pode estender-se a todo o método artístico de Dostoiévski. Este quase não aplica em suas obras o tempo histórico e biográfico relativamente contínuo, ou seja, o tempo rigorosamente épico, "salta" por cima dele, concentra a ação nos pontos das *crises, reviravoltas e catástrofes*, quando um instante se iguala pela importância interna a um "bilhão de anos", isto é, perde sua estreiteza temporal. E é por cima do espaço que ele, em essência, salta e concentra a ação em apenas dois "pontos": no limiar (junto à porta de entrada, nas escadas, nos corredores, etc.), onde ocorrem a crise e a reviravolta, ou na *praça pública*, cujo substituto costuma ser o salão (a sala, a sala de jantar), onde ocorrem a catástrofe e o escândalo. É precisamente essa a sua concepção de espaço e tempo. Às vezes, ele salta por cima até mesmo da verossimilhança empírica elementar e da lógica superficial da razão. Daí o gênero da menipeia lhe ser tão íntimo.

Caracterizam o método artístico de Dostoiévski, como artista da palavra, palavras como estas do "homem ridículo":

"...Eu vi a verdade, não a imaginei em espírito, vi-a, digo que a vi, e a sua *viva imagem* encheu meu coração para sempre."[1]

Pela temática, *O Sonho de um Homem Ridículo* é quase uma enciclopédia completa dos principais temas de Dostoiévski; ao mesmo tempo, todos esses temas e o próprio método de sua elaboração artística são muito característicos do gênero carnavalizado da menipeia. Detenhamo-nos em alguns deles.

1. Na figura central do "homem ridículo", percebe-se nitidamente a imagem sério-cômica *ambivalente* do "bobo sábio" e do "bobo trágico" da literatura carnavalizada. Mas essa ambivalência – é verdade que, habitualmente, em forma abafada – caracteriza todos os heróis de Dostoiévski. Pode-se dizer que a ideia artística de Dostoiévski não concebia nenhuma significação humana sem elementos de uma certa *extravagância* (em suas diversas variações). Isso se manifesta com a maior nitidez na imagem de Míchkin. Mas em todas as personagens principais de Dostoiévski – Raskólnikov, Stavróguin, Viersílov e Ivan Karamázov – há sempre "algo de ridículo", se bem que em forma mais ou menos reduzida.

Repetimos: como artista, Dostoiévski não concebia um valor humano *monótono*. No prólogo a *Os Irmãos Karamázov*, ele afirma inclusive uma essencialidade *histórica* especial da extravagância:

"Porque não só o extravagante 'nem sempre' é um caso particular e isolado, como, ao contrário, acontece às vezes que ele é quem traz dentro de si a *medula do todo*, enquanto os demais indivíduos de sua

---

[1] F. M. Dostoiévski. *O Sonho de um Homem Ridículo*. Edições de Ouro, Rio de Janeiro, [s.d.], p. 152.

época, tangidos por algum vento mau, não se sabe por que dele se mantêm afastados durante algum tempo..." (IX, 9).

Na imagem do "homem ridículo" essa ambivalência, consoante o espírito da menipeia, é manifesta e enfatizada.

É muito típica de Dostoiévski também a *plenitude da autoconsciência* do "homem ridículo": ele mesmo sabe melhor que ninguém que é ridículo: "...se houve na terra um indivíduo que soube mais do que todos que eu sou ridículo, então esse indivíduo fui eu mesmo...". Começando sua pregação do *paraíso* terrestre, ele mesmo sabe perfeitamente que este é irrealizável:

"Direi mesmo: que importa, que importa que nunca mais o paraíso volte e que não exista mais (uma vez que o compreendo, digo-vos), apesar de tudo, pregarei o paraíso."[1]

Trata-se de um extravagante, que tem uma aguda consciência de si e de tudo; nele não há o menor indício de ingenuidade, ele não pode ser acabado (visto que nada existe fora de sua consciência).

2. Inicia-se o conto com o tema mais típico da menipeia, isto é, o tema do homem que é o *único* a conhecer a verdade e por isso todos os demais zombam dele como de um louco. Eis o excelente começo:

"Eu sou um homem ridículo. No momento dizem que estou louco. Seria um título excelente, se para eles eu não permanecesse nada mais que ridículo. Mas de ora em diante não me zango mais, todo o mundo é assaz gentil para comigo, mesmo quando caçoa de mim, e, dir-se-ia, mais gentil ainda naquele momento. Eu riria de bom grado com eles, não tanto de mim mesmo, quanto para lhes ser agradável, se não sentisse tal tristeza ao contemplá-los. Tristeza de ver que não conhecem a verdade, esta verdade que só eu conheço. Como é duro ser o único a conhecê-la! Porém, eles não compreenderão. Não, não compreenderão."[2]

É a posição típica do sábio da menipeia (Diógenes, Menippo ou Demócrito do *Romance de Hipócrates*), portador da verdade, em relação a todas as outras pessoas que consideram a verdade uma loucura ou bobagem. Aqui, porém, essa posição é mais complexa e profunda em comparação com a menipeia antiga. Ao mesmo tempo, essa posição – com diversas variações e com variados matizes – é

---

[1] F. M. Dostoiévski. *O Sonho de um Homem Ridículo*, Edições de Ouro, p. 152.
[2] *Ibid.*, p. 133.

característica de todas as personagens principais de Dostoiévski, de Raskólnikov a Ivan Karamázov: a obsessão pela sua "verdade" lhes determina o tratamento dispensado a outras pessoas e cria um tipo especial de solidão desses heróis.

3. Em seguida surge o tema da indiferença absoluta a tudo o que há no mundo, tema muito característico da menipeia cínica e estoica:

"...esta imensa melancolia que se apoderou da minha alma, após uma circunstância infinitamente acima de mim, a saber: minha convicção, doravante bem firmada, de que aqui embaixo tudo é *sem importância*.* Suspeitava disso há muito tempo, mas adquiri de súbito a certeza plena e completa, senti bruscamente que me será *indiferente* que o mundo existisse ou que nada houvesse em parte alguma. Comecei a perceber e a sentir que, no fundo, *nada existia para mim*".[1]

Essa indiferença universal, esse pressentimento do inexistente leva o "'homem ridículo" à ideia do suicídio. Estamos diante de uma das inúmeras variações do tema de Kiríllov em Dostoiévski.

4. Segue-se o tema das últimas horas de vida antes do suicídio (um dos principais temas de Dostoiévski). Aqui esse tema, em consonância com o espírito da menipeia, é patente e agudo.

Após resolver definitivamente praticar o suicídio, o "homem ridículo" encontrou na rua uma menina que lhe implorou ajuda. Ele a empurrou grosseiramente, pois já se sentia fora de todas as normas e obrigações da vida humana (como os mortos em *Bobók*). Eis as suas reflexões:

"Seja, mas se eu me mato, por exemplo, nestas duas horas, que me importa essa menina e que me interessam essa vergonha e tudo o mais?... Pois afinal foi batendo-lhe com o pé que insultei a desgraçada criança; essa covardia inumana, eu a cometi não somente para provar que estava insensível à piedade, mas porque tudo estaria acabado dentro de duas horas."[2]

Característica do gênero da menipeia, essa experimentação moral não é menos característica da obra de Dostoiévski. Seguem-se assim as reflexões:

---

1 *O Sonho de um Homem Ridículo*, p. 134.
2 *Ibid.*, p. 138.
* Leia-se "indiferente". As palavras grifadas estão consoantes ao texto de Bakhtin (N. do T.).

"Por exemplo, uma concepção bizarra se apresentou de súbito ao meu espírito. Suponhamos, dizia-me, que outrora eu tenha vivido na Lua ou no planeta Marte, e que tenha cometido lá um desses atos particularmente odiosos e infames, o pior que se possa imaginar; suponhamos que eu tenha me tornado um objeto de vergonha e de opróbio, como é possível imaginar somente quando se dorme e quando se tem pesadelo; se, ao despertar de repente sobre a Terra, eu tivesse consciência do que tinha praticado no outro planeta e tivesse por outro lado a certeza de não voltar nunca mais, acontecesse o que acontecesse, então, sim ou não, considerando daqui debaixo a Lua, não me seria *tudo sem importância?** Terei ou não vergonha à lembrança do meu crime?"[1]

Uma pergunta absolutamente análoga de experimentação sobre o comportamento na Lua é feita a si mesmo por Stavróguin na conversa com Kiríllov (VII, 250). Tudo isso é a conhecida problemática de Hippolit (*O Idiota*), Kiríllov (*Os Demônios*) e da desvergonha da vida sepucral (*Bobók*). Além disso, tudo isso são apenas partículas diferentes de um dos principais temas de toda a obra de Dostoiévski, do tema do "tudo é permitido" (num mundo onde não há Deus nem imortalidade da alma) e do tema do solipsismo ético, vinculado ao último.

5. Segue-se o desenvolvimento do *tema* central (pode-se dizer, formador de gênero) *do sonho de crise*, ou melhor, o tema do renascimento e da renovação do homem através do sonho, que permite *ver* "com os próprios olhos" a possibilidade de uma vida humana completamente diversa na Terra.

"Sim, foi então que tive esse sonho, meu sonho do três de novembro. Alguns zombam de mim hoje, pretendendo que foi somente um sonho. Mas não é indiferente que isto seja ou não um sonho, se esse sonho para mim foi o anunciador da Verdade? Se, uma vez por todas, entrevi a Verdade, isto significa que era bem a Verdade, que não pode existir outra, quer ela tenha vindo em sonho ou na vida real. Que importa, então, que não seja senão um sonho, mas esta vida que colocais tão alto, eu estava prestes nesse momento a suprimi-la com um tiro de revólver, enquanto meu sonho se fez para mim o anunciador de uma vida nova, imensa, regenerada e forte."[2]

---

1   *Ibid.*, p. 138.
2   *Ibid.*, p. 139-140.
*   Leia-se "indiferente" (N. do T.).

6. No próprio "sonho" desenvolve-se minuciosamente o tema utópico do paraíso terrestre, visto e vivido pessoalmente pelo "homem ridículo" numa longínqua estrela desconhecida. A descrição propriamente dita do paraíso terrestre é comedida, no espírito da Idade de Ouro antiga, razão pela qual é profundamente impregnada da cosmovisão carnavalesca. A representação do paraíso terrestre apresenta muita consonância com o sonho de Viersílov (*O Adolescente*). É muito típica a fé genuinamente carnavalesca na identidade de aspirações da humanidade e na natureza boa do homem, fé essa expressa pelo "homem ridículo":

"Entretanto, todos vão para a frente e tendem para um único e mesmo fim, *desde o sábio até o pior dos bandidos*, somente que eles caminham por vias diferentes. Esta é uma velha verdade, mas eis ao menos alguma coisa de novo: eu não poderia errar muito. Porque *vi a Verdade, vi* e sei que os homens podem ser belos e felizes, sem perder a faculdade de viverem sobre a terra. Não quero nem posso crer que o mal seja a condição normal dos homens."[1*]

Ressaltemos, mais uma vez, que para Dostoiévski a verdade só pode ser objeto de visão ativa, e não de conhecimento abstrato.

7. No fim do conto soa o tema, muito característico de Dostoiévski, da transformação *instantânea* da vida em paraíso (esse tema se manifesta com maior profundidade em *Os Irmãos Karamázov*):

"Entretanto, como é simples, poder-se-ia conseguir que num só dia, em uma *só hora* tudo fosse reedificado. O essencial é amar o próximo como a si mesmo, eis o que é essencial, eis o que é tudo, sem que haja necessidade de outra coisa: logo sabereis como edificar o paraíso."[2]

8. Ressaltemos ainda o tema da menina ofendida, que se faz presente em várias obras de Dostoiévski: nós o encontramos em *Humilhados e Ofendidos* (Nelli), no sonho de Svidrigáilov antes do suicídio, na "confissão de Stavróguin", em *O Eterno Marido* (Lisa); o tema da criança sofrendo é um dos temas básicos de *Os Irmãos Karamázov* (as imagens das crianças sofredoras no capítulo "A revolta", a imagem de Ilyúchetchka, "criança chorando", no sonho de Dmítri).

---

1   *Ibid.*, p. 151-152.
2   *Ibid.*, p. 152.
*   As palavras foram grifadas por Bakhtin no original. Dostoiévski não usa "verdade" em caixa-alta (N. do T.).

9. Aqui há também elementos do naturalismo de submundo: um capitão desordeiro que pede esmolas na Avenida Niévski (essa imagem já conhecemos em *O Idiota* e *O Adolescente*), bebedeira, jogo de cartas e briga no quarto contíguo ao cubículo onde o "homem ridículo" passa suas noites em claro numa poltrona Voltaire, mergulhado na solução dos últimos problemas, e onde ele vê o seu sonho sobre o destino da humanidade.

É evidente que não esgotamos todos os temas de *O Sonho de um Homem Ridículo*, mas isso já é suficiente para mostrar a enorme capacidade que essa variedade da menipeia apresenta em termos de ideias e sua correspondência à temática de Dostoiévski.

Em *O Sonho de um Homem Ridículo* não há diálogos composicionalmente expressos (com exceção do diálogo semiexpresso com o "ser desconhecido"), mas todo o discurso do narrador está impregnado do diálogo interior: aqui todas as palavras se dirigem a si mesmas, ao universo e seu criador,[1] a todos os homens. Aqui também, como no mistério, a palavra ecoa diante do céu e diante da Terra, ou seja, ante todo o mundo.

São essas as duas obras-chave de Dostoiévski, que mostram da maneira mais precisa a essência de gênero de sua arte, que tende para a menipeia e para os gêneros dela cognatos.

Fizemos nossas análises de *Bobók* e *O Sonho de um Homem Ridículo* sob o ângulo de visão da poética histórica do gênero. O que nos interessou acima de tudo foi a maneira pela qual a essência do gênero da menipeia se manifesta nessas obras. Procuramos mostrar ao mesmo tempo, porém, como os traços tradicionais do gênero se combinam organicamente com a singularidade individual e a aplicação fecunda desses traços em Dostoiévski.

*

Focalizemos mais algumas obras de Dostoiévski, que, no fundo, também se aproximam da menipeia, mas são de um tipo um tanto diferente e carecem de elemento diretamente fantástico.

É o caso, antes de tudo, do conto *Uma Criatura Dócil*. Aqui, a anácrise temática aguda, característica do gênero, estruturada sobre

---

[1] "E de repente eu *apelei*, não com a voz, pois estava inerte, mas com todo o meu ser, para o *senhor de tudo aquilo que estava acontecendo comigo*" (X, 428).

contrastes flagrantes, *mésalliances* e experimentações morais, tem a forma de solilóquio. O herói do conto diz de si: "Eu sou mestre em falar calado, passei toda a minha vida falando calado e vivi de mim para mim verdadeiras tragédias calado." A imagem do herói revela-se precisamente através desse tratamento dialógico dado a si mesmo. E ele permanece quase até o fim em completa solidão consigo mesmo e num desespero irremediável. Não reconhece a justiça suprema, generaliza a sua solidão e a universaliza como sendo a solidão definitiva de todo o gênero humano:

"Rotina! Oh natureza! *As pessoas estão sós na Terra, eis a desgraça!* Tudo está morto, e em toda parte, os mortos. Sós estão apenas as pessoas, em sua volta, o silêncio: eis a terra!"

As *Memórias do Subsolo* (1864) são essencialmente próximas desse tipo de menipeia. Foram construídas como diatribe (conversa com um interlocutor ausente), são cheias de polêmica aberta e velada e incorporam elementos essenciais da confissão. Na segunda parte introduz-se uma narração carregada de uma aguda anácrise. Em *Memórias do Subsolo* encontramos outros traços já conhecidos da menipeia: agudas síncrises dialógicas, familiarização e profanação, naturalismo de submundo, etc. Essa obra ainda se caracteriza por uma excepcional capacidade ideológica: quase todos os temas e ideias da obra posterior de Dostoiévski já estão esboçados aqui em forma simplificada patente. No capítulo seguinte examinaremos detidamente o seu estilo literário.

Vejamos mais uma obra de Dostoiévski que leva um título muito característico: *Uma Anedota Ordinária* (1862). Trata-se de um conto *profundamente carnavalizado*, também próximo da menipeia (mas da menipeia de tipo varroniano). O ponto de partida da ideia é a discussão de três generais numa noite de santo. Posteriormente, o herói do conto (um dos três), a fim de testar sua ideia humanístico-liberal, vai à festa de casamento de um subordinado da categoria mais baixa e, por inexperiência (ele não bebe), embriaga-se. Tudo aqui se baseia na extrema *inoportunidade e no caráter escandaloso* de tudo o que ocorre. Tudo aqui está cheio de flagrantes contrastes carnavalescos, *mésalliances*, ambivalência, descidas e destronamentos. Também está presente o elemento de uma experimentação moral bastante cruel. Não focalizamos, evidentemente, a profunda ideia sociofilosófica que há nessa obra e que até hoje ainda não foi devidamente avaliada. O tom do conto é deliberadamente vacilante, ambíguo e escarnecedor, impregnado de elementos de uma velada polêmica político-social e literária.

Os elementos da menipeia também estão presentes em todas as primeiras obras (isto é, escritas antes do degredo) de Dostoiévski (influenciadas principalmente pelas tradições do gênero em Gógol e Hoffmann).

A menipeia, como já dissemos, é introduzida também nos romances de Dostoiévski. Mencionaremos apenas os casos mais importantes (sem argumentação especial).

Em *Crime e Castigo*, a famosa cena da primeira visita de Raskólnikov a Sônia (com a leitura do Evangelho) é quase uma menipeia cristianizada acabada: agudas síncrises dialógicas (da crença com a descrença, da resignação com o orgulho), anácrise penetrante, combinações de oxímoros (o pensador com o criminoso, a prostituta com a justa), colocação patente das últimas questões e leitura do Evangelho num clima de submundo. São menipeias os sonhos de Raskólnikov, bem como o sonho de Svidrigáilov ante o suicídio.

Em *O Idiota*, é menipeia a confissão de Ippolít ("a minha explicação necessária"); envolta pela cena carnavalizada do diálogo no terraço do príncipe Míchkin, ela termina com a tentativa de suicídio de Hippolit. Em *Os Demônios*, é a confissão de Stavróguin juntamente com o diálogo deste com Tíkhonov que a envolve. Em *O Adolescente*, é o sonho de Viersílov.

Em *Os Irmãos Karamázov*, é uma magnífica menipeia o diálogo de Ivan e Aliócha na taberna "Stolítchni górod", situada na praça do mercado numa cidadezinha isolada. Aqui, ao som de um órgão, das batidas das bolas do bilhar e do estalo de garrafas de cerveja que se abrem, o monge e o ateu resolvem os últimos problemas do mundo. Nessa "sátira menipeia" – intercala-se uma segunda sátira – a "Lenda do Grande Inquisidor" –, que tem valor independente e se baseia na síncrise evangélica de Cristo com o diabo.[1] Essas duas "sátiras menipeias" interligadas se situam entre as mais profundas obras artístico-filosóficas de toda a literatura universal. Por último, é uma menipeia igualmente profunda o diálogo de Ivan Karamázov com o diabo (capítulo: "O diabo. O pesadelo de Ivan Fiódorovitch").

---

[1] Acerca das fontes do gênero e do tema da "Lenda do Grande Inquisidor" (*A História de Jenni* ou *O Ateu e o Sábio* de Voltaire, *Cristo no Vaticano*, de Victor Hugo), vejam-se os trabalhos de L. P. Grossman.

É evidente que todas essas menipeias estão subordinadas ao plano polifônico do todo romanesco que as abrange, são por ele determinadas e inseparáveis dele.

Entretanto, além dessas menipeias relativamente autônomas e relativamente acabadas, todos os romances de Dostoiévski estão impregnados dos seus elementos, bem como dos elementos dos gêneros cognatos – o "diálogo socrático", a diatribe, o solilóquio, a confissão, etc. Naturalmente, todos esses gêneros chegaram até Dostoiévski depois de passarem por dois milênios de tensa evolução, mas conservando a sua essência genérica a despeito de todas as modificações. As agudas síncrises dialógicas, as situações de enredo excepcionais e estimulantes, as crises e reviravoltas, as catástrofes e os escândalos, as combinações de contrastes e oxímoros, etc. determinam toda a estrutura do enredo e da composição dos romances de Dostoiévski.

Sem um estudo contínuo e profundo da essência da menipeia e de outros gêneros cognatos, bem como da história e das diversas variedades desses gêneros nas literaturas dos tempos modernos, é impossível uma correta explicação histórico-genética das particularidades do gênero nas obras de Dostoiévski (e não apenas de Dostoiévski, pois o problema é de significado mais amplo).

*

Analisando as peculiaridades de gênero da menipeia na obra de Dostoiévski, mostramos simultaneamente os elementos da carnavalização. Isso é perfeitamente compreensível, pois a menipeia é um gênero profundamente carnavalizado. Mas o fenômeno da carnavalização na obra de Dostoiévski é, evidentemente, bem mais amplo do que a menipeia, tem fontes complementares de gênero e por isso requer um exame especial.

Falar de uma influência direta e essencial do carnaval e seus derivados tardios (a linha da mascarada, a comicidade do teatro de feira, etc.) em Dostoiévski é difícil (embora em sua vida se registrem vivências reais de tipo carnavalesco).[1] A carnavalização o influenciou, como influenciou a maioria dos escritores dos séculos XVIII e XIX, predominantemente como tradição literária de gênero cuja fonte

---

1   Gógol ainda experimentou uma influência essencial e direta do folclore carnavalesco ucraniano.

extraliterária – isto é, o carnaval autêntico – ele talvez nem tenha conscientizado com toda nitidez.

Mas o carnaval, suas formas e símbolos e antes de tudo a própria cosmovisão carnavalesca séculos a fio se entranharam em muitos gêneros literários, fundiram-se com todas as particularidades destes, formaram-nos e se tornaram algo inseparável deles. É como se o carnaval se *transformasse em literatura*, precisamente numa poderosa linha determinada de sua evolução. Transpostas para a linguagem da literatura, as formas carnavalescas se converteram *em poderosos meios* de interpretação artística da vida, numa linguagem especial cujas palavras e forma são dotadas de uma força excepcional de generalização *simbólica*, ou seja, de generalização *em profundidade*. Muitos aspectos essenciais, ou melhor, muitas *camadas* da vida, sobretudo as profundas, podem ser encontradas, conscientizadas e expressas somente por meio dessa linguagem.

Para dominar essa linguagem, ou seja, para iniciar-se na tradição do gênero carnavalesco na literatura, o escritor não precisa conhecer todos os elos e todas as ramificações dessa tradição. O gênero possui sua lógica orgânica, que em certo sentido pode ser entendida e criativamente dominada a partir de poucos protótipos ou até fragmentos de gênero. *Mas a lógica do gênero não é uma lógica abstrata.* Cada variedade nova, cada nova obra de um gênero sempre a generaliza de algum modo, contribui para o aperfeiçoamento da linguagem do gênero. Por isso é importante conhecer as possíveis fontes do gênero de um determinado autor, o clima do gênero literário em que se desenvolveu a sua criação. Quanto mais pleno e concreto for o nosso conhecimento das *relações de gênero* em um artista, tanto mais a fundo poderemos penetrar nas particularidades de sua forma do gênero e compreender mais corretamente a relação de reciprocidade entre a tradição e a novidade nessa forma.

Tendo em vista que estamos focalizando problemas de *poética histórica*, tudo o que acaba de ser dito nos obriga a caracterizar ao menos aqueles elos fundamentais da tradição do gênero e do carnaval a que Dostoiévski esteve ligado direta ou indiretamente e que determinaram o clima do gênero de sua obra, em muitos sentidos essencialmente diverso do clima das obras de Turguiêniev, Gontcharóv e L. Tolstói.

As fontes básicas da carnavalização da literatura dos séculos XVII, XVIII e XIX foram os escritores renascentistas, principalmente Bocaccio, Rabelais, Shakespeare, Cervantes e Grimmelshausen.[1] Também serviu como semelhante fonte o romance picaresco dos primeiros períodos (diretamente carnavalizado). Além disso, os escritores desses séculos encontraram outra fonte de carnavalização, evidentemente, na literatura carnavalizada da Antiguidade (inclusive na "sátira menipeia") e da Idade Média.

Todas as mencionadas fontes da carnavalização da literatura europeia eram do perfeito conhecimento de Dostoiévski, excetuando-se, provavelmente, Grimmelshausen e os primeiros romances picarescos. No entanto, ele conheceu as particularidades desse romance através de *Gil Blas*, de Lesage, e lhes deu atenção muito marcante. O romance picaresco retratava a vida desviada do seu curso comum e, por assim dizer, legitimado, destronava as pessoas de todas as suas posições hierárquicas, jogava com essas posições, era impregnado de bruscas mudanças, transformações e mistificações, interpretava todo o mundo representável no campo do contato familiar. Quanto à literatura do Renascimento, sua influência direta sobre Dostoiévski foi considerável (sobretudo a de Shakespeare e Cervantes). Não estamos falando da influência de temas isolados, ideias ou imagens, mas de uma influência mais profunda *da própria cosmovisão carnavalesca*, isto é, das formas propriamente ditas de visão do mundo e do homem e daquela *liberdade verdadeiramente divina* de enfoque dessas formas que não se manifesta em ideias isoladas, imagens e procedimentos externos de construção, mas *no conjunto* da obra daqueles escritores.

Na assimilação da tradição carnavalesca, Dostoiévski foi substancialmente influenciado pela literatura do século XVIII, acima de tudo por Voltaire e Diderot, cuja obra se caracteriza pela combinação da carnavalização com uma elevada cultura dialógica educada nas fontes da Antiguidade e nos diálogos da época renascentista. Aqui Dostoiévski encontrou uma combinação orgânica da carnavalização com as ideias da filosofia racionalista e, em parte, com o tema social.

Dostoiévski encontrou a combinação da carnavalização com o tema da aventura e a aguda temática social do cotidiano nos romances sociais de aventuras do século XIX, principalmente em Frederico Soulié e

---

1 Grimmelshausen já ultrapassa os limites do Renascimento, mas a sua obra reflete a influência profunda e direta do carnaval em grau não inferior à obra de Shakespeare e Cervantes.

Eugênio Sue (em parte em Dumas Filho e Paul de Kock). Nesses autores, a carnavalização é de caráter mais exterior: manifesta-se no enredo, nas antíteses carnavalescas e contrastes externos, nas bruscas mudanças do destino, nas mistificações, etc. Aqui inexiste quase absolutamente uma cosmovisão carnavalesca profunda e livre. O mais vital nesses romances é a aplicação da carnavalização à representação da realidade atual e à vida atual. *Esta* é arrastada para dentro da ação temática carnavalizada, o habitual e o constante combinam-se com o excepcional e o inconstante.

Dostoiévski encontrou um profundo domínio da tradição carnavalesca em Balzac, George Sand e Victor Hugo. Aqui, é bem inferior a presença de manifestações externas da carnavalização; em compensação é mais profunda a cosmovisão carnavalesca, e, o que é mais importante, a carnavalização penetra na própria construção dos tipos amplos e fortes e no desenvolvimento das paixões. A carnavalização da paixão manifesta-se antes de tudo em sua ambivalência: o amor combina-se com o ódio, a avidez com o desinteresse, a ambição com a auto-humilhação, etc.

Em Sterne e Dickens, ele encontrou a combinação da carnavalização com a percepção sentimental da vida.

Por último, ele encontrou a combinação da carnavalização com uma ideia de tipo romântico (e não racionalista, como em Voltaire e Diderot) em Edgar Poe e sobretudo em Hoffmann.

Cabe posição de destaque à tradição russa. Aqui devemos indicar, além de Gógol, a imensa influência exercida sobre Dostoiévski pelas obras mais carnavalizadas de Púchkin: *Borís Godunóv*, as *Novelas de Biélkin*, as tragédias de Boldino e *A Dama de Espadas*.

O que o nosso breve resumo das fontes da carnavalização menos pretende é a plenitude. Foi-nos importante traçar apenas as linhas básicas da tradição. Salientamos mais uma vez que não nos interessa a influência de autores individuais, obras individuais, temas, imagens e ideias individuais, pois estamos interessados precisamente na influência *da própria tradição do gênero*, transmitida através dos escritores que arrolamos. Nesse sentido, a tradição em cada um deles renasce e renova-se a seu modo, isto é, de maneira singular. É nisso que consiste a vida da tradição. Interessa-nos – usemos a comparação – a palavra *linguagem*, e não o seu *emprego individual num determinado contexto singular*, embora, evidentemente, um não exista sem o outro. Podem-se, naturalmente, estudar as influências individuais, isto é, a influência individual de um escritor sobre outro, por exemplo, a de Balzac sobre Dostoiévski, mas isso já é uma tarefa especial que aqui não colocamos. Interessa-nos apenas a tradição propriamente dita.

Na obra dostoievskiana a tradição carnavalesca também renasce, evidentemente, de maneira nova: é singularmente assimilada, combina-se com outros momentos artísticos, serve aos fins artísticos especiais do autor, precisamente àqueles que tentamos mostrar nos capítulos anteriores. A carnavalização combina-se organicamente com todas as outras particularidades do romance polifônico.

Antes de passarmos à análise dos elementos da carnavalização em Dostoiévski (focalizaremos apenas algumas obras), é necessário nos referirmos a mais duas questões.

Para entender corretamente o problema da carnavalização, deve-se deixar de lado a interpretação simplista do carnaval segundo o espírito da *mascarada* dos tempos modernos e ainda mais a concepção boêmia banal do fenômeno. O carnaval é uma grandiosa cosmovisão *universalmente popular* dos milênios passados. Essa cosmovisão, que liberta do medo, aproxima ao máximo o mundo do homem e o homem do homem (tudo é trazido para a zona do contato familiar livre), com o seu contentamento com as mudanças e sua alegre relatividade, opõe-se somente à seriedade oficial unilateral e sombria, gerada pelo medo, dogmática, hostil aos processos de formação e à mudança, tendente a absolutizar um dado estado da existência e do sistema social. Era precisamente dessa seriedade que a cosmovisão carnavalesca libertava. Mas nela não há qualquer vestígio de niilismo, não há, evidentemente, nem sombra da leviandade vazia nem do banal individualismo boêmio.

É necessário deixar de lado, ainda, a estreita concepção espetaculoso-teatral do carnaval, bastante característica dos tempos modernos.

Para interpretar corretamente o carnaval é necessário torná-lo nas suas *origens* e no seu *apogeu*, ou seja, na Antiguidade, na Idade Média e, por último, no Renascimento.[1]

---

1   Não se pode, evidentemente, negar que a todas as formas atuais de vida carnavalesca é inerente um certo grau de encanto. Basta mencionarmos Hemingway, cuja obra, em linhas gerais, é profundamente carnavalizada, que recebeu forte influência das formas e festejos atuais de tipo carnavalesco (particularmente as touradas). Ele tinha um ouvido muito sensível a tudo o que há de carnavalesco na vida moderna.

A segunda questão se refere às correntes literárias. Tendo penetrado na estrutura do gênero e a determinado até certo ponto, a carnavalização pode ser aplicada por diferentes correntes e métodos criativos. É inaceitável ver nela exclusivamente uma particularidade específica do Romantismo. Nesse contexto, cada corrente e cada método artístico a interpreta e renova a seu modo. Para nos convencermos disso, basta compararmos a carnavalização em Voltaire (realismo iluminista), nas primeiras obras de Tieck (Romantismo), em Balzac (realismo crítico) e em Ponson du Terrail (aventura pura). O grau de carnavalização nos referidos escritores é quase idêntico, mas em cada um deles está subordinado a tarefas artísticas especiais (relacionadas com as tendências de cada um deles), e por isso "soa" de modo diferente (nem falamos das particularidades individuais de cada um desses escritores). Ao mesmo tempo, a presença da carnavalização determina-lhes a adesão a uma mesma tradição de *gênero* e cria entre eles uma *identidade* muito *substancial* do ponto de vista da poética (repetimos, com todas as diferenças de tendência, individualidade e valor artístico de cada um deles).

*

Em *Os Sonhos Petersburguenses em Versos e Prosa* (1861), Dostoiévski recorda uma sensação carnavalesca *sui generis* e viva da vida, experimentada por ele nos primórdios de sua atividade literária. Trata-se, acima de tudo, de uma sensação especial de Petersburgo, com todos os seus flagrantes contrastes sociais como de um "fantástico sonho mágico", como de um "devaneio", como de algo situado entre a realidade e o plano fantástico. Sensação carnavalesca análoga de uma cidade grande (Paris), mas não tão forte e profunda como em Dostoiévski, podemos encontrar em Balzac, Sue, Soulié e outros; as fontes dessa tradição remontam à menipeia antiga (Varro, Luciano). Com base nessa sensação da cidade e da multidão urbana, Dostoiévski traça em seguida um quadro acentuadamente carnavalizado do surgimento das suas primeiras ideias literárias, inclusive a ideia de *Gente Pobre*.

"Comecei a observar e de repente avistei umas caras terríveis. Eram todas umas figuras estranhas, esquisitas, perfeitamente prosaicas e sem nada de um Dom Carlos ou um Poza, mas de autênticos conselheiros titulares e ao mesmo tempo com ares de conselheiros titulares fantásticos. Alguém *me fazia careta* escondido no *meio daquela multidão fantástica, e puxava certos fios, molas e aqueles bonecos* se punham em movimento, e ele gargalhava, e *gargalhava sem parar*! E então me pareceu ver outra história, em estranhos cantos escuros, um coração de titular, honrado e puro, de moral e dedicado à chefia, acompanhado de uma moça, ofendida e triste, e toda a história deles me dilacerou profundamente o coração. E caso se juntasse toda aquela multidão que então me apareceu em sonho, daria uma bela *mascarada*..."[1]

Assim, segundo essas recordações de Dostoiévski, sua arte nasceu como que de uma clara visão carnavalesca da vida ("chamo *visão* à minha sensação do Nievá"). Estamos diante de acessórios característicos do complexo carnavalesco: gargalhada e tragédia, palhaço, farsada, multidão mascarada. Mas o principal aqui, evidentemente, está na própria cosmovisão carnavalesca que penetra profundamente até os *Sonhos Petersburguenses*. Pela essência do gênero, essa obra é uma variedade da menipeia carnavalizada. Merece destaque a *gargalhada* carnavalesca que acompanha a visão. Adiante veremos que elas penetram de fato em toda a arte de Dostoiévski, mas apenas em forma reduzida.

Não nos deteremos na carnavalização das primeiras obras de Dostoiévski. Examinaremos apenas os elementos de carnavalização em algumas de suas obras publicadas já depois do degredo, pois nos propomos a tarefa limitada de demonstrar a presença da carnavalização e revelar as suas funções básicas na obra do romancista. Um estudo mais profundo e completo desse problema a partir de toda a obra dostoievskiana ultrapassaria os limites deste trabalho.

A primeira obra do segundo período – *O Sonho do Titio* – distingue-se por uma carnavalização nitidamente expressa mas um tanto simplificada e *exterior*. A ideia central é um escândalo-catástrofe com duplo destronamento – o de Moskaliévskaya e o do príncipe. O tom da narrativa do cronista mordaz é ambivalente: glorificação irônica de Moskaliévskaya, isto é, fusão carnavalesca do elogio com o insulto.[2]

---

[1] F. M. Dostoiévski. *Obras Completas*, sob redação de B. Tomachevski e K. Khalabáiev, t. XIII, M-L, Gosizdat, 1930, p. 158-159.

[2] Dostoiévski tomou como protótipo a Gógol, precisamente o tom ambivalente da novela: *De como brigaram Ivan Ivânovitch e Ivan Nikíforovitch*.

A cena do escândalo e do destronamento do príncipe – rei carnavalesco ou, mais precisamente, noivo carnavalesco – é coerente como um *dilaceramento*, como uma típica separação carnavalesca "sacrificatória":

"...Se eu sou um barril, você é aleijado...
– Quem, eu aleijado?
– Isso mesmo, aleijado, e ainda por cima *banguelo*, é assim que você é!
– E ainda *zarolho*! – gritou Mária Alieksândrovna.
– Tem espartilho em vez de *costelas* – acrescentou Natália Dmítrieva.
– Tem a *cara* sobre molas!
– Não tem *cabelo* próprio!
– *Bigodes* de imbecil, postiços – completou Mária Alieksândrovna.
– *Deixe-me pelo menos o nariz*, Mária Stepânovna, é verdadeiro! – gritou o príncipe, pasmado com *franquezas* tão inesperadas...
– Meu Deus! – dizia o coitado do príncipe. – ...Leve-me para algum lugar, meu amigo, senão me *estraçalham*!..." (II, 398-399).

Estamos diante de uma típica "anatomia carnavalesca": a enumeração das partes de um corpo separado em partes. "Enumerações" desse tipo são um método cômico muito difundido na literatura carnavalizada da época do Renascimento (encontrado com muita frequência em Rabelais e em forma menos desenvolvida em Cervantes).

O papel de rei carnavalesco destronado coube à heroína da novela, Mária Alieksândrovna Moskaliéva:

"...Os convidados se foram aos *assobios* e *impropérios*. Mária Alieksândrovna ficou finalmente só entre as ruínas e os destroços de sua fama anterior! Lamentável! *Força, fama e importância, tudo desapareceu em apenas uma noite!*" (II, 399).

Mas à cena do destronamento *cômico* do noivo velho, o príncipe, segue-se a cena paralela do *autodestronamento trágico e da morte do noivo jovem*, o professor Vássya. Essa *estrutura paralela* das cenas (e imagens isoladas), que refletem uma a outra ou transparecem uma através da outra, apresentando-se uma no plano cômico e outra no trágico (como no caso dado), ou uma no plano elevado e outra no baixo, ou uma afirmando e a outra negando, etc., é típica de Dostoiévski: tomadas em conjunto, essas cenas paralelas criam um todo ambivalente. Nisso se manifesta uma influência mais profunda da cosmovisão carnavalesca. É bem verdade que em *O Sonho do Titio* essa particularidade ainda é de caráter um tanto externo.

É bem mais profunda e essencial a carnavalização na novela *A Aldeia Stepântchikovo e Seus Habitantes*, embora aqui ainda haja muito de exterior. Toda a vida em Stepântchikovo se concentra em torno de Fomá Fomítch Opískin, antigo bufão-parasita, que na fazenda do coronel Rostaviély se tornou *déspota absoluto*, ou seja, a vida se concentra em torno de um *rei carnavalesco*. Por isso toda a vida na Aldeia Stepântchikovo assume nítido caráter carnavalesco. Essa vida, desviada do seu curso normal, é quase um "mundo às avessas".

Aliás, não poderia ser diferente, pois seu tom é dado pelo rei carnavalesco Fomá Fomítch. Todas as demais personagens, protagonistas dessa vida, têm colorido carnavalesco: a ricaça *louca* Tatiana Ivânovna, que sofre de mania erótica de paixão (num estilo romântico banal) e, ao mesmo tempo, é alma puríssima e boa; a *generala louca* com a sua adoração e culto de Fomá, o toleirão Faladei com o seu obsessivo sonho com o touro branco e com a dança "kamarinsky", o criado louco Vidoplyássov, que troca constantemente o sobrenome por um nobre – "Tântsev", "Esbukétov"* (ele tem de fazê-lo porque a criadagem sempre acrescenta ao novo sobrenome um ritmo indecente), o *velho* Gavrila, obrigado a estudar francês na velhice, o sarcástico bufão Iejevikin, o *toleirão "progressista"* Obnóskin que sonha com uma noiva rica, o hussardo arruinado Mizíntchikov, o excêntrico Bakhtchêiev e outros. Todos são pessoas que, por motivos diversos, desviaram-se do curso comum da vida, carecem de uma posição normal e condizente na vida. Toda a ação dessa novela se materializa numa série constante de escândalos, atos excêntricos, mistificações, coroações e destronamentos. A obra é saturada de paródias e semiparódias, inclusive de paródia dos *Trechos Escolhidos da Correspondência com os Amigos*, de Gógol. Essas paródias se combinam organicamente com o clima carnavalesco de toda a novela.

A carnavalização permite a Dostoiévski ver e mostrar momentos do caráter e do comportamento das pessoas que não poderiam revelar-se no curso normal da vida. É especialmente profunda a carnavalização do caráter de Fomá Fomítch: este já não coincide consigo mesmo, já não é igual a si mesmo, não lhe cabe uma definição unívoca e

---

* Vidoplyássov – de *vid* = "espécie" e *plyas* = "dança"; Tântsev – de *târniets* = "dança"; Esbuketov = de *buket* = "ramo" (N. do T.).

conclusiva, ele antecipa em grande medida os futuros heróis de Dostoiévski. Aliás, ele forma um contrastante par carnavalesco com o coronel Rostaviély.

*

Examinamos detidamente a carnavalização de duas obras do segundo período de Dostoiévski, porque aqui ela tem caráter um tanto externo e, consequentemente, muito notório, evidente a cada um. Nas obras posteriores a carnavalização se adentra nas camadas profundas e seu caráter muda. O momento *cômico*, em particular, é aqui muito forte, lá é abafado e reduzido a quase nada. Isso merece exame mais ou menos minucioso.

Já nos referimos ao fenômeno do riso reduzido, importante na literatura universal. O riso é uma posição estética determinada diante da realidade, mas intraduzível à linguagem da lógica, isto é, é um método de visão artística e interpretação da realidade e, consequentemente, um método de construção da imagem artística, do sujeito e do gênero. O riso carnavalesco ambivalente possuía uma enorme força criativa, força essa formadora de gênero. Esse riso abrangia e interpretava o fenômeno no processo de sucessão e transformação, fixava no fenômeno os dois polos da formação em sua sucessividade renovadora constante e criativa: na morte prevê-se o nascimento, no nascimento, a morte, na vitória, a derrota, na derrota, a vitória, na coroação, o destronamento, etc. O riso carnavalesco não permite que nenhum desses momentos da sucessão se absolutize ou se imobilize na seriedade unilateral.

Aqui fatalmente "logicizamos" e deformamos um pouco a ambivalência carnavalesca, ao dizermos que na morte "prevê-se" o nascimento, pois com isso dissociamos a morte do nascimento e os separamos um do outro até certo ponto. Nas imagens carnavalescas vivas, porém, a própria morte é gestante e pare, e o seio materno parturiente é a sepultura. É precisamente essas imagens que gera o riso carnavalesco ambivalente e criativo, no qual estão fundidos inseparavelmente a ridicularização e o júbilo, o elogio e o impropério.

Quando as imagens do carnaval e o riso carnavalesco são transpostos para a literatura, em graus variados eles se transformam de acordo com as metas artístico-literárias específicas. Mas seja qual for o grau ou o caráter da transformação, a ambivalência e o riso permanecem na imagem carnavalizada. Sob certas condições e em certos gêneros, porém, o riso pode reduzir-se. Ele continua a determinar a estrutura da imagem, mas é abafado e atinge proporções mínimas: é como se víssemos um vestígio do riso na estrutura da realidade a ser representada, sem ouvir o riso propriamente dito. Assim, nos "diálogos socráticos" de Platão (do primeiro período), o riso é reduzido (embora não completamente), mas permanece na estrutura da imagem da personagem central (Sócrates), nos métodos de realização do diálogo e – o mais importante – na dialogicidade mais autêntica (e não retórica), que mergulha a ideia na relatividade alegre do ser em formação e não lhe permite ancilosar-se numa estagnação abstrato-dogmática (monológica). Mas, em todas as partes dos diálogos do período inicial, o riso extravasa a estrutura da imagem e, por assim dizer, irrompe num registro estridente. Nos diálogos do período tardio, o riso se reduz ao mínimo.

Na literatura do Renascimento o riso geralmente não é reduzido, embora se verifiquem, evidentemente, algumas gradações de sua "sonoridade". Em Rabelais, por exemplo, ele tem o som da praça pública. Em Cervantes, já não há sonoridade de praça pública, verificando-se que no primeiro livro de *Dom Quixote* o riso ainda é bastante estridente, sendo consideravelmente reduzido no segundo (em comparação com o primeiro). Essa redução está vinculada a algumas mudanças na estrutura da imagem da personagem central e no enredo.

Na literatura carnavalizada dos séculos XVIII e XIX o riso, regra geral, é consideravelmente abafado, chegando à ironia, ao humor e a outras formas de riso reduzido.

Voltemos ao riso reduzido em Dostoiévski. Nas duas primeiras obras do segundo período, como dissemos, o riso ainda se faz ouvir nitidamente, conservando, evidentemente, elementos da ambivalência carnavalesca.[1] Mas nos grandes romances posteriores de Dostoiévski o riso se reduz quase ao mínimo (sobretudo em *Crime e Castigo*). Contudo, em todos os seus romances encontramos vestígio do trabalho de organização artística e enfoque do mundo desempenhado pelo riso

---

1   Nesse período, Dostoiévski estava preparando inclusive uma grande epopeia cômica, que tinha como episódio o *O Sonho do Titio* (segundo ele mesmo declarara em carta). Posteriormente, segundo nos consta, nunca mais voltou à ideia de uma grande obra genuinamente cômica (eivada de riso).

ambivalente, do qual Dostoiévski esteve imbuído como o esteve da tradição do gênero da carnavalização. Encontramos esse vestígio também na estrutura das imagens, bem como em muitas situações de enredo e em algumas particularidades do estilo literário. Mas o riso reduzido adquire a sua expressão mais importante – decisiva, pode-se dizer – na posição definitiva do autor: esta exclui toda e qualquer unilateralidade, a seriedade dogmática, não permite a absolutização de nenhum ponto de vista, de nenhum polo da vida e da ideia. Toda a seriedade unilateral (da vida e da ideia) e toda a ênfase unilateral se reservam aos heróis, mas o autor, provocando o choque de todos eles no "grande diálogo", não coloca um ponto final conclusivo.

Cabe observar que a cosmovisão carnavalesca também desconhece o ponto conclusivo, é hostil a qualquer *desfecho definitivo*: aqui todo fim é apenas um novo começo, as imagens carnavalescas renascem a cada instante.

Alguns estudiosos (Vyatcheslav Ivánov, V. Komaróvitch, etc.) aplicam às obras de Dostoiévski o termo antigo (aristotélico) de *catarse* (purificação). Se concebermos esse termo num sentido muito amplo, poderemos concordar com essa colocação (sem a *catarse* no sentido amplo geralmente não existe arte). Mas a *catarse* trágica (no sentido aristotélico) não se aplica a Dostoiévski. A *catarse* que conclui os romances de Dostoiévski poderia – evidentemente em termos inadequados e um tanto racionalistas – ser expressa assim: *no mundo ainda não ocorreu nada definitivo, a última palavra do mundo e sobre o mundo ainda não foi pronunciada, o mundo é aberto e livre, tudo ainda está por vir e sempre estará por vir.*

Mas é precisamente esse o *sentido purificador* do riso ambivalente.

Talvez não seja excessivo salientar mais uma vez que estamos falando de Dostoiévski-artista. Jornalista político, não estava eximido, em hipótese alguma, da seriedade limitada e unilateral, nem do dogmatismo nem mesmo da escatologia. Mas essas ideias do publicista, ao entrarem no romance, passam a ser uma das vozes personificadas do diálogo não acabado e aberto.

Nos seus romances tudo tende para a "palavra nova", ainda não dita nem predeterminada, tudo aguarda com tensão essa palavra, e o *autor* não lhe atravanca os caminhos com a sua seriedade unilateral e unívoca.

Na literatura carnavalizada, o riso reduzido não exclui, em hipótese alguma, a possibilidade de um colorido sombrio dentro da obra. Por isso, o colorido sombrio das obras de Dostoiévski não nos deve perturbar, pois não se trata das últimas palavras dessas obras.

Às vezes, o riso reduzido se manifesta exteriormente nos romances de Dostoiévski, sobretudo onde se introduz o narrador ou o cronista, cuja narração quase sempre se constrói em tons irônico-paródicos ambivalentes (por exemplo, a glorificação ambivalente de Stiepán Trofímovitch em *Os Demônios* é, pelo tom, muito semelhante à glorificação de Moskaliéva em *O Sonho do Titio*). Esse riso também se manifesta nas paródias evidentes ou semievidentes que se difundem em todos os romances de Dostoiévski.[1]

Examinemos outras particularidades de carnavalização nos romances de Dostoiévski.

A carnavalização não é um esquema externo e estático que se sobrepõe a um conteúdo acabado, mas uma forma insolitamente flexível de visão artística, uma espécie de princípio heurístico que permite descobrir o novo e inédito. *Ao tornar relativo* todo o exteriormente estável, constituído e acabado, a carnavalização, com sua ênfase nas sucessões e na renovação, permitiu a Dostoiévski penetrar nas camadas profundas do homem e das relações humanas. Ela se revelou surpreendentemente eficaz à compreensão artística das relações capitalistas em desenvolvimento, quando as formas anteriores de vida, os alicerces morais e as crenças se transformavam em "cordas podres" e punha-se a nu a natureza ambivalente e inconclusível do homem e do

---

[1] O romance de Thomas Mann, *Doutor Faustus*, que reflete uma poderosa influência de Dostoiévski, também está todo eivado de riso reduzido que, às vezes, transparece na superfície, sobretudo na história do narrador Zeitblom. O próprio autor fala disso na história da criação do seu romance: "Mais gracejos, mais trejeitos do biógrafo (isto é, de Zeitblom – M. B.), isto é, *escárnio de si mesmo para não cair em patética*, tudo isto deve ser usado ao máximo possível!" (T. Mann. *A História de Doutor Faustus. O Romance de um Romance. Obras Completas* (edição russa), v. 9, Gosizdat, M., 1960, p. 224). O riso reduzido, predominantemente de tipo paródico, caracteriza geralmente toda a obra de T. Mann. Comparando seu estilo ao de Bruno Frank, T. Mann faz uma confissão muito característica: "Ele (isto é, B. Frank – M. B.) usa o estilo narrativo humanístico de Zeitblom *com plena seriedade* como usa o seu próprio estilo. Já eu, *em se tratando de estilo, reconheço como o meu próprio apenas a paródia.*"
Cabe observar que a obra de T. Mann é profundamente carnavalizada. A carnavalização se manifesta na forma externa mais nítida no seu romance *Confissões do Aventureiro Félix Krahl* (aqui sai da boca do professor Kukuk uma espécie de filosofia do carnaval e da ambivalência carnavalesca).

pensamento humano até então oculta. Não apenas os homens e seus atos, como também as *ideias* abandonaram os seus ninhos hierárquicos fechados e passaram a chocar-se no contato familiar do diálogo "absoluto" (isto é, não limitado por nada). Como o outrora "alcoviteiro" Sócrates na praça do mercado em Atenas, o capitalismo reúne homens e ideias. Em todos os romances de Dostoiévski, a começar por *Crime e Castigo*, realiza-se uma carnavalização sucessiva do diálogo.

Em *Crime e Castigo*, encontramos outras manifestações da carnavalização. Tudo nesse romance – os destinos das pessoas, suas emoções e ideias – está aproximado dos seus limites, tudo parece estar pronto para se converter no seu contrário (não no sentido dialético-abstrato, evidentemente), tudo está levado ao extremo, ao limite. No romance não há nada que possa estabilizar-se, que possa ficar justificadamente tranquilo de si, que possa entrar na corrente normal do tempo biográfico e nele se desenvolver (a possibilidade de semelhante desenvolvimento para Razumíkhin e Dúnia é apenas sugerida por Dostoiévski no final do romance, mas ele, evidentemente, não a mostra: esse tipo de vida está fora do seu universo artístico). Tudo exige sucessão e renascimento. Tudo é mostrado no momento da transição não concluída.

É característico que o próprio espaço da ação do romance, isto é, Petersburgo (seu papel no romance é imenso), está na fronteira da existência e da inexistência, da realidade e da fantasmagoria, que está prestes a dissipar-se como a neblina e desaparecer. É como se Petersburgo carecesse de fundamentos internos para uma estabilização justificada, daí estar no limiar.[1]

As fontes da carnavalização de *Crime e Castigo* já não remontam às obras de Gógol. Aqui sentimos, às vezes, o tipo balzaquiano de carnavalização, em parte sentimos também os elementos do romance social e de aventura (Soulié e Sue). Mas talvez a fonte mais profunda e essencial da carnavalização desse romance tenha sido *A Dama de Espadas*, de Púchkin.

Depois do primeiro encontro com Porfiry e do aparecimento do pequeno-burguês misterioso com a palavra "assassino!", Raskólnikov

---

[1] A sensação carnavalizada de Petersburgo aparece pela primeira vez em Dostoiévski na novela *Um Coração Fraco* (1847), e posteriormente foi desenvolvida com muita profundidade, aplicada a toda a obra inicial do romancista em *Os Sonhos Petersburguenses em Verso e Prosa*.

tem um *sonho* no qual torna a assassinar a velha. Citemos o fim desse sonho:

"Ele se curva: 'está com medo!' – pensa, tira devagarinho o machado do laço e golpeia uma, duas vezes as têmporas da velha. Mas, estranho: ela nem se mexe com os golpes, como se fosse de madeira. Ele leva um susto, curva-se mais perto e põe-se a examiná-la; mas ela baixa ainda mais a cabeça. Então ele se abaixa inteiramente até o chão e passa a lhe olhar o rosto de baixo para cima, espia e fica petrificado: a velhusca, sentada, está rindo – desmanchando-se num riso baixo, silencioso, fazendo todos os esforços para que ele escute. Súbito ele tem a impressão de que a porta do dormitório se abriu levemente e parece que lá de dentro também começaram a rir e estão cochichando. Fica tomado de fúria: começa a bater com toda a força na cabeça da velha, mas a cada golpe do machado o riso e o cochicho lá de dentro se tornam cada vez mais fortes e mais se fazem ouvir, enquanto a velhusca se sacode toda às gargalhadas. Ele se lança a correr, mas toda a antessala já está cheia de gente, as portas que dão para a escada estão escancaradas e no patamar, na escada e lá embaixo está abarrotado de gente, cabeça com cabeça, e todos olham – mas estão todos escondidos e aguardando, em silêncio... Ele está com o coração opresso, as pernas imóveis, cravadas... Ele quer gritar – acorda."[1]

Aqui nos interessam alguns momentos.

1. O primeiro momento já conhecemos: é a lógica fantástica do sonho, aplicada por Dostoiévski. Lembremos as suas palavras: *"...se salta por cima do espaço e do tempo e por cima das leis da existência e da razão e se para somente nos pontos com os quais sonha o coração"* (*O Sonho de um Homem Ridículo*). Foi essa lógica do sonho que permitiu criar aqui a imagem *da velha morta sorridente, combinar o riso com a morte e o assassinato*. Mas a lógica ambivalente do carnaval também permite procedimento semelhante.

Em Dostoiévski a imagem da velha sorridente está em consonância com a imagem puchkiniana da velha condessa que pisca os olhos no esquife e da dama de espadas que pisca na carta (aliás, a dama de espadas *é um duplo* da velha condessa de *tipo carnavalesco*). Estamos diante de uma consonância essencial de duas imagens, e não de uma semelhança externa casual, pois essa consonância nos é dada no fundo

---

1   F. M. Dostoiévski. *Crime e Castigo*. Tradução de Paulo Bezerra. 4ª edição, Ed. 34, São Paulo, 2002, p. 287.

de uma consonância comum dessas duas obras (*A Dama de Espadas* e *Crime e Castigo*), consonância de todo o clima das imagens e de um conteúdo ideológico: o "napoleonismo" no terreno específico do jovem capitalismo russo; lá e cá esse fenômeno histórico-concreto adquire um segundo *plano carnavalesco*, que se afasta para a distância infinita do sentido. Também é semelhante a motivação dessas duas imagens fantásticas consonantes (que têm velhas mortas): em Púchkin, a *loucura*; em Dostoiévski, o *sonho fantástico*.

2. No sonho de Raskólnikov ri não só a velha assassinada (é verdade que não é possível matá-la em sonho); riem pessoas em algum lugar, no quarto, e riem cada vez mais alto e mais alto. Depois aparece uma multidão, uma infinidade de pessoas *na escada e lá embaixo*; ele está *no patamar*, a multidão sobe a escada. Estamos diante de uma imagem de ridicularização pública destronante do rei-impostor carnavalesco na praça. A praça é o símbolo do caráter público, e no fim do romance Raskólnikov, antes de ir à delegacia de polícia confessar sua culpa, vai à praça e faz uma profunda reverência ao povo. Esse destronamento público, que "apareceu ao coração" de Raskólnikov em sonho, não encontra plena consonância em *A Dama de Espadas*. Contudo, existe alguma consonância: o desmaio de German diante do povo junto ao caixão da condessa. Em *Borís Godunóv*, outra obra de Púchkin, encontramos uma consonância mais completa com o *sonho* de Raskólnikov. Temos em vista o tríplice sonho profético do impostor (cena na cela do mosteiro de Tchúdov):

> Sonhei, que uma *escada íngreme*
> Levava-me à torre; *do alto*
> Eu via Moscou como um formigueiro;
> *Embaixo a praça fervilhava de gente*
> Que para mim apontava *rindo*;
> *Sentia vergonha e pavor* –
> E, caindo precipitado, acordei...

Estamos diante da mesma lógica carnavalesca da *elevação* do impostor, do *destronamento* público e cômico na *praça pública* e da *queda*.

3. No referido sonho de Raskólnikov o espaço adquire nova interpretação no espírito da simbólica carnavalesca. *O alto, o baixo, a escada, o limiar, a sala de espera e o patamar* assumem o significado de *ponto* em que se dão a *crise*, a mudança radical, a

reviravolta inesperada do destino, onde se tomam as decisões, ultrapassa-se o limite proibido, renova-se ou morre-se.

É predominantemente nesses "pontos" que se desenvolve a ação nos romances de Dostoiévski. O espaço interno da casa e dos cômodos, distantes dos seus limites, ou seja, do limiar, quase nunca é usado pelo romancista, com exceção, evidentemente, das cenas de escândalos e destronamentos, quando o espaço interno (a sala de estar ou o salão) substitui a praça. Dostoiévski "salta" por cima do espaço interno habitável, arrumado e estável das casas, apartamentos e salas, espaço distante do limiar, porque a vida que ele retrata está fora desse espaço. O que ele foi menos foi escritor de ambientes familiares de casas senhoriais, casas, quartos e apartamentos. No espaço interno habitável, distante, do limiar, as pessoas vivem uma vida biográfica num tempo biográfico: nascem, passam pela infância e a adolescência, contraem matrimônio, têm filhos, envelhecem e morrem. E Dostoiévski também "salta" por cima desse tempo biográfico. No limiar e na praça só é possível *o tempo de crise*, no qual o *instante* se iguala aos anos, aos decênios e até a "um bilhão de anos" (como em *O Sonho de um Homem Ridículo*).

Se a partir do *sonho* de Raskólnikov passarmos ao que já ocorre realmente no romance, ficaremos convencidos de que, neste, o limiar e seus substitutos imediatos são os "pontos" fundamentais da ação.

Antes de mais nada, Raskólnikov vive essencialmente no *limiar*: seu quarto apertado, "caixão"* (aqui um símbolo carnavalesco) dá diretamente para o *patamar da escada* e ele, ao sair, nunca fecha a porta (logo, é um espaço interno não fechado). Nesse "caixão" é impossível viver uma vida biográfica, podendo-se somente sofrer crises, tomar as últimas decisões, morrer ou renascer (como nos caixões em *Bobók* ou em *O Sonho de um Homem Ridículo*). No limiar, na antessala que dá diretamente para a escada, vive a família de Marmieládov (aqui, no limiar, Raskólnikov teve seu primeiro encontro com os membros dessa família quando trouxe Marmieládov embriagado). No limiar da casa da velha agiota, por ele assassinada, passa minutos terríveis, quando do outro lado da porta, no patamar da escada, visitas da velha aguardam e acionam a campainha. Ele torna a voltar a esse local e a acionar a campainha, para reviver esses instantes. No limiar, junto ao lampião do corredor, dá-se a cena de sua

---

* Leia-se "caixão de defunto" (N. do T.).

semiconfissão muda, apenas com um olhar a Razumíkhin. No limiar, à entrada do apartamento vizinho, ocorrem as suas conversas com Sônia (que são escutadas por Svidrigáilov do lado oposto da porta). Não há, naturalmente, necessidade de enumerar todas as "ações" que se desenvolvem no limiar, nas proximidades do limiar ou com a sensação viva do limiar nesse romance.

O limiar, a antessala, o corredor, o patamar, a escada e seus lanços, as portas abertas para a escada, os portões dos pátios e, fora disso, a cidade: as praças, as ruas, as fachadas, as tabernas, os covis, as pontes, a sarjeta – eis o espaço desse romance. Em verdade, inexiste inteiramente aquele interior (que esqueceu o limiar, das salas de visita, das salas de jantar, dos salões, gabinetes e dormitórios nos quais transcorre a vida biográfica e se desenvolvem os acontecimentos nos romances de Turguiêniev, Tolstói, Gontcharóv e outros). É evidente que em outros romances de Dostoiévski encontramos a mesma organização do espaço.

Encontramos uma nuança um tanto diferente de carnavalização em *O Jogador*.

Aqui, em primeiro lugar, retrata-se a vida dos "russos no estrangeiro", categoria especial de pessoas que chamava a atenção de Dostoiévski. São pessoas que perderam o contato com sua pátria e seu povo e suas vidas deixam de ser determinadas pelo modo comum das pessoas que vivem em seu país; seu comportamento já não é regulado pela posição social que elas ocupavam na pátria, elas não estão presas ao seu meio. Um general, o professor particular de sua casa (herói da novela), o trapaceiro Des Grieux, Polina, a cortesã Blanche, o inglês Astley e outros, que, chegando à cidade alemã Roletemburgo,* revelam-se uma espécie de *grupo carnavalesco* que se sente até certo ponto fora das normas e ordem da vida comum. Seu comportamento e suas inter-relações se tornam insólitos, excêntricos e escandalosos (vivem o tempo todo num clima de escândalos).

Em segundo lugar, a *roleta* ocupa o centro da vida retratada na novela. Esse segundo momento é determinante e define uma nuança especial da carnavalização nessa obra.

A natureza do jogo (de dados, baralho, roleta, etc.) é uma natureza carnavalesca. Disso se tinha nítida consciência na Antiguidade, na

---

* Nome fictício (N. do T.).

Idade Média e no Renascimento. Os símbolos do jogo sempre foram parte do sistema metafórico dos símbolos carnavalescos.

Pessoas de diferentes posições sociais (hierárquicas) se juntam em torno da mesa da roleta, igualando-se quer pelas condições do jogo, quer diante da fortuna e do acaso. Seu comportamento à mesa da roleta dissocia-se do papel que elas desempenham na vida comum. O clima do jogo é um clima de mudanças bruscas e rápidas do destino, de ascensões e quedas instantâneas, vale dizer, de entronizações-destronamentos. A *aposta* é como uma *crise*: o homem se sente como que no *limiar*. E o tempo do jogo é um tempo especial: aqui o minuto também se iguala a anos.

A roleta estende sua influência carnavalizante a toda a vida contígua, a quase toda a cidade a que Dostoiévski, não sem razão, chamou *Roletemburgo*.

Na carregada atmosfera carnavalesca revelam-se também os caracteres das personagens centrais Aleksêi Ivânovitch e Polina, caracteres ambivalentes, em crise, inacabáveis, excêntricos, repletos das mais inesperadas possibilidades. Numa carta de 1863, Dostoiévski assim caracteriza o *plano* da imagem de Alieksiêi Ivânovitch (na formulação definitiva de 1866 essa imagem foi modificada consideravelmente):

"Opto por uma natureza espontânea, por um homem que, não obstante ser altamente evoluído, *é inteiramente inacabado, perdeu a fé mas não se atreve a descrer*, revolta-se contra *as autoridades mas as teme...* O principal é que todas as suas seivas vitais, as forças, os excessos e a audácia foram gastos na *roleta*. Ele é um jogador, *mas não um jogador qualquer*, assim como o *Cavaleiro Avaro de Púchkin não é um avaro qualquer*..."

Como já dissemos, a imagem definitiva de Alieksiêi Ivânovitch difere de modo bastante substancial desse plano; no entanto a ambivalência traçada no plano não só permanece como se intensifica acentuadamente, enquanto o inacabado se converte numa coerente *inconclusibilidade*. Além disso, o caráter da personagem principal não se revela apenas no jogo e nos escândalos e excentricidades de tipo carnavalesco, mas também na paixão profundamente ambivalente e de crise de Polina.

A referência de Dostoiévski a *O Cavaleiro Avaro* de Púchkin não é, evidentemente, uma comparação casual. Essa obra puchkiniana exerce influência muito marcante em toda a obra posterior de Dostoiévski, sobretudo em *O Adolescente* e *Os Irmãos Karamázov* (enfoque extremamente aprofundado e universalizado do tema do parricídio).

Citemos mais um trecho da mesma carta de Dostoiévski:

"Se a *Casa dos Mortos** chamou a atenção do público como representação da vida dos galés, que ninguém representara com *evidência* antes desse livro, essa história chamará fatalmente a atenção como *representação patente* e sumamente minuciosa do *jogo de roleta*... Ocorre que a *Casa dos Mortos* foi curiosa. E é a descrição de uma espécie de inferno, de uma espécie de 'banho de galés'."[1]

Numa visão superficial, pode parecer forçada e estranha a comparação do jogo de roleta com os trabalhos forçados e de *O Jogador* com *Recordações da Casa dos Mortos*. Em realidade, porém, essa comparação é profundamente essencial. Tanto a vida dos galés como a vida dos jogadores, a despeito de toda diferença de essência que apresentam, são igualmente *uma vida retirada da vida* (isto é, da vida comum, habitual). Nesse sentido, galés e jogadores são grupos carnavalizados.[2] O *tempo* dos trabalhos forçados e o *tempo* do jogo, a despeito da mais profunda diferença que os separa, são um mesmo *tipo de tempo* semelhante ao tempo "dos últimos lampejos de consciência" ante a execução ou o suicídio, geralmente semelhante ao tempo de crise. São todos um tempo no *limiar*, e não um tempo biográfico, vivido nos espaços internos da vida, distantes do limiar. É notável que Dostoiévski equipara igualmente o jogo de roleta e os trabalhos forçados ao inferno, diríamos, ao inferno carnavalizado da "sátira menipeia" (o "banho dos galés" produz esse símbolo com uma excepcional evidência externa). As comparações que citamos do escritor são extremamente características e soam ao mesmo tempo como uma *mésalliance* carnavalesca típica.

*

No romance *O Idiota*, a carnavalização se manifesta simultaneamente a uma grande evidência externa e a uma imensa profundidade

---

1   F. M. Dostoiévski. *Písma* (Cartas), t. 1, Ed. Gosizdat, Moscou-Leningrado, 1928, p. 333-334.

2   Ora, nos trabalhos forçados, em condições de contato familiar, reúnem-se pessoas de diferentes situações, que, sob condições normais de vida, não poderiam encontrar-se em pé de igualdade num mesmo plano.

*   *Recordações da Casa dos Mortos* é o título completo (N. do T.).

interna da cosmovisão carnavalesca (em parte graças mesmo à influência direta de *Dom Quixote* de Cervantes).

O centro do romance é ocupado pela imagem carnavalescamente ambivalente do "idiota", o príncipe Míchkin. Esse homem, num *sentido superior*, especial, não ocupa na vida nenhuma *posição* que possa determinar-lhe o comportamento e limitar-lhe a *humanidade pura*. Do ponto de vista da lógica comum da vida, todo o comportamento e todas as emoções do príncipe Míchkin são inconvenientes e extremamente excêntricos. É o que ocorre, por exemplo, com o seu amor fraterno pelo rival, homem que atentara contra a sua vida e se tornara o assassino da mulher que ele amava; note-se que esse amor fraterno por Rogójin chega ao apogeu precisamente depois do assassinato de Nastássia Fillípovna e completa o "último lampejo de consciência" de Míchkin (antes de este cair em total idiotice). A cena final de *O Idiota* – o último encontro de Míchkin com Rogójin junto ao cadáver de Nastássia Fillípovna – é uma das mais impressionantes em toda a obra de Dostoiévski.

Do ponto de vista da lógica comum da vida, é também paradoxal a tentativa de Míchkin de *combinar na prática* seu amor simultâneo por Nastássia Fillípovna e Aglaya. Estão também fora da lógica da vida as relações de Míchkin com outros personagens: com Gânia Ívolguin, Hippolit, Burdovski, Liébediev e outros. Pode-se dizer que Míchkin não consegue viver plenamente a vida, realizar-se plenamente, aceitar o aspecto definido da vida que limita o homem. É como se ele ficasse na tangente do círculo vital. É como se não tivesse aquele *corpo vital* que lhe permitisse ocupar uma posição determinada na vida (e assim desalojar outros dessa posição), daí permanecer na tangente da vida. Mas é precisamente por isso que ele pode "penetrar" no "eu" profundo das outras pessoas através do corpo vital destas.

Essa exclusão de Míchkin das relações comuns da vida, essa permanente *inconveniência* de sua personalidade e de seu comportamento são de caráter integral, quase ingênuo, daí ser ele um "idiota".

A heroína do romance, Nastássia Fillípovna, também se exclui da lógica habitual da vida e das relações vitais. Em tudo e em toda parte ela sempre *contraria* a sua posição social. Mas se caracteriza pela *depressão*, não tem integridade ingênua. É "louca".

E eis que em torno dessas duas figuras centrais do romance – um "idiota" e uma "louca" – toda a vida se carnavaliza, transforma-se num "mundo às avessas": as tradicionais situações do enredo mudam radicalmente de sentido, desenvolve-se um dinâmico jogo carnavalesco de contrastes flagrantes, de mudanças e transformações inesperadas, as personagens secundárias adquirem módulos maiores carnavalescos, formam pares carnavalescos.

A atmosfera fantástico-carnavalesca penetra todo o romance. Mas em torno de Míchkin essa atmosfera é *luminosa*, quase *alegre*. Em torno de Nastássia Fillípovna é *sombria*, *infernal*. Míchkin vive num *paraíso* carnavalesco. Nastássia Fillípovna, num *inferno* carnavalesco. Mas, no romance, o inferno e o paraíso se cruzam, se entrelaçam de modo variado, refletem-se um no outro segundo as leis da ambivalência carnavalesca profunda. Tudo isso permite a Dostoiévski desviar a vida para outro rumo, para si ou para o leitor, observar e mostrar nela certas possibilidades e profundidades novas, inexploradas.

Mas o que aqui nos interessa não são essas profundidades da vida *vistas* por Dostoiévski, mas tão somente a *forma pela qual elas são vistas* e o papel desempenhado nessa forma pelos elementos da carnavalização.

Detenhamo-nos mais um pouco na função carnavalizadora da imagem do príncipe Míchkin.

Em toda parte, onde quer que apareça o príncipe Míchkin, as barreiras hierárquicas entre os homens se tornam subitamente permeáveis e entre eles forma-se o contato interno, surge a franqueza carnavalesca. Sua personalidade é dotada de uma capacidade especial de relativizar tudo o que separa as pessoas e atribui uma *falsa seriedade* à vida.

A ação do romance começa num vagão de terceira classe, onde "se encontraram cara a cara, junto à janela, dois passageiros" – Míchkin e Rogójin. Já tivemos oportunidade de observar que o vagão de terceira classe, à semelhança do convés do navio na menipeia antiga, é um substituto da *praça* onde pessoas de diferentes posições sociais se encontram em contato familiar entre si. Assim se encontraram aqui o príncipe miserável e o *comerciante milionário*. O contraste carnavalesco é ressaltado também nas suas vestes: Míchkin vestindo capa estrangeira sem mangas, Rogójin, peliça e botas.

"Começou a conversa. A disposição do jovem *louro*, de capa suíça, para responder a todas as perguntas do seu vizinho *moreno*, era surpreendente e não tinha qualquer suspeita da absoluta negligência, da inconveniência e futilidade de certas perguntas" (VI, 7).

Essa impressionante disposição de Míchkin para revelar-se provoca uma franqueza recíproca por parte do suspeito e fechado Rogójin, incentivando-o a contar a história de sua paixão por Nastássia Fillípovna com uma sinceridade carnavalesca absoluta.

É esse o primeiro episódio carnavalizado do romance.

No segundo episódio, já na casa dos Iepântchin, enquanto Míchkin aguarda ser recebido, conversa na *antessala* com um *camareiro* sobre o tema ali inoportuno da execução e dos últimos sofrimentos morais do condenado à morte. E consegue travar contato interno com um criado limitado e severo.

Em forma igualmente carnavalesca, ele transpõe as barreiras das posições sociais no primeiro encontro com o general Iepântchin.

É interessante a carnavalização do episódio seguinte: no salão da generala Iepântchina, Míchkin fala dos *últimos momentos de consciência* de um condenado à morte (história autobiográfica do que o próprio Dostoiévski experimentou). O tema do *limiar* irrompe aqui no espaço interno (distante do limiar) do salão mundano. Aqui não é menos inconveniente a magnífica história de Mária contada por Míchkin. Todo esse episódio é pleno de revelações carnavalescas: um *desconhecido* estranho e, em verdade, suspeito – o príncipe – inesperada e rapidamente se transforma carnavalescamente em pessoa íntima e amigo da casa. A casa dos Iepântchin é arrastada para o clima carnavalesco de Míchkin. Para tanto contribui, naturalmente, o caráter infantil e excêntrico da própria generala Iepântchina.

O episódio seguinte, que já ocorre no apartamento dos Ívolguin, distingue-se por uma carnavalização externa e interna ainda mais patente. Desenvolve-se, desde o início, num clima de escândalo, que põe a nu a alma de quase todos os seus protagonistas. Surgem figuras carnavalescas externas como Ferdischenko e o general Ívolguin. Ocorrem mistificações carnavalescas típicas e *mésalliances*. É característica a breve cena acentuadamente carnavalizada na antessala, no *limiar*, quando aparece inesperadamente Nastássia Fillípovna e confunde o príncipe com um criado e o destrata grosseiramente ("bobalhão", "o que é preciso é mandar-te embora", "que idiota é esse?"). Essa descompostura, que contribui para o adensamento do clima carnavalesco dessa cena, difere totalmente do tratamento real que Nastássia Fillípovna dispensa aos criados. A cena da antessala prepara a cena seguinte de mistificação na sala de visitas, onde Nastássia Fillípovna representa o papel de cortesã desalmada e cínica.

Segue-se uma cena exageradamente carnavalesca de escândalo: a chegada do general semiembriagado com uma história carnavalesca, seu desmascaramento: a chegada da turma mista e embriagada de Rogójin, o conflito de Gânya com a irmã, a bofetada no príncipe, a conduta provocante do pequeno diabo carnavalesco Ferdischenko, etc. A sala de visitas dos Ívolguin se transforma em praça pública carnavalesca, onde se cruzam e se entrelaçam pela primeira vez o paraíso carnavalesco de Míchkin e o inferno carnavalesco de Nastássia Fillípovna.

Depois do escândalo dá-se uma conversa entre o príncipe e Gânia e com uma franca declaração deste último; segue-se o passeio carnavalesco pelas ruas de Petersburgo com o general embriagado e, por último, a festa na casa de Nastássia Fillípovna com o formidável escândalo-catástrofe que já analisamos. Assim termina a primeira parte, e concomitantemente, o primeiro *dia* de ação do romance.

A ação da primeira parte começa no raiar da manhã e termina tarde da noite. Mas não se trata, evidentemente, de um dia de tragédia ("do nascer ao pôr do Sol"). O tempo aqui não é absolutamente trágico (embora se aproxime pelo tipo), nem épico nem biográfico. É um dia de um tempo carnavalesco especial, como que excluído do tempo histórico que transcorre segundo suas leis carnavalescas específicas e engloba um número infinito de mudanças ou metamorfoses radicais.[1] Era precisamente desse tempo – em verdade, não carnavalesco *stricto sensu* mas carnavalizado – que Dostoiévski precisava para a solução de suas tarefas artísticas específicas. Os acontecimentos no *limiar* ou na *praça pública* que Dostoiévski retrata, com o seu profundo sentido interno, e heróis como Raskólnikov, Míchkin, Stavróguin e Ivan Karamázov não poderiam ser revelados no tempo biográfico e histórico comum. Aliás, a própria polifonia como ocorrência da interação de consciências isônomas e interiormente inacabadas requer outra concepção artística de tempo e espaço, uma concepção "não euclidiana", segundo expressão do próprio Dostoiévski.

*

Neste ponto podemos concluir a nossa análise da carnavalização nas obras de Dostoiévski.

---

[1] Por exemplo, o príncipe miserável, que de manhã andava sem eira nem beira, ao terminar o dia se torna milionário.

Nos três romances seguintes encontramos os mesmos traços da carnavalização, se bem que em forma mais complexificada e aprofundada[1] (especialmente em *Os Irmãos Karamázov*). Na conclusão deste capítulo abordaremos apenas mais um momento, mais nitidamente expresso nos últimos romances.

Já tivemos oportunidade de falar das particularidades da estrutura da imagem carnavalesca. Esta tende a abranger e a reunir os dois polos do processo de formação ou os dois membros da antítese: nascimento-morte, mocidade-velhice, alto-baixo, face-traseiro, elogio-impropério, afirmação-negação, trágico-cômico, etc., e o polo superior da imagem biunívoca reflete-se no plano inferior segundo o princípio das figuras das cartas do baralho. Isso pode ser expresso assim: os contrários se encontram, olham-se mutuamente, refletem-se um no outro, conhecem e compreendem um ao outro.

Ora, dessa maneira pode-se definir o próprio princípio da obra de Dostoiévski. Tudo em seu mundo vive em plena fronteira com o seu contrário. O amor vive em plena fronteira com o ódio, conhece-o e compreende-o, enquanto o ódio vive na fronteira com o amor e também o compreende (o amor-ódio de Viersílov, o amor de Catierina Ivanovna por Dmítri Karamázov; em certo sentido é idêntico o amor de Ivan por Katerina Ivânovna e o amor de Dmítri por Grúchenka). A fé vive em plena fronteira com o ateísmo, fita-o e o compreende, enquanto o ateísmo vive na fronteira com a fé e a compreende.[2]

---

[1] No romance *Os Demônios*, por exemplo, toda a vida em que penetraram os demônios é retratada como inferno carnavalesco. Penetra profundamente todo o romance o tema da entronização-destronamento e da impostura (por exemplo, o destronamento de Stavróguin pela Coxa e a ideia de Piótr Vierkhoviénski de proclamá-lo "Ivan Tzariêvitch"). Para a análise da carnavalização externa, *Os Demônios* são um material muito propício. *Os Irmãos Karamázov* também é muito rico em acessórios carnavalescos.

[2] Na conversa com o diabo, Ivan Karamázov pergunta: "– Palhaço! Algum dia tentaste alguns desses que comem gafanhotos, que passam dezessete anos orando no deserto pelados, criando mofo?
– Meu caro, foi só isso o que fiz. Haverás de esquecer o mundo inteiro e os mundos, mas aderirás a um desses porque o brilhante é muito precioso; porque uma alma como essa às vezes custa uma constelação inteira –, é que nós temos nossa aritmética. A vitória é preciosa! Alguns deles, juro, não são inferiores a ti em desenvolvimento, ainda que não acredites nisso: eles podem contemplar esses abismos da crença e da descrença num só instante, o que, palavra, às vezes parece que basta avançar um fiozinho de cabelo e o homem despencará 'de pernas para o ar', como diz o ator

Nós, evidentemente, simplificamos um pouco e abrutalhamos a ambivalência muito complexa e sutil dos últimos romances de Dostoiévski. No mundo desse romancista todos e tudo devem conhecer uns aos outros e um sobre o outro, devem entrar em contato, encontrar-se cara a cara e *entabular conversação* um com o outro. Tudo deve refletir-se mutuamente e enfocar-se mutuamente pelo diálogo. Por isso tudo o que está separado e distante deve ser aproximado num "ponto" espaçotemporal. É para isso que se fazem necessárias a liberdade carnavalesca e a concepção artística carnavalesca do espaço e do tempo.

A carnavalização tornou possível a criação da estrutura *aberta* do grande diálogo, permitiu transferir a interação social entre os homens para a esfera superior do espírito e do intelecto, que sempre era predominantemente esfera da consciência monológica una e única, do espírito uno e indivisível que se desenvolve em si mesmo (no Romantismo, por exemplo). A cosmovisão carnavalesca ajuda Dostoiévski a superar o solipsismo tanto ético quanto gnosiológico. Uma pessoa que permanece a sós consigo mesma não pode dar um jeito na vida nem mesmo nas esferas mais profundas e íntimas de sua vida intelectual, não pode passar sem outra consciência. O homem nunca encontrará sua plenitude apenas em si mesmo.

Além disso, a carnavalização permite ampliar o cenário estreito da vida privada de uma época limitada, fazendo-o atingir um *cenário dos mistérios* extremamente universal e universalmente humano. Era isso que Dostoiévski procurava atingir nos seus últimos romances, sobretudo em *Os Irmãos Karamázov*.

Em *Os Demônios*, Chátov diz a Stavróguin ante o início do seu penetrante diálogo:

"Somos dois *seres* e nos encontramos no *infinito... pela última vez no mundo*. Deixe o seu tom e assuma um *humano*! Fale ao menos uma vez com voz humana" (VII, 260-261).

Gorbunov" (F. M. Dostoiévski. *Os Irmãos Karamázov*. Ed. Naúka, v. 15, p. 80).

Cabe observar que o diálogo de Ivan com o diabo é repleto de imagens do espaço cósmico e do tempo: "quadrilhões de quilômetros" e "bilhões de anos", "constelações inteiras", etc. Todas essas grandezas cósmicas estão aqui misturadas com elementos de uma atualidade mais próxima (o "ator Gorbunov") e com detalhes domésticos cotidianos. Tudo isso se combina organicamente nas condições do tempo carnavalesco.

Todos os encontros *decisivos* do homem com o homem, da consciência com a consciência sempre se realizam nos romances de Dostoiévski no "infinito" e "pela última vez" (nos últimos minutos de crise), ou seja, realizam-se no espaço e no tempo do *carnaval-mistério*.

A tarefa de todo o nosso trabalho é mostrar a originalidade singular da poética de Dostoiévski, "mostrar Dostoiévski em Dostoiévski". Mas se essa tarefa *sincrônica* tiver sido resolvida corretamente, isso deve nos ajudar a sondar e examinar a tradição do gênero em Dostoiévski até chegar às suas fontes na Antiguidade. Foi o que tentamos fazer neste capítulo, se bem que em forma um tanto geral, esquemática. Achamos que a nossa análise diacrônica confirma os resultados da sincrônica. Ou melhor: os resultados de ambas as análises se verificam mutuamente e confirmam uma a outra.

Ligando Dostoiévski a uma determinada tradição, nós, naturalmente, não limitamos no mínimo grau sequer a profundíssima originalidade e a singularidade individual de sua obra. Dostoiévski é o criador da autêntica polifonia, que, evidentemente, não havia nem poderia haver no "diálogo socrático", nem na "sátira menipeia" antiga, nem nos mistérios medievais, nem em Shakespeare, Cervantes, Voltaire e Diderot e nem em Balzac e Victor Hugo. Mas a polifonia foi preparada *essencialmente* nessa linha de evolução da literatura europeia. Toda essa tradição, começando com os "diálogos socráticos" e a menipeia, renasceu e renovou-se em Dostoiévski na forma singularmente original e inovadora do romance polifônico.

O discurso em Dostoiévski

1. Tipos de Discurso na Prosa.
O Discurso Dostoievskiano

Algumas observações metodológicas prévias.

Intitulamos este capítulo "O discurso em Dostoiévski" porque temos em vista o *discurso*, ou seja, a língua em sua integridade concreta e viva, e não a língua como objeto específico da linguística, obtido por meio de uma abstração absolutamente legítima e necessária de alguns aspectos da vida concreta do discurso. Mas são justamente esses aspectos, abstraídos pela linguística, os que têm importância primordial para os nossos fins. Por esse motivo as nossas análises subsequentes não são linguísticas no sentido rigoroso do termo. Podem ser situadas na metalinguística, subentendendo-a como um estudo – ainda não constituído em disciplinas particulares definidas – daqueles aspectos da vida do discurso que ultrapassam – de modo absolutamente legítimo – os limites da linguística. As pesquisas metalinguísticas, evidentemente, não podem ignorar a linguística e devem aplicar os seus resultados. A linguística e a metalinguística estudam um mesmo fenômeno concreto, muito complexo e multifacético – o discurso –, mas estudam sob diferentes aspectos e diferentes ângulos de visão. Devem completar-se mutuamente, e não se fundir. Na prática, os limites entre elas são violados com muita frequência.

Do ponto de vista da linguística *pura*, entre o uso monológico e polifônico do discurso na literatura de ficção não se devem ver quaisquer diferenças realmente essenciais. Por exemplo, no romance polifônico de Dostoiévski há bem menos diferenciação linguística – ou seja, diversos estilos de linguagem, dialetos territoriais e sociais, jargões profissionais, etc. – do que em muitos escritores de obras centradas no monólogo, como Tolstói, Píssiemski, Lieskóv e outros. Pode inclusive parecer que os heróis dos romances de Dostoiévski falam a mesma linguagem, precisamente a linguagem do autor. Muitos, inclusive L. Tolstói, acusaram Dostoiévski dessa uniformidade da linguagem.

Ocorre, porém, que a diferenciação da linguagem e as acentuadas "características do discurso" dos heróis têm precisamente maior significação artística para a criação das imagens objetificadas e acabadas das pessoas. Quanto mais coisificada a personagem, tanto mais acentuadamente se manifesta a fisionomia da sua linguagem. No romance polifônico, o valor da variedade da linguagem e das características do discurso é mantido, se bem que esse valor diminui e, o mais importante, modificam-se as funções artísticas desses fenômenos. O problema não está na existência de certos estilos de linguagem, dialetos sociais, etc., existência essa estabelecida por meio de critérios meramente linguísticos; o problema está em saber sob que *ângulo dialógico* eles confrontam ou se opõem na obra. Mas é precisamente esse ângulo dialógico que não pode ser estabelecido por meio de critérios genuinamente linguísticos, porque as relações dialógicas, embora pertençam ao campo do *discurso*, não pertencem a um campo puramente linguístico do seu estudo.

As relações dialógicas (inclusive as relações dialógicas do falante com sua própria fala) são objetos da metalinguística. Mas aqui estamos interessados precisamente nessas relações, que determinam as particularidades da construção da linguagem nas obras de Dostoiévski.

Na linguagem, como objeto da linguística, não há e nem pode haver quaisquer relações dialógicas: estas são impossíveis entre os elementos no sistema da língua (por exemplo, entre as palavras no dicionário, entre os morfemas, etc.) ou entre os elementos do "texto" num enfoque rigorosamente linguístico deste. Elas tampouco podem existir entre as unidades de um nível nem entre as unidades de diversos níveis. Não podem existir, evidentemente, entre as unidades sintáticas, por exemplo, entre as orações vistas de uma perspectiva rigorosamente linguística.

Não pode haver relações dialógicas tampouco entre os textos, vistos também sob uma perspectiva rigorosamente linguística. Qualquer confronto puramente linguístico ou grupamento de quaisquer textos abstrai forçosamente todas as relações dialógicas entre eles enquanto enunciados integrais.

A linguística conhece, evidentemente, a forma composicional do "discurso dialógico" e estuda as suas particularidades sintáticas léxico-semânticas. Mas ela as estuda como fenômenos puramente linguísticos, ou seja, no plano da língua, e não pode abordar, em hipótese alguma, a especificidade das relações dialógicas entre as réplicas. Por isso, ao estudar o "discurso dialógico", a linguística deve aproveitar os resultados da metalinguística.

Assim, as relações dialógicas são extralinguísticas. Ao mesmo tempo, porém, não podem ser separadas do campo do *discurso*, ou seja, da língua como fenômeno integral concreto. A linguagem só vive na comunicação dialógica daqueles que a usam. É precisamente essa comunicação dialógica que constitui o verdadeiro campo da *vida* da linguagem. Toda a vida da linguagem, seja qual for o seu campo de emprego (a linguagem cotidiana, a prática, a científica, a artística, etc.), está impregnada de relações dialógicas. Mas a linguística estuda a "linguagem" propriamente dita com sua lógica específica na sua *generalidade*, como algo que *torna possível* a comunicação dialógica, pois ela abstrai consequentemente as relações propriamente dialógicas. Essas relações se situam no campo do discurso, pois este é por natureza dialógico e, por isso, tais relações devem ser estudadas pela metalinguística, que ultrapassa os limites da linguística e possui objeto autônomo e metas próprias.

As relações dialógicas são irredutíveis às relações lógicas ou às concreto-semânticas, que *por si mesmas* carecem de momento dialógico. Devem personificar-se na linguagem, tornar-se enunciados, converter-se em posições de diferentes sujeitos expressas na linguagem para que entre eles possam surgir relações dialógicas.

"A vida é boa." "A vida não é boa." Estamos diante de dois juízos revestidos de determinada forma lógica e um conteúdo concreto-semântico (juízos filosóficos acerca do valor da vida) definido. Entre esses juízos há certa relação lógica: um é a negação do outro. Mas entre eles não há nem pode haver quaisquer relações dialógicas, eles não discutem absolutamente entre si (embora possam propiciar matéria concreta e fundamento lógico para a discussão). Esses dois juízos devem materializar-se para que possa surgir relação dialógica entre eles ou tratamento dialógico deles. Assim, esses dois juízos, como uma tese e uma antítese, podem unir-se num enunciado de um sujeito, que expresse a posição dialética una deste em relação a um dado problema. Nesse caso não surgem relações dialógicas. Mas se esses dois juízos forem divididos entre dois diferentes enunciados de dois sujeitos diferentes, então surgirão entre eles relações dialógicas.

"A vida é boa." "A vida é boa." Estamos diante de dois juízos absolutamente idênticos, em essência, diante de um único juízo, escrito (ou pronunciado) por *duas* vezes, mas esse "dois" se refere apenas à materialização da palavra, e não ao próprio juízo. É verdade que aqui podemos falar de relação lógica de identidade entre dois juízos. Mas se esse juízo puder expressar-se em duas enunciações de dois diferentes sujeitos, entre elas surgirão relações dialógicas (acordo, confirmação).

As relações dialógicas são absolutamente impossíveis sem relações lógicas e concreto-semânticas, mas são irredutíveis a estas e têm especificidade própria.

Para se tornarem dialógicas, as relações lógicas e concreto-semânticas devem, como já dissemos, materializar-se, ou seja, devem passar a outro campo da existência, devem tornar-se discurso, ou seja, enunciado, e ganhar *autor*, criador de dado enunciado cuja posição ela expressa.

Nesse sentido, todo enunciado tem uma espécie de autor, que no próprio enunciado escutamos como o seu criador. Podemos não saber absolutamente nada sobre o autor real, como ele existe fora do enunciado. As formas dessa autoria real podem ser muito diversas. Uma obra qualquer pode ser produto de um trabalho de equipe, pode ser interpretada como trabalho hereditário de várias gerações, etc., e, apesar de tudo, sentimos nela uma vontade criativa única, uma posição determinada diante da qual se pode reagir dialogicamente. A reação dialógica personifica toda enunciação à qual ela reage.

As relações dialógicas são possíveis não apenas entre enunciações integrais (relativamente), mas o enfoque dialógico é possível a qualquer parte significante do enunciado, inclusive a uma palavra isolada, caso esta não seja interpretada como palavra impessoal da língua, mas como signo da posição semântica de um outro, como representante do enunciado de um outro, ou seja, se ouvimos nela a voz do outro.

Por isso, as relações dialógicas podem penetrar no âmago do enunciado, inclusive no íntimo de uma palavra isolada se nela se chocam dialogicamente duas vozes (o microdiálogo de que já tivemos oportunidade de falar).

Por outro lado, as relações dialógicas são possíveis também entre os estilos de linguagem, os dialetos sociais, etc., desde que eles sejam entendidos como certas posições semânticas, como uma espécie de cosmovisão da linguagem, isto é, numa abordagem não mais linguística.

Por último, as relações dialógicas são possíveis também com a sua própria enunciação como um todo, com partes isoladas desse todo e com uma palavra isolada nele, se de algum modo nós nos separamos dessas relações, falamos com ressalva interna, mantemos distância em face delas, como que limitamos ou desdobramos a nossa autoridade.

Lembremos para concluir que, numa abordagem ampla das relações dialógicas, estas são possíveis também entre outros fenômenos conscientizados desde que estes estejam expressos numa matéria *sígnica*. Por exemplo, as relações dialógicas são possíveis entre imagens de outras artes, mas essas relações ultrapassam os limites da metalinguística.

O objeto principal do nosso exame, pode-se dizer, seu herói principal, é o *discurso bivocal*, que surge inevitavelmente sob as condições da comunicação dialógica, ou seja, nas condições da vida autêntica da palavra. A linguística desconhece esse discurso bivocal. Mas, achamos, é precisamente ela que deve tornar-se o objeto principal de estudo da metalinguística.

Aqui concluímos as nossas observações metodológicas prévias. O que temos em vista será aclarado pelas nossas análises concretas subsequentes.

Existe um conjunto de fenômenos do discurso-arte que há muito tempo vem chamando a atenção de críticos literários e linguistas. Por sua natureza, esses fenômenos ultrapassam os limites da linguística, isto é, são fenômenos metalinguísticos. Trata-se da estilização, da paródia, do *skaz*[*] e do diálogo (composicionalmente expresso, que se desagrega em réplicas).

---

[*] "Tipo específico de narrativa estruturado como narração de uma pessoa distanciada do autor (pessoa concretamente nomeada ou subentendida),

Apesar das diferenças substanciais, todos esses fenômenos têm um traço comum: aqui a palavra tem duplo sentido, voltado para o objeto do discurso como palavra comum e para um *outro discurso*, para o *discurso de um outro*. Se desconhecermos a existência desse segundo contexto do discurso do outro e começarmos a interpretar a estilização ou a paródia como interpretamos o discurso comum voltado exclusivamente para o seu objeto, não entenderemos verdadeiramente esses fenômenos: a estilização será interpretada como estilo, a paródia, simplesmente como obra má.

Essa dupla orientação da palavra é menos evidente no *skaz* e no diálogo (nos limites de uma réplica). Às vezes, o *skaz* pode ter realmente uma só orientação: aquela voltada para o objeto. Assim também a réplica do diálogo pode tender para uma significação concreta direta e imediata. Mas, na maioria dos casos, tanto o *skaz* quanto a réplica estão orientados para o discurso do outro: o *skaz*, estilizando esse discurso, a réplica, levando-o em conta, correspondendo-lhe, antecipando-o.

Os referidos fenômenos têm um significado profundo e de princípio. Requerem um enfoque totalmente novo do discurso, enfoque esse que ultrapasse os limites da costumeira abordagem estilística e linguística. O enfoque comum toma o discurso nos limites de um *contexto monológico*, sendo o discurso definido em relação ao seu objeto (por exemplo, à teoria dos tropos) ou em relação a outras palavras do mesmo contexto, do mesmo discurso (a estilística no sentido restrito). É verdade que a lexicologia conhece um tratamento um tanto diferente da palavra. O matiz lexical da palavra, um arcaísmo ou um regionalismo, por exemplo, sugere outro contexto no qual dada palavra funciona *normalmente* (a escrita antiga, o discurso regionalista), mas esse outro contexto é um outro contexto da língua, e não do discurso (no sentido exato), não é um enunciado estranho, mas um material da língua impessoal e não organizado num enunciado concreto. Mas se o matiz lexical for individualizado ao menos até certo ponto, isto é, sugerir algum enunciado de um outro ao qual dada palavra é tomada de empréstimo ou em cujo espírito ela se constrói, então estaremos diante da estilização, da paródia ou de um fenômeno

---

dotada de uma forma de discurso própria e *sui generis*" (*Krátkaya literatúrnaya entsiklopédya* (*Breve Enciclopédia de Literatura*), Moscou, 1971, v. 6, p. 876).

análogo. Desse modo, a lexicologia também permanece essencialmente nos limites de um contexto monológico e conhece apenas a orientação direta e imediata da palavra voltada para o objeto, sem levar em conta o discurso do outro, o segundo contexto.

O próprio fato de existirem discursos duplamente orientados, que compreendem como momento indispensável a relação com a enunciação de um outro, coloca-nos diante da necessidade de fazer uma classificação completa e definitiva dos discursos do ponto de vista desse novo princípio desprezado pela estilística, a lexicologia e a semântica. É fácil nos convencermos de que, além dos discursos concretamente orientados e dos discursos orientados para o discurso de um outro, existe ainda um tipo. Contudo, os discursos duplamente orientados (que levam em conta o discurso do outro) também precisam ser diferenciados, pois englobam fenômenos heterogêneos como a estilização, a paródia e o diálogo. É necessário indicar que estes são essencialmente heterogêneos (do ponto de vista do mesmo princípio). Depois, coloca-se inevitavelmente a questão da possibilidade e dos meios pelos quais se combinam em um contexto discursos pertencentes a diferentes tipos. Nessa base surgem novos problemas estilísticos até hoje omitidos pela estilística. E esses problemas são de importância primordial para a compreensão propriamente dita do estilo do discurso da prosa.[1]

Ao lado do discurso referencial direto e imediato – o discurso que nomeia, comunica, enuncia, representa –, que visa à interpretação referencial e direta do objeto (primeiro tipo de discurso), encontramos ainda o discurso representado ou objetificado (segundo tipo).[*] O tipo mais típico e difundido de discurso representado e objetificado é o *discurso direto dos heróis*. Este tem significação objetiva imediata, mas não se situa no mesmo plano ao lado do discurso do autor, e sim

---

[1] Não ilustramos com exemplos a classificação dos tipos e variedades de discurso, pois arrolaremos posteriormente vasta matéria dostoievskiana para cada um dos exemplos aqui examinados.

[*] Discurso objetificado (derivado de *obiékt*, i. e., objeto). Trata-se do discurso direto do herói, qualificado por Bakhtin como *obiéktnoie slovo*, aproximadamente palavra ou discurso-objeto. Por tratar-se de produto da construção do autor, preferimos o termo discurso objetificado, por estar mais de acordo com a conceituação bakhtiniana já exposta no primeiro capítulo deste livro. Bakhtin emprega ainda o termo *priedmiétno naprávlieênnoie slovo*, centrado na palavra russa *priedmiét*, que tanto pode significar objeto quanto referente. Por essa razão o traduzimos como discurso referencial ou discurso centrado no referente (N. do T. para esta edição).

numa espécie de distância perspectiva em relação a ele. Não é apenas entendido do ponto de vista do seu objeto, mas ele mesmo é o objeto da orientação como discurso característico, típico, colorido.

Sempre que no contexto do autor há um discurso direto – o de um herói, por exemplo –, verificamos nos limites de um contexto dois centros do discurso e duas unidades do discurso: a unidade da enunciação do autor e a unidade da enunciação do herói. Mas a segunda unidade não é autônoma, subordina-se à primeira e dela faz parte como um de seus momentos. O tratamento estilístico de ambas é variado. O discurso da personagem é elaborado precisamente como o discurso do outro, como o discurso de uma personagem caracterológica ou tipicamente determinada, ou seja, é elaborado como objeto da intenção do autor, e nunca do ponto de vista da própria orientação dessa personagem centrada no referente. O discurso do autor, ao contrário, é elaborado estilisticamente no sentido de sua significação diretamente referencial. Deve ser adequado ao seu objeto (cognitivo, poético, etc.). Deve ser expressivo, vigoroso, significativo, elegante, etc., do ponto de vista da sua tarefa concreta imediata: denotar, expressar, comunicar e representar alguma coisa. A elaboração estilística desse discurso também está orientada para uma interpretação exclusivamente referencial. Se a linguagem do autor é elaborada de maneira a que se perceba seu traço característico ou sua tipicidade para uma determinada personagem, uma posição social determinada ou uma certa maneira artística, estamos diante de uma estilização, seja da estilização literária comum, seja do *skaz* estilizado. Deste ponto, o terceiro tipo, falaremos mais tarde.

O discurso referencial direto conhece apenas a si mesmo e a seu objeto, ao qual procura ser adequado ao máximo. Se nesse caso ele imita alguém, aprende com alguém, isso não muda absolutamente a questão: são aqueles andaimes que não fazem parte do conjunto arquitetônico, embora sejam indispensáveis e levados em conta pelo construtor. O momento de imitação da palavra do outro e a existência de diversas influências de palavras de outros, nitidamente claros ao historiador da literatura e a qualquer leitor competente, fogem à tarefa do discurso propriamente dito. Se fazem parte, ou seja, se no próprio discurso há implícita uma alusão deliberada ao discurso de um outro, verifica-se novamente um discurso do terceiro, e não do primeiro tipo.

A elaboração estilística do discurso objetificado, ou seja, do discurso da personagem, subordina-se às tarefas estilísticas do contexto do autor – instância suprema e última – do qual esse discurso é um momento objetificado. Decorre daqui uma série de problemas estilísticos, relacionados com a introdução e a inclusão orgânica do discurso direto da personagem no contexto do autor. A última instância da significação e, consequentemente, a última instância do estilo são dadas no discurso direto do autor.

A última instância da significação, que requer uma interpretação exclusivamente referencial, existe, evidentemente, em toda obra literária, mas nem sempre é representada pelo discurso direto do autor. Este pode estar inteiramente ausente, ser composicionalmente substituído pelo discurso do narrador e não ter nenhum equivalente composicional no drama. Em tais casos toda a matéria verbal da obra pertence ao segundo ou ao terceiro tipo de discurso. O drama é quase sempre construído de palavras objetivas representadas. Em *As Novelas de Biélkin*, de Púchkin, por exemplo, a narração (o discurso de Biélkin) é estruturada em palavras do terceiro tipo; as palavras do herói pertencem, evidentemente, ao segundo tipo. A ausência do discurso diretamente referencial é um fenômeno comum. A última instância significativa, a ideia do autor, não está realizada no discurso direto deste, mas através de palavras de um outro, criadas e distribuídas de certo modo como palavras de um outro.

Pode ser variado o grau de objetificação da palavra representada da personagem. Basta compararmos, por exemplo, as palavras do príncipe Andriêi* em Tolstói com as palavras dos heróis gogolianos, por exemplo, Akáki Akákievitch. Na medida em que se intensifica a intencionalidade referencial direta das palavras do herói e diminui correspondentemente a sua objetificação, a inter-relação do discurso do autor e do discurso da personagem começa a aproximar-se da relação de reciprocidade entre duas réplicas de um diálogo. A relação perspectiva entre eles atenua-se e eles podem aparecer num só plano. É verdade que isso se apresenta apenas como tendência, como propensão ao limite que não se atinge.

Em um artigo científico, em que são citadas opiniões de diversos autores sobre um dado problema – algumas para refutar, outras para confirmar e completar –, temos diante de nós um caso de inter-relação dialógica entre palavras diretamente significativas dentro de um contexto. As relações de acordo-desacordo, afirmação-complemento,

---

* Andriêi Bolkonski, personagem de *Guerra e Paz* (N. do T.).

pergunta-resposta, etc. são relações puramente dialógicas, mas não são, evidentemente, relações entre palavras, orações ou outros elementos de uma enunciação, mas relações entre enunciações completas. No diálogo dramático ou no diálogo dramatizado, inserido no contexto do autor, essas relações ligam as enunciações objetivas representadas, e por isso são elas mesmas objetivadas. Não são um atrito entre as duas últimas instâncias significativas, mas um atrito objetivado do enredo entre duas posições representadas, inteiramente subordinado à instância suprema e última do autor. Nesse caso, o contexto monológico não se interrompe nem se debilita.

O debilitamento ou a destruição do contexto monológico só ocorre quando convergem duas enunciações iguais e diretamente orientadas para o objeto. Dois discursos iguais e diretamente orientados para o objeto não podem encontrar-se lado a lado nos limites de um contexto sem se cruzarem dialogicamente, não importa que um confirme o outro ou se completem mutuamente ou, ao contrário, estejam em contradição ou em quaisquer outras relações dialógicas (por exemplo, na relação entre pergunta e resposta). Duas palavras de igual peso sobre o mesmo tema, desde que estejam juntas, devem orientar inevitavelmente uma à outra. Dois sentidos materializados não podem estar lado a lado como dois objetos: devem tocar-se internamente, ou seja, entrar em relação semântica.

O discurso imediato, direto e plenissignificativo é orientado para o seu objeto e constitui a instância suprema de significação dentro do contexto considerado. O discurso objetificado é igualmente orientado exclusivamente para o seu objeto, mas ele próprio é ao mesmo tempo objeto de outra orientação, a do autor. Mas essa outra orientação não penetra no íntimo do discurso objetificado; toma-o como um todo e o submete às suas tarefas sem lhe mudar o sentido e o tom. Não o reveste de outro sentido objetificado. Tornando-se objeto, o próprio discurso é como se desconhecesse esse fato, à semelhança do homem que faz o seu trabalho sem saber que está sendo observado: o discurso objetificado soa como se fosse um discurso direto de uma só voz. Tanto nos discursos do primeiro quanto nos do segundo tipo há realmente uma só voz. São *discursos monovocais*.

Mas um autor pode usar o discurso de um outro para os seus fins pelo mesmo caminho que imprime nova orientação semântica ao discurso que já tem sua própria orientação e a conserva. Nesse caso, esse discurso, conforme a tarefa, deve ser sentido como o de um outro.

Em um só discurso ocorrem duas orientações semânticas, duas vozes. Assim é o discurso parodístico, assim é a estilização, assim é o *skaz* estilizado. Aqui passamos à caracterização do terceiro tipo de discurso.

A estilização pressupõe o estilo, ou seja, pressupõe que o conjunto de procedimentos estilísticos que ela reproduz tenha tido, em certa época, significação direta e imediata, exprimiu a última instância da significação. Só o discurso do primeiro tipo pode ser objeto de estilização. A ideia objetificada do outro (ideia artístico-objetiva) é colocada pela estilização a serviço dos seus fins, isto é, dos seus novos planos. O estilizador usa o discurso de um outro como discurso de um outro e assim lança uma leve sombra objetificada sobre esse discurso. É verdade que a palavra não se torna objeto. Afinal de contas, o importante para o estilizador é o conjunto de procedimentos do discurso de uma outra pessoa precisamente como expressão de um ponto de vista específico. Ele trabalha com um ponto de vista do outro. Por isso uma certa sombra objetificada recai justamente sobre o ponto de vista, donde resulta que ele se torna convencional. A personagem sempre fala a sério. A atitude do autor não penetra no âmago do seu discurso, o autor o observa de fora.

O discurso convencional é sempre um discurso bivocal. Só pode tornar-se convencional aquilo que outrora foi não convencional, sério. Esse valor direto primário e não convencional serve agora a novos fins, que o dominam de dentro para fora e o tornam convencional. Isso é o que distingue a estilização da imitação. A imitação não convencionaliza a forma, pois leva a sério aquilo que imita, tornando-o seu, apropriando-se diretamente do discurso do outro. Aqui ocorre a completa fusão das vozes, e se ouvimos outra voz isso não entra, de forma alguma, nos planos do imitador.

Assim, embora haja entre a estilização e a imitação um acentuado limite semântico, existem historicamente entre elas transições sumamente sutis e por vezes imperceptíveis. À medida que a seriedade do estilo declina sob o domínio dos imitadores-epígonos, os procedimentos do estilo se tornam cada vez mais convencionais e a imitação se converte em semiestilização. Por outro lado, a estilização também pode tornar-se imitação caso o entusiasmo do estilizador pelo seu protótipo destrua a distância entre elas e debilite a perceptibilidade deliberada do estilo reproduzível enquanto estilo do outro. Foi precisamente a distância, pois, que criou a convencionalidade.

A narração de um narrador, enquanto substituição composicional do discurso do autor, é análoga à estilização. Essa narração pode desenvolver-se sob as formas de discurso literário (Biélkin, os narradores-cronistas em Dostoiévski) ou sob as formas do discurso-falado-*skaz* na própria acepção do termo. Também aqui a maneira de falar do outro é usada pelo autor como ponto de vista, como posição de que este necessita para conduzir sua narração. Aqui, porém, a sombra objetificada que recai sobre o discurso do narrador é bem mais densa do que na estilização, sendo bem mais fraca a convencionalidade. O grau de uma e da outra pode ser bastante variado, evidentemente. No entanto, o discurso do narrador nunca pode ser puramente objetificado, nem mesmo quando ele é um dos heróis e assume apenas uma parte da narração. Nessa narração, pois, importa ao autor não só a maneira individual e típica de pensar, viver, falar, mas acima de tudo a maneira de ver e representar: nisso reside sua função direta como narrador, substituto do autor. Por isso a atitude do autor, como ocorre na estilização, penetra-lhe no âmago do discurso, convencionando-o em maior ou menor grau. O autor não nos mostra a palavra dele (como palavra objetificada do herói) mas a usa de dentro para fora para atender aos seus fins, forçando-nos a sentir nitidamente a distância entre ele, autor, e essa palavra do outro.

O elemento do *skaz*, ou seja, da orientação para o discurso falado, é obrigatoriamente próprio de toda narração. Mesmo sendo o narrador representado como escrevendo a sua estória e dando-lhe um certo acabamento literário, seja como for não é um profissional das letras, não possui um estilo definido, mas tão somente uma determinada maneira social e individual de narrar, que tende para o *skaz* verbal. Se, contudo, ele possui certo estilo literário, que é reproduzido pelo autor a partir da pessoa do narrador, então estamos diante da estilização e não da narração (a estilização pode ser introduzida e motivada de diversos modos).

Tanto a narração como o *skaz* puro podem perder toda a convencionalidade e tornar-se discurso direto do autor, intérpretes direto das suas ideias. Assim é quase sempre o *skaz* em Turguiêniev. Ao introduzir o narrador, Turguiêniev, na maioria dos casos, não estiliza absolutamente a maneira individual e social *dos outros* de conduzir a narração. A narração em *Andriêi Kólossov*, por exemplo, é a narração de um intelectual letrado do círculo de Turguiêniev. Assim narraria o próprio Turguiêniev, e narraria acerca da coisa mais séria de sua vida. Aqui não há orientação para o tom social do *skaz* do outro, para a maneira social do outro de ver e transmitir o que viu. Tampouco há orientação para a maneira característico-individual. O *skaz* em Turguiêniev é plenamente significativo e nele há uma só voz que traduz diretamente a ideia do autor. Verificamos aqui um procedimento composicional simples. Observamos o mesmo caráter da narração na novela *O Primeiro Amor* (narração apresentada por escrito pelo narrador).[1]

O mesmo não podemos dizer do narrador Biélkin. Este é importante para Púchkin como a voz do outro, antes de tudo como um personagem socialmente definido com um respectivo nível intelectual e uma forma de concepção do mundo e também como imagem individual característica. Por conseguinte, verifica-se aqui uma refração da ideia do autor na fala do narrador; aqui o discurso é bivocal.

Entre nós, o problema do *skaz* foi levantado pela primeira vez por Borís Eikhenbaum.[2] Ele compreende o *skaz* exclusivamente como *orientação centrada na forma verbal da narrativa*, no discurso falado e nas respectivas particularidades linguísticas (entonação da fala, construção sintática do discurso falado, léxico correspondente, etc.). Ele não leva absolutamente em conta que, na maioria dos casos, o *skaz* é acima de tudo uma orientação voltada para o discurso do outro e, consequentemente, para o discurso falado.

Nossa concepção do *skaz* se nos afigura bem mais essencial para a elaboração do problema histórico-literário do *skaz*. Parece-nos que, na maioria dos casos, o *skaz* é introduzido precisamente em função *da voz do outro*, voz socialmente determinada, portadora de uma série de pontos de vista e apreciações, precisamente as necessárias ao autor.

---

[1] Borís Eikhenbaum observou com absoluta justeza, mas de um ponto de vista diferente, essa particularidade da narração em Turguiêniev: "É extremamente desenvolvida a forma na qual o autor motiva a introdução de um narrador especial a que se confia a narração. Entretanto, essa forma apresenta com muita frequência um caráter totalmente convencional (como em Maupassant ou em Turguiêniev), atestando apenas a vitalidade da tradição do narrador como personagem especial na novela. Nesses casos, o narrador continua o mesmo autor e o motivo introdutório desempenha o papel de simples introdução" (Borís Eikhenbaum. *Literatura*. Editora Pribói, Leningrado, 1927, p. 217).

[2] Pela primeira vez no artigo: "Como foi feito *O Capote*". Col. *Poétika* (1919). Posteriormente, sobretudo no artigo: "Lieskóv e a prosa atual" (Cf. *Literatura*, p. 210 e seguintes).

Introduz-se, em suma, o narrador; o narrador propriamente dito não é um letrado, na maioria dos casos é um personagem pertencente a camadas sociais mais baixas, ao povo (precisamente o que importa ao autor), e traz consigo o discurso falado.

O discurso direto do autor não é possível em qualquer época, nem toda época possui estilo, já que este pressupõe a existência de pontos de vista autorizados e apreciações ideológicas autorizadas e duradouras. Em semelhantes épocas resta ou o caminho da estilização ou o apelo para formas extraliterárias de narrativa, dotadas de certa maneira de ver e representar o mundo. Onde não há uma forma adequada à expressão imediata das ideias do autor tem-se de recorrer à refração dessas ideias no discurso de um outro. Às vezes as próprias tarefas artísticas são tais que geralmente só podem ser realizadas por meio do discurso bivocal (como veremos, era justamente o que ocorria em Dostoiévski). Achamos que Lieskóv recorria ao narrador em função do discurso social de um outro e da mundividência social de um outro, e, já pela segunda vez, em função do *skaz* verbal (tendo em vista que estava interessado no discurso popular). Já Turguiêniev fazia o contrário; procurava no narrador precisamente uma forma verbal de narrativa, porém em função da expressão *direta* das suas ideias. É-lhe de fato inerente a orientação centrada no discurso falado, e não no discurso de um outro. Turguiêniev não gostava e nem sabia refratar suas ideias no discurso de um outro. Saía-se mal no discurso bivocal (por exemplo, nas partes satíricas e parodísticas de *A Fumaça*). Por esse motivo escolhia o narrador do seu meio social. Esse narrador devia falar necessariamente uma linguagem literária, sem levar até o fim o *skaz* verbal. A Turguiêniev importava apenas vivificar o seu discurso literário com entonações do discurso falado.

Aqui não cabe demonstrar todas as afirmações de caráter histórico-literário que fizemos. Deixemo-las no estado de hipóteses. Num ponto, porém, insistimos: dentro do *skaz* é absolutamente necessário distinguir rigorosamente a orientação centrada na palavra do outro e a orientação centrada no discurso falado. Ver no *skaz* apenas o discurso falado implica não ver o principal. Além do mais, toda uma série de ocorrências de entonação, sintaxe e outras ocorrências *linguísticas* se explica no *skaz* (quando o autor se orienta no discurso do outro) precisamente pelo seu caráter bivocal, pela interseção nele verificada de duas vozes e dois acentos. Isso nos convence quando analisamos a narração em Dostoiévski. Semelhantes ocorrências não se verificam, por exemplo, em Turguiêniev, embora em seus narradores a tendência para o discurso falado propriamente dito seja mais forte do que nos narradores de Dostoiévski.

A forma da *Icherzählung* (narração da primeira pessoa) é análoga à narração conduzida pelo narrador. Às vezes a *Icherzählung* é determinada pela orientação centrada no discurso do outro; às vezes, como ocorre com a narração em Turguiêniev, ela pode aproximar-se e, por último, fundir-se com o discurso direto do autor, isto é, pode trabalhar com o discurso monovocal do primeiro tipo.

É necessário ter em vista que, por si mesmas, as formas composicionais ainda não resolvem a questão do tipo de discurso. Definições como *Icherzählung, narração do narrador, narração do autor*, etc. são definições puramente composicionais. É verdade que essas formas composicionais tendem para um determinado tipo de discurso, mas não estão forçosamente ligadas a ele.

A todos os fenômenos do terceiro tipo de discurso que até agora elaboramos – seja a estilização, o *skaz* ou a *Icherzählung* –, é inerente um traço comum, graças ao qual eles constituem uma variedade especial (a primeira do terceiro tipo). Esse traço comum consiste em que o autor inclui no seu plano o discurso do outro voltado para as suas próprias intenções. A estilização estiliza o estilo do outro no sentido das próprias metas do autor. O que ela faz é apenas tornar essas metas convencionais. O mesmo ocorre com a narração do narrador, que, refratando em si a ideia do autor, não se desvia de seu caminho direto e se mantém nos tons e entonações que de fato lhe são inerentes. Após penetrar na palavra do outro e nela se instalar, a ideia do autor não entra em choque com a ideia do outro, mas a acompanha no sentido que esta assume, fazendo apenas esse sentido tornar-se convencional.

É diferente o que ocorre com a paródia. Nesta, como na estilização, o autor fala a linguagem do outro, porém, diferentemente da estilização, reveste essa linguagem de orientação semântica diametralmente oposta à orientação do outro. A segunda voz, uma vez instalada no discurso do outro, entra em hostilidade com o seu agente primitivo e o obriga a servir a fins diametralmente opostos. O discurso se converte em palco de luta entre duas vozes. Por isso é impossível a fusão de vozes na paródia, como o é possível na estilização ou na narração do narrador (em Turguiêniev, por exemplo); aqui, as vozes não são apenas isoladas, separadas pela distância, mas estão em oposição hostil. Por isso a deliberada perceptibilidade da palavra do outro na paródia deve ser especialmente patente e precisa. Já as ideias do autor devem ser mais individualizadas e plenas de conteúdo. O estilo do outro pode ser parodiado em diversos sentidos e revestido de novos acentos, ao passo que só pode ser estilizado, essencialmente, em um sentido: no sentido de sua própria função.

O discurso parodístico pode ser bastante variado. Pode-se parodiar o estilo de um outro enquanto estilo; pode-se parodiar a maneira típico-social ou caracterológico-individual de o outro ver, pensar e falar. Em seguida, a paródia pode ser mais ou menos profunda: podem-se parodiar apenas as formas superficiais do discurso como se podem parodiar até mesmo os princípios profundos do discurso do outro. Prosseguindo, o próprio discurso parodístico pode ser usado de diversas maneiras pelo autor: a paródia pode ser um fim em si mesma (a paródia literária como gênero, por exemplo), mas também pode servir para atingir outros fins positivos (por exemplo, o estilo parodístico em Ariosto e o estilo parodístico em Púchkin). Mas, a despeito de todas as possíveis variedades do discurso parodístico, a relação entre o autor e a intenção do outro permanece a mesma. Essas aspirações estão orientadas para diferentes sentidos, ao contrário das aspirações unidirecionadas da estilização, da narração e das formas afins.

Por isso, é de suma importância distinguir o *skaz* parodístico do *skaz* simples. A luta entre duas vozes no *skaz* parodístico gera fenômenos de linguagem absolutamente específicos, e destes já falamos anteriormente. Ignorar no *skaz* a orientação voltada para o discurso do outro e, consequentemente, o caráter bivocal desse discurso implica impedir que se entendam as complexas inter-relações que podem contrair as vozes dentro do discurso do *skaz* quando se tornam orientadas para diferentes pontos. Um leve matiz parodístico é inerente ao *skaz* contemporâneo na maioria dos casos. Como veremos, nas narrações de Dostoiévski estão sempre presentes elementos parodísticos de tipo especial.

Ao discurso parodístico é análogo o emprego irônico e todo emprego ambíguo do discurso do outro, pois também nesses casos esse discurso é empregado para transmitir intenções que lhe são hostis. No discurso prático da vida é extremamente difundido esse emprego do discurso do outro, sobretudo no diálogo, em que um interlocutor muito amiúde repete literalmente a afirmação de outro interlocutor, revestindo-a de novo acento e acentuando-a a seu modo com expressões de dúvida, indignação, ironia, zombaria, deboche, etc.

Em seu livro sobre as particularidades da língua italiana falada, Leo Spitzer diz o seguinte:

"Quando repetimos em nossa fala um fragmento da enunciação do nosso interlocutor, verificamos que da própria substituição dos emissores já decorre inevitavelmente uma mudança de tom: *as palavras do 'outro' entonação de zombaria, deformação e deboche*... Aqui eu gostaria de observar a repetição de cunho zombeteiro e acentuadamente irônico do verbo da oração interrogativa do interlocutor na resposta subsequente. Assim, podemos observar que se apela frequentemente não apenas para uma construção gramaticalmente correta, mas para uma construção muito ousada, às vezes francamente impossível, com o único intuito de repetir de algum modo o fragmento da fala do nosso interlocutor e revesti-lo de colorido irônico."[1]

As palavras do outro, introduzidas na nossa fala, são revestidas inevitavelmente de algo novo, da nossa compreensão e da nossa avaliação, isto é, tornam-se bivocais. A única que pode diferençar-se é a relação de reciprocidade entre essas duas vozes. A transmissão da afirmação do outro em forma de pergunta já leva a um atrito entre duas interpretações numa só palavra, tendo em vista que não apenas perguntamos como problematizamos a afirmação do outro. O nosso discurso da vida prática está cheio de palavras de outros. Com algumas delas fundimos inteiramente a nossa voz, esquecendo-nos de quem são; com outras, reforçamos as nossas próprias palavras, aceitando aquelas como autorizadas para nós; por último, revestimos terceiras das nossas próprias intenções, que são estranhas e hostis a elas.

Passemos à última variedade do terceiro tipo de discurso. Na estilização e na paródia, isto é, nas duas variedades precedentes ao terceiro tipo, o autor emprega as palavras propriamente ditas de outro para expressar as suas próprias ideias. Na terceira variedade, a palavra do outro permanece fora dos limites do discurso do autor, mas esse discurso a leva em conta e a ela se refere. Aqui, a palavra do outro não se reproduz sem nova interpretação, mas age, influi e de um modo ou de outro determina a palavra do autor, permanecendo ela mesma fora

---

[1] Leo Spitzer. *Italianische Umgangssprache*, Leipzig, 1922, p. 175-176.

desta. Assim é a palavra na polêmica velada e, na maioria dos casos, na réplica dialógica.

Na polêmica velada, o discurso do autor está orientado para o seu objeto, como qualquer outro discurso; neste caso, porém, qualquer afirmação sobre o objeto é construída de maneira que, além de resguardar seu próprio sentido objetivo, ela possa atacar polemicamente o discurso do outro sobre o mesmo assunto e a afirmação do outro sobre o mesmo objeto. Orientado para o seu objeto, o discurso se choca no próprio objeto com o discurso do outro. Este último não se reproduz, é apenas subentendido; a estrutura do discurso seria inteiramente distinta se não houvesse essa reação ao discurso subentendido do outro. Na estilização, o protótipo real-estilo do outro a ser reproduzido também permanece à margem do contexto do autor, é subentendido. Ocorre o mesmo na paródia, em que um determinado discurso real parodiado é apenas subentendido. Mas aqui o próprio discurso do autor ou se faz passar pelo discurso do outro ou faz este passar por seu discurso. Em todo caso, ele opera diretamente com o discurso de um outro; o protótipo (o discurso real do outro) subentendido fornece apenas a matéria e é um documento que confirma que o autor realmente reproduz um certo discurso do outro. Já na polêmica velada o discurso do outro é repelido e essa repelência não é menos relevante que o próprio objeto que se discute e determina o discurso do autor. Isso muda radicalmente a semântica da palavra: ao lado do sentido concreto surge um segundo sentido – a orientação centrada no discurso do outro. Não se pode entender de modo completo e essencial esse discurso, considerando apenas a sua significação concreta direta. O colorido polêmico do discurso manifesta-se em outros traços puramente linguísticos: na entonação e na construção sintática.

Em um caso concreto, às vezes é difícil traçar uma linha divisória nítida entre a polêmica velada e a aberta, evidente. Mas as diferenças de significação são muito consideráveis. A polêmica aberta está simplesmente orientada para o discurso refutável do outro, que é o seu objeto. Já a polêmica velada está orientada para um objeto habitual, nomeando-o, representando-o, enunciando-o, e só indiretamente ataca o discurso do outro, entrando em conflito com ele como que no próprio objeto. Graças a isso, o discurso do outro começa a influenciar de dentro para fora o discurso do autor. É por isso que o discurso polêmico oculto é bivocal, embora, neste caso, seja especial a relação recíproca entre as duas vozes. A ideia do outro não entra "pessoalmente" no discurso, apenas se reflete neste, determinando-lhe o tom e a significação. O discurso sente tensamente ao seu lado o discurso do outro falando do mesmo objeto, e a sensação da presença desse discurso lhe determina a estrutura.

O discurso polêmico interno – discurso que visa ao discurso hostil do outro – é extremamente difundido tanto no linguajar do cotidiano quanto no discurso literário e sua importância é imensa para a formação do estilo. O linguajar do cotidiano incorpora todas as "indiretas" e "alfinetadas". Incorpora, ainda, todo discurso aviltado, empolado, autorrenegado, discurso com milhares de ressalvas, concessões, evasivas, etc. Esse tipo de discurso se torce na presença ou ao pressentir a palavra, a resposta ou a objeção do outro. A maneira individual pela qual o homem constrói seu discurso é determinada consideravelmente pela sua capacidade inata de sentir a palavra do outro e os meios de reagir diante dela.

No discurso literário é imenso o valor da polêmica velada. Há propriamente em cada estilo um elemento de polêmica interna, residindo a diferença apenas no seu grau e no seu caráter. Todo discurso literário sente com maior ou menor agudeza o seu ouvinte, leitor, crítico, cujas objeções antecipadas, apreciações e pontos de vista ele reflete. Além disso, o discurso literário sente ao seu lado outro discurso literário, outro estilo. O elemento da chamada reação ao estilo literário antecedente, presente em cada estilo novo, é essa mesma polêmica interna, por assim dizer, dissimulada pela antiestilização do estilo do outro, que se combina frequentemente com uma paródia patente deste. É imensa a importância da polêmica interna para a formação do estilo nas autobiografias e nas formas do *Icherzählung* de tipo confessional. Basta lembrarmos as *Confessions* de Rousseau.

Análoga à polêmica velada é a réplica de qualquer diálogo dotado de essência e profundidade. Todas as palavras que nessa réplica estão orientadas para o objeto reagem ao mesmo tempo e intensamente à palavra do outro, correspondendo-lhe e antecipando-a. O momento de correspondência e antecipação penetra profundamente no âmago do discurso intensamente dialógico. É como se esse discurso reunisse, absorvesse as réplicas de outro, reelaborando-as intensamente. A semântica do discurso dialógico é de tipo totalmente especial. (Infelizmente não se estudaram até hoje as mudanças mais sutis do estilo, que ocorrem no processo tenso do diálogo.) A consideração do contra-argumento (*Gegenrede*) produz mudanças específicas na estrutura do discurso dialógico, tornando-o interiormente fatual e dando um enfoque novo ao próprio objeto do discurso, descobrindo, neste, aspectos novos inacessíveis ao discurso monológico.

Para os nossos fins subsequentes tem importância especialmente considerável o fenômeno do dialogismo velado, que não coincide com o fenômeno da polêmica velada. Imaginemos um diálogo entre duas pessoas no qual foram suprimidas as réplicas do segundo interlocutor, mas de tal forma que o sentido geral não tenha sofrido qualquer perturbação. O segundo interlocutor é invisível, suas palavras estão ausentes, mas deixam profundos vestígios que determinam todas as palavras presentes do primeiro interlocutor. Percebemos que esse diálogo, embora só um fale, é um diálogo sumamente tenso, pois cada uma das palavras presentes responde e reage com todas as suas fibras ao interlocutor invisível, sugerindo fora de si, além dos seus limites, a palavra não pronunciada do outro. Adiante veremos que em Dostoiévski esse diálogo velado ocupa posição muito importante e sua elaboração foi sumamente profunda e sutil.

Como vemos, a terceira variedade do terceiro tipo difere acentuadamente das duas anteriores. Podemos chamar essa terceira e última variedade de *variedade ativa*, distinguindo-a das variedades anteriores, *passivas*. Efetivamente, na estilização, na narração e na paródia a palavra do outro é absolutamente passiva nas mãos do autor que opera com ela. Ele toma, por assim dizer, a palavra indefesa e sem reciprocidade do outro e a reveste da significação que ele, autor, deseja, obrigando-a a servir aos seus novos fins. Na polêmica velada e no diálogo, ao contrário, a palavra do outro influencia ativamente o discurso do autor, forçando-o a mudar adequadamente sob o efeito de sua influência e envolvimento.

No entanto, em todas as ocorrências da segunda variedade do terceiro tipo é possível o aumento do grau de atividade da palavra do outro. Quando a paródia sente uma resistência substancial, um certo vigor e profundidade na palavra do outro que parodia, torna-se complexificada pelos tons da polêmica velada. Essa paródia já soa de modo diferente. A palavra parodiada assume uma ressonância mais ativa, resiste à intenção do autor. A palavra parodiada torna-se internamente dialógica. Verificam-se igualmente as mesmas ocorrências quando se unem a polêmica velada e a narração, o que costuma ocorrer em todos os eventos do terceiro tipo, quando existem aspirações do outro e do autor orientadas para diferentes pontos.

Na medida em que decresce o grau de objetificação do discurso do outro (objetificação essa que, como sabemos, é até certo ponto inerente a todas as palavras do terceiro tipo), ocorre nas palavras orientadas para um único fim (na estilização e na narração orientada para um só fim) a fusão dos discursos do autor e do outro. Desfaz-se a distância; a estilização se torna estilo, o narrador se transforma em simples convenção composicional. Já nas palavras orientadas para diferentes fins, a redução do grau de objetificação e a elevação correspondente do grau de atividade das próprias aspirações da palavra do outro levam inevitavelmente à conversão interna do discurso em discurso dialógico. Neste já não há dominação absoluta da ideia do autor sobre a ideia do outro, a fala perde a sua serenidade e convicção, torna-se inquieta, internamente não solucionada e ambivalente. Semelhante discurso não tem apenas duas vozes, mas também dois acentos; é difícil dar-lhe entonação, pois a entonação viva e estridente o torna demasiado monológico e não pode dar tratamento justo à voz do outro nele presente.

Essa dialogação interna, ligada à redução do grau de objetificação das variantes do terceiro tipo orientadas para diversos fins, não constitui, evidentemente, uma nova categoria desse tipo. É apenas uma tendência inerente a todas as ocorrências do tipo em questão (desde que haja orientação para diversos fins). No seu limite próprio, essa tendência leva a uma decomposição do discurso bivocal em dois discursos autônomos totalmente particulares. Havendo, porém, redução do grau de objetificação da palavra do outro dentro do limite, a outra tendência, que é inerente às próprias palavras orientadas para um só fim, leva à completa fusão das vozes e, consequentemente, ao discurso monovocal do primeiro tipo. Entre esses dois limites oscilam todas as ocorrências do terceiro tipo.

É evidente que nem de longe esgotamos todas as possíveis ocorrências do discurso bivocal e todos os possíveis modos de orientação centrada no discurso do outro, a qual complexifica a habitual orientação objetiva do discurso. É possível uma classificação mais profunda e sutil com um grande número de variedades e possivelmente de tons. Entretanto, parece suficiente para os nossos fins a classificação que apresentamos.

Esquematizemos essa classificação.

A classificação que esquematizamos a seguir tem, evidentemente, caráter abstrato. A palavra concreta pode pertencer simultaneamente a diversas variedades e inclusive tipos. Além disso, as relações de reciprocidade com a palavra do outro no contexto vivo e concreto não têm caráter estático, mas dinâmico: a inter-relação das vozes no discurso pode variar acentuadamente, o discurso orientado para um único fim pode converter-se em discurso orientado para diversos fins, a dialogação interna pode intensificar-se ou atenuar-se, o tipo passivo pode tornar-se ativo, etc.

I. *Discurso direto imediatamente orientado para o seu referente como expressão da última instância semântica do falante*
II. *Discurso objetificado (discurso da pessoa representada)*

   1. Com predomínio da definição sociotípica   *Diferentes graus de concretude*

   2. Com predomínio da precisão caracterológico-individual

III. *Discurso orientado para o discurso do outro (discurso bivocal)*
   1. Discurso bivocal de orientação única:
     a) *estilização;*
     b) *narração do narrador;*
     c) *discurso não objetificado do herói-agente (em parte) das ideias do autor;*
     d) Icherzählung.

Reduzindo-se o grau de concretude tendem para a fusão das vozes, isto é, para o discurso do primeiro tipo.

   2. Discurso bivocal de orientação vária:
     a) *paródia em todas as suas gradações;*
     b) *narração paródística;*
     c) Icherzählung *paródístico;*
     d) *discurso do herói paródísticamente representado;*
     e) *qualquer transmissão da palavra do outro com variação no acento.*

Havendo redução do grau de concretude e ativação da ideia do outro, tornam-se internamente dialógicas e tendem para a decomposição em dois discursos (duas vozes) do primeiro tipo.

3. *Tipo ativo (discurso refletido do outro):*
   a) *polêmica interna velada;*
   b) *autobiografia e confissão polemicamente refletidas;*
   c) *qualquer discurso que visa ao discurso do outro;*
   d) *réplica do diálogo;*
   e) *diálogo velado.*

O discurso do outro influencia de fora para dentro; são possíveis formas sumamente variadas de inter-relação com a palavra do outro e variados graus de sua influência deformante.

Achamos que o plano que apresentamos de exame do discurso do ponto de vista da sua relação com o discurso do outro é de excepcional importância para a compreensão da prosa artística. O discurso poético, no sentido restrito, requer a uniformidade de todos os discursos, sua redução a um denominador comum, podendo este ser um discurso do primeiro tipo ou pertencer a variedades atenuadas de outros tipos. Aqui, evidentemente, também são possíveis obras que não reduzem toda a matéria do seu discurso a um denominador, embora esses fenômenos sejam raros e específicos no século XIX. Situamos nesse contexto a lírica "prosaização" de Heine, Barbier, Niekrássov e outros (só no século XX ocorre uma acentuada "prosação" da lírica). Uma das peculiaridades essencialíssimas da prosa está na possibilidade de empregar, no plano de uma obra, discursos de diferentes tipos em sua expressividade acentuada sem reduzi-los a um denominador comum. Nisso reside a profunda diferença entre os estilos em poesia e em prosa. Mas na poesia toda uma série de problemas essenciais tampouco pode resolver-se sem incorporação daquele plano de exame do discurso, porque diferentes tipos de discurso requerem em poesia elaboração estilística diversa.

Ao ignorar esse plano do exame a estilística moderna é, no fundo, uma estilística exclusiva do primeiro tipo de discurso, i.e., do discurso direto do autor centrado no referente. Com suas raízes fincadas na poética do Classicismo, a estilística moderna até hoje não tem conseguido livrar-se das diretrizes e limitações dessa poética. Esta tem sua orientação voltada para o discurso monovocal direto centrado no referente, discurso esse um tanto deslocado no sentido do discurso convencional estilizado. O discurso semiconvencional e semiestilizado dá o tom na poética do Classicismo. E até hoje a estilística está centrada em um discurso semiconvencional direto que se identifica de fato com o discurso poético como tal. Para o Classicismo existe a palavra da língua, palavra de ninguém, palavra fatual, integrante do léxico poético, e essa palavra oriunda do tesouro da linguagem poética passa diretamente para o contexto monológico de um dado enunciado poético. Por isso a estilística, que medrou no terreno do Classicismo, conhece apenas a vida da palavra em um contexto fechado. Ignora as mudanças que a palavra sofre no processo de sua passagem de um enunciado concreto a outro e no processo de orientação mútua desses enunciados. Conhece apenas aquelas mudanças que ocorrem no processo em que a palavra passa do sistema da língua para o enunciado poético monológico. A vida e as funções da palavra no estilo de um enunciado concreto se percebem no fundo da sua vida e das suas funções na língua. Ignoram-se as relações interiormente dialógicas da palavra com a mesma palavra em um contexto de outros e em lábios outros. Nesse âmbito a estilística tem sido elaborada até hoje.

O Romantismo trouxe consigo o discurso direto plenissignificante sem qualquer tendência para o convencionalismo. Caracteriza o Romantismo um discurso direto do autor, expressivo a ponto de esquecer a si mesmo, que não permite ser congelado por nenhuma refração no meio verbal do outro. Tiveram importância bastante grande na poética romântica os discursos da segunda e sobretudo da última variedade do terceiro tipo,[1] mas o discurso do primeiro tipo, imediatamente expressivo e levado aos seus limites, dominou de tal forma que até no terreno romântico foram impossíveis avanços significativos na nossa questão. Nesse ponto a poética do Classicismo quase não sofreu abalo. Aliás, a estilística moderna nem de longe é adequada sequer ao Romantismo.

A prosa, especialmente o romance, é totalmente inacessível a essa estilística; esta só pode elaborar com algum resultado pequenas partes da arte da prosa, as menos características e menos importantes desta. Para o artista-prosador, o mundo está repleto das palavras do outro;

---

[1] Dado o interesse pela "etnia" (não como categoria etnográfica), ganham imensa importância no Romantismo as diversas formas do *skaz* como discurso que refrata a palavra do outro com um leve grau de objetificação. Já para o Classicismo, o "discurso popular" (em termos de palavra sociotípica e característico-individual do outro) era mero discurso objetificado (nos gêneros baixos). Dentre os discursos do terceiro tipo, teve significado especialmente importante no Romantismo o *Icherzählung* interiormente polêmico (sobretudo o de tipo confessional).

ele se orienta entre elas e deve ter um ouvido sensível para lhes perceber as particularidades específicas. Ele deve introduzi-las no plano do seu discurso e deve fazê-lo de maneira a não destruir esse plano.[1] Ele trabalha com uma paleta verbal muito rica e o faz com perfeição.

Ao analisarmos a prosa, nós mesmos nos orientamos muito sutilmente entre todos os tipos e variedades de discurso que examinamos. Além disso, na prática cotidiana, ouvimos de modo muito sensível e sutil todas essas nuanças nos discursos daqueles que nos rodeiam; nós mesmos trabalhamos muito bem com todas essas cores da nossa paleta verbal. Percebemos de modo muito sensível o mais ínfimo deslocamento da entonação, a mais leve descontinuidade de vozes no discurso cotidiano do outro, essencial para nós. Todas essas precauções verbais, ressalvas, evasivas, insinuações e ataques são registrados pelos nossos ouvidos e são familiares aos nossos próprios lábios. Daí ser ainda mais impressionante que até hoje não se tenha chegado a uma precisa interpretação teórica e a uma avaliação adequada de todas essas ocorrências.

Em termos teóricos, interpretamos apenas as relações estilísticas recíprocas entre os elementos nos limites de um enunciado fechado, tendo por fundo categorias linguísticas abstratas. Só esses fenômenos monovocais são acessíveis àquela estilística linguística superficial que, até hoje, a despeito de todo o seu valor linguístico na criação artística, é capaz apenas de registrar vestígios e remanescentes de metas artísticas a ela invisíveis na periferia verbal das obras. A autêntica vida do discurso da prosa não cabe nesses limites. Aliás, estes também são estreitos para a poesia.[2]

A estilística deve basear-se não apenas e *nem tanto* na linguística quanto na metalinguística, que estuda a palavra não no sistema da língua e nem num "texto" tirado da comunicação dialógica, mas

---

[1] Os gêneros literários, particularmente o romance, são construtivos em sua maioria: seus elementos são *enunciações autênticas*, embora estas não possuam plenos direitos e sejam subordinadas à unidade monológica.

[2] De toda a estilística linguística moderna – seja a soviética, seja a não soviética – destacam-se acentuadamente os notáveis ensaios de V. V. Vinográdov, que revelou com base em vasta matéria toda a diversidade básica e a multiplicidade de estilos da prosa literária e toda a complexidade da posição do autor (da "imagem do autor") nessa prosa. Parece-nos, porém, que Vinográdov subestima um pouco a importância das relações dialógicas entre os estilos de discurso (considerando-se que essas relações ultrapassam os limites da linguística).

precisamente no campo propriamente dito da comunicação dialógica, ou seja, no campo da vida autêntica da palavra. A palavra não é um objeto, mas um meio constantemente ativo, constantemente mutável de comunicação dialógica. Ela nunca basta a uma consciência, a uma voz. Sua vida está na passagem de boca em boca, de um contexto para outro, de um grupo social para outro, de uma geração para outra. Nesse processo ela não perde o seu caminho nem pode libertar-se até o fim do poder daqueles contextos concretos que integrou.

Um membro de um grupo falante nunca encontra previamente a palavra como uma palavra neutra da língua, isenta das aspirações e avaliações de outros ou despovoada das vozes dos outros. Absolutamente. A palavra, ele a recebe da voz de outro e repleta de voz de outro. No contexto dele, a palavra deriva de outro contexto, é impregnada de elucidações de outros. O próprio pensamento dele já encontra a palavra povoada. Por isso, a orientação da palavra entre palavras, as diferentes sensações da palavra do outro e os diversos meios de reagir diante dela são provavelmente os problemas mais candentes do estudo metalinguístico de toda palavra, inclusive da palavra artisticamente empregada. A cada corrente em cada época são inerentes a sensação da palavra e uma faixa de possibilidades verbais. Não é, nem de longe, em qualquer situação histórica que a última instância semântica do autor pode expressar diretamente a si mesma no discurso direto, não refratado e não convencional do autor. Carecendo da sua própria "última" palavra, qualquer plano de criação, qualquer ideia, sentimento ou emoção deve refratar-se através do meio constituído pela palavra do outro, do estilo do outro, da maneira do outro com os quais é impossível fundir-se diretamente sem ressalva, sem distância, sem refração.[1]

Se uma dada época tem à sua disposição um meio ao mínimo sequer autorizado e sedimentado de refração, nesse caso dominará o discurso convencional numa de suas variedades, com diferentes graus de convencionalidade. Se, porém, inexistir tal meio, dominará o discurso bivocal orientado para diversos fins, isto é, o discurso parodístico em todas as suas variedades ou um tipo especial de discurso semiconvencional, semi-irônico (o discurso do Classicismo tardio). Nessas épocas, sobretudo nas épocas de dominação do discurso convencional, o discurso direto, incondicional e não refratado afigura-se um discurso

---

[1] Lembremos a confissão muito característica que citamos de T. Mann.

bárbaro, rudimentar, selvagem. O discurso culto é um discurso refratado através de um meio autorizado e sedimentado.

Que discurso domina numa determinada época e numa dada corrente, quais as formas de refração da palavra que existem, o que serve de meio de refração? Todas essas questões são de importância primordial para o estudo do discurso artístico. É evidente que estamos tocando nesses problemas apenas de passagem, gratuitamente, sem elaborá-los a partir de um material concreto, pois aqui não é o lugar para analisá-los em essência.

Voltemos a Dostoiévski.

As obras de Dostoiévski impressionam acima de tudo pela insólita variedade de tipos e modalidades de discurso, notando-se que esses tipos e modalidades são apresentados na sua expressão mais acentuada. Predomina nitidamente o discurso bivocal de orientação vária e além disso o discurso do outro interiormente dialogado e refletido: são a polêmica velada, a confissão de colorido polêmico, o diálogo velado. Em Dostoiévski quase não há discurso sem uma tensa mirada para o discurso do outro. Ao mesmo tempo, nele quase não se verificam palavras objetificadas, pois os discursos das personagens são revestidos de uma forma tal que os priva de qualquer objetificação. Impressiona, ainda, a alternância constante e acentuada dos mais diversos tipos de discurso. As passagens bruscas e inesperadas da paródia para a polêmica interna, da polêmica para o diálogo velado, do diálogo velado para a estilização dos tons tranquilizados do cotidiano, destes para a narração parodística e, por último, para o diálogo aberto excepcionalmente tenso constituem a inquieta superfície verbal dessas obras. Tudo está deliberadamente entrelaçado por uma linha tênue do discurso protocolar informativo, cujos princípios e fim dificilmente se percebem. Contudo, mesmo esse seco discurso protocolar recebe os reflexos luminosos ou as sombras densas das enunciações contíguas, e estas o revestem de um tom também original e ambíguo.

Mas o problema não reside, evidentemente, apenas na diversidade e na mudança brusca dos tipos de fala e no predomínio, entre estes, dos discursos bivocais internamente dialógicos. A originalidade de Dostoiévski reside na distribuição muito especial desses tipos de discurso e das variedades entre os elementos composicionais básicos da obra.

De que modo e em que momento da totalidade da fala a última instância semântica do autor se realiza? Para o romance monológico a resposta a essa pergunta é muito fácil. Sejam quais forem os tipos de discurso introduzidos pelo autor do romance monológico e seja qual for a distribuição composicional desses tipos, as elucidações e avaliações do autor devem dominar todas as demais e constituir-se num todo compacto e preciso. Qualquer intensificação das entonações do outro num ou noutro discurso, numa ou noutra parte da obra é apenas um jogo que o autor se permite para em seguida dar uma ressonância mais enérgica ao seu próprio discurso direto ou refratado. Qualquer discussão entre duas vozes num discurso com o intuito de assenhorear-se dele, de dominá-lo, é resolvida antecipadamente, sendo apenas uma discussão aparente. Cedo ou tarde, todas as elucidações plenissignificativas do autor se incorporarão a um centro do discurso e a uma consciência; todos os acentos, a uma voz.

A meta artística de Dostoiévski é inteiramente diversa. Ele não teme a mais extrema ativação, no discurso bivocal, dos acentos orientados para diversos fins. Ao contrário, é precisamente dessa ativação que ele necessita para atingir os seus fins, pois a multiplicidade de vozes não deve ser obliterada, mas triunfar no seu romance.

Nas obras de Dostoiévski é enorme a importância estilística do *discurso do outro*. Este leva aí a mais tensa vida. Para Dostoiévski, as ligações estilísticas básicas não são, em hipótese alguma, ligações entre as palavras no plano de uma enunciação monológica; básicas são as ligações dinâmicas, sumamente tensas entre as enunciações, entre os centros autônomos e plenipotentes do discurso e da significação, centros esses não subordinados à ditadura do discurso-significação do estilo monológico uno e do tom indiviso.

Deixamos para analisar o discurso em Dostoiévski, sua vida na obra e sua função na execução da meta polifônica tendo em vista as unidades composicionais nas quais ele funciona, ou seja, vamos analisá-lo na unidade da autoenunciação monológica do herói, na unidade da narração – seja esta efetuada pelo narrador ou pelo autor – e, por último, na unidade do diálogo entre as personagens. Será essa a ordem da nossa análise.

2. *O Discurso Monológico do Herói e o Discurso Narrativo nas Novelas de Dostoiévski*

Dostoiévski partiu da *palavra refrativa*, da forma epistolar. Por motivo de *Gente Pobre*, escreve ao irmão: "Eles (o público e a crítica –

M. B.) estão habituados a ver em tudo a cara do autor; a minha eu não mostrei. Nem conseguem atinar que quem está falando é Diévuchkin, e não eu, e que Diévuchkin não pode falar de outra maneira. Acham o romance prolixo, mas nele não há palavra supérflua."[1]

Quem fala são Makar Diévuchkin e Várienka Dobrossiélova, limitando-se o autor a distribuir-lhes as palavras: suas ideias e aspirações estão refratadas nas palavras do herói e da heroína. A forma epistolar é uma variedade do *Icherzählung*. Aqui o discurso é bivocal, de orientação única, na maioria dos casos. Assim ele aparece como substituto composicional do discurso do autor, que está ausente. Veremos que a concepção do autor refrata-se de maneira muito sutil e cautelosa nas palavras dos heróis-narradores, embora toda a obra seja repleta de paródias evidentes e veladas, de polêmica (autoral) evidente e velada.

Mas aqui o discurso de Makar Diévuchkin nos importa apenas como enunciação monológica do herói, e não como discurso do narrador em *Icherzählung*, na função que ele aqui desempenha (considerando-se que, afora os heróis, aqui não há outros agentes do discurso). Isso porque o discurso de qualquer narrador usado pelo autor para realizar sua ideia artística pertence a algum tipo determinado, além do tipo que é determinado pela sua função narrativa. De que tipo é a enunciação monológica de Diévuchkin?

Por si só a forma epistolar ainda não predetermina o tipo de discurso. Admite, em linhas gerais, amplas possibilidades do discurso, sendo, porém, mais propícia ao discurso da última variedade do terceiro tipo, ou seja, ao discurso refletido do outro. É própria da carta uma aguda sensação do interlocutor, do destinatário a quem ela visa. Como a réplica do diálogo, a carta se destina a um ser determinado, leva em conta as suas possíveis reações, sua possível resposta. Essa consideração do interlocutor ausente pode ser mais ou menos intensiva, sendo sumamente tensa em Dostoiévski.

Em sua primeira obra, Dostoiévski elabora um estilo de discurso sumamente característico de toda a sua criação e determinado pela intensa antecipação do discurso do outro. A importância desse estilo na sua obra posterior é imensa: as autoenunciações confessionais mais importantes dos heróis estão dominadas pela mais tensa atitude em face da palavra antecipável do outro sobre esses heróis, da reação do

---

[1] F. M. Dostoiévski. *Písma*, t. I, Gosizdat, Moscou-Leningrado, 1928, p. 88.

outro diante do discurso confessional destes. Não só o tom e o estilo, mas também a estrutura semântica interna dessas enunciações são determinados pela antecipação da palavra do outro, que atinge das ressalvas e evasivas melindrosas de Goliádkin às evasivas éticas e metafísicas de Ivan Karamázov. Em *Gente Pobre* começa a elaborar-se uma variedade "rebaixada" desse estilo, representada pelo discurso torcido com uma mirada tímida e acanhada e com uma provocação abafada.

Essa mirada se manifesta acima de tudo na inibição do discurso, característica desse estilo, e em sua interrupção com evasivas.

"Eu moro na cozinha, ou seria bem mais correto dizer assim: aqui ao lado da cozinha (mas, preciso lhe dizer, a nossa cozinha é limpa, clara, muito boa) existe um quartinho, pequeno, um cantinho modesto... isto é, para dizer melhor ainda, a cozinha é grande, tem três janelas, de sorte que ao longo da parede transversal há um tabique, de maneira que isso resulta como que em mais um cômodo, um quarto extranumerário; tudo amplo, confortável, tem até janela, e tudo – numa palavra, tudo confortável. Pois bem, é esse o meu cantinho. Bem, mas não vá você pensar, minha cara, que nisso aqui exista alguma outra coisa, um sentido misterioso; que, vamos, se trate de uma cozinha! – quer dizer, eu moro mesmo nesse quarto, atrás do tabique, mas isso não é nada; vivo cá em meu canto, isolado de todos, modestamente, às ocultas. Pus em meu quarto uma cama, uma mesa, uma cômoda, um par de cadeiras, pendurei um ícone na parede. É verdade, existem quartos melhores – talvez até bem melhores, mas o essencial é o conforto; pois eu faço tudo isso pelo conforto, e não vá você pensar que seja por outra coisa."[1]

Quase após cada palavra Diévuchkin lança uma mirada para a sua interlocutora ausente, teme que ela o imagine queixoso, procura destruir a impressão produzida pela notícia de que ele vive na cozinha, não quer lhe causar desgosto, etc. A repetição das palavras se deve ao empenho de reforçar-lhes a aceitabilidade ou dar-lhes um novo matiz tendo em vista a possível reação do interlocutor.

No trecho que citamos, a palavra refletida é a palavra possível do destinatário, no caso Várienka Dobrossiélova. Na maioria dos casos, as palavras de Diévuchkin sobre si mesmo são determinadas pela

---

[1] F. M. Dostoiévski. *Gende Pobre (Biédnie liúdi)*. Ed. Naúka. T. 1, Leningrado, 1972, p. 16.

palavra refletida da "pessoa estranha". Vejamos como ele define essa "pessoa estranha".

"Bem, e o que irás fazer entre pessoas estranhas?" – pergunta Diévuchkin a Dobrossiélova. "Ora, certamente ainda não sabes o que é uma pessoa estranha!... Não, permite-me indagar e eu te direi o que é uma pessoa estranha. Eu a conheço, minha cara, e conheço bem; tive oportunidade de comer do seu pão. Ela é má, Várienka, má, tão má que teu coração não bastará para tanto martírio que ela lhe causará com reprovações, reproches e olhar maldoso" (I, 140).

Segundo a ideia de Dostoiévski, um homem pobre porém "ambicioso" como Makar Diévuchkin sente constantemente sobre si o "olhar maldoso" de um estranho, olhar repreensivo ou – o que pode ser até pior para ele – zombeteiro (para os heróis de tipo mais orgulhoso o pior olhar que pode haver é o olhar piedoso do outro). É sob esse olhar de um estranho que se retorce o discurso de Diévuchkin. Como a personagem de *O Homem do Subsolo*, ele escuta sempre o que os outros dizem a seu respeito. "Ele é um homem pobre; é exigente; ele tem até uma visão diferente do mundo, e olha de esguelha para cada um que passa, e lança em torno de si um olhar perturbado e escuta cada palavra como se quisesse saber se não estariam falando dele" (I, 153).

Essa mirada para o discurso social do outro determina não apenas o estilo e o tom do discurso de Makar Diévuchkin, mas também a própria maneira de pensar e sentir, de ver e compreender a si e o mundo que o cerca. Há sempre uma profunda ligação orgânica entre os elementos mais superficiais da maneira de falar, da forma de autoexpressar-se e os últimos fundamentos da cosmovisão no universo artístico de Dostoiévski. O homem é apresentado pleno em cada uma de suas manifestações. A própria orientação do homem em relação ao discurso do outro e à consciência do outro é essencialmente o tema fundamental de todas as obras de Dostoiévski. A atitude do herói em face de si mesmo é inseparável da atitude do outro em relação a ele. A consciência de si mesmo fá-lo sentir-se constantemente no fundo da consciência que o outro tem dele, o "o eu para si" no fundo do "o eu para o outro". Por isso o discurso do herói sobre si mesmo se constrói sob a influência direta do discurso do outro sobre ele.

Em outras obras esse tema se desenvolve em diferentes formas, com conteúdo complementar diferente e em nível espiritual diferente. Em *Gente Pobre*, a autoconsciência do homem pobre revela-se no fundo da consciência socialmente alheia do outro sobre ele. A afirmação de si mesmo soa como uma constante polêmica velada ou diálogo velado que o herói trava sobre si mesmo com um outro, um estranho. Nas primeiras obras de Dostoiévski esse fator ainda tem uma expressão bastante simples e direta, pois aqui o diálogo ainda não penetrou no íntimo, por assim dizer, nos átomos propriamente ditos do pensamento e da emoção. O mundo das personagens ainda é restrito e estas ainda não são ideólogas. A própria humildade social torna essa mirada e polêmica interna direta e patente, sem aquelas complexíssimas evasivas internas que se transformam em verdadeiras construções ideológicas, que aparecem na obra mais tardia de Dostoiévski. Nesse período, porém, já se manifestam com plena clareza o profundo dialogismo e o caráter polêmico da consciência de si mesmo e das afirmações sobre si mesmo.

"Em conversa privada, Ievstáfi Ivânovitch disse recentemente que a mais importante virtude cívica é a capacidade de fazer fortuna. Ele falava de brincadeira (eu sei que era de brincadeira), entretanto a moral da história é a de que não se deve ser peso pra ninguém; e eu não sou peso pra ninguém! Eu como do meu próprio pão; é verdade que é um pão simples, às vezes até seco é, mas eu o tenho, eu o consigo com esforços e o como legal e irrepreensivelmente. Mas fazer o quê? Ora, eu mesmo sei que faço pouco copiando; assim mesmo eu me orgulho disto: eu trabalho, suo a camisa. Por acaso há algo de mal no fato de eu copiar? Por acaso é pecado copiar? 'Ora veja, ele é copista!...' A propósito, há alguma desonestidade nisto?... Agora é que eu tenho consciência de que sou necessário, de que sou indispensável, de que não se deve desnortear uma pessoa com tolices. Admito até ser um rato, já que me acharam parecido! Mas este é um rato necessário, é um rato que traz proveito, é a este rato que se agarram, é para este rato que sai gratificação. Eis aí o rato! Bem, chega com esse assunto, minha querida. Não era disto que eu queria falar mas acabei me excitando um pouco. Assim mesmo é bom a gente se dar o devido valor de vez em quando" (I, 125-126).

Em polêmica ainda mais acentuada revela-se a consciência que Diévuchkin tem de si mesmo quando se identifica em *O Capote*, de Gógol; ele o interpreta como a palavra de um outro sobre si mesmo e procura destruir essa palavra com a polêmica por lhe ser inadequada.

Examinemos agora mais atentamente a própria construção desse "discurso com mirada em torno".

Já no primeiro trecho que citamos, onde Diévuchkin se dirige a Várienka Dobrossiélova, comunicando-lhe a respeito do seu novo quarto, observamos interrupções originais do discurso, que lhe determinam a estrutura sintática e acentual. É como se no discurso estivesse encravada a réplica do outro, que, diga-se de passagem, inexiste de fato mas cuja ação provoca uma brusca reestruturação acentual e sintática do discurso. A réplica do outro inexiste mas projeta sua sombra e deixa vestígios sobre o discurso, e essa sombra e esse vestígio são reais. Mas a réplica do outro, afora a sua ação sobre a estrutura acentual e sintática, deixa às vezes no discurso de Diévuchkin uma ou duas palavras suas ou, outras vezes, uma proposição inteira: "Bem, mas não vá você pensar, minha cara, que nisso aqui exista alguma outra coisa, um sentido misterioso; que, vamos, se trate de uma cozinha! – quer dizer, eu moro mesmo nesse quarto, atrás do tabique, mas isso não é nada." A palavra "cozinha" irrompe no discurso de Diévuchkin procedente do discurso possível do outro, discurso esse que ele antecipa. É uma palavra pronunciada com o acento do outro, que Diévuchkin deturpa um pouco por meio da polêmica. Ele não adota esse acento, embora não possa deixar de lhe reconhecer força e procure contorná-lo por meio de toda sorte de ressalvas, concessões parciais e atenuações que deformam a estrutura do seu próprio discurso. É como se dessa palavra inserida do outro se desprendessem círculos e se dispersassem na superfície igual do discurso, abrindo sulcos sobre ela. Além dessa palavra evidente do outro, com acento evidente do outro, a maioria das palavras do trecho citado é tomada pelo falante como que de uma só vez e de dois pontos de vista: na forma como ele mesmo as entende e quer que se as entendam, e na forma como o outro pode entendê-las. Aqui o acento do outro apenas se esboça, mas já suscita ressalva ou embaraço no discurso.

No último trecho que citamos é ainda mais evidente e marcante a introdução de palavras e especialmente de acentos do discurso do outro no discurso de Diévuchkin. Aqui as palavras com o acento polemicamente deturpado do outro estão inclusive entre aspas: "Ora veja, ele é copista!..." Nas três linhas anteriores a palavra "copiar" aparece três vezes. Em cada um desses três casos o possível acento do outro está presente na palavra "copiar", mas é sufocado pelo próprio acento de Diévuchkin. No entanto, ele se torna cada vez mais forte até acabar irrompendo e assumindo a forma de discurso direto do outro. Desse modo, aqui como que se dá uma gradação da intensificação gradual do acento do outro: "Ora, eu mesmo sei que faço pouco *copiando*..." (segue-se a ressalva – M. B.). "Por acaso há algo de mal no fato de eu *copiar*?" "Por acaso é pecado *copiar*?" "Ora veja, ele é *copista*!..." Com esses sinais indicamos o acento do outro e sua paulatina intensificação, até que ele acaba dominando inteiramente as palavras já colocadas entre grifo. No entanto, nessas últimas palavras, palavras do outro, há também a voz de Diévuchkin, que, como dissemos, deturpa pela polêmica esse acento do outro. Na medida em que se intensifica o acento do outro, intensifica-se também o acento de Diévuchkin que a ele se contrapõe.

Podemos definir descritivamente todos os fenômenos por nós examinados da seguinte maneira: na autoconsciência do herói penetrou a consciência que o outro tem dele, na autoenunciação do herói está lançada a palavra do outro sobre ele; a consciência do outro e a palavra do outro suscitam fenômenos específicos, que determinam a evolução temática da consciência de si mesmo, as cisões, evasivas, protestos do herói, por um lado, e o discurso do herói com intermitências acentuais, fraturas sintáticas, repetições, ressalvas e prolixidade, por outro.

Apresentemos ainda uma definição figurada e uma explicação dos mesmos fenômenos: suponhamos que duas réplicas do mais tenso diálogo, a palavra e a contrapalavra, ao invés de acompanharem uma à outra e serem pronunciadas por dois diferentes emissores, tenham-se sobreposto uma à outra, fundindo-se *em uma só* enunciação e *em um só* emissor. Essas réplicas seguiram em direções opostas, entraram em choque. Daí a sobreposição de uma à outra e a fusão delas numa só enunciação levarem à mais tensa dissonância. O choque entre réplicas inteiras – unas em si e monoacentuais – converte-se agora, dentro da nova enunciação produzida pela sua fusão, em interferência marcante de vozes contrapostas em cada detalhe, em cada átomo dessa enunciação.

O choque dialógico deslocou-se para o interior, para os mais sutis elementos estruturais do discurso (e, de maneira correspondente, para os elementos da consciência).

O trecho que citamos poderia ser convertido mais ou menos nesse diálogo grosseiro de Makar Diévuchkin com o "outro":

O outro. É preciso saber fazer fortuna. Não se deve ser peso pra ninguém.

Makar Diévuchkin. Não sou peso pra ninguém. Como do meu próprio pão.
O outro. Isso lá é pão?! Tem hoje mas não tem amanhã. E vai ver que ainda é pão seco!
Makar Diévuchkin. É verdade que é um pão simples, às vezes até seco é, mas eu o tenho, eu o consigo com esforços e o como legal e irrepreensivelmente.
O outro. E que esforços! Tu apenas copias. Não tens capacidade para mais nada.
Makar Diévuchkin. Mas fazer o quê? Ora, eu mesmo sei que faço pouco copiando; assim mesmo eu me orgulho disto!
O outro. Há quem se orgulhe de tudo! Até de copiar! Ora, isso é uma vergonha!
Makar Diévuchkin. Por acaso há algo de mal no fato de eu copiar?...
Etc.

A autoenunciação de Diévuchkin, que citamos, é como que o resultado da sobreposição e a fusão das réplicas desse diálogo numa voz.

É evidente que esse diálogo imaginável é bastante primitivo, assim como a própria consciência de Diévuchkin ainda é substancialmente primitiva. Ora, no fim das contas Diévuchkin é um Akáki Akákievitch iluminado pela autoconsciência, que conseguiu linguagem e está "elaborando estilo". Mas em compensação a estrutura formal da autoconsciência e da autoenunciação é sumamente precisa e nítida em decorrência desse caráter primitivo e grosseiro. É por esse motivo que a examinamos tão minuciosamente.

Todas as enunciações dos heróis do Dostoiévski tardio podem ser convertidas em diálogo, pois todas elas como que surgiram de duas réplicas que se fundiram, embora nelas a interferência de vozes penetre tão a fundo, em elementos tão sutis do pensamento e do discurso que se torna absolutamente impossível convertê-los em diálogo patente e grosseiro, como acabamos de fazer com a autoenunciação de Diévuchkin.

Os fenômenos que examinamos, produzidos pela palavra do outro na consciência e no discurso do herói, em *Gente Pobre* são apresentados numa roupagem estilística adequada do discurso de um pequeno funcionário petersburguense. As particularidades estruturais do "discurso com mirada em torno", do discurso veladamente polêmico e interiormente dialógico, por nós examinadas, são aqui refratadas na maneira típico-social e hábil do discurso de Diévuchkin.[1] Por isso todos esses fenômenos linguísticos – ressalvas, repetições, palavras atenuantes, variadas partículas e interjeições – na forma em que aqui estão dados são impossíveis na boca de outros heróis de Dostoiévski, pertencentes a outro mundo social. Os mesmos fenômenos aparecem em outro aspecto socialmente típico e individualmente caracterológico do discurso. Mas a sua essência continua a mesma: o cruzamento e a interseção de duas consciências, de dois pontos de vista, de duas avaliações em cada elemento da consciência e do discurso, em suma, a interferência de vozes no interior do átomo.

No mesmo meio socialmente típico do discurso, mas com outra maneira individualmente caracterológica, constrói-se o discurso de Goliádkin. Em *O Duplo*, a particularidade da consciência e do discurso por nós examinada atinge uma expressão extremamente marcante e nítida como em nenhuma das outras obras de Dostoiévski. As tendências já esboçadas em Makar Diévuchkin aqui se desenvolvem com excepcional ousadia e coerência, atingindo os seus limites significativos na mesma matéria primitiva ideologicamente deliberada, simples e grosseira.

Vejamos a estrutura da significação e do discurso de Goliádkin na estilização parodística de Dostoiévski, feita pelo próprio escritor em carta ao irmão quando estava escrevendo *O Duplo*. Como ocorre em qualquer estilização parodística, aqui aparecem, de modo marcante e grosseiro, as peculiaridades fundamentais e tendências do discurso de Goliádkin.

"*Yákov Pietróvitch Goliádkin* se mantém plenamente firme. Tremendo patife, não há meio de abordá-lo; de maneira alguma quer avançar, alegando que ainda não está preparado, que por ora vive lá a sua vida, que não vai mal, está lúcido, e que, convenhamos, já que se tocou no assunto, ele também é capaz, por que não? Por que motivo não haveria de ser? Ora, ele é igualzinho aos outros, apenas vive lá com seus botões, senão seria como todos. Que lhe importa? Um patife, um tremendo patife! Não aceita de modo nenhum terminar a carreira antes de meados de novembro. A essa altura já deu suas explicações a

---

[1] Uma excelente análise do discurso de Makar Diévuchkin como *caráter social* determinado é feita por V. V. Vinográdov em seu livro *O Yazikiê Khudójestvennoi literaturi* (*A Linguagem da Literatura de Ficção*), Ed. Gosizdat, Moscou, 1959, p. 447-492.

Sua Excelência e pode ser que esteja pronto (e por que não?) para pedir demissão."[1]

Como veremos, no mesmo estilo que parodia o herói desenvolve-se a narração na própria novela. A novela enfocaremos adiante.

A influência da palavra do outro no discurso de Goliádkin é de absoluta evidência. Percebemos imediatamente que esse discurso, a exemplo do discurso de Diévuchkin, não se basta a si nem ao seu objeto. No entanto, a relação de reciprocidade entre Goliádkin e o discurso do outro e a consciência do outro difere um pouco do que ocorre com Diévuchkin. Daí serem de outra natureza os fenômenos provocados pelo discurso do outro e no discurso de Goliádkin.

O discurso de Goliádkin procura acima de tudo simular sua total independência em relação ao discurso do outro: "ele vive lá a sua vida, não vai mal". Essa simulação de independência e indiferença também o leva a permanentes repetições, ressalvas, prolixidade, mas esses elementos não estão voltados para o exterior, para o outro, mas para si mesmos: ele convence a si mesmo, anima e acalma a si mesmo e representa o outro em relação a si mesmo. Os diálogos tranquilizadores de Goliádkin consigo mesmo são o fenômeno mais difundido em O Duplo. Ao lado da simulação de indiferença desenvolve-se, não obstante, outra linha de relações com o discurso do outro: a vontade de esconder-se dele, de não dar atenção a si mesmo, de enfiar-se na multidão, tornar-se invisível: "Ora, ele é igualzinho aos outros, apenas vive lá com seus botões, senão seria como todos." Mas nesse caso ele está convencendo não a si, mas ao outro. Por último, a terceira linha de relações com o discurso do outro: a concessão, a subordinação a esse discurso, a sua resignada assimilação como se ele mesmo assim pensasse, como se ele mesmo concordasse sinceramente com tal coisa, concordasse em que está preparado e em que, "já que se tocou no assunto, ele também é capaz, por que não? Por que motivo não haveria de ser?" São essas as três linhas gerais de orientação de Goliádkin; estas ainda são complexificadas por linhas secundárias, porém bastante importantes. Mas cada uma dessas três linhas já suscita por si mesma fenômenos muito complexos na consciência e no discurso de Goliádkin.

Detenhamo-nos antes de tudo na simulação da independência e da tranquilidade.

---

[1] F. M. Dostoiévski. Písma, t. I, Gosizdat, Moscou-Leningrado, 1958, p. 81.

As páginas de *O Duplo* são plenas de diálogos da personagem central consigo mesma, como já dissemos. Pode-se dizer que toda a vida interior de Goliádkin se desenvolve dialogicamente. Citemos dois exemplos desse diálogo:

"Será que, pensando bem, tudo isso está certo? – continuou o nosso herói, descendo da carruagem à entrada de um prédio de cinco andares na Rua Litêinaia, onde mandou parar seu carro – será que tudo isso está certo? Será decente? Será oportuno? De resto, que importa? – continuou ele, subindo a escada, tomando fôlego e segurando as batidas do coração, que tinha o hábito de bater em todas as escadas alheias – que importa? Ora, vou tratar de assunto meu e nisso não há nada de censurável... Seria uma tolice eu me esconder. Darei um jeito de fazer de conta que vou indo, que entrei por entrar, que estava passando ao lado... E ele verá que é assim que deve ser."[1]

O segundo exemplo de diálogo interior é bem mais complexo e mais agudo. Goliádkin já o conduz depois do surgimento do duplo, ou seja, já depois que a segunda voz se tornou objetificada para ele no seu próprio campo de visão.

"Era mais ou menos assim que se expressava o entusiasmo do senhor Goliádkin, e entretanto alguma coisa, quem sabe um pesar, continuava a lhe dar comichões no cérebro – e de quando em quando lhe corroía tanto o coração que ele não sabia como consolar-se. 'Aliás, esperemos um dia e então nos alegraremos. Mas, pensando bem, o que está acontecendo? Vamos, ponderemos, examinemos. Anda, meu jovem amigo, ponderemos, vamos, ponderemos. Vê só, uma pessoa igualzinha a ti, para começar absolutamente igual. Caramba, o que há de especial nisso? Se essa pessoa é assim, então terei de chorar? O que eu tenho a ver com isso? Mantenho distância; assobio cá comigo e basta! Ora bolas, ele começou a trabalhar, e chega! Deixem que trabalhe! Agora o que é surpreendente e estranho é que andam dizendo que são irmãos siameses... Arre, mas por que chamá-los de irmãos siameses? Admitamos que sejam gêmeos, mas houve casos em que grandes homens foram considerados excêntricos. Até se sabe pela história que o grande Suvórov cantava como galo... Qual, tudo isso é coisa da política; os grandes chefes militares também... sim, mas, pensando bem, por que meter os chefes militares nisso? Já eu, vivo cá

---

[1] F. M. Dostoiévski. *O Duplo (Dvoinik)*. Obras completas de Dostoiévski em 30 tomos. Ed. Naúka, Leningrado, 1972, p. 113-114.

com meus botões, e basta, e não quero saber de ninguém, e por ser inocente desprezo meu inimigo. Não sou um intrigante e disso me orgulho. Sou puro, sincero, asseado, agradável, complacente..."[1]

Surge antes de tudo o problema da função propriamente dita do diálogo consigo mesmo na vida espiritual de Goliádkin. A essa questão podemos responder brevemente assim: *o diálogo permite substituir com sua própria voz a voz de outra pessoa.*

Essa função substituinte da segunda voz de Goliádkin é percebida em tudo. Sem entendê-la é impossível entender os seus diálogos interiores. Goliádkin trata a si como a outra pessoa – meu jovem amigo, elogia a si mesmo como só poderia elogiar a outro, afaga-se a si mesmo com uma intimidade terna: "meu caro Yákov Pietróvitch, tu és um Goliadka*, assim é teu sobrenome!" Acalma e anima a si mesmo com o tom autorizado de um homem mais velho e seguro. Mas essa segunda voz de Goliádkin, segura e calmamente autossuficiente, não pode se fundir de maneira nenhuma com a sua primeira voz, insegura e tímida. O diálogo não pode, de maneira alguma, transformar-se num monólogo integral e seguro exclusivamente de Goliádkin. Além disso, essa segunda voz destoa tanto da primeira e se sente tão ameaçadoramente autônoma que nela, em vez dos tons tranquilizadores e incentivadores, começa-se a ouvir tons provocantes, zombeteiros, traiçoeiros. Com tato e uma arte impressionantes, Dostoiévski obriga a segunda voz de Goliádkin a passar do diálogo interior para a própria narração de maneira quase insensível e imperceptível ao leitor: a voz já começa a soar como a voz estranha do narrador. Mas deixemos a narração para análise posterior.

A segunda voz de Goliádkin deve substituir o seu reconhecimento pelo outro, o que lhe falta. Goliádkin quer ir levando a vida sem esse reconhecimento, levando, por assim dizer, consigo mesmo. Mas esse "consigo mesmo" assume fatalmente a forma "estamos contigo, amigo Goliádkin", isto é, assume uma forma dialógica. Em realidade, Goliádkin só vive no outro, vive pelo seu reflexo no outro: "Será isto decente?" "Virá a propósito." E esse problema se resolve sempre do ponto de vista possível e suposto do outro: Goliádkin *finge* que não está precisando de nada, que estava passando por ali e que o outro "não poderá estranhar isto". Tudo reside na reação do outro, na

---

[1] F. M. Dostoiévski. *O Duplo.* Ed. Naúka, Leningrado, p. 152.
* Diminutivo de Goliádkin e também pobretão, miserável (N. do T.).

palavra do outro, na resposta do outro. A segurança da segunda voz de Goliádkin não consegue de modo algum apossar-se dele definitivamente e substituir-lhe de fato o outro real. O principal para ele está na palavra do outro. "Embora o senhor Goliádkin tivesse pronunciado tudo isso com a máxima clareza, com nitidez, com convicção, pesando cada palavra e contando com o mais indubitável efeito, não obstante olhava agora para Krestian Ivánovitch com inquietação, com grande inquietação, com extrema inquietação. Agora se reduzira todo a um olhar, e tomado de uma impaciência cheia de amargura e tristeza aguardava timidamente a resposta de Krestian Ivánovitch."[1]

No segundo trecho do diálogo interior por nós citado, as funções substituintes da segunda voz são de uma clareza total. Além disso, aqui já se manifesta uma terceira voz, simplesmente a de um outro que interrompe a segunda voz que apenas substitui a do outro. Por isso, estão aqui presentes fenômenos absolutamente análogos àqueles que examinamos no discurso de Diévuchkin: "Arre, mas por que chamá-los de irmãos siameses? Admitamos que sejam gêmeos, mas houve casos em que grandes homens foram considerados excêntricos. Até se sabe pela história que o grande Suvórov cantava como galo... os grandes chefes militares também... sim, mas, pensando bem, por que meter os chefes militares nisso?"[2]

Aqui, em toda parte, especialmente onde há reticências, é como se estivessem encravadas as réplicas antecipáveis do outro. E este ponto poderia ser desenvolvido em forma de diálogo. Mas aqui ele é mais complexo. Ao mesmo tempo, como no discurso de Diévuchkin é uma voz integral que polemiza com o "homem estranho", aqui são duas vozes que polemizam: uma segura, demasiado segura, outra demasiado tímida, que a tudo cede, que capitula totalmente.[3]

A segunda voz de Goliádkin, que substitui a voz do outro, sua primeira voz que se esconde do discurso do outro ("eu sou como todo mundo", "eu vou indo") e, posteriormente, a voz que se entrega a esse discurso do outro ("o que é que eu posso fazer? sendo assim estou pronto") e, por último, a voz do outro que nele soa constan-

---
[1] F. M. Dostoiévski. *O Duplo*. Ed. Naúka, Leningrado, p. 117.
[2] *Ibid.*, p. 152.
[3] É bem verdade que no discurso de Diévuchkin já há embriões de diálogo interior.

temente estão em relações recíprocas tão marcantes que dão motivo suficiente para toda uma intriga e permitem construir toda a novela exclusivamente com base em tais relações. O acontecimento real, ou seja, o malogrado noivado com Clara Olsúfievna, e todas as circunstâncias estranhas da novela não são propriamente representados: servem apenas de impulso para acionar as vozes interiores, apenas atualizam e aprofundam o conflito interior que se constitui no autêntico objeto de representação na novela.

Todas as personagens, exceto Goliádkin e seu duplo, estão à margem de qualquer participação real na intriga que se desenvolve completamente nos limites da autoconsciência de Goliádkin e oferecem apenas a matéria bruta, como se lançassem o combustível necessário ao intenso trabalho dessa autoconsciência. A intriga externa, deliberadamente vaga (todo o principal ocorreu antes do início da novela), serve de carcaça sólida e pouco perceptível à intriga interior de Goliádkin. A novela conta como Goliádkin queria passar sem a consciência do outro, sem ser reconhecido pelo outro, queria evitar o outro e afirmar a si mesmo, e conta no que isso deu. Dostoiévski concebe o *O Duplo* como uma "confissão"[1] (em sentido não pessoal, evidentemente), ou seja, como representação de um acontecimento que se desenvolve nos limites da autoconsciência. *O Duplo* é a *primeira confissão dramatizada* na obra de Dostoiévski.

Assim, a intriga se baseia na tentativa de Goliádkin de substituir o outro para si mesmo, tendo em vista o não reconhecimento total de sua personalidade pelos outros. Goliádkin simula um homem independente, sua consciência simula segurança e autossuficiência. O choque novo e grave com o outro durante uma festa de gala, quando Goliádkin é publicamente posto para fora, agrava o desdobramento da sua personalidade. A segunda voz de Goliádkin se sobrecarrega da mais desesperada simulação de autossuficiência no afã de salvar a pessoa de Goliádkin. A segunda voz não pode fundir-se com Goliádkin; ao contrário; soam cada vez mais nela tons traiçoeiros de zombaria. Ela o provoca e excita, tira a máscara. Surge o duplo. O conflito interior se dramatiza; começa a intriga de Goliádkin com o duplo.

---

[1] Ao escrever *Niétotchka Niezvánova*, Dostoiévski escreve ao irmão: "Mas lerás breve *Niétotchka Niezvánova*. Será uma confissão como *Goliádkin*, embora de tom e espécie diferentes" (*Písma*, t. I, Gosizdat, Moscou-Leningrado, 1928, p. 108).

O duplo fala pelas palavras do próprio Goliádkin, não traz consigo quaisquer palavras e tons novos. A princípio ele simula um Goliádkin que se esconde e um Goliádkin que se entrega. Quando Goliádkin traz para sua casa o duplo, este tem a aparência e se comporta como a primeira voz insegura no diálogo interior de Goliádkin ("virá a propósito? será decente?", etc.): "O convidado (o duplo – M. B.) estava, pelo visto, extremamente perturbado, muito acanhado, acompanhava docilmente todos os movimentos do seu anfitrião, captava-lhe o olhar e por ele parecia procurar adivinhar-lhe os pensamentos. Todos os seus gestos expressavam algo de humilde, esquecido e assustado, de maneira que ele, se é que se permite a comparação, nesse instante parece bastante aquele homem que, na falta de sua roupa, vestiu a roupa do outro: as mangas estão curtas, a cintura quase na nuca e a cada instante ele ajeita um pequeno colete, ora se vira para um lado e se afasta, ora procura esconder-se em algum lugar, ora olha a todos nos olhos e aguça o ouvido tentando ouvir se as pessoas não estão falando algo a respeito de sua situação, se não estão zombando dele, se não estão com vergonha dele – e o homem cora, e o homem se perde, e sofre a ambição..." (I, 270-271).

Essa é a característica do Goliádkin que se esconde e desaparece. E o duplo fala no tom e no estilo da primeira voz de Goliádkin. Já a parte da segunda voz – a voz segura e carinhosamente incentivadora –, esta é desempenhada em relação ao duplo pelo próprio Goliádkin, que desta feita como que se funde totalmente com essa voz: "...nós dois, Yákov Pietróvitch, vamos viver como o peixe e a água, como irmãos carnais; como amigos, vamos usar de astúcia, vamos usar de astúcia de comum acordo. Da nossa parte, vamos fazer intrigas para aborrecê-los... para aborrecê-los fazer intrigas. E não confia em nenhum deles. Pois eu te conheço, Yákov Pietróvitch, e entendo a tua índole: ora, tu vais justamente contar tudo. És uma alma franca! Tu, mano, afasta-te deles todos" (I, 276).[1]

Mas em seguida invertem-se os papéis: o duplo traidor assimila o tom da segunda voz de Goliádkin e em forma de paródia deturpa-lhe a intimidade afável. Já no encontro mais íntimo, na repartição onde trabalham, o duplo assume esse tom e o mantém até o final da novela, e ele mesmo ressalva vez por outra a identidade das expressões do

---

[1] Um pouco antes Goliádkin disse para si mesmo: "É essa a tua natureza... agora mesmo começas e te sentirás feliz! És uma alma franca!"

seu discurso com as palavras de Goliádkin (pronunciadas por ele durante o primeiro encontro dos dois). Durante um de seus encontros na repartição, o duplo, depois de usar de intimidade e dar um piparote em Goliádkin, "disse-lhe com o sorriso mais venenoso e altamente insinuante: 'Estás fazendo travessuras, maninho Yákov Pietróvitch, fazendo travessuras! Nós dois vamos usar de astúcia, usar de astúcia'" (I, 289). Ou um pouco adiante, antes de os dois se explicarem olhos nos olhos num café: "Já que é assim, meu amor – disse o senhor Goliádkin-Caçula, descendo da carruagem e dando, descaradamente, tapinhas nas costas do nosso herói – já que tu és assim, meu caro, para ti, Yákov Pietróvitch, estou disposto a ir pela travessa (como vós, Yákov Pietróvitch, permitistes dizer com justeza em certa ocasião). Aquele canalha, o que quiseres fazer com ele, a palavra de honra, faz!" (I, 337).

Essa transferência das palavras de uma boca para outra, quando elas conservam o mesmo conteúdo mas mudam o tom e o seu último sentido, constitui o procedimento básico de Dostoiévski. Este obriga os seus heróis a reconhecerem a si, a sua ideia, a sua própria palavra, a sua orientação, o seu gesto em outra pessoa, na qual todas essas manifestações mudam seu sentido integral e definitivo, não soam de outro modo senão como paródia ou zombaria.[1]

Como já tivemos oportunidade de dizer, quase toda personagem central de Dostoiévski tem seu duplo parcial em outra pessoa e inclusive em várias outras (Stavróguin e Ivan Karamázov). Em sua última obra, Dostoiévski volta mais uma vez ao método de plena realização

---

[1] Em *Crime e Castigo*, por exemplo, há uma repetição literal por parte de Svidrigáilov (duplo parcial de Raskólnikov) das palavras mais íntimas de Raskólnikov, ditas por ele a Sônia, repetição feita com piscadelas. Citemos esse trecho na íntegra:
"– Que coisa! Que homem desconfiado! – riu Svidrigáilov. Ora, eu já disse que não preciso daquele dinheiro. Mas será que o senhor não admite que eu possa agir simplesmente por humanidade? Bem, ela não era um 'piolho' (ele apontou com o dedo para o canto em que estava a morta) como certa velha usurária. Pois bem, convenha o senhor, 'Lújin deve continuar vivendo e praticando suas torpezas, ou ela deve morrer?' E se eu não ajudar 'Pólietchka, por exemplo, o caminho dela será o mesmo...'"
Pronunciou essas palavras com *piscadelas* de um marotismo alegre, sem desviar os olhos de Raskólnikov. Este empalideceu e gelou ao ouvir suas próprias expressões externadas a Sônia" (F. M. Dostoiévski. *Crime e Castigo*, Ed. 34, p. 445).

da segunda voz, desta feita, porém, em base mais profunda e sutil. Pelo plano formal externo, o diálogo de Ivan Karamázov com o diabo é análogo aos diálogos interiores de Goliádkin consigo mesmo e com o seu duplo; a despeito de toda a falta de semelhança de circunstâncias e complementação ideológica, resolve-se aqui, em essência, a mesma tarefa artística.

Assim se desenvolve a intriga de Goliádkin com o seu duplo, desenvolve-se como crise dramatizada de sua autoconsciência, como confissão dramatizada. A ação não ultrapassa os limites da autoconsciência, pois apenas os elementos isolados dessa autoconsciência são personagens. Atuam três vozes, nas quais decompôs-se a voz e a consciência de Goliádkin: o seu "eu para si mesmo", que não pode passar sem o outro e seu reconhecimento; o seu fictício "eu para o outro" (reflexo no outro), ou seja, a segunda voz substituinte de Goliádkin; a voz do outro que não o reconhece, que, não obstante, fora de Goliádkin não está representada em termos reais, pois na obra não há outros heróis em isonomia com ele.[1] Redunda isso num mistério original, ou melhor, numa moralidade, onde não atuam pessoas integrais, mas forças espirituais nelas em conflito, mas essa é uma moralidade despojada de qualquer formalismo e alegoria abstrata.

Quem é, porém, o narrador em *O Duplo*? Qual é a posição do narrador e qual a sua voz?

Na narração também não encontramos nenhum momento que ultrapasse os limites da autoconsciência de Goliádkin, nenhuma palavra e nenhum tom que já não tenham participado do seu diálogo interior consigo mesmo ou do seu diálogo com o duplo. O narrador leva adiante as palavras e ideias de Goliádkin, as *palavras da segunda* voz, reforça os tons provocantes e zombeteiros nelas inseridos e nesses tons representa cada ato, cada gesto, cada movimento de Goliádkin. Já dissemos que a segunda voz de Goliádkin se funde à voz do narrador por meio de transformações imperceptíveis. Tem-se a impressão de que a *narração está dialogicamente voltada para o próprio Goliádkin*, soa aos seus próprios ouvidos como voz do outro que o provoca, como voz do seu duplo, embora a narração esteja formalmente dirigida ao leitor.

Eis como o narrador descreve a conduta de Goliádkin no momento propriamente fatal das suas aventuras, quando ele tenta entrar no baile de Ólsufi Ivânovitch sem ser convidado:

---

[1] Apenas nos romances aparecem outras consciências isônomas.

"Voltemos agora para o senhor Goliádkin, o único, o verdadeiro herói da nossa novela bastante verídica. Acontece que ele se encontra neste momento numa situação bastante estranha, para não dizer mais. Ele também está aqui, senhores, ou seja, não no baile mas quase que no baile; ele, senhores, vai indo, embora viva lá a seu modo, neste exato momento está num caminho não lá muito reto; encontra-se ele neste momento – é até estranho dizer – encontra-se ele neste momento na entrada, na escada de serviço do apartamento de Ólsufi Ivânovitch. Mas isto não tem importância, ele está aqui; ele está mais ou menos. Ele, senhores, está num cantinho, esquecido num lugarzinho que se não é mais aquecido é pelo menos mais escuro, oculto em parte por um enorme armário e velhos biombos, no meio de toda sorte de tralhas, trastes e cacarecos, escondido até o momento e por enquanto e apenas observando na qualidade de espectador de fora o desenrolar dos acontecimentos. Ele, senhores, está agora apenas observando; ele, senhores, também pode entrar, pois... por que então não entrar? É só caminhar e entra, e entra com bastante habilidade" (I, 239-240).

Na construção dessa narração observamos a interferência de duas vozes, a mesma fusão de duas réplicas que observamos ainda nos enunciados de Makar Diévuchkin. Só que aqui os papeis se invertem; é como se a réplica do outro tivesse absorvido a réplica do herói. A narração abunda de palavras do próprio Goliádkin: "ele vai indo", "ele vive lá a seu modo", etc. Mas o narrador dá a essas palavras uma entonação de zombaria, de zombaria e em parte de reproche dirigido ao próprio Goliádkin, construído numa forma própria para ofendê-lo ao vivo e provocá-lo. A narração zombeteira se transforma imperceptivelmente no discurso do próprio Goliádkin. A pergunta: "por que então não entrar?" pertence ao próprio Goliádkin, mas é feita num tom incitante-provocador pelo narrador. Mas essa entonação, em essência, também não é estranha à consciência do próprio Goliádkin. Tudo isso pode soar em sua própria cabeça como sua segunda voz. No fundo, o autor pode colocar aspas em qualquer lugar, sem mudar o tom, a voz nem a construção da frase.

E é o que ele faz um pouco adiante.

"Ei-lo, senhores, esperando agora o momento oportuno, e esperando-o há exatamente duas horas e meia. Por que não esperar? Até Villèle esperou. 'Mas o que Villèle tem a ver com isso?' – pensava o senhor Goliádkin. Qual Villèle qual nada! Agora, como é que vou fazer... pegar e entrar?... Eh! você, que figurante que é!" (I, 241).

Mas por que não colocar entre aspas as duas primeiras orações anteriores a "Por que não esperar?" ou ainda antes, substituindo as palavras "ele, senhores", por "Goliádkin, tu és assim" ou alguma outra expressão de Goliádkin dirigida a si mesmo? É evidente, porém, que as aspas não foram colocadas por acaso. Foram colocadas de maneira a tornar a transformação especialmente sutil e imperceptível. O nome de Villèle aparece na última frase do narrador e na primeira frase do herói. Parece que as palavras de Goliádkin dão sequência imediata à narração e a esta correspondem no diálogo interior: "Até Villèle esperou." "Mas o que Villèle tem a ver com isso?" Trata-se, em realidade, de réplicas desagregadas do diálogo interior de Goliádkin consigo mesmo: uma réplica foi incorporada à narração, a outra ficou com Goliádkin. Ocorreu um fenômeno oposto àquele que observáramos anteriormente: a fusão dissonante de duas réplicas. Mas o resultado é o mesmo: a construção bivocal dissonante com todos os fenômenos concomitantes. E a zona de ação é a mesma: a autoconsciência, exclusivamente. Só que nessa consciência o poder foi ocupado pela palavra do outro que nela se instalou.

Citemos mais um exemplo com fronteiras igualmente instáveis entre a narração e o discurso da personagem. Goliádkin resolveu-se e entrou finalmente na sala onde se realizava o baile e foi encontrar-se diante de Clara Olsúfievna.

"Não há qualquer dúvida que nesse momento ele teria o maior prazer de desaparecer como que por encanto. Mas o que está feito está feito... Que teria de fazer? 'Se saíres mal, aguenta a mão, se saíres bem, fica firme! O senhor Goliádkin, evidentemente, não era um intrigante nem um mestre em rapapés...' E acabou acontecendo. Além do mais uns jesuítas deram um jeito de misturar-se... Mas o senhor Goliádkin, pensando bem, não estava para eles!" (I, 242-243).

Essa passagem é interessante pelo fato de não haver propriamente palavras gramaticalmente diretas do próprio Goliádkin, daí não haver fundamento para colocá-las entre aspas. A parte da narração colocada aqui entre aspas foi destacada, ao que tudo indica, por erro do redator. É provável que Dostoiévski tenha destacado apenas o provérbio: "Se saíres mal, aguenta a mão, se saíres bem, fica firme!" A frase seguinte vem apresentada em terceira pessoa, embora, evidentemente pertença ao próprio Goliádkin. A seguir, pertencem também ao discurso interior de Goliádkin as pausas marcadas por reticências. As orações anteriores e posteriores a essas reticências estão umas para as outras, pelos acentos, como réplicas do diálogo interior. As duas frases contíguas com os jesuítas são absolutamente análogas às frases sobre Villèle antes citadas e separadas uma da outra por aspas.

Por último, mais uma passagem onde talvez tenha sido cometido um erro oposto, deixando-se de colocar aspas onde gramaticalmente deveriam ser colocadas. Expulso do salão, Goliádkin corre para casa debaixo de nevasca e encontra uma pessoa que vem a ser o seu duplo. "Não é que ele temesse um homem mau, vá lá, quem sabe... 'Sabe lá quem é ele, esse retardatário! – veio de chofre à cabeça do senhor Goliádkin – vai ver que ele é o mesmo, vai ver que ele está por aqui fazendo a coisa mais importante, e não anda à toa, anda com um fim, cruza o meu caminho e esbarra em mim.'" (I, 252).

Aqui a reticência serve para separar a narração e o discurso interior direto de Goliádkin, construído na primeira pessoa ("meu caminho", "esbarra em mim"). Mas a narração e o discurso de Goliádkin se fundem tão estreitamente que de fato dá vontade de evitar as aspas. Ora, essa frase deve ser lida em uma voz, é verdade que interiormente dialogada. Aqui se dá de maneira impressionantemente feliz a transição da narração para o discurso do herói: é como se sentíssemos a onda de uma corrente do discurso, que sem quaisquer barreiras e obstáculos nos transfere da narração para a alma da personagem e desta novamente para a narração; sentimos que nos movimentamos essencialmente no círculo de uma consciência.

Ainda poderíamos citar muitos exemplos, que demonstram que a narração é a continuação imediata e o desenvolvimento da segunda voz de Goliádkin e que ela está dialogicamente voltada para o herói; no entanto, achamos suficientes os exemplos que citamos. Assim, toda a obra é construída como um contínuo diálogo interior de três vozes nos limites de uma consciência que se decompôs. Cada um de seus momentos essenciais se situa no ponto de cruzamento dessas três vozes e de sua angustiante e acentuada dissonância. Usando a nossa imagem, podemos dizer que isso ainda não é polifonia, mas também já não é homofonia. A mesma palavra, a mesma ideia e o mesmo fenômeno já são aplicados por três vozes e em cada uma soam de modo diferente. Um mesmo conjunto de palavras, tons, orientações interiores passa através do discurso exterior de Goliádkin, através do discurso do narrador e do duplo, e essas três vozes estão voltadas umas para as outras, falam não uma sobre a outra, mas uma com a outra. Três vozes cantam a mesma coisa, não cantam em uníssono, cada uma canta a sua parte.

Mas essas vozes ainda não se tornaram plenamente autônomas, vozes reais, três consciências com plenos direitos. Isso só ocorre nos romances de Dostoiévski. Em *O Duplo* não há o discurso monológico que se basta somente a si mesmo e ao seu objeto. Cada palavra está dialogicamente decomposta, em cada palavra há uma interferência de vozes, mas aqui ainda não se verifica o autêntico diálogo de consciências imiscíveis que aparecerá posteriormente nos romances. Aqui já existe o embrião do contraponto: este se esboça na própria estrutura do discurso. As nossas análises já são uma espécie de análises contrapontísticas (em termos figurados, evidentemente). Mas essas novas relações ainda não ultrapassaram os limites da matéria monológica.

Aos ouvidos de Goliádkin soam continuamente a voz provocante e zombeteira do narrador e a voz do duplo. O narrador lhe grita aos ouvidos as suas próprias palavras e ideias, mas num tom diferente, irremediavelmente alheio, irremediavelmente censurador e zombeteiro. Essa segunda voz existe em cada personagem de Dostoiévski e, como já dissemos, volta a assumir a forma de existência própria em seu último romance. O diabo grita aos ouvidos de Ivan Karamázov as próprias palavras deste, comentando-lhe em tom zombeteiro a decisão de Ivan de reconhecer sua culpa no julgamento e repetindo com o tom de outro as ideias mais caras dele. Deixamos de lado o próprio diálogo de Ivan com o diabo, pois posteriormente nos ocuparemos dos princípios do autêntico diálogo. Mas citaremos a excitada narração de Ivan a Aliócha, que se segue imediatamente a esse diálogo. A estrutura dessa narração é análoga à estrutura de *O Duplo*, que examinamos. Aqui se verifica o mesmo princípio de combinação de vozes, embora – diga-se a verdade – tudo aqui seja mais profundo e mais complexo. Nessa narração Ivan transmite suas próprias ideias e decisões imediatamente através de duas vozes, em duas diferentes tonalidades. Na passagem que citamos omitimos as réplicas de Aliócha, pois a sua voz real ainda não cabe no nosso esquema. Por enquanto estamos interessados apenas no contraponto de vozes do interior dos átomos, na combinação dessas vozes no âmbito de uma consciência desintegrada (ou seja, o microdiálogo).

"– Estava me provando! Sabes, e com astúcia, com astúcia: 'Consciência! O que é a consciência? Eu mesmo a faço. Por que me martirizo? Por hábito. Pelo hábito universal humano adquirido em sete mil anos. Pois deixemos esse hábito e seremos deuses'. Foi ele quem disse isso, ele quem disse!...
– Mas ele, ele é malvado. Zombou de mim. Foi insolente, Aliócha – proferiu Ivan estremecido com a ofensa. – Mas ele me caluniou, caluniou muito. Mentiu contra mim mesmo na minha cara. 'Oh, irás cometer a façanha da virtude, declararás que mataste o pai, que o criado matou o pai incitado por ti...'
– É ele quem diz, ele, e disso ele sabe: 'Irás cometer a façanha da virtude, mas não acreditas na virtude – eis o que te enfurece a atormenta, eis o que te faz tão vingativo'. Foi ele quem me disse isso sobre mim mesmo, e ele sabe o que diz...
– Não, ele sabe atormentar, ele é cruel – continuou Ivan sem ouvir. – Sempre pressenti com que fim ele aparecia. – 'Vá, diz ele, que compareças por altivez, mas mesmo assim haverá aí a esperança de que desmascarem Smierdiakóv e o mandem para os trabalhos forçados e absolvam Mítia, e, quanto a ti, só te condenarão *moralmente* (ouve, nesse ponto ele ria!), mas outros acabarão elogiando. Pois bem, Smierdiakóv morreu, enforcou-se –, e agora, quem vai acreditar só em ti lá no julgamento? Sim, porque comparecerás, comparecerás, apesar de tudo comparecerás, decidiste que comparecerás. Para que comparecerás depois disso?' Aliócha, isso é terrível, não consigo suportar essas perguntas. Quem se atreve a me fazer semelhantes perguntas?"[1]

Todas as evasivas do discurso de Ivan, todas as suas miradas em torno para a palavra do outro e a consciência do outro, todas as suas tentativas de contornar essa palavra do outro, de substituí-la em sua alma por sua própria afirmação de si mesmo, todas as ressalvas da sua consciência, que criam dissonância em cada uma de suas ideias, em cada palavra e emoção comprimem-se, condensam-se aqui nas réplicas acabadas do diabo. Entre as palavras de Ivan e as réplicas do diabo há uma diferença não de conteúdo, mas apenas de tom, de

---

[1] F. M. Dostoiévski. *Os irmãos Karamázov (Brátia Karamázovi)*. Doravante, todas as citações terão como fonte as edições das obras completas de Dostoiévski em trinta volumes. Ed. Naúka, Moscou, v. 15, p. 87.

acento. Mas essa mudança de acento lhes muda todo o último sentido. O diabo como que transfere para a oração principal o que em Ivan estava apenas na oração subordinada e o pronuncia à meia-voz e sem acento independente, enquanto faz do conteúdo da oração principal uma oração subordinada sem acento. A ressalva de Ivan ao motivo principal da decisão transforma-se, na fala do diabo, em motivo principal, enquanto o motivo principal se torna mera ressalva. Resulta daí uma combinação de vozes profundamente tensa e sumamente circunstancial, mas, simultaneamente, sem base em qualquer oposição entre enredo e conteúdo.

Mas é evidente que essa total dialogação da autoconsciência de Ivan, como sempre ocorre em Dostoiévski, é preparada pouco a pouco. A palavra do outro penetra de modo paulatino e insinuante na consciência e no discurso do herói: aqui em forma de pausa, onde esta não deve estar presente no discurso monologicamente seguro, ali em forma de acento do outro, que partiu a frase, acolá em forma de tom próprio anormalmente elevado, deformado ou excepcionalmente tenso, etc. A partir das primeiras palavras e de toda a orientação interior de Ivan na cela de Zossima e através das suas conversas com Aliócha, com o pai e sobretudo com Smierdiakóv antes da partida para Tchermáchnya e, por último, através de três encontros com Smierdiakóv após o assassinato, estende-se esse processo de paulatina decomposição dialógica da consciência de Ivan, processo mais profundo e ideologicamente mais complexificado do que em Goliádkin, mas perfeitamente análogo ao deste pela estrutura.

Em cada obra de Dostoiévski verificamos em diferentes graus e em diferentes sentidos ideológicos casos em que a voz do outro cochicha ao ouvido do herói as próprias palavras deste com acento deslocado e uma resultante combinação singularmente original de palavras e vozes orientadas para diferentes fins numa mesma fala; num mesmo discurso, verificamos a confluência de duas consciências numa consciência. Essa combinação contrapontística de vozes orientadas para fins diversos nos limites de uma consciência é aplicada pelo autor, como base, como terreno no qual ele introduz outras vozes reais. Mas essa questão examinaremos mais tarde. Aqui queremos citar um trecho de Dostoiévski, onde ele apresenta, com um impressionante vigor artístico, a imagem musical da inter-relação de vozes por nós examinada. A página de *O Adolescente*, que aqui citamos, é ainda mais interessante pelo fato de Dostoiévski quase nunca falar de música em suas obras, à exceção do trecho aqui citado.

Trichátov fala ao adolescente do seu amor pela música e desenvolve diante dele a ideia de uma ópera: "Ouça, gosta de música? Amo-a até a loucura. Tocarei qualquer coisa para você, quando for visitá-lo. Toco piano muito bem e passei muito tempo estudando. Estudei seriamente. Se eu compusesse uma ópera, sabe, eu me utilizaria de um tema do *Fausto*. Gosto muito desse argumento. Sempre imagino uma cena numa catedral, assim, só na minha cabeça. Invento uma catedral gótica, o interior os coros, os hinos. Gretchen entra e ouvem-se os coros da Idade Média, para que se tenha uma ideia do século XV. Gretchen está melancólica: primeiro um recitativo em voz baixa, mas terrível, torturante. E os coros ressoam num canto sombrio, severo, indiferente:

Dies irae, dies illa!

E, de súbito, a voz do diabo, o canto do diabo. Ele é invisível, só aparece seu canto, ao lado dos hinos, com os hinos, quase coincidindo com eles, e contudo bem diferente, eis o que é preciso atingir! O canto é longo, infatigável, é um tenor, unicamente um tenor. Ele começa docemente, ternamente: 'Lembras-te, Gretchen, de quando, ainda inocente, ainda criança, vinhas com a tua mamãe a esta catedral e balbuciavas orações de um velho livro?' Porém o canto vai crescendo sempre mais forte, sempre mais apaixonado, mais ardente. As notas soam mais altas: há lágrimas, um desgosto irremediável, sem fim, e finalmente o desespero: 'Não há mais perdão, Gretchen! Aqui não há perdão para ti!' Gretchen quer orar, mas de seu peito só escapam gritos – você sabe, quando as pessoas sentem convulsões à força de ter lágrimas no peito – e o canto de Satã não silencia nunca, penetra sempre mais profundamente em sua alma como a ponta de uma espada, está sempre mais alto, e de súbito é interrompido por este grito: 'Tudo terminou, maldita!' Gretchen cai de joelhos, torce as mãos, e então surge sua prece, algo muito sucinto, quase um recitativo, mas ingênuo, sem arte, algo de poderosamente medieval, quatro versos, apenas quatro versos – Stradella tem notas assim – e, com a última nota, o desmaio! Um transtorno. Levantam-na, levam-na; então, de repente, a tempestade do coro. É como um trovão, um coro inspirado, triunfante, esmagador, alguma coisa no gênero de nosso hino dos Querubins. Tudo fica abalado até os alicerces, até chegar ao *Hosana!* Dir-se-ia o grito do universo inteiro, enquanto a levam. Levam-na, e o pano cai!"[1]

Uma parte desse plano musical, mas em forma de obras literárias, foi indiscutivelmente realizada por Dostoiévski e realizada repetidamente em matéria variada.[2]

Mas voltemos a Goliádkin, pois ainda não terminamos de analisá-lo, ou seja, ainda não esgotamos a palavra do narrador. No artigo "O estilo do poema pertersburguense *O Duplo*", V. Vinográdov nos oferece, de um ponto de vista inteiramente diferente, isto é, do ponto de vista da estilística linguística, uma definição análoga à nossa da narração em *O Duplo*.[3] Eis a sua afirmação básica:

"Com a inserção de 'palavrinhas' e expressões do discurso de Goliádkin no *skaz* narrativo, obtém-se tal efeito que de quando em quando começa a representar-se atrás da máscara do narrador o próprio Goliádkin oculto, que narra as suas aventuras. Em *O Duplo*, a aproximação do discurso falado do Sr. Goliádkin com o *skaz* narrativo do escritor de costumes aumenta ainda pelo fato de que, no discurso indireto, o estilo de Goliádkin permanece inalterado, recaindo, deste modo, sobre a responsabilidade do autor. E considerando-se que Goliádkin diz a mesma coisa não apenas por meio de sua linguagem, mas também através dos seus pontos de vista, de seu aspecto, de seus gestos e movimentos, então se compreende perfeitamente que em

---

1 F. M. Dostoiévski. *O Adolescente*. Tradução de Lêdo Ivo. Ed. José Olympio, Rio de Janeiro, 1962, p. 415-416.

2 Em *Doutor Fausto*, de Thomas Mann, há muito de inspirado em Dostoiévski, e justamente pelo *polifonismo* de Dostoiévski. Citemos uma passagem da descrição de uma obra do compositor Adrian Lewerkuhn, muito próxima da "ideia musical" de Trichátov: "Adrian Lewerkuhn sempre é grande na arte de *tornar o idêntico diferente...* Assim é também aqui – mas em nenhuma parte a sua arte foi tão profunda, tão misteriosa e tão grande. Toda palavra que contém a ideia de 'transição', de transformação no sentido místico, ou seja, de preexistência – transformação, transfiguração – é aqui perfeitamente cabível. É verdade que os horrores preexistentes são perfeitamente recompostos nesse insólito coro infantil, onde os arranjos são inteiramente diferentes, os ritmos são diferentes, mas *na música das esferas angelical penetrantemente sonora não há uma só nota que não seja encontrada com rigorosa correspondência na gargalhada do inferno*" (Thomas Mann. *Doutor Fausto*, ed. russa, Ed. Izdvo Inostrânnoi Literatúri, Moscou, 1959, p. 440-441).

3 Essa particularidade da narração de *O Duplo* foi sugerida pela primeira vez por Bielinski, se bem que ele não explicou o fato.

quase todas as descrições (que sugerem significativamente um 'hábito constante' do Sr. Goliádkin) abundem citações não assinaladas dos seus discursos."

Apresentando uma série de exemplos de coincidência do discurso do narrador com o discurso de Goliádkin, Vinográdov continua: "O número de citações poderia ser consideravelmente multiplicado, mas as que fizemos, sendo uma combinação de autodefinições do Sr. Goliádkin com pequenos retoques verbais do observador de fora, ressaltam com bastante clareza a ideia de que o 'poema petersburguense', pelo menos em muitas partes, se converte numa forma de narração sobre Goliádkin feita pelo seu 'duplo', ou seja, por 'uma pessoa dotada da sua linguagem e dos seus conceitos'. Foi na aplicação desse procedimento inovador que residiu a causa do malogro de *O Duplo*."[1]

Toda a análise efetuada por Vinográdov é sutil e fundamentada e suas conclusões são verdadeiras; ele, porém, permanece nos limites do método que adotou, e é precisamente nesses limites que não percebe o mais importante e essencial.

Parece-nos que Vinográdov não conseguiu discernir a originalidade real da sintaxe de *O Duplo*, pois aqui a estrutura sintática é determinada não pelo *skaz* em si mesmo e nem pelo dialeto falado pelos funcionários ou pela terminologia de repartição pública de caráter oficial, mas, acima de tudo, pelo choque e a dissonância de diferentes acentos nos limites de um todo sintático, ou seja, é determinada precisamente pelo fato de que esse todo, sendo um só, acomoda em si os acentos de duas vozes. Além disso, não foi entendida nem indicada a *orientação dialógica* da narração voltada para Goliádkin, que se manifesta em traços externos muito patentes, como, por exemplo, no fato de que a primeira frase do seu discurso é, a torto e a direito, uma réplica notória à frase antecedente da narração. Não se entende, por último, a relação fundamental da narração com o diálogo interior de Goliádkin: ora, a narração não reproduz, em hipótese nenhuma, o discurso de Goliádkin em geral, limitando-se a dar sequência imediata ao discurso da sua segunda voz.

Em geral, dentro dos limites da estilística linguística não se pode enfocar a função propriamente artística do estilo. Nenhuma definição linguístico-formal do discurso pode cobrir-lhe as funções artísticas na

---

[1] F. M. Dostoiévski. *Stati i materiali*, sb. I, sob redação de A. S. Dolínin, Ed. Misl, Moscou-Leningrado, 1922, p. 241-242.

obra. Os autênticos fatores formadores do estilo ficam fora do campo de visão da estilística linguística.

No estilo da narração de *O Duplo* há ainda um traço muito substancial, também observado corretamente por Vinográdov, mas não explicado por ele. "No *skaz* narrativo" – escreve ele – "predominam imagens motoras, e o procedimento estilístico fundamental dele é o registro dos movimentos independentemente da sua repetição".[1]

De fato, a narração registra com a precisão mais fatigante todos os mais ínfimos movimentos do herói, sem se ater a repetições intermináveis. O narrador é como se estivesse preso ao seu herói, não pode afastar-se dele para a devida distância a fim de apresentar uma imagem sintetizadora e integral das suas atitudes e ações. Semelhante imagem generalizadora já se situaria fora do campo de visão do próprio herói, e em geral essa imagem pressupõe alguma posição estável exteriormente. Essa posição não existe no narrador, este não tem a perspectiva necessária para uma abrangência artisticamente concludente da imagem do herói e das suas atitudes como um todo![2]

Essa particularidade da narração em *O Duplo*, com certas modificações, conserva-se também ao longo de toda a obra subsequente de Dostoiévski, cuja narração é sempre uma narração sem perspectiva. Empregando um termo da crítica de artes, podemos dizer que em Dostoiévski não há "imagem distante" do herói e do acontecimento. O narrador se encontra numa proximidade imediata do herói e do acontecimento em processo, e desse ponto de vista aproximado ao máximo e sem perspectiva ele constrói a imagem do herói e do acontecimento. É verdade que os cronistas de Dostoiévski fazem as suas anotações já após o término de todos os acontecimentos e como que dispondo de certa perspectiva de tempo. O narrador de *Os Demônios*, por exemplo, diz muito amiúde: "agora, quando tudo isso já terminou", "agora, quando recordamos tudo isso", etc., mas em realidade constrói sua narração sem qualquer perspectiva da mais ínfima importância.

À diferença da narração em *O Duplo*, não obstante, as narrações tardias de Dostoiévski nunca registram os mais ínfimos movimentos do herói, não são absolutamente prolixas e estão totalmente isentas de quaisquer repetições. A narração de Dostoiévski do período tardio

---

1 F. M. Dostoiévski. *Stati i materialli, op. cit.*, p. 248.
2 Essa perspectiva não existe nem para a construção "autoral" generalizadora do discurso indireto do herói.

é breve, seca e inclusive um pouco abstrata (especialmente nas passagens em que ele informa dos acontecimentos antecedentes). Mas essa brevidade e essa secura da narração, que "às vezes chega a Gil Blaz", não é determinada pela perspectiva, mas, ao contrário, pela falta de perspectiva. Essa deliberada falta de perspectiva é predeterminada por toda a ideia de Dostoiévski, pois, como sabemos, a imagem estável e conclusiva do herói e do acontecimento está antecipadamente excluída dessa ideia.

Mas voltemos à narração em *O Duplo*. Ao lado da sua relação já explicada com o discurso do herói, ainda observamos nela outra orientação parodística. Nas narrações de *O Duplo*, assim como nas cartas de Diévuchkin, estão presentes os elementos da paródia literária.

Em *Gente Pobre* o autor já usou a voz do seu herói para refratar nela ideias parodísticas. Isso ele conseguiu por diferentes vias: as paródias ou eram simplesmente introduzidas nas cartas de Diévuchkin com motivação do enredo (extratos das obras de Ratazyáiev: paródias do romance aristocrático, do romance histórico da época e, por último, da escola literária) ou se faziam os retoques parodísticos na própria estrutura da novela (por exemplo, *Tereza* e *Faldoni*). Por último, na novela foi introduzida a polêmica com Gógol diretamente refratada na voz do herói, polêmica parodisticamente colorida (a leitura d'*O Capote* e a reação indignada de Diévuchkin à obra. No último episódio com o general que ajuda o herói, há uma contraposição velada à "figura importante"[*] n'*O Capote* de Gógol).[1]

Em *O Duplo* está refratada na voz do narrador a estilização parodística do "estilo elevado" de *Almas Mortas*. Aliás, em todas as páginas d'*O Duplo* se difundem as reminiscências parodísticas e semiparodísticas de diversas obras de Gógol. Cabe observar que esses tons parodísticos da narração se entrelaçam diretamente com a imitação de Goliádkin.

A introdução do elemento parodístico e polêmico na narração torna-a mais polifônica, dissonante, e esta não se basta a si e ao seu objeto. Por outro lado, a paródia literária reforça o elemento da convenciona-

---

[1] Acerca das paródias literárias e da polêmica em *Gente Pobre* encontramos dados histórico-literários muito valiosos no artigo de V. Vinográdov, da coletânea *O Caminho Literário de Dostoiévski*, redigida por N. L. Brodski, Ed. Seyatel, Leningrado, 1924.

[*] Expressão usada por Gógol para referir-se ao chefe da personagem central Akáki Akákievitch (N. do T.).

lidade literária no discurso do narrador, o que o priva ainda mais de autonomia e de força concludente em relação ao herói. Na obra posterior de Dostoiévski, o elemento da convencionalidade literária e o seu desvelamento numa ou noutra forma sempre serviram a uma maior intensificação da plenivalência direta e da autonomia da posição do herói. Nesse sentido, segundo a ideia do autor, a convencionalidade literária, além de não reduzir o valor do conteúdo e o acervo de ideias avançadas do seu romance, ainda devia produzir efeito contrário, ou seja, elevá-los (como, aliás, ocorre em Jean Paul e inclusive em Stern). A destruição da habitual orientação monológica na obra de Dostoiévski levou-o a excluir inteiramente da construção dos seus romances alguns elementos dessa habitual orientação monológica e a neutralizar cuidadosamente os outros. Um dos recursos de que se valeu para efetuar essa neutralização foi a convencionalidade literária, ou seja, a introdução do discurso convencional – estilizado ou parodístico – na narração ou nos princípios da construção.[1]

Quanto à orientação dialógica da narração voltada para o herói, essa particularidade permaneceu na obra posterior de Dostoiévski, evidentemente, porém foi modificada, complexificada e aprofundada. Aqui já não é a palavra do narrador que se dirige ao herói, mas a narração no seu todo, a própria orientação da narração. Já o discurso do interior da narração é, na maioria dos casos, seco e opaco: chamar-lhe "estilo protocolar" seria a melhor definição. Mas, no seu todo e em sua função fundamental, o protocolo é acusador e provocante, voltado para o herói, fala como que para ele e não sobre ele, só que aplica para tanto todo o seu conjunto, e não elementos particulares deste. É verdade que na obra posterior alguns heróis foram focalizados num estilo que os provoca e excita, que soa como uma réplica deformada do seu diálogo interior. É assim, por exemplo, que se constrói a narração em *Os Demônios* em relação a Stiepán Trofímovitch, mas só em relação a ele. Notas isoladas desse estilo excitante estão difundidas em outros romances, encontrando-se igualmente em *Os Irmãos Karamázov*. Mas em linhas gerais elas foram consideravelmente atenuadas. A tendência fundamental de Dostoiévski no último período de sua obra foi a de tornar o estilo e o tom secos e precisos, neutralizá-los. Contudo, em toda parte onde a narração protocolarmente seca e neutralizada é

---

[1] Todas essas particularidades estilísticas estão relacionadas ainda à tradição carnavalesca e ao riso ambivalente reduzido.

substituída por tons acentuados essencialmente coloridos, esses tons, em todo caso, estão dialogicamente voltados para o herói e nasceram da réplica do seu possível interior consigo mesmo.

*

De *O Duplo* passamos imediatamente para *Memórias do Subsolo*, evitando toda uma série de obras anteriores.

Memórias do Subsolo são um *Icherzählung* de tipo confessional. A ideia inicial do autor era chamar-lhe *Confissão*.[1] E estamos realmente diante de uma autêntica confissão, que não entendemos em sentido pessoal. A ideia do autor está aqui refratada como em qualquer *Icherzählung*; não se trata de um documento pessoal, mas de uma obra de arte.

Na confissão do "homem do subsolo", o que nos impressiona acima de tudo é a dialogação interior extrema e patente: nela não há literalmente nenhuma palavra monologicamente firme, não decomposta. Na primeira frase o herói já começa a crispar-se, a mudar de voz sob a influência da palavra antecipável do outro, com a qual ele entra em polêmica interior sumamente tensa desde o começo.

"Sou um homem doente... Um homem mau. Um homem desagradável."[2] Assim começa a confissão. São notáveis a reticência e a brusca mudança de tom depois dela. O herói começa por um tom um tanto queixoso – "Sou um homem doente" – mas logo se destaca nesse tom: é como se ele se queixasse e precisasse de compaixão, procurasse essa compaixão em outra pessoa, precisasse de outro! É aqui que se dá a brusca guinada dialógica, a típica quebra do acento que caracteriza todo o estilo de *Memórias do Subsolo*. É como se o herói quisesse dizer: talvez tenhais imaginado pela primeira palavra que eu estivesse procurando a vossa compaixão, portanto, escutai: sou um homem mau. Um homem desagradável!

É característica a gradação do tom negativo (para contrariar o outro) sob a influência da reação antecipável do outro. Semelhantes quebras levam sempre a um amontoamento de palavras exprobatórias que se

---

[1] Dostoiévski anunciou o título *Memórias do Subsolo* inicialmente em *Vriêmya*.

[2] F. M. Dostoiévski. *Memórias do Subsolo*. Tradução de Boris Schnaiderman, Ed. José Olympio, Rio de Janeiro, 1962, p. 143.

intensificam cada vez mais, ou, em todo caso, de palavras indesejáveis para o outro, como, por exemplo:

"Viver além dos quarenta é indecente, vulgar, imoral! Quem é que vive além dos quarenta? Respondei-me sincera e honestamente. Dir-vos-ei: os imbecis e os canalhas. Di-lo-ei na cara de todos os anciões, de todos esses anciões respeitáveis, perfumados, de cabelos argênteos! Di-lo-ei na cara de todo o mundo! Tenho direito de falar assim, porque eu próprio hei de viver até os sessenta! até os setenta! até os oitenta!

Um momento! Deixai-me tomar fôlego..."[1]

Nas primeiras palavras da confissão, a polêmica interior com o outro é velada. Mas a palavra do outro está presente de modo invisível, determinando de dentro para fora o estilo do discurso. Contudo, no meio do primeiro parágrafo a polêmica irrompe numa polêmica aberta: a réplica antecipável do outro se insere na narração, é verdade que em forma ainda atenuada. "Não, se não quero me tratar é apenas por uma questão de raiva. Certamente não compreendereis isto. Ora, eu compreendo."[2]

No final do terceiro capítulo já estamos diante de uma antecipação muito característica da reação do outro: "Não vos parece que eu, agora, me arrependo de algo perante vós, que vos peço perdão?... Estou certo de que é essa a vossa impressão... Pois asseguro-vos que me é indiferente o fato de que assim vos pareça..."[3]

No final do parágrafo seguinte encontramos o ataque polêmico já citado contra os "anciões respeitáveis". O parágrafo que se segue começa diretamente pela antecipação da réplica ao parágrafo seguinte: "Pensais acaso, senhores, que eu queria fazer-vos rir? É um engano. Não sou de modo algum tão alegre como vos parece, ou como vos possa parecer. Aliás, se, irritados com toda esta tagarelice (e eu já sinto que vos irritastes), tiverdes a ideia de me perguntar quem, afinal, sou eu, responder-vos-ei: sou um assessor-colegial."[4]

O parágrafo seguinte também termina com uma réplica antecipada: "Pensais, sou capaz de jurar, que escrevo tudo isto para causar efeito,

---

1   F. M. Dostoiévski. *Memórias do Subsolo*, p. 144-145.
2   *Ibid.*, p. 143.
3   *Ibid.*, p. 144.
4   *Ibid.*, p. 145.

para gracejar sobre os homens de ação, e também por mau gosto; que faço tilintar o sabre, tal como o meu oficial."[1]

Posteriormente, esses finais dos parágrafos se tornam mais raros, no entanto todas as partes significativas fundamentais da novela se acentuam no final do parágrafo com a antecipação da réplica do outro.

Desse modo, todo o estilo da novela se encontra sob a influência fortíssima e todo-determinante da palavra do outro, que atua veladamente sobre o discurso de dentro para fora, como no início da novela, ou, como réplica antecipada do outro, introduz-se-lhe diretamente no tecido, como vemos nos finais de parágrafo que citamos. Na novela não há uma só palavra que se baste a si mesma e ao seu objeto, ou seja, nenhum discurso monológico. Veremos que essa tensa relação com a consciência do outro no "homem do subsolo" é complexificada por uma não menos tensa relação dialógica consigo mesmo. Mas façamos inicialmente uma breve análise estrutural da antecipação das réplicas dos outros.

Essa antecipação é dotada de uma peculiaridade estrutural *sui generis*: tende para outro infinito. A tendência dessas antecipações resume-se em manter forçosamente para si a última palavra. Esta deve manifestar plena autonomia do herói em relação ao ponto de vista e à palavra do outro, sua absoluta indiferença ante o pensamento do outro e a avaliação do outro. O que ele mais teme é que venham a pensar que ele se arrepende diante do outro, que ele pede perdão ao outro, que ele se submete ao seu juízo e avaliação, que a sua autoafirmação necessita da afirmação e do reconhecimento do outro. É nesse sentido que ele antecipa a réplica do outro. Mas é precisamente por essa antecipação da réplica do outro e pela resposta a esta que ele torna a mostrar ao outro (e a si mesmo) a sua independência em relação a ele. *Teme* que o outro possa imaginar que ele lhe *teme* a opinião. Mas com esse medo ele mostra justamente a sua dependência em relação à outra consciência, sua incapacidade de tranquilizar-se na própria autoafirmação. Por meio do seu desmentido ele está justamente confirmando que quis desmentir, e isso ele mesmo o sabe. Daí o impasse em que caem a autoconsciência e o discurso do herói: "Não vos parece que eu, agora, me arrependo de algo perante vós, que vos peço perdão?... Estou certo de que é essa a vossa impressão... Pois asseguro-vos que me é indiferente o fato de que assim vos pareça..."

---

[1] *Ibid.*, p. 145-146.

Ofendido por seus companheiros durante uma farra, o "homem do subsolo" pretende mostrar que não lhes dá a mínima atenção: "Eu sorria com desdém e fiquei andando do outro lado da sala, ao longo da parede, bem em frente do divã, fazendo o percurso da mesa à lareira e vice-versa. Queria mostrar, com todas as minhas forças, que podia passar sem eles; e, no entanto, batia intencionalmente com as botas no chão. Mas tudo em vão. *Eles* não me dispensavam absolutamente qualquer atenção."[1]

Nesse caso, o herói do subsolo tem plena consciência de tudo e compreende perfeitamente o impasse do círculo pelo qual se desenvolve a sua relação com o outro. Graças a essa relação com a consciência do outro obtém-se um original *perpetuum mobile* da polêmica interior do herói com o outro e consigo mesmo, um diálogo sem fim no qual uma réplica gera outra, a outra gera uma terceira em movimento perpétuo, e tudo isso sem qualquer avanço.

Eis um exemplo desse *perpetuum mobile* sem saída da autoconsciência dialogada:

"Dir-me-eis que é vulgar e ignóbil levar agora tudo isso (os sonhos do herói – M. B.) para a feira, depois de tantos transportes e lágrimas por mim próprio confessados. Mas, ignóbil por quê? Pensais porventura que eu me envergonhe de tudo isso, e que tudo isso foi mais estúpido que qualquer episódio da vossa vida, por exemplo, meus senhores? Além do mais, crede, algo não estava de todo mal-arranjado... nem tudo sucedia no lago. Aliás tendes razão: de fato, é vulgar e ignóbil. Mas, o mais ignóbil é que eu tenha começado agora a justificar-me perante vós. E ainda mais ignóbil é o fato de fazer esta observação. Chega, porém, senão isto não acabará nunca mais: sempre haverá algo mais ignóbil que o resto..."[2]

Estamos diante de uma precária infinitude do diálogo, que não pode deixar de terminar nem concluir-se. O valor formal de semelhantes oposições dialógicas sem saída é muito grande na obra de Dostoiévski. Mas nas obras subsequentes essa oposição não se dá em parte alguma numa forma tão notória e abstratamente nítida, pode-se dizer, francamente, numa forma tão matemática.[3]

---
[1] F. M. Dostoiévski. *Memórias do Subsolo*, p. 208.
[2] *Ibid.*, p. 208.
[3] *Ibid.*, p. 191-192.

Como consequência dessa relação do "homem do subsolo" com a consciência e o discurso do outro – da dependência excepcional em relação a ele e, simultaneamente, da extrema hostilidade em relação a ele e da não aceitação do seu julgamento –, a sua narração assume uma particularidade artística sumamente substancial. Trata-se da deselegância do seu estilo, deliberada e subordinada a uma lógica artística especial. Seu discurso não sobressai nem pode sobressair, pois não tem diante de quem sobressair. Não se basta ingenuamente a si mesmo e ao seu objeto, está voltado para o outro e para o próprio falante (no diálogo interior consigo mesmo). Seja num ou noutro sentido, o que ele menos quer é sobressair e ser "artístico" na acepção comum desse termo. Em relação ao outro, ele procura ser deliberadamente opaco, para "contrariar" a ele e aos seus gostos em todos os sentidos. Mas ele também ocupa a mesma posição em relação ao próprio falante, pois a relação consigo mesmo está indissoluvelmente entrelaçada com a relação com o outro. Por isso a palavra é ressaltada cinicamente, calculada cinicamente, embora com esforço. Ele tende para o insano, sendo a insânia uma espécie de forma, uma espécie de esteticismo, se bem que com marca inversa.

Resulta daí que, na representação da sua vida interior, o prosaísmo chega a limites extremos. Pela matéria e o tema, a primeira parte de *Memórias do Subsolo* é lírica. Do ponto de vista formal, estamos diante da mesma lírica prosaica das buscas espirituais e intelectuais e da inexequibilidade espiritual, como, por exemplo, em *Os Espectros* ou *Basta*, de Turguiêniev, como qualquer página lírica do *Icherzählung* confessional, como uma página do *Werther*. Mas é uma lírica *sui generis*, análoga à expressão lírica de uma dor de dente.

É o próprio herói do subsolo que fala dessa expressão da dor de dente, expressão eivada de orientação interiormente polemizada dirigida ao interlocutor e ao próprio sujeito que dela sofre, e ele, evidentemente, não o faz por acaso. Sugere que se escutem os gemidos de um "homem instruído do século XIX", que sofre de dor de dente há dois ou três dias. Procura dar vazão a uma voluptuosidade inusitada por meio de uma expressão cínica dessa dor, externando-a diante do "público".

"Os seus gemidos tornam-se maus, perversos, vis, e continuam por dias e noites seguidos. E ele próprio percebe que não trará nenhum proveito a si mesmo com os seus gemidos. Melhor do que ninguém, ele sabe que apenas tortura e irrita a si próprio e aos demais. Sabe que o público, perante o qual se esforça, e toda a sua família já o ouvem com asco, não lhe dão um níquel de crédito e sentem, no íntimo, que ele poderia gemer de outro modo, mas simplesmente sem garganteios nem sacudidelas e que se diverte por maldade e raiva. Pois bem, é justamente em todos esses atos conscientes e infâmias que consiste a volúpia. 'Eu os inquieto, faço-lhes mal ao coração, não deixo ninguém dormir em casa. Pois não durmam, sintam vocês também, a todo instante, que estou com dor de dente. Para vocês, eu já não sou o herói que anteriormente quis parecer, mas simplesmente um homem ruinzinho, um *chenapan*.* Bem, seja! Estou muito contente porque vocês me decifraram. Sentem-se mal ouvindo os gemidos ignobeizinhos? Pois que se sintam mal, agora, vou soltar em intenção a vocês um garganteio ainda pior...'"[1]

É evidente que essa comparação do modo de construir-se a confissão do "homem do subsolo" com a expressão de dor de dente situa-se por si mesma num plano parodisticamente exagerado e nesse sentido é cínica. Mas a orientação centrada no interlocutor e no próprio emissor nessa expressão de dor de dente "com garganteios e sacudidelas", não obstante, reflete com muita precisão a orientação do próprio discurso centrada na confissão, embora, repitamos, não a reflita objetivamente, mas em estilo parodisticamente excitante, da mesma forma que a narração d'*O Duplo* reflete o discurso interior de Goliádkin.

Toda a confissão do "homem do subsolo" tem um fim: destruir sua própria imagem no outro, denegri-la no outro, como última tentativa desesperada de libertar-se do poder exercido sobre ele pela consciência do outro e abrir em direção a si mesmo o caminho para si mesmo. Por isso ele torna deliberadamente vil seu discurso sobre si mesmo. Procura destruir em si qualquer vontade de parecer herói aos olhos dos outros (e aos próprios): "Para vocês, eu já não sou o herói que anteriormente quis parecer, mas simplesmente um homem ruinzinho, um *chenapan*..."

Para tanto é necessário exterminar do seu discurso todos os tons épicos e líricos, os tons "heroificantes", torná-lo *cinicamente* objetivo. Para o herói do subsolo é impossível uma definição lucidamente objetiva de si mesmo sem exagero e escárnio, pois semelhante definição lucidamente prosaica redundaria num discurso sem mirada em torno e num discurso sem evasivas; no entanto, não encontramos nem um nem outro na sua paleta verbal. É verdade que ele está sempre

---

1   F. M. Dostoiévski. *Memórias do Subsolo*, p. 154.
*   "Vagabundo, calhorda" (N. do T.).

procurando abrir caminho para esse tipo de discurso, abrir caminho para a lucidez intelectual, mas para ele o caminho para essa lucidez está no cinismo e na insânia. Não se libertou do poder que sobre ele exerce a consciência do outro e nem reconhece esse poder;[1] por enquanto apenas luta contra ele, polemiza exacerbadamente, não tem condições de reconhecê-lo, assim como não tem condições de rechaçá-lo. No empenho de esmagar a sua própria imagem e o seu próprio discurso no outro e para o outro soa não só o desejo de uma lúcida autodeterminação, mas também o desejo de pregar uma peça no outro. É isso que o leva a ultrapassar os limites de sua lucidez, exagerando-a com escárnio até chegar ao cinismo e à insânia: "Sentem-se mal ouvindo os gemidos ignobeizinhos? Pois que se sintam mal, agora, vou soltar em intenção a vocês um garganteio ainda pior..."

Contudo, o discurso do herói do subsolo sobre si mesmo não é apenas um discurso com mirada em torno, mas também, como já dissemos, um discurso com evasivas. A influência da evasiva sobre o estilo da sua confissão é tão grande que esse estilo não pode ser entendido sem se levar em conta a sua ação formal. O discurso com evasiva tem geralmente um imenso significado na obra de Dostoiévski, especialmente na obra mais tardia. Aqui já passamos a outro momento da construção de *Memórias do Subsolo*, isto é, à atitude do herói em face de si mesmo, do seu diálogo interior consigo mesmo, que ao longo de toda a obra se entrelaça e se combina com o seu diálogo com o outro.

O que é, então, essa evasiva da consciência e do discurso?

A evasiva é o recurso usado pelo herói para reservar-se a possibilidade de mudar o sentido último e definitivo do seu discurso. Se o discurso deixa essa evasiva, isso deve refletir-se fatalmente em sua estrutura. Esse possível "outro" sentido, isto é, a evasiva deixada, acompanha como uma sombra a palavra. Pelo sentido, a palavra com evasiva deve ser a última palavra e como tal se apresenta, mas em realidade é apenas a penúltima palavra e coloca depois de si um ponto condicional, não final.

Por exemplo, a definição confessional de si mesmo com evasivas (a forma mais difundida em Dostoiévski) é, pelo sentido, a última palavra sobre si mesmo, a definição final de si mesmo, mas em realidade ela conta com a apreciação contrária que o outro faz do herói. Aquele que

---

[1] Segundo Dostoiévski, esse reconhecimento lhe tranquilizaria e depuraria o discurso.

confessa e condena a si mesmo só deseja de fato provocar o elogio e o reconhecimento do outro. Condenando a si mesmo, ele quer e exige que o outro lhe conteste a definição de si mesmo e deixa uma evasiva para o caso de o outro concordar de repente com ele, com a sua autodefinição, com a sua autocondenação, e não usar do seu privilégio de outro.

Eis como o herói do subsolo transmite os seus sonhos "literários": "Eu, por exemplo, triunfo sobre todos; todos, naturalmente, ficam reduzidos a nada e são forçados a reconhecer voluntariamente as minhas qualidades, e eu perdoo a todos. Apaixono-me, sendo poeta famoso e gentil-homem da Câmara Real; recebo milhões sem conta, e, imediatamente, faço deles donativo à espécie humana e *ali mesmo confesso, perante todo o povo, as minhas ignomínias, que, naturalmente, não são simples ignomínias, mas encerram uma dose extraordinária de 'belo e sublime', de algo manfrediano.** *Todos choram e me beijam (de outro modo, que idiotas seriam eles!),*** e eu vou, descalço e faminto, pregar as novas ideias, e derroto os retrógrados em Austerlitz."[1]

Aqui, ele fala ironicamente dos seus sonhos de façanhas com ressalvas e da confissão com ressalvas. Enfoca parodisticamente esses sonhos. Mas através das palavras seguintes revela que essa sua confissão de arrependimento sobre os sonhos também está calcada em evasivas e que ele mesmo está disposto a encontrar nesses sonhos e na própria confissão sobre eles algo que, se não é manfrediano, é pelo menos do campo do "belo e sublime", e que, se o outro pensa em concordar com ele, esses sonhos são efetivamente vulgares e ignóbeis: "Dir-me-eis que é vulgar e ignóbil levar agora tudo isso para a feira, depois de tantos transportes e lágrimas por mim próprio confessados. Mas, ignóbil por quê? Pensais porventura que eu me envergonhe de tudo isso, e que tudo isso foi mais estúpido que qualquer episódio de vossa vida, por exemplo, meus senhores? Além do mais, crede, algo não estava de todo mal-arranjado..."[2]

Essa passagem já citada se perde na infinidade precária da autoconsciência com mirada em torno.

---

1   F. M. Dostoiévski. *Memórias do Subsolo*, p. 190.
2   *Ibid*.
*   Referência ao drama byroniano *Manfredo* (N. do T.).
**   Os grifos são de M. Bakhtin (N. do T.).

A ressalva cria um tipo especial de última palavra fictícia sobre si mesma com tom aberto, que fita obsessivamente os olhos do outro e exige do outro um desmentido sincero. Veremos que o discurso com evasivas teve expressão sobretudo acentuada na confissão de Hippolit, mas ele, em diferentes graus, é inerente a todas as revelações confessionais das personagens de Dostoiévski. A evasiva torna flexíveis todas as autodefinições das personagens, o discurso destas não se fixa em seu sentido mas a cada instante, à semelhança de um camaleão, está pronto a mudar a cor e o seu último sentido.

A evasiva torna o herói ambíguo e imperceptível para si mesmo. Para abrir caminho em sua própria direção, ele deve percorrer um imenso caminho. A evasiva deforma profundamente sua atitude em face de si mesmo. O herói não sabe de quem é a opinião, de quem é a afirmação, enfim, seu juízo definitivo: não sabe se é a sua própria opinião, arrependida e condenatória, ou, ao contrário, a opinião do outro por ele desejada e forçada, que o aceita e o absolve. Esse é o motivo quase exclusivo pelo qual se constrói, por exemplo, toda a imagem de Nastássia Fillípovna. Considerando-se culpada, decaída, ela considera ao mesmo tempo que outro, enquanto outro, deve absolvê-la e não pode considerá-la culpada. Discute sinceramente com Míchkin, que a absolve de tudo, mas com a mesma sinceridade odeia e não aceita todos os que estão de acordo com a sua condenação de si mesma e a consideram decaída. Finalmente Nastássia Fillípovna desconhece seu próprio discurso sobre si mesma: considerar-se-ia ela mesma decaída ou, ao contrário, justificar-se-ia? A autocondenação e a autoabsolvição, distribuídas entre duas vozes – eu me condeno, outro me absolve – mas antecipadas por uma voz criam nela uma dissonância e uma dualidade interior. A absolvição antecipável e exigida de outros se funde com a autocondenação, e na voz começam a soar ambos os tons simultaneamente com bruscas dissonâncias e com mudanças súbitas. Essa é a voz de Nastássia Fillípovna, esse é o estilo do seu discurso. Toda a sua vida interior (como veremos, assim é também a vida externa) se resume à procura de si mesma e da sua voz não cindida através dessas duas vozes que nela se instalaram.

O "homem do subsolo" trava consigo próprio o mesmo diálogo desesperado que trava com o outro. Ele não pode fundir-se até o fim consigo mesmo em uma voz monológica única, mantendo totalmente a voz do outro (tal ele não seria, sem evasiva), pois, à semelhança de Goliádkin, sua voz deve ter ainda a função de substituir a do outro.

Ele não pode chegar a um acordo consigo mesmo, assim como não pode deixar de falar sozinho. O estilo do seu discurso sobre si mesmo é organicamente estranho ao ponto, estranho à conclusão, seja em momentos isolados, seja no todo. É o estilo de um discurso inteiramente infinito, que, é verdade, talvez seja mecanicamente interrompido, mas não pode ser organicamente concluído.

Mas é precisamente por isso que Dostoiévski termina a sua obra de maneira tão orgânica e tão adequada ao herói, e termina justamente inserindo a tendência à infinidade interna, colocada nas memórias do seu herói: "Mas chega; não quero mais escrever 'do Subsolo'...

Sem dúvida, ainda não terminam aqui as 'memórias' deste paradoxalista. Ele não se conteve e as continuou. Mas parece-nos que se pode fazer ponto final aqui mesmo."[1]

Para concluir, ressaltemos mais duas particularidades do "homem do subsolo". Além do discurso, o rosto dele também mira em torno, usa de evasivas e de todos os fenômenos daí decorrentes. A interferência, a dissonância de vozes é como se penetrasse no seu corpo, despojando-o da autossuficiência e da univocidade. O "homem do subsolo" odeia seu próprio rosto, pois sente nele o poder do outro sobre si, poder das suas apreciações e opiniões. Ele mesmo olha para seu próprio rosto com os olhos do outro. E esse olhar do outro se funde dissonantemente com seu próprio olhar e cria nele um ódio *sui generis* pelo seu rosto:

"Detestava, por exemplo, o meu rosto, considerava-o abominável, e supunha até haver nele certa expressão vil; por isso, cada vez que ia à repartição, torturava-me, procurando manter-me do modo mais independente possível, para que não suspeitassem em mim ignomínia, e para expressar no semblante o máximo de nobreza. 'Pode ser um rosto feio – pensava eu – mas, em compensação, que seja nobre, expressivo e, sobretudo, inteligente ao extremo'. No entanto, eu sabia com certeza e amargamente que nunca poderia expressar no rosto essas coisas belas. Entretanto, o mais terrível é que, decididamente, eu achava-o estúpido. Contentar-me-ia plenamente com a inteligência. A tal ponto, que me conformaria até com uma expressão vil, desde que o meu rosto fosse considerado, ao mesmo tempo, muito inteligente."[2]

---

1   F. M. Dostoiévski. *Memórias do Subsolo*, p. 253.
2   *Ibid.*, p. 177.

Assim como torna deliberadamente desagradável seu discurso sobre si mesmo, ele se contenta com o aspecto desagradável do seu rosto: "Por acaso, olhei-me num espelho. O meu rosto transtornado parece-me extremamente repulsivo: pálido, mau, ignóbil, cabelos revoltos. 'Seja, fico satisfeito – pensei – Estou justamente satisfeito de lhe parecer repugnante; isso me agrada...'"[1]

A polêmica com o outro a respeito de si mesmo é complexificada em *Memórias do Subsolo* pela polêmica com o outro sobre o mundo e a sociedade. Diferentemente de Diévuchkin e Goliádkin, o herói do subsolo é um ideólogo.

No seu discurso ideológico, encontramos facilmente os mesmos fenômenos que encontramos no discurso sobre si mesmo. Suas palavras sobre o universo são veladas e abertamente polêmicas; e polemizam não somente com outras pessoas, com outras ideologias, mas também com o próprio objeto do seu pensamento – o universo e a sua organização. No discurso sobre o universo também soam para ele como que duas vozes, entre as quais ele não pode encontrar a si próprio e o seu universo, posto que até o universo ele define com evasivas. Assim como o corpo se tornou dissonante aos seus olhos, tornam-se igualmente dissonantes para ele o universo, a natureza, a sociedade. Em cada ideia sobre eles há uma luta entre vozes, apreciações, pontos de vista. Em tudo ele percebe antes de mais nada a *vontade do outro*, que predetermina a sua.

Sob o aspecto dessa vontade do outro ele aceita a ordem universal, a natureza com sua necessidade mecânica e o sistema social. Seu pensamento se desenvolve e se constrói como *pensamento de alguém pessoalmente ofendido pela ordem universal*, pessoalmente ofendido pela sua necessidade cega. Isso imprime um caráter profundamente íntimo e apaixonado ao discurso ideológico e lhe permite entrelaçar-se estreitamente com o discurso sobre si mesmo. Parece (e esta é realmente a ideia de Dostoiévski) que se trata essencialmente de um só discurso e que, somente chegando a si mesmo, o herói chega ao seu próprio universo. Seu discurso sobre o universo, como o discurso sobre si mesmo, é profundamente dialógico: a ordem universal, até a necessidade mecânica da natureza, recebe dele uma viva recriminação, como se ele não falasse sobre o universo, mas com o universo. Falaremos dessas particularidades do discurso ideológico mais adiante,

---

[1] *Ibid.*, p. 215.

quando passarmos à análise dos heróis predominantemente ideólogos, sobretudo Ivan Karamázov, no qual esses traços se manifestam de maneira especialmente precisa e acentuada.

O discurso do "homem do subsolo" é integralmente um discurso-apelo. Para ele, falar significa apelar para alguém; falar de si significa apelar via seu discurso para si mesmo, falar de outro significa apelar para o outro, falar do mundo, apelar para o mundo. No entanto, ao falar consigo mesmo, com o outro, com o mundo, ele apela simultaneamente para um terceiro: olha de esguelha para o lado, para o ouvinte, a testemunha, o juiz.[1] Esse tríplice apelo simultâneo do discurso e o fato de ele desconhecer geralmente o objeto sem apelar para ele criam aquele caráter excepcionalmente vivo, intranquilo, agitado e, diríamos, obsessivo desse discurso. Ele não pode ser visto como um discurso lírico ou épico tranquilo, que se basta a si e ao seu objeto, como um discurso "ensimesmado". Absolutamente. O que antes de tudo se faz é reagir diante dele, responder-lhe, entrar no seu jogo; ele é capaz de perturbar e tocar quase como o apelo pessoal de um homem vivo. Destrói a ribalta, não em consequência da sua atualidade ou do significado filosófico direto, mas graças justamente à sua estrutura formal por nós examinada.

O momento de *apelo* é inerente a todo discurso em Dostoiévski, ao discurso da narração no mesmo grau que ao discurso do herói. No mundo de Dostoiévski não há, de um modo geral, nada de concreto, não há objetos, referentes, há apenas sujeitos. Por isso, não há o discurso-apreciação, o discurso sobre o objeto, o discurso premeditadamente concreto: há apenas o discurso-apelo, o discurso que contata dialogicamente com outro discurso, o discurso sobre o discurso, voltado para o discurso.

3. O Discurso do Herói e o Discurso do Narrador nos Romances de Dostoiévski

Passemos aos romances. Nestes nos deteremos menos, pois o novo que trazem manifesta-se no diálogo, e não na fala monológica dos

---

[1] Lembremos a característica do discurso do herói de *Uma Criatura Dócil*, apresentada no prefácio pelo próprio Dostoiévski: "...ora ele fala sozinho, ora apela como que para um ouvinte invisível, para um juiz qualquer. Aliás é assim que sempre acontece na realidade" (X, 379).

heróis, fala essa que só aqui se torna complexa e refinada, mas, em linhas gerais, não é enriquecida por elementos estruturais essencialmente novos.

O discurso monológico de Raskólnikov impressiona pela extrema dialogação interior e pelo vivo apelo pessoal para tudo sobre o que pensa e fala. Também para Raskólnikov, pensar no objeto implica apelar para ele. Ele não pensa nos fatos, conversa com eles.

É assim que ele se dirige a si mesmo (tratando-se frequentemente por "tu", como se se dirigisse a outro), persuade a si, excita-se, denuncia-se, zomba de si mesmo, etc. Eis um protótipo desse diálogo consigo mesmo:

"Não vai acontecer? E o que tu vais fazer para que isso não aconteça? Proibir? Com que direito? Por sua vez, o que podes prometer a elas para teres semelhante direito? Vais dedicar todo o teu destino, todo o teu futuro a elas *quando terminares o curso e arranjares um emprego?* Nós já ouvimos falar disso, são *histórias de bicho-papão*, mas e agora? Porque é preciso fazer alguma coisa agora mesmo, estás entendendo? Mas tu, o que fazes? Vives a depená-las. Porque elas conseguem esse dinheiro dando como garantia a pensão de cem rublos e empenhando o salário aos senhores Svidrigáilov! Como vais protegê-las dos Svidrigáilov, dos Afanássi Ivánovitch Vakhrúchin, tu, futuro milionário, Zeus que dispões do destino delas? Daqui a dez anos? Em dez anos tua mãe estará cega de tanto fazer mantilhas, ou talvez de chorar; vai definhar de tanto jejuar; e tua irmã? Ora, pensas no que vai ser de tua irmã daqui a dez anos? Entendeste?

Assim ele atormentava e se provocava com essas perguntas, até com algum prazer."[1]

É esse o diálogo de Raskólnikov consigo mesmo no decorrer de todo o romance. É verdade que mudam as perguntas, o tom, mas a estrutura permanece a mesma. É característico que o seu discurso interior está cheio de palavras de outros, que acabam de ser ouvidas ou lidas por ele; da carta da mãe, dos discursos de Lújin, Dúnietchka e Svidrigáilov citados na carta, do discurso recém-ouvido de Marmieládov, das palavras de Sônia a ele transmitidas, etc. Ele inunda com essas palavras dos outros o seu discurso interior, complexificando-as com os seus acentos ou revestindo-as diretamente de um novo

---

[1] F. M. Dostoiévski. *Crime e Castigo*. Ed. 34, p. 60-61.

acento, travando com elas uma polêmica apaixonada. Graças a isso, seu discurso interior se constrói como um rosário de réplicas vivas e apaixonadas a todas as palavras dos outros que ele ouviu e que o tocaram, reunidas por ele a partir da experiência dos últimos dias. Trata por "tu" a todas as pessoas com quem polemiza, a quase todas devolve suas próprias palavras com tom e acento modificados. Aqui cada rosto, cada nova pessoa transforma-se imediatamente para ele em símbolo, tornando-se o nome uma palavra comum: Svidrigáilov, Lújin, Sônia, etc. "Ei, você, Svidrigáilov! O que é que está procurando por aqui?" – grita ele a um dândi que arrastava a asa para uma moça embriagada. Sônietchka, que ele conhece pelas histórias de Marmieládov, figura constantemente no seu discurso interior como símbolo de um sacrifício desnecessário e inútil. Dúnia figura do mesmo modo, porém com outro matiz, e o símbolo de Lújin tem sentido específico.

Cada personagem entra em seu discurso interior, mas não entra como um caráter ou um tipo, como uma personagem da fábula do enredo da sua vida (a irmã, o noivo, etc.), e sim como o símbolo de alguma diretriz de vida ou posição ideológica, como o símbolo de uma determinada solução vital daqueles mesmos problemas ideológicos que o martirizam. Basta uma pessoa aparecer em seu campo de visão para tornar-se imediatamente para ele uma solução consubstanciada do seu próprio problema, solução divergente daquela a que ele mesmo chegara. Por isso cada um o perturba e ganha um sólido papel no seu discurso interior. Ele coloca todas essas personagens em relações mútuas, confronta umas com as outras ou as coloca em oposição recíproca, forçando-as a responderem umas às outras, a se acusarem. Como resultado, seu discurso interior se desenvolve como um drama filosófico, onde as personagens são concepções de vida e mundo personificadas, realizadas no plano real.

Todas as vozes introduzidas por Raskólnikov no seu discurso interior entram aqui num choque *sui generis*, impossível entre vozes num diálogo real. Aqui, graças ao fato de soarem numa só consciência, elas se tornam como que mutuamente penetrantes. Estão aproximadas, avizinhadas, cruzam-se parcialmente, criando dissonâncias correspondentes na zona de confluência.

Já observamos anteriormente que, em Dostoiévski, não há processo de formação do pensamento, nem mesmo nos limites da consciência de personagens isoladas (com raríssimas exceções). O material semântico sempre é dado todo e de uma vez à consciência do herói, e não é dado em forma de ideias e teses isoladas, mas em forma de diretrizes semânticas humanas, na forma de vozes, resumindo-se o problema apenas em escolhê-las. A luta ideológica interior travada pelo herói é uma luta pela escolha de meios de significação entre os já existentes, cujo número permanece quase inalterado ao longo de todo o romance. Motivos como "isto eu não vi", "isto eu não sabia", "isto só me foi revelado mais tarde" inexistem no mundo de Dostoiévski. Seu herói sabe de tudo e tudo vê desde o começo. Daí serem tão comuns as declarações dos heróis (ou do narrador que fala dos heróis) depois da catástrofe, que mostram que eles já sabiam de tudo antecipadamente e o haviam previsto. "O nosso herói deu um grito e levou as mãos à cabeça. Que jeito! Isto ele há muito pressentia." Assim termina *O Duplo*. O "homem do subsolo" está sempre ressaltando que sabia de tudo e previra tudo. "Eu mesmo vi tudo, todo o meu desespero estava à vista!" – exclama o herói de *Uma Criatura Dócil*... É verdade que, como veremos agora, o herói oculta muito amiúde de si mesmo aquilo que sabe e finge a si mesmo que não percebe o que em realidade está sempre diante dos seus olhos. Mas nesse caso a particularidade por nós observada apenas se manifesta de modo mais patente.

Quase não ocorre nenhum processo de formação do pensamento sob a influência da nova matéria e de novos pontos de vista. Trata-se apenas da escolha, da solução da pergunta "quem sou eu?" e "com quem estou?". Encontrar sua voz e orientá-la entre outras vozes, combiná-la com umas, contrapô-la a outras ou separar a sua voz da outra à qual se funde imperceptivelmente são as tarefas a serem resolvidas pelas personagens no decorrer do romance. É isso o que determina o discurso do herói. Esse discurso deve encontrar a si mesmo, revelar a si mesmo entre outros discursos na mais tensa orientação de reciprocidade com eles. E todos esses discursos costumam ser dados desde o início. No processo de toda a ação interior e exterior do romance eles apenas se distribuem de maneira diferente em relação uns aos outros, entram em diversas combinações, mas permanece inalterável o seu número estabelecido desde o início. Poderíamos dizer que desde o início é dada uma variedade significativa estável de conteúdo invariável, processando-se nela apenas um deslocamento de acentos. Ainda antes do assassinato, Raskólnikov reconhece a voz de Sônia e a história de Marmieládov e resolve imediatamente ir vê-la. Desde o início a voz e o mundo de Sônia entram no campo de visão de Raskólnikov, incorporando-se ao seu diálogo interior.

"– Aliás, Sônia, quando eu estava deitado no escuro e tudo isso se me afigurava, foi o diabo que me perturbou? Foi?
– Cale-se! Não ria, blasfemador, o senhor não entende nada, nada! Oh, Ele não compreende nada, nada!
– Cala-te, Sônia, eu não estou rindo coisa nenhuma, é que eu mesmo sei que foi o diabo que me arrastou. Cala-te, Sônia, cala-te! — repetiu com ar sombrio e insistente. — Eu sei tudo. Já pensei, repensei e sussurrei tudo cá comigo quando estava deitado no escuro naquele momento... Eu mesmo me dissuadi de tudo isso cá comigo, até o último e mais ínfimo detalhe, e estou sabendo tudo, tudo! E como me saturou, como me saturou naquela ocasião toda essa conversa fiada! Eu queria esquecer tudo e recomeçar, Sônia, e parar com essa conversa fiada! Será que tu pensas que eu fui para lá como um imbecil, de modo irrefletido? Eu fui como um homem inteligente, e foi isso mesmo que me pôs a perder! Será que tu pensas que eu não sabia ao menos, por exemplo, que, se já havia começado a me perguntar e me interrogar – tenho ou não o direito de ter poder? –, é que eu, então, não tinha o direito de ter poder? Ou se eu me fazia a pergunta: o homem é um piolho? – é que, portanto, o homem não era um piolho *para mim*, mas era um pilho para aquele a quem isso não entra na cabeça e vai em frente sem fazer perguntas... E se eu passei tantos dias sofrendo por saber: Napoleão o faria ou não? – então eu já percebia claramente que não sou Napoleão... Eu suportei todo, todo o tormento dessa conversa fiada, Sônia, e desejei arremessá-la toda de cima dos meus ombros: Sônia, eu quis matar sem casuística, matar para mim, só para mim! A esse respeito eu não queria mentir nem a mim mesmo! Não foi para ajudar minha mãe que eu matei – isso é um absurdo! Eu não matei para obter recursos e poder, para me tornar um benfeitor da humanidade. Absurdo! Eu simplesmente matei; matei para mim, só para mim: agora, quando eu vier a ser benfeitor de alguém ou passar a vida inteira como uma aranha, arrastando todos para a rede e sugando a seiva viva de todos, isso, naquele instante, deve ter sido indiferente para mim!... E não era do dinheiro, Sônia, que eu precisava quando matei; não era tanto o dinheiro que me fazia falta quanto outra coisa... Agora eu sei tudo isso... Compreende-me: se voltasse a trilhar o mesmo caminho, talvez eu nunca mais repetisse o assassinato. Eu precisava saber de outra coisa, outra coisa me impelia: naquela ocasião eu precisava saber, e saber o quanto antes: eu sou um piolho, como todos, ou sou um homem?

Eu posso ultrapassar ou não! Eu ouso inclinar-se e tomar ou não! Sou uma besta trêmula ou tenho o *direito de...*
– Matar? Tem o direito de matar? – Sônia ergueu os braços.
– Ora, ora, Sônia! – ele soltou um grito irritado, quis objetar alguma coisa mas calou desdenhosamente... – Não me interrompas, Sônia! Eu só quis te demonstrar uma coisa: que naquela ocasião o diabo me arrastou, mas já depois me explicou que eu não tinha o direito de ir lá porque eu sou um piolho exatamente como todos os outros! Ele zombou de mim, e aí vim agora para o teu lado! Recebe o hóspede! E eu não fosse um piolho, teria vindo para o teu lado? Escuta: quando fui à casa da velha naquele momento, eu só fui para experimentar... Fica sabendo!"[1]

Nesse murmúrio de Raskólnikov, articulado por ele sozinho na escuridão, já ecoam todas as vozes, incluindo-se a voz de Sônia. Entre essas vozes ele procura a si mesmo (e o crime foi apenas um teste de si mesmo), orienta os seus acentos. Agora se processa uma reorientação desses acentos: o diálogo cujo trecho citamos ocorre no momento de transição desse processo de deslocamento dos acentos. No íntimo de Raskólnikov as vozes já estão deslocadas e se cruzam de modo diferente. Mas nos limites do romance não conseguimos ouvir a voz contínua do herói; a possibilidade de sua existência é apenas sugerida no epílogo.

É evidente que isso nem de longe esgota as peculiaridades do discurso de Raskólnikov com toda a variedade de suas manifestações estilísticas específicas. Ainda teremos oportunidade de voltar à vida extremamente tensa desse discurso nos diálogos com Porfiry.

Nossa incursão em *O Idiota* será ainda mais breve, pois aqui quase não há manifestações estilísticas essencialmente novas.

A confissão de Hippolit ("Minha explicação necessária") é um protótipo clássico de confissão com evasivas, assim como a própria tentativa fracassada de suicídio de Hippolit foi, pela ideia, uma tentativa de suicídio com evasivas. Essa ideia de Hippolit foi, no fundo, corretamente definida por Míchkin. Respondendo a Aglaya, para quem Hippolit tentou suicidar-se para que ela lesse depois a sua confissão, Míchkin diz: "Bem, isto... como dizê-lo? É muito difícil dizê-lo. Certamente ele queria que todos o rodeassem e lhe dissessem que gostam muito dele e o respeitam e que todos lhe pedissem muito para permanecer vivo. É muito possível que ele vos tivesse em vista mais do que

---
[1] F. M. Dostoiévski. *Crime e Castigo*. Ed. 34, p. 427-428.

aos outros, porque nesse instante ele se referiu a vós... embora ele mesmo talvez nem o soubesse que vos tinha em vista" (VI, 484).

Isso, evidentemente, não é um cálculo grosseiro, mas precisamente uma evasiva deixada pela vontade de Hippolit e que, no mesmo grau, confunde a atitude dele em face de si mesmo bem como a sua relação com os outros.[1] Por esse motivo, a voz de Hippolit é interiormente inacabada, da mesma forma que desconhece o ponto, como a voz do "homem do subsolo". Não é por acaso que sua última palavra (como deveria ser pela ideia a confissão) resultou de fato não ser absolutamente a última, pois fracassou a tentativa de suicídio.

Essa orientação velada para o reconhecimento pelos outros, que determina todo o estilo e o tom do todo, é contrariada pelas declarações francas de Hippolit, que determinam o conteúdo da sua confissão: a independência em face dos juízos do outro, a indiferença para com ele e a manifestação da voluntariedade. "Não quero partir – diz ele – sem deixar a palavra em resposta, a palavra livre e não forçada, não para me justificar, oh, não! não tenho a quem nem por que me desculpar; assim o faço porque eu mesmo o quero" (VI, 468). Sobre essa contradição funda-se toda a sua imagem, é ela que lhe determina cada ideia e cada palavra.

Com esse discurso pessoal de Hippolit sobre si mesmo se entrelaça o discurso ideológico, que, como no "homem do subsolo", está voltado para o universo e voltado com protesto; o suicídio também deve ser uma expressão desse protesto. Sua ideia acerca do mundo se desenvolve nas formas do diálogo com uma certa força suprema que o ofendeu.

A orientação recíproca do discurso de Míchkin com o discurso do outro também é muito intensa, no entanto tem caráter relativamente diverso. O discurso interior de Míchkin também se desenvolve dialogicamente, seja em relação a si mesmo, seja em relação ao outro. Ele também fala não de si mesmo, não de um outro, mas consigo mesmo e com um outro; a intranquilidade desses diálogos interiores é imensa. Mas ele é orientado antes pelo temor do seu próprio discurso (em relação ao outro) do que pelo temor do discurso do outro. Suas ressalvas, inibições, etc. se devem, na maioria dos casos, precisamente

---

[1] Isso também é percebido corretamente por Míchkin: "...além do mais, é possível que ele nem tenha pensado mesmo nisto mas apenas querido... tenha querido encontrar-se com gente pela última vez, tenha querido merecer-lhe o respeito e a estima" (VI, 484-485).

a esse temor, começando pela simples delicadeza dispensada ao outro e terminando pelo temor profundo e de princípio de dizer acerca do outro a palavra decisiva e definitiva. Ele teme as suas ideias sobre o outro, suas suspeitas e hipóteses. Nesse sentido, é muito típico o seu diálogo interior antes do atentado de Rogójin contra ele.

É verdade que, segundo o plano de Dostoiévski, Míchkin já é um portador do *discurso penetrante*, ou seja, de um discurso capaz de interferir ativa e seguramente no diálogo interior do outro, ajudando a reconhecer sua própria voz. Num dos momentos de mais intensa dissonância de vozes em Nastássia Fillípovna, quando ela, no apartamento de Gânitchka, representa desesperadamente uma "mulher decadente", Míchkin introduz um tom quase decisivo no seu diálogo interior:

"– E a senhora não se envergonha! Porventura é esse tipo que há pouco fez parecer? E pode ser uma coisa dessas? – gritou súbito o príncipe com um profundo e afetuoso reproche.

Nastássia Fillípovna ficou surpresa, deu um risinho, mas como se escondesse alguma coisa por trás do sorriso, olhou para Gânia meio perturbada, e saiu do salão. Contudo, antes de alcançar a antessala, voltou subitamente, chegou-se rápido a Nina Alieksándrovna, segurou-lhe a mão e levou-a aos lábios.

– Eu realmente não sou esse tipo, ele adivinhou – sussurrou em tom rápido, caloroso, repentinamente toda inflamada e ruborizada e, dando meia-volta, saiu desta vez tão rápido que ninguém conseguiu entender por que havia voltado."[1]

Ele sabe dizer as mesmas palavras e com o mesmo efeito a Gânia, Rogójin, Elizavieta Prokófievna e outros. Mas esse discurso penetrante, esse chamamento a uma das vozes do outro como a uma voz verdadeira nunca é decisivo em Míchkin segundo o plano de Dostoiévski. Esse discurso carece de uma espécie de certeza definitiva e imperiosidade, e amiúde simplesmente se desintegra. Míchkin também desconhece o discurso monológico firme e integral. O dialogismo interior do seu discurso é tão grande e tão intranquilo como o de outros heróis.

Passemos ao *Os Demônios*. Detenhamo-nos apenas na confissão de Stavróguin.

---

[1] F. M. Dostoiévski. *O Idiota*. Tradução de Paulo Bezerra. Ed. 34, São Paulo, p. 149.

A estilística da confissão de Stavróguin chamou a atenção de Leonid Grossman, que lhe dedicou um pequeno ensaio denominado "A estilística de Stavróguin" (Para o estudo do novo capítulo de *Os Demônios*).[1]

Eis um resumo da análise de Grossman:

"É este o insólito e sutil sistema composicional da 'Confissão' de Stavróguin. A penetrante autoanálise de uma consciência criminosa e o registro implacável de todas as suas mais ínfimas ramificações exigiam até no tom da narração um novo princípio de estratificação do discurso e da fala integral e fluente. Em quase todo o decorrer da narração sente-se o princípio da decomposição do estilo narrativo harmonioso. O tema terrivelmente analítico da confissão de um terrível pecador exigia essa mesma personificação desmembrada e como que em constante desagregação. Sinteticamente acabado, o discurso fluente e equilibrado da descrição literária era o que menos corresponderia a esse mundo caoticamente terrível e inquietantemente instável do espírito criminoso. Toda a monstruosa deformidade e o inesgotável terror das recordações de Stavróguin exigiam essa perturbação do discurso tradicional. O aspecto pavoroso do tema procurava imperiosamente novos procedimentos de frase deformada e irritante.

A 'Confissão' de Stavróguin é um notável experimento estilístico, no qual a prosa literária clássica do romantismo russo foi pela primeira vez intensamente abalada, deformada e deslocada no sentido de conquistas futuras e desconhecidas. Somente no fundo da arte europeia da nossa atualidade é possível encontrar um critério de avaliação de todos os procedimentos proféticos dessa estilística da desorganização."[2]

Grossman entendeu o estilo da confissão de Stavróguin como expressão monológica da consciência deste. Acha ele que esse estilo é adequado ao tema, ou seja, ao próprio crime e à alma de Stavróguin. Desse modo, Grossman aplicou às confissões os princípios da estilística tradicional, que considera apenas o discurso direto, discurso que conhece somente a si mesmo e ao seu objeto. Em realidade, o estilo da

---

1   *Apud A Poética de Dostoiévski*. A princípio o artigo fora publicado na segunda coletânea: *Dostoiévski: Stati i materiali*, sob redação de A. S. Dolínin, Ed. "Misl", Moscou-Leningrado, 1924.

2   Leonid Grossman. *A Poética de Dostoiévski*. Ed. "Gosudárstvennaya Akadêmiya Khudójestvennikh naúk", Moscou, 1925, p. 162.

confissão de Stavróguin é determinado, antes de tudo, pela sua diretriz dialógica interior voltada para o outro. É precisamente essa mirada para o outro o que determina as deformações do estilo dessa confissão e toda a sua forma específica. Era justamente o que Tíkhonov tinha em vista, quando começou diretamente da "crítica estética" ao estilo da confissão. Note-se que Grossman perde totalmente de vista o mais importante da crítica de Tíkhonov e não o cita no artigo, limitando-se a referir-se ao secundário. A crítica de Tíkhonov é muito importante, pois traduz de maneira indiscutível a ideia artística do próprio Dostoiévski.

Onde Tíkhonov situa a falha fundamental da confissão?

Suas primeiras palavras após a leitura dos escritos foram:

"– Será que não se poderiam fazer algumas correções nesse documento?

– Para quê? Escrevi-o com sinceridade – respondeu Stavróguin.

– Pelo menos um pouco no estilo..."[1]

Assim, o estilo e sua deselegância foram os primeiros a impressionarem Tíkhonov na confissão. Citemos um trecho do diálogo entre eles, que revela a essência real do estilo de Stavróguin:

"– O senhor parece querer imaginar-se intencionalmente mais grosseiro do que desejaria seu coração... – ousava cada vez mais e mais Tíkhonov. Era evidente que o documento produzira nele uma forte impressão.

– 'Imaginar'? – repito-lhe: eu não 'me imaginava' e particularmente não 'me fazia de rogado'.

Tíkhonov baixou rapidamente a vista.

– Esse documento decorre diretamente de uma necessidade do coração, ferido de morte – estou interpretando certo? – continuou com persistência e um ardor incomum. Sim, esta é uma confissão e a necessidade natural dela, que o venceu, e o senhor enveredou pelo grande caminho, um caminho inaudito. Mas o senhor como que já odeia por antecipação todos aqueles que vierem a ler o que aqui está descrito e os chamará para o combate. Se não se envergonha de confessar o crime por que se envergonha do arrependimento? Pois que olhem para mim, diz o senhor; no entanto, como o senhor irá olhar para eles? Algumas passagens de sua exposição

---

[1] *Documentos de História da Literatura e da Vida Pública*, parte I. F. M. Dostoiévski. Ed. Tsentrarkhiva R. S. F. S. R. Moscou, 1922, p. 32.

estão reforçadas pelo estilo; é como se o senhor se deliciasse com a sua psicologia e se agarrasse a cada insignificância com o único fito de deixar o leitor surpreso com uma insensibilidade que no senhor não existe. O que é isto senão um *desafio altivo do culpado ao juiz?*"[1]

A confissão de Stavróguin, como a confissão de Hippolit e a do "homem do subsolo", é uma confissão com a mais intensa orientação voltada para o outro, sem o qual o herói não pode passar, mas o qual ele odeia ao mesmo tempo e cujo julgamento não aceita. Por isso, a confissão de Stavróguin, assim como as confissões que examinamos anteriormente, carece de vigor conclusivo e tende para a mesma infinidade precária à qual tão nitidamente tende o discurso do "homem do subsolo". Sem o reconhecimento e a afirmação pelo outro, Stavróguin é incapaz de aceitar a si mesmo, mas ao mesmo tempo não quer aceitar o juízo do outro a seu respeito. "Mas para mim restarão aqueles que saberão de tudo e olharão para mim, e eu para eles. Quero que todos olhem para mim. Isso me alivia? Não sei. Apelo assim para o último recurso." Ao mesmo tempo, o estilo da sua confissão é ditado pela independência e pela não aceitação desses "todos".

A atitude de Stavróguin em face de si mesmo e do outro se situa no mesmo círculo vicioso pelo qual perambula o "homem do subsolo", "sem prestar qualquer atenção aos seus companheiros" e batendo ao mesmo tempo com o pé no chão a fim de fazê-los perceber finalmente que ele não lhes dá atenção. Aqui o problema é apresentado em outras bases, muito distante da comicidade. Não obstante, a situação de Stavróguin é cômica. "Até *na forma* dessa grande confissão há algo de cômico" – diz Tíkhonov.

Enfocando a "Confissão", porém, devemos reconhecer que pelos traços externos do estilo ela difere radicalmente das *Memórias do Subsolo*. Em seu tecido não penetra nenhuma palavra do outro, nenhum acento do outro, nenhuma ressalva, nenhuma repetição, nenhuma reticência. É como se não se verificassem quaisquer traços externos da influência dominante do discurso do outro. Aqui a palavra efetiva do outro penetrou tão profundamente no íntimo, nos próprios átomos da construção, as réplicas mutuamente opostas se sobrepuseram tão densamente umas às outras que o discurso se afigura

---

[1] F. M. Dostoiévski. *Os Demônios*. Tradução de Paulo Bezerra. 2ª edição, Editora 34, São Paulo, 2006, p. 680.

externamente monológico. No entanto até um ouvido insensível capta nele a interferência aguda e irreconciliável de vozes a que Tíkhonov se referiu de imediato.

O estilo é determinado acima de tudo pelo cínico desconhecimento do outro, desconhecimento acentuadamente deliberado. A frase é grosseiramente descosida e cinicamente precisa. Não se trata de uma rigorosidade sensata nem de precisão, nem de aspecto documentário no sentido comum, pois esse aspecto documentário realista visa ao seu objeto e – a despeito de toda a secura do estilo – procura adequar-se a todos os seus aspectos. Stavróguin se empenha em apresentar a sua palavra sem acento valorativo, em torná-la deliberadamente inexpressiva, erradicar dela todos os tons humanos. Quer que todos olhem para ele, mas ao mesmo tempo se penitencia sob uma máscara imóvel e lívida. Por isso refaz cada oração de maneira a impedir que nela se revele o seu tom pessoal e transpareçam as suas confissões ou ao menos apareça simplesmente o seu acento intranquilo. Por isso ele deforma a frase, pois a frase normal é demasiado flexível e sensível na transmissão da voz humana.

Citemos apenas um protótipo:

"Eu, Nikolai Stavróguin, oficial reformado, em 186 – morei em Petersburgo, entregando-me a uma devassidão na qual não encontrava prazer. Na época, mantive durante certo tempo três apartamentos. Em um deles eu mesmo morava com cama e criadagem, no qual também estava na ocasião Mária Lebiádkina, hoje minha legítima esposa. Aluguei os outros dois apartamentos por mês para amoricos: em um recebia uma senhora que me amava, no outro a sua criada de quarto, e durante certo tempo andei muito ocupado com a intenção de juntar as duas para que a patroa e a empregada se encontrassem na presença dos meus amigos e do marido. Conhecendo os caracteres das duas, esperava dessa brincadeira tola um grande prazer."[1]

A frase é como se perdesse a sequência onde começa a voz humana viva. Stavróguin como que nos dá as costas depois de cada palavra que nos lança. Note-se que mesmo a palavra "eu" ele tenta omitir onde fala de si, onde o "eu" não é uma simples referência formal ao verbo e deve ser revestido de uma acento especialmente

---

[1] F. M. Dostoiévski. *Os Demônios*. Ed. 34, p. 664.

intenso e pessoal (por exemplo, na primeira e na última orações do trecho citado). Todas as particularidades sintáticas observadas por Grossman – a frase deformada, o discurso deliberadamente opaco ou deliberadamente cínico, etc. – são, no fundo, uma manifestação da intenção principal de Stavróguin, que é a de erradicar de modo patente e provocante do seu discurso o acento pessoal vivo e falar dando as costas ao interlocutor. É evidente que, paralelamente a esse momento, poderíamos encontrar na "Confissão" de Stavróguin algumas daquelas manifestações das quais tomamos conhecimento nas anteriores falas monológicas dos heróis, se bem que em forma atenuada e subordinada, em todo caso, à tendência dominante.

A narração do "Adolescente", sobretudo no começo, é como se novamente nos remetesse às *Memórias do Subsolo*: a mesma polêmica velada e aberta com o leitor, as mesmas ressalvas, reticências, a mesma introdução das réplicas antecipáveis, a mesma dialogação de todas as atitudes em face de si mesmo e do outro. É evidente que essas mesmas particularidades caracterizam o discurso do "Adolescente" como herói.

No discurso de Viersílov manifestam-se fenômenos um tanto diversos. Trata-se de um discurso comedido e como que perfeitamente estético. Mas em realidade ele também carece de uma elegância plena. Todo ele está construído de modo a abafar todos os tons e acentos pessoais de maneira deliberada e acentuada, com um desafio comedido e desdenhoso ao outro. Isso indigna e humilha o Adolescente, que anseia ouvir a própria voz de Viersílov. Com uma impressionante maestria, Dostoiévski impõe, em instantes raros, a irrupção dessa voz com as suas entonações novas e inesperadas. Viersílov evita longa e obstinadamente encontrar-se cara a cara com o Adolescente sem a máscara verbal que ele criou e usa sempre com tão grande elegância. Eis um dos encontros em que irrompe a voz de Viersílov.

"– Essas escadas... queixava-se Viersílov, arrastando as palavras, para dizer algo, e sem dúvida temendo que eu também dissesse alguma coisa – essas escadas, estou desacostumado, e tu moras no segundo andar. Vamos, agora encontrei o caminho... Não te inquietes, meu caro, te arriscarias a sentir frio...

Estávamos diante da porta, e eu o seguia sempre. Abriu-a; o vento que irrompeu bruscamente apagou minha candeia. Então, tomei-o pelo braço; a escuridão era completa. Ele estremeceu, mas não disse palavra. Lancei-me sobre a sua mão e me pus a beijá-la avidamente, várias vezes, inúmeras vezes.

– Meu caro rapaz, por que me estimas tanto? – perguntou, com uma voz diferente. – Essa voz estremecia, e possuía uma tonalidade completamente nova, dir-se-ia que não era ele quem falava."[1]

Mas a dissonância das duas vozes na voz de Viersílov é especialmente marcante e forte em relação a Akhmákova (amor-ódio) e em parte à mãe do Adolescente. Essa dissonância termina numa completa desintegração temporal dessas vozes, ou seja, no desdobramento.

Em *Os Irmãos Karamázov*, surge um novo momento na construção do discurso monológico das personagens, e devemos analisá-lo brevemente, embora esse momento já se manifeste plenamente no diálogo.

Já dissemos que os heróis de Dostoiévski são oniscientes desde o começo e se limitam a fazer sua opção dentro de uma matéria plenamente significativa. Às vezes, porém, eles ocultam de si mesmos aquilo que em realidade já sabem e veem. Isso se manifesta da maneira mais simples nas ideias duplas que caracterizam todos os heróis de Dostoiévski (inclusive Míchkin e Alióchka). Uma ideia é evidente, determina o *conteúdo* do discurso, a outra é velada, contudo determina a *construção* do discurso, lançando sobre ela a sua sombra.

A novela *Uma Criatura Dócil*... se constrói diretamente a partir do motivo do desconhecimento consciente. O próprio herói oculta de si e elimina vaidosamente do seu discurso algo que está sempre diante dos seus olhos. Todo o seu monólogo visa a fazê-lo ver finalmente e reconhecer aquilo que, no fundo, ele já sabe e vê desde o início. Dois terços desse monólogo são determinados pela tentativa desesperada que o herói empreende a fim de contornar aquilo que interiormente já lhe determina o pensamento e a fala como uma "verdade" invisivelmente presente. A princípio ele procura "concentrar seus pensamentos num ponto" situado no lado oposto dessa verdade. Mas acaba sendo forçado a concentrá-los no ponto da "verdade" terrível para ele.

Esse motivo estilístico foi elaborado com maior profundidade nos discursos de Ivan Karamázov. A princípio a sua vontade de ver o pai morto e, posteriormente, sua participação no assassinato são os fatos

---

[1] F. M. Dostoiévski. *O Adolescente*, Ed. José Olympio, p. 197.

que determinam invisivelmente o seus discurso, evidentemente em ligação estreita e indissolúvel com a sua dual posição ideológica em face do mundo. O processo da vida interior de Ivan, representado no romance, é até certo ponto um processo de reconhecimento, para si e para os outros, daquilo que, no fundo, ele já sabe há muito tempo. Repetimos: esse processo se desenvolve principalmente nos diálogos, antes de tudo nos diálogos com Smierdiakóv. É este que vai pouco a pouco se assenhorando da voz de Ivan, que a oculta de si mesmo. Smierdiakóv pode dirigir essa voz justamente porque a consciência de Ivan não olha nem quer olhar para esse lado. Acaba conseguindo de Ivan aquilo de que necessita e a palavra que quer ouvir. Ivan viaja a Tchermáchnia, aonde Smierdiakóv insiste que vá.

"Quando ele já estava sentado na *tarantás*, Smierdiakóv correu para acertar o tapete.

– Como vês, estou indo a Tchermáchnia... – deixou escapar Ivan Fiódorovitch como que de repente, como ocorrera na véspera quando aquilo saíra naturalmente, e ainda com um risinho nervoso. Mais tarde se lembraria muito disto.

– Quer dizer que é verdade, que é até curioso conversar com um homem inteligente – respondeu com firmeza Smierdiakóv, fitando Ivan com um olhar penetrante."[1]

O processo de explicação a si mesmo e de paulatino reconhecimento daquilo que, no fundo, ele já sabia, que vinha sendo dito pela sua segunda voz, constitui o conteúdo das partes subsequentes do romance. O processo não foi concluído. Foi interrompido pela doença mental de Ivan.

O discurso ideológico de Ivan, a orientação pessoal e o encaminhamento dialógico desse discurso para o seu objeto manifestam-se com excepcional nitidez e precisão. Não se trata de um juízo sobre o mundo, mas de uma negação pessoal deste, de sua rejeição dirigida a Deus como culpado pela ordem universal. Mas esse discurso ideológico de Ivan desenvolve-se como que num diálogo dual: no diálogo entre Ivan e Aliócha foi inserido o diálogo (mais precisamente, o monólogo dialogado) do Grande Inquisidor com Cristo, inventado por Ivan.

Focalizemos mais uma variedade do discurso em Dostoiévski: o discurso hagiográfico. Este se manifesta nos discursos de Khromo-

---

[1] F. M. Dostoiévski. *Os Irmãos Karamázov*, Ed. Naúka, Leningrado, 1976, p. 254.

nojka, nos discursos de Makar Dolgoruki e, por último, na vida de Zossima. Surgiu pela primeira vez, provavelmente, nas narrações de Míchkin (especialmente no episódio com Mária). O discurso hagiográfico é um discurso sem olhada em torno, que se basta calmamente a si mesmo e ao seu objeto. Mas em Dostoiévski, evidentemente, é um discurso estilizado. No fundo, a voz monologicamente firme e segura do herói nunca aparece em suas obras, embora uma certa tendência para esse discurso seja nitidamente percebida em alguns casos pouco numerosos. Quando, segundo o plano de Dostoiévski, o herói se aproxima da verdade acerca de si mesmo, concilia-se com outro e se assenhora de sua autêntica voz, começam a mudar seu estilo e seu tom. Assim, por exemplo, o herói de *Uma Cristura Dócil* chega, pela intenção do autor, à verdade: "A verdade lhe eleva avassaladoramente o coração e a inteligência. No fim até o tom da narração se modifica relativamente se comparado ao começo desordenado dela" (do prefácio de Dostoiévski).

Eis a voz modificada do herói da última página da novela:

"Cega, cega! Está morta, não pode ouvir! Você não sabe com que paraíso eu a teria cercado. O paraíso estava em minha alma, eu o teria plantado em seu redor! Bem, se você não me amava, muito bem, qual o problema? As coisas poderiam ter sido *assim*, tudo poderia ter permanecido *assim*. Podia contar-me coisas apenas como a um amigo, e aí nos divertiríamos e riríamos alegremente, olhando nos olhos um do outro. Poderíamos viver assim. E caso se apaixonasse por outro, pois que fosse, que importa! Você poderia ir com ele, sorrindo, enquanto eu ficaria olhando do outro lado da rua... Oh, pouco importa isso tudo, a única coisa que importa é que abra os olhos, ao menos uma vez! Se me lançasse um só olhar, só por um instante, como ainda há pouco, quando estava diante de mim, e jurava que seria uma esposa fiel! Oh, num olhar eu teria compreendido tudo!"[1]

Palavras análogas sobre o paraíso ecoam com o mesmo estilo mas em tom de interpretação nos discursos do "jovem irmão de Zossima", nos discursos do próprio Zossima após a vitória sobre si mesmo (o episódio com o ordenança e o duelo) e, por último, nos discursos do "visitante misterioso" após a confissão deste. Mas todos esses discursos estão, em graus variados, subordinados aos tons estilísticos do estilo

---

[1] F. M. Dostoiévski. *Uma Criatura Dócil*. Tradução de Fátima Bianchi. Ed. Cosac & Naify, São Paulo, 2003, p. 83.

hagiográfico-eclesiástico ou eclesiástico-confessional. Na narração propriamente dita esses tons aparecem apenas uma vez: em *Os Irmãos Karamázov*, no capítulo "Caná da Galiteia".

Cabe posição de destaque ao *discurso penetrante*, que tem suas funções nas obras de Dostoiévski. Pela ideia, esse discurso deve ser um discurso rigorosamente monológico, não desintegrado, um discurso sem mirada em torno, sem evasivas nem polêmica interior. Mas tal discurso só é possível no diálogo real com um outro.

Em geral, a conciliação e a fusão de vozes mesmo nos limites de uma consciência segundo o plano de Dostoiévski e as suas premissas ideológicas básicas não podem ser um ato monológico, mas pressupõem a incorporação da voz do herói a um coro. Para tanto, porém, é necessário vencer e abafar as suas vozes fictícias, que interrompem e imitam a verdadeira voz do homem. No plano da ideologia social de Dostoiévski, isso redundava na exigência de fusão da intelectualidade com o povo: "Concilia, homem orgulhoso, e antes de tudo vence o teu orgulho. Concilia, homem ocioso, e antes de tudo trabalha no campo popular." No plano da sua ideologia religiosa, isso significa juntar-se ao coro e proclamar "Hosanna!" junto com todos. Nesse coro a palavra é transmitida de boca em boca nos mesmos tons de louvor, contentamento e alegria. Mas no plano dos romances dostoievskianos não se desenvolve essa polifonia de vozes conciliadas, mas uma polifonia de vozes em luta e interiormente cindidas. Estas já não foram dadas no plano das suas aspirações ideológicas estreitas, mas na realidade concreta do seu tempo. A utopia social e religiosa, própria das suas concepções ideológicas, não absorveu nem dissolveu em si a visão artístico-objetiva do romancista.

Algumas palavras sobre o estilo do narrador.

Nas obras mais tardias, o discurso do narrador não apresenta quaisquer tons novos e quaisquer diretrizes substanciais em comparação com o discurso das personagens. Continua sendo um discurso entre os discursos. Em linhas gerais, a narração se desenvolve entre dois limites: entre o discurso secamente informativo, protocolar, de modo algum representativo, e o discurso do herói. Mas onde a narração tende para o discurso do herói ela o apresenta com acento deslocado ou modificado (de modo excitante, polêmico, irônico), e somente em casos raríssimos tende para uma fusão monoacentual com ele.

Entre esses dois limites o discurso do narrador se desenvolve em cada romance.

A influência desses dois limites manifesta-se de modo patente até mesmo nos títulos dos capítulos. Alguns foram tomados diretamente das palavras do herói (mas como títulos de capítulos essas palavras ganham, evidentemente, outro acento); outros foram dados no estilo do herói; terceiros têm caráter prático, informativo; quartos, por último, são literalmente convencionais. Eis o exemplo, para cada caso, de *Os Irmãos Karamázov*: Cap. IV (livro II): "Para que vive um homem como esse" (palavras de Dmítri); Cap. II (livro I): "O filho abandonado" (no estilo de Fiódor Pávlovitch Karamázov); Cap. I (livro I): "Fiódor Pávlovitch Karamázov" (título informativo); Cap. VI (livro V): "Ainda muito pouco claro" (rótulo literário-convencional). O título *Os Irmãos Karamázov* implica, como um microcosmos, toda a variedade de tons e estilos que fazem parte do romance.

Em nenhum romance essa variedade de tons e estilos é levada a um denominador comum. Em parte alguma há discurso-dominante, seja discurso do autor ou do herói. Nesse sentido monológico não há unidade de estilo nos romances de Dostoiévski. Quanto à colocação da narração no seu todo, já dissemos que está endereçada dialogicamente ao herói. Isso porque a dialogação total de todos os elementos da obra é um momento essencial da própria ideia do autor.

Onde a narração não interfere como voz do outro no diálogo interior dos heróis, onde ela não faz unidade dissonante com o discurso de um deles ela apresenta o fato sem voz, sem entonação ou com uma entonação convencional. O discurso protocolar seco e informativo é como que um discurso sem voz, matéria bruta para a voz. Mas esse fato sem voz e sem acento é apresentado de tal modo que pode fazer parte do campo de visão do próprio herói e tornar-se matéria para a sua própria voz, matéria para o seu julgamento de si mesmo. Nele o autor não insere o seu julgamento, a sua apreciação. Por isso o narrador não tem campo de visão excedente, não tem perspectiva.

Desse modo, algumas palavras são direta e abertamente coparticipantes do diálogo interior do herói, outras o são potencialmente: o autor as constrói de modo a que elas possam ser assimiladas pela consciência e pela voz do próprio herói; o acento delas não foi predeterminado e para ele foi reservada posição especial.

Assim, pois, nas obras de Dostoiévski não há um discurso definitivo, concluído, determinante de uma vez por todas. Daí não haver tampouco uma imagem sólida do herói que responda à pergunta: "quem é *ele*?". Aqui há apenas as perguntas: "quem sou *eu*?" e "quem és *tu*?" Mas essas perguntas também soam no diálogo interior contínuo e inacabado. A palavra do herói e a palavra sobre o herói são determinadas pela atitude dialógica aberta em face de si mesmo e do outro. O discurso do autor não pode abranger de todos os lados, fechar e concluir de fora o herói e o seu discurso. Pode apenas dirigir-se a ele. Todas as definições e todos os pontos de vista são absorvidos pelo diálogo, incorporam-se ao seu processo de formação. Dostoiévski desconhece o discurso à revelia, que, sem interferir no diálogo interior do herói, construiria de forma neutra e objetiva a imagem acabada deste. O discurso "à revelia", que resume em definitivo a personagem, não faz parte do seu plano. No mundo de Dostoiévski não há discurso sólido, morto, acabado, sem resposta, que já pronunciou sua última palavra.

4. O Diálogo em Dostoiévski

A autoconsciência do herói em Dostoiévski é totalmente dialogada: em todos os seus momentos está voltada para fora, dirige-se intensamente a si, a um outro, a um terceiro. Fora desse apelo vivo para si mesma e para outros ela não existe nem para si mesma. Nesse sentido pode-se dizer que o homem em Dostoiévski é o *sujeito do apelo*. Não se pode falar sobre ele, pode-se apenas dirigir-se a ele. "Aquelas profundidades da alma humana", cuja representação Dostoiévski considerava tarefa fundamental do seu realismo "no sentido supremo", revelam-se apenas no apelo tenso. Dominar o homem interior, ver e entendê-lo é impossível fazendo dele objeto de análise neutra indiferente, assim como não se pode dominá-lo fundindo-se com ele, penetrando em seu íntimo. Podemos focalizá-lo e podemos revelá-lo – ou melhor, podemos forçá-lo a revelar-se a si mesmo – somente através da comunicação com ele, por via dialógica. Representar o homem interior como o entendia Dostoiévski só é possível representando a comunicação dele com um outro. Somente na comunicação, na interação do homem com o homem revela-se o "homem no homem" para outros ou para si mesmo.

Compreende-se perfeitamente que no centro do mundo artístico de Dostoiévski deve estar situado o diálogo, e o diálogo não como meio, mas como fim. Aqui o diálogo não é o limiar da ação, mas a própria ação. Tampouco é um meio de revelação, de descobrimento do caráter como que já acabado do homem. Não, aqui o homem não apenas se revela exteriormente como se torna, pela primeira vez, aquilo que é, repetimos, não só para os outros, mas também para si mesmo. Ser significa comunicar-se pelo diálogo. Quando termina o diálogo, tudo termina. Daí o diálogo, em essência, não poder nem dever terminar. No plano da sua concepção de mundo utópico-religiosa, Dostoiévski transfere o diálogo para a eternidade, concebendo-o como um eterno cojúbilo, um eterno codeleite, uma eterna con-córdia. No plano do romance isso se apresenta como inconclusibilidade do diálogo, apresentando-se primariamente como infinidade precária deste.

Nos romances de Dostoiévski tudo se reduz ao diálogo, à contraposição dialógica como centro. Tudo é meio, o diálogo é o fim. Uma só voz nada termina e nada resolve. Duas vozes são o mínimo de vida, o mínimo de existência.

No plano de Dostoiévski, a infinitude potencial do diálogo por si só já resolve o seguinte problema: esse não pode ser um diálogo do enredo na acepção rigorosa do termo, pois o diálogo do enredo tende tão necessariamente para o fim como o próprio evento do enredo do qual o diálogo é, no fundo, um momento. Por isso, o diálogo em Dostoiévski, como já dissemos, está sempre fora do enredo, ou seja, independe interiormente da inter-relação entre os falantes no enredo, embora, evidentemente, seja preparado pelo enredo. Por exemplo, o diálogo de Míchkin com Rogójin é um diálogo do "homem com o homem", e não um diálogo entre dois competidores, embora a competição tenha sido precisamente o que os aproximou. O núcleo do diálogo está sempre fora do enredo, por maior que seja a sua tensão no enredo (por exemplo, o diálogo entre Aglaya e Nastássia Fillípovna). Em compensação, a envoltura do diálogo sempre está situada nas profundezas do enredo. Somente na obra inicial de Dostoiévski os diálogos tinham caráter um tanto abstrato e não se assentavam na sólida base do enredo.

O esquema básico do diálogo em Dostoiévski é muito simples: a contraposição do homem ao homem como contraposição do "eu" ao "outro".

Na obra inicial, esse "outro" também tem caráter um tanto abstrato: é o outro como tal. "Eu sou um, eles são todos", pensava sobre si na mocidade o "homem do subsolo". Mas, no fundo, ele assim continua pensando em sua vida posterior. Para ele, o mundo se desintegra em dois campos: em um "estou eu", no outro estão "eles", ou seja, todos os "outros" sem exceção, não importa quem sejam. Para ele, cada pessoa existe antes de tudo como um "outro". E essa definição do homem determina imediatamente a atitude daquele em face deste.

Ele reduz todas as pessoas a um denominador comum: o "outro". Enquadra nessa categoria os colegas de escola, os colegas de trabalho, a mulher que o ama e inclusive o criador da ordem universal com o qual polemiza, e reage antes de tudo diante deles como diante de "outros" para si.

Esse caráter abstrato é determinado por todo o plano dessa obra. A vida do herói do subsolo é desprovida de qualquer espécie de enredo. A vida no enredo, na qual existem amigos, irmãos, pais, esposas, rivais, mulheres amadas, etc. e na qual ele poderia ser irmão, filho ou marido é por ele vivida apenas em sonho. Em sua vida real não existem essas categorias humanas reais. Por isso, os diálogos interiores e exteriores nessa obra são tão abstratos e classicamente precisos que só podem ser comparados com os diálogos de Racine. Aqui a infinitude do diálogo exterior se manifesta com a mesma precisão matemática que a infinitude do diálogo interior. O "outro" real pode entrar no mundo do "homem do subsolo" apenas como o "outro" com o qual ele já vem travando sua polêmica interior desesperada. Qualquer voz real do outro funde-se inevitavelmente com a voz do outro que já soa aos ouvidos do herói. E a palavra real do "outro" é igualmente arrastada para o *perpetuum mobile* como todas as réplicas antecipáveis do outro. O herói exige tiranicamente que o outro o reconheça plenamente e o aprove, mas ao mesmo tempo não aceita esse reconhecimento e essa aprovação, pois nele o outro resulta uma parte fraca e passiva: resulta entendido, aceito e perdoado. É isso que seu orgulho não pode suportar.

"E nunca desculparei também *a você* as lágrimas de há pouco, que não pude conter, como uma mulher envergonhada! E também nunca desculparei *a você* as confissões que lhe estou fazendo agora! – assim grita ele durante as suas confissões à moça que por ele se apaixonara. Mas compreende você como agora, depois de lhe contar tudo isto, vou odiá-la porque esteve aqui e me ouviu? Uma pessoa se revela assim apenas uma vez na vida, e assim mesmo somente num acesso de histeria!... Que mais você quer? E por que, depois de tudo isto, você fica aí na minha frente, por que me tortura e não vai embora?"[1]

Mas ela não se foi. E aconteceu o pior ainda. Ela o entendeu e o aceitou tal qual ele era. Ele não podia lhe suportar a compaixão e a aceitação.

"Acudiu-me também à transtornada cabeça o pensamento de que

---

[1] F. M. Dostoiévski. *Memórias do Subsolo*. Ed. José Olympio, p. 246.

os papéis estavam já definitivamente trocados, que ela é que era a heroína, e que eu era uma criatura tão humilhada e esmagada como ela fora diante de mim naquela noite, quatro dias atrás... E tudo isso me passou pela mente ainda naqueles instantes em que eu estava deitado de bruços sobre o divã!
Meu Deus! Será possível que eu a tenha então invejado?
Não sei, não pude esclarecer isto até hoje; mas então, naturalmente, podia compreendê-lo ainda menos que agora. Bem certo é que eu não posso viver sem autoridade e tirania sobre alguém... Mas... mas nada se consegue explicar com argumentação, e, por conseguinte, não há motivo para se argumentar."[1]

O "homem do subsolo" permanece em sua irremediável oposição "ao outro". A voz humana real, assim como a réplica antecipável do outro, não podem dar por acabado o seu interminável diálogo interior.

Já dissemos que o diálogo interior (ou seja, o microdiálogo) e os princípios de sua construção constituíram a base na qual Dostoiévski introduziu inicialmente outras vozes reais. Agora devemos examinar com mais atenção essa inter-relação do diálogo interior e do exterior composicionalmente expresso, pois é nele que reside a essência da ciência do diálogo de Dostoiévski.

Vimos que, em *O Duplo*, o segundo herói (o sósia) foi introduzido diretamente por Dostoiévski como segunda voz interior personificada do próprio Goliádkin. Assim, também, é a voz do narrador. Por outro lado, a voz interior de Goliádkin é, em si, apenas um substituto, um sucedâneo específico da voz real do outro. Graças a isso obtiveram-se a mais estreita relação entre as vozes e uma extrema tensão (é verdade que unilateral, aqui) dos seus diálogos. A réplica do outro (do duplo) não podia deixar de ofender pessoalmente a Goliádkin, pois não era outra coisa senão a sua própria palavra na boca dos outros, mas, por assim dizer, uma palavra às avessas, com acento deslocado e aleivosamente deformado.

Esse princípio de combinação de vozes é mantido em toda a obra posterior de Dostoiévski, porém em forma complexificada e aprofundada. É a ele que o romancista deve a excepcional expressividade dos seus diálogos. Dostoiévski sempre introduz dois heróis de maneira a que cada um deles esteja intimamente ligado à voz interior do outro, embora ele nunca mais venha a ser personificação direta dela (à

---

[1] F. M. Dostoiévski. *Memórias do Subsolo*, p. 248.

exceção do diabo de Ivan Karamázov). Por isso, no diálogo entre eles as réplicas de um atingem e chegam inclusive a coincidir parcialmente com as réplicas do diálogo interior do outro. A ligação profunda e essencial ou a coincidência parcial entre as palavras do outro em um herói e o discurso interior e secreto do outro herói são momentos obrigatórios em todos os diálogos importantes de Dostoiévski; os diálogos fundamentais baseiam-se diretamente nesse momento.

Citemos um pequeno porém muito expressivo diálogo de *Os Irmãos Karamázov*.

Ivan Karamázov ainda acredita inteiramente na culpa de Dmítri. Mas, no fundo da alma, ainda quase ocultamente de si mesmo, pergunta-se a si mesmo sobre sua própria culpa. A luta interior no seu íntimo tem caráter extremamente tenso. É nesse momento que ocorre o diálogo com Aliócha que aqui citamos.

Aliócha nega categoricamente a culpa de Dmítri.

"– Então quem, a teu ver, é o assassino? – perguntou de um modo aparentemente frio, e no tom da pergunta ouviu-se até uma nota de presunção.

– Tu mesmo sabes quem é – pronunciou Aliócha em tom baixo e convicto.

– Quem? É a fábula sobre o idiota do epiléptico maluco? Sobre Smierdiakóv?

Súbito Aliócha sentiu que tremia todo.

– Tu mesmo sabes quem foi – deixou escapar sem forças. Arquejava.

– Mas quem, quem? – gritou Ivan já quase furioso. Todo o seu comedimento sumiu num piscar de olhos.

– Só uma coisa eu sei – pronunciou Aliócha do mesmo modo quase murmurando. – Quem matou nosso pai *não foste tu*.

– 'Não foste tu'! Que não foste tu é esse? – Ivan estava petrificado.

– Não foste tu quem matou nosso pai, não foste tu! – repetiu Aliócha com firmeza.

Fez-se uma pausa de meio minuto.

– Ora, eu mesmo sei que não fui eu, estás delirando? – pronunciou Ivan com um riso pálido e contraído. Tinha o olhar como que cravado em Aliócha. Mais uma vez estavam parados diante do lampião.

– Não, Ivan, tu mesmo disseste várias vezes a ti mesmo que eras o assassino.

– Quando foi que eu disse?... Eu estava em Moscou... Quando foi que eu disse? – balbuciou Ivan totalmente desconcertado.

– Tu disseste isto para ti mesmo muitas vezes quando ficaste só nesses dois terríveis meses – continuou Aliócha com voz baixa e nítida. Mas já falava como tomado de extrema excitação, como movido não por sua vontade, obedecendo a alguma ordem indefinida. – Tu te acusavas e confessavas a ti mesmo que o assassino não era outro senão tu. Mas quem matou não foste tu, estás enganado, não és tu o assassino, ouve-me, não és tu! Foi Deus quem me enviou para te dizer isto."[1]

Aqui o procedimento de Dostoiévski por nós examinado está patente e revelado com toda clareza no próprio conteúdo. Aliócha diz francamente que responde à pergunta que o próprio Ivan faz a si mesmo no seu diálogo interior. O trecho citado é ainda o mais típico exemplo de discurso penetrante e de seu papel artístico no diálogo. A circunstância seguinte é muito importante. As próprias palavras secretas de Ivan, na boca do outro, provocam nele reação e ódio a Aliócha, precisamente porque aquelas palavras realmente o atingiram em cheio e são uma resposta de fato à sua pergunta. Agora ele não aceita a discussão do seu assunto interior pela boca do outro. Aliócha o sabe perfeitamente, mas prevê que Ivan – "consciência profunda" – dará a si mesmo, mais dia menos dia, a resposta afirmativa categórica: eu matei. Aliás, segundo a ideia de Dostoiévski, não é possível dar a si mesmo outra resposta. E eis que deve ser útil a palavra de Aliócha, precisamente como a palavra "do outro":

"– Irmão – recomeçou Aliócha com voz trêmula –, eu te disse isso porque acreditarás em minha palavra, sei disso. Eu te disse para o resto da vida estas palavras: *não foste tu*! Ouve, para o resto da vida. E foi Deus que me encarregou de te dizer isso, ainda que a partir deste momento fiques me odiando para sempre..."[2]

As palavras de Aliócha, que se cruzam com o discurso interior de Ivan, devem ser comparadas às palavras do diabo, que repetem igualmente as palavras e ideias do próprio Ivan. O diabo insere no diálogo interior de Ivan acentos de zombaria e reprovação irremediável, à semelhança da voz do diabo no projeto de ópera de Trichátov, cujo canto ecoa "ao lado dos hinos, juntamente com os hinos, quase coincide com eles embora seja coisa inteiramente diversa". O diabo fala como Ivan e ao mesmo tempo como o "outro", que lhe exagera e deforma de maneira hostil os acentos. "Tu és eu, eu mesmo, só com

---

1   F. M. Dostoiévski. *Os Irmãos Karamázov*. Ed. Naúka, v. 15, p. 40.
2   F. M. Dostoiévski. *Os Irmãos Karamázov*. Ed. Naúka, p. 41.

outro focinho", diz Ivan ao diabo. Alióchа também insere acentos de outro no diálogo interior de Ivan, mas o faz em sentido diametralmente oposto. Enquanto "outro", Alióchа insere os tons do amor e da conciliação, que na boca de Ivan são evidentemente impossíveis em relação a si mesmo. O discurso de Alióchа e o discurso do diabo, repetindo igualmente as palavras de Ivan, comunicam um acento diametralmente oposto a essas palavras. Um lhe reforça uma réplica do diálogo interior; o outro, a outra.

Estamos diante de uma distribuição dos heróis sumamente típica em Dostoiévski e de uma inter-relação dos seus discursos. Nos diálogos de Dostoiévski não se chocam e discutem duas vozes monológicas integrais, mas duas vozes fracionadas (em todo caso, pelo menos uma fracionada). As réplicas abertas de um respondem às réplicas veladas do outro. A contraposição, a um herói, de dois heróis entre os quais cada um está ligado às réplicas opostas do diálogo interior do outro é o conjunto mais típico em Dostoiévski.

Para uma correta compreensão da ideia de Dostoiévski, é muito importante levar em conta a sua apreciação do papel do outro como "outro", pois ele obtém os principais efeitos artísticos fazendo a mesma palavra passar por diferentes vozes que se opõem umas às outras. Como paralelo ao diálogo que citamos entre Alióchа e Ivan, citemos um trecho de uma carta de Dostoiévski a G. A. Kovner (1877):

"Não gostei muito das duas linhas da vossa carta onde dizeis não sentir nenhum arrependimento pelo vosso comportamento no banco. Há algo acima dos motivos da razão e de todas as possíveis circunstâncias atenuantes a que todo indivíduo deve subordinar-se (ou seja, algo semelhante a, mais uma vez, uma *bandeira*). Talvez sejais tão inteligente que não vos sentireis ofendido pela franqueza e o *despropósito* da minha observação. Em primeiro lugar, eu mesmo não sou melhor do que vós nem do que ninguém (e isto não é uma conciliação falsa; aliás, para que me serviria?) e, em segundo, se a meu modo eu vos absolvo em meu coração (como vos convido a absolver-me), é porque é melhor eu vos absolver que vos absolverdes a vós próprio."[1]

É análoga a distribuição das personagens em *O Idiota*. Aqui há dois grupos principais: Nastássia Fillípovna, Míchkin e Rogójin formam um grupo; Míchkin, Nastássia Fillípovna e Aglaya, outro. Examinemos apenas o primeiro.

---

[1] F. M. Dostoiévski. *Pisma*, t. III, Ed. Gosizdat, Moscou-Leningrado, 1934, p. 256.

Como vimos, a voz de Nastássia Fillípovna cindiu-se numa voz que a reconhece culpada, "decadente", e numa voz que a absolve e polemiza com ela. A combinação dissonante dessas duas vozes penetra os seus discursos. Ora predomina uma voz, ora a outra, mas nenhuma pode vencer definitivamente a outra. Os acentos de cada voz se intensificam ou são interrompidos pelas vozes reais de outras pessoas. As vozes de censura obrigam-na a exagerar os acentos da sua voz acusadora para contrariar esses outros. Por isso a sua confissão começa a soar como confissão de Stavróguin ou, mais próxima pela expressividade estilística, como confissão do "homem do subsolo". Quando ela chega ao apartamento de Gânia, onde, como sabe, a censuram, começa propositalmente a representar o papel de cortesã e só a voz de Míchkin, que se cruza com o diálogo interior dela noutro sentido, leva-a a mudar bruscamente de tom e beijar respeitosamente a mão da mãe de Gânia, da qual acabara de zombar. O lugar de Míchkin e sua voz real na vida de Nastássia Fillípovna é determinado por essa ligação dele com uma das réplicas do diálogo interior dela. "Porventura eu mesma não sonhei contigo? Tu tens razão, sonhava há muito tempo, ainda na aldeia dele, morei cinco anos na total solidão; acontecia de pensar, pensar, sonhar, sonhar – e era sempre um como tu que eu imaginava, bondoso, honesto, bom e tão tolinho que de repente chegaria e diria: 'A senhora não tem culpa, Nastássia Fillípovna, e eu a adoro!' É, é isso, acontecia de eu cair no devaneio, era de enlouquecer..."[1]

Foi essa réplica antecipável do outro que ela ouviu na voz real de Míchkin, que a repetirá quase literalmente na noite fatal em casa de Nastássia Fillípovna.

O *status* de Rogójin é diferente. Desde o começo ele se torna para Nastássia Fillípovna a materialização da sua segunda voz. "Ora, eu sou da espécie de Rogójin", repete ela amiúde. Andar com Rogójin, ir morar com Rogójin significa para ela personificar e realizar totalmente a sua segunda voz. Rogójin, que faz dela objeto de compra e venda, e as pândegas que organiza constituem o símbolo maldosamente exagerado da queda dela. Isso é injusto em relação a Rogójin, pois ele, sobretudo no início, não cogita em hipótese alguma de censurá-la, mas por outro lado sabe odiá-la. A faca está com Rogójin e isso ela sabe. Assim se constrói esse grupo. As vozes reais de Míchkin e Rogójin se entrelaçam com as vozes do diálogo interior de Nastássia Fillípovna.

---

[1] F. M. Dostoiévski. *O Idiota*, Ed. 34, São Paulo, 2003, p. 294.

As dissonâncias da sua voz se transformam em dissonância do enredo das suas relações mútuas com Míchkin e Rogójin: das suas repetidas fugas do casamento com Míchkin para Rogójin e deste para Míchkin, o ódio e o amor por Aglaya.[1]

Diferente é o caráter dos diálogos de Ivan Karamázov com Smierdiakóv. Aqui Dostoiévski chega ao auge de sua maestria na ciência do diálogo.

A orientação mútua de Ivan e Smierdiakóv é muito complexa. Já dissemos que, no começo do romance, a vontade de ver o pai morto determina de maneira invisível e semivelada para o próprio Ivan alguns de seus discursos. Essa voz velada é percebida, entretanto, por Smerdiakov, e este a percebe com absoluta clareza e evidência.[2]

---

[1] Em seu artigo "A composição temática do romance *O Idiota*", A. P. Skaftímov compreendeu de modo absolutamente correto o papel do "outro" (em relação ao "eu") na distribuição das personagens em Dostoiévski. Escreve: "Dostoiévski revela em Nastássia Fillípovna e em Hippolit (e em todas as suas personagens arrogantes) a angústia da tristeza e da solidão, que se manifesta numa atração implacável pelo amor e a simpatia, e com isso mantém a tendência segundo a qual o homem, diante do seu estado interior íntimo, *não pode aceitar a si próprio* e, sem consagrar a si mesmo, é causa de seu próprio sofrimento e procura a consagração e a sanção para si no coração de um outro. A imagem de Mária na narração de Míchkin se apresenta como a função de purificação pelo perdão."
Eis como ele define o *status* de Nastássia Fillípovna em relação a Míchkin: "Assim o próprio autor revelou o sentido interior das relações instáveis de Nastássia Fillípovna com o príncipe Míchkin: deixando-se atrair por ele (a sede de ideal, amor e perdão), ela se afasta dele ora por questão de indignidade pessoal (consciência de culpa, pureza de alma), ora por motivo de orgulho (incapacidade de deixar-se esquecer e aceitar o amor e o perdão)" (cf. col. *Tvórtcheskii put'Dostoievskovo* (*A Trajetória Literária de Dostoiévski*), sob redação de N. L. Bródski, Ed. Seyátel, Leningrado, 1924, p. 123 e 148).
A. P. Skaftímov mantém-se, não obstante, no plano da análise puramente psicológica. Não mostra a importância verdadeiramente artística desse momento na construção do grupo de personagens e do diálogo.

[2] Essa voz de Ivan é desde o início escutada nitidamente por Aliócha. Citemos um pequeno diálogo entre os dois já depois do assassinato. Em linhas gerais, esse diálogo é idêntico pela estrutura ao diálogo entre os dois já examinado, embora alguma coisa o distinga daquela.
"– Tu te lembras daquela vez em que, depois do almoço, Dmítri irrompeu em casa, espancou nosso pai, e depois eu te disse no pátio que me reservava 'o direito dos desejos' – dize, na ocasião tu pensaste que eu desejava a morte de nosso pai ou não?

Segundo o plano de Dostoiévski, Ivan deseja a morte do pai mas a quer sob a condição de que ele não tome parte nela não apenas exteriormente mas também *interiormente*. Ele quer que o assassinato ocorra como fatalidade não apenas *independentemente da sua vontade mas também contra ela*. "Saiba – diz a Alióchu – que sempre o defenderei (o pai – M. B.). Mas está na minha vontade reservar-me, no caso dado, ampla e completa liberdade." A decomposição da vontade de Ivan no diálogo interior poder ser representada, por exemplo, na forma de duas réplicas:

"Não quero o assassinato do meu pai. Se ele acontecer, será contra a minha vontade."

"No entanto eu quero que o assassinato aconteça contra a minha vontade, porque então estarei interiormente de fora e não poderei me censurar por nada."

Assim se constrói o diálogo interior de Ivan consigo mesmo. Smerdiakov adivinha, ou melhor, escuta nitidamente a segunda réplica desse diálogo, mas entende a seu modo a evasiva nele contida: entende-a como tentativa de Ivan de não lhe fornecer quaisquer provas que demonstrem a sua coparticipação no crime, como extrema precaução externa e interna do "homem inteligente", que evita todas as palavras diretas capazes de provar-lhe a culpa, razão pela qual "é curioso conversar", porque com ele se pode falar por meio de simples insinuações. Antes do assassinato a voz de Ivan se afigura a Smerdiakov totalmente integral e una. O desejo da morte do pai se lhe afigura uma conclusão absolutamente simples e natural das suas concepções ideológicas, uma conclusão tirada de sua afirmação segundo a qual "tudo é permitido". A primeira réplica do diálogo interior de Ivan

---

– Pensei – respondeu baixinho Alióchu.
– Aliás, foi isso mesmo que aconteceu, aí não havia o que adivinhar. Mas naquela ocasião também não pensaste que eu desejava justamente que 'um réptil devorasse outro réptil', ou seja, que justamente Dmítri matasse o pai, e ainda o fizesse mais depressa... e que eu mesmo nem seria contra favorecê-lo?
Alióchu empalideceu levemente e olhou em silêncio o irmão nos olhos.
– Fala! – exclamou Ivan. – Faço questão cerrada de saber o que pensaste naquele momento. Eu preciso da verdade, da verdade! – A custo tomou fôlego, olhando já de antemão com certa raiva para Alióchu.
– Perdão, naquele momento também pensei nisso – murmurou Alióchu e calou-se, sem acrescentar nenhuma circunstância atenuante'" (F. M. Dostoiévski. *Os Irmãos Karamázov*, Ed. Naúka, v. 15. p. 49).

Smerdiakov não escuta e não acredita até o fim que a primeira voz de Ivan não deseje de fato e seriamente a morte do pai. Segundo o plano de Dostoiévski, essa voz é realmente séria, o que dá a Aliócha fundamento para absolver Ivan, apesar de conhecer magnificamente nele a segunda voz – a de Smierdiakóv.

Smierdiakóv se assenhora firme e seguramente da vontade de Ivan, ou melhor, dá a essa vontade formas concretas de determinada manifestação da vontade. Através de Smierdiakóv, a réplica interior de Ivan se transforma de vontade em ação. Os diálogos entre Smierdiakóv e Ivan antes da partida deste para Tchermáchnya são, pelo efeito artístico que obtêm, concretizações impressionantes do diálogo da vontade declarada e consciente de Smierdiakóv (codificada apenas nas insinuações) com a vontade oculta (oculta até de si mesma) de Ivan como que através de sua vontade aberta e consciente. Smierdiakóv fala de modo franco e seguro, dirigindo suas insinuações e evasivas à segunda voz de Ivan; as palavras daquele se cruzam com a segunda réplica do diálogo interior deste. Àquele responde a primeira voz deste. É por isso que as palavras de Ivan, que Smierdiakóv interpreta como alegoria do sentido oposto, na realidade nada têm de alegoria. São palavras francas de Ivan. Mas essa sua voz, que responde a Smierdiakóv, é interrompida ora lá, ora cá pela réplica velada da sua segunda voz. Ocorre aquela dissonância graças à qual Smierdiakóv mantém sua plena convicção na anuência de Ivan.

Essas dissonâncias na voz de Ivan são muito sutis e se manifestam não tanto na palavra quanto na pausa inoportuna do ponto de vista do sentido do seu discurso, da mudança de tom, incompreensível do ponto de vista da sua primeira voz e surpreendente e inadequada ao esquema, etc. Se a voz de Ivan, com a qual ele responde a Smierdiakóv, fosse a sua voz única e una, ou seja, fosse uma voz puramente monológica, todos esses fenômenos seriam impossíveis. Eles são o resultado da dissonância, da interferência de duas vozes em uma voz, de duas réplicas em uma réplica. É assim que se constroem os diálogos de Ivan com Smierdiakóv sobre o assassinato.

Depois do assassinato, a estrutura do diálogo já é diferente. Dostoiévski obriga Ivan a identificar paulatinamente, a princípio de maneira vaga e ambígua, depois clara e nítida, a sua vontade oculta no outro. Aquilo que se lhe afigurava uma vontade bem oculta até dele mesmo, notoriamente inoperante e por isso invisível, verifica-se ser para Smierdiakóv uma nítida manifestação da vontade, que lhe guia os atos. Verifica-se que a segunda voz de Ivan soa e ordena e Smierdiakóv é apenas um executor da sua vontade, um "criado Lichard fiel". Nos dois primeiros diálogos Ivan se convence de que, em todo caso, foi interiormente cúmplice do assassinato, pois realmente o havia desejado e exprimido essa vontade em forma inequívoca para o outro. No último diálogo ele reconhece também sua real cumplicidade externa no assassinato.

Detenhamo-nos no seguinte momento. A princípio Smierdiakóv confunde a voz de Ivan com uma voz monológica integral. Escuta ele pregar que tudo é permitido e toma essa pregação como a palavra de um mestre capaz e seguro de si. A princípio não compreende que a voz de Ivan é dicotômica e que seu tom convincente e seguro serve para ele convencer a si mesmo e nunca para transmitir de modo plenamente convicto os seus pontos de vista ao outro.

É análoga a relação de Chátov, Kiríllov e Piótr Vierkhoviénski com Stavróguin. Cada um segue a Stavróguin como a um mestre, interpretando-lhe a voz como integral e segura. Todos pensam que ele fala com eles como um preceptor com um pupilo. Em realidade, ele os torna participantes do seu diálogo interior sem saída, no qual convence a si próprio, e não a eles. Agora Stavróguin escuta de cada um deles as suas próprias palavras, pronunciadas, porém, com um firme acento monologado. Ele mesmo pode repetir agora essas palavras apenas com acento de zombaria, e não de convicção. Não conseguiu convencer a si mesmo de nada e ouve com dificuldade as pessoas por ele convencidas. Nessa base constroem-se os diálogos de Stavróguin com todos os seus três seguidores.

"– Você sabe – pergunta Chátov a Stavróguin – que hoje, em toda a face da terra, o único povo-'teóforo' que vai renovar e salvar o mundo em nome de um novo Deus e o único a quem foi dada a chave da vida e da nova palavra... você sabe quem é esse povo e como é o seu nome?

– Pelo jeito como você fala, sou forçado a concluir e, parece, o mais rápido possível, que é o povo russo...

– E você já está rindo, ô raça! – Chátov fez menção de levantar-se de um salto.

– Fique tranquilo, eu lhe peço; ao contrário, eu esperava justamente algo desse gênero.

– Esperava algo desse gênero? E a você mesmo essas palavras são desconhecidas?

– São muito conhecidas; de antemão vejo perfeitamente para onde você está levando a questão. Toda a sua frase e até a expressão povo-'teóforo' são apenas uma conclusão daquela nossa conversa de pouco mais de dois anos atrás, no estrangeiro, um pouco antes da sua partida para a América... Pelo menos o quanto posso me lembrar agora.

– A frase é inteiramente sua e não minha. Sua própria, e não apenas uma conclusão da nossa conversa. Não houve nenhuma 'nossa' conversa: houve um mestre que conhecia palavras de alcance imenso, e havia um discípulo que ressuscitara dos mortos. Eu sou aquele discípulo e você o mestre."[1]

O tom convicto de Stavróguin, com o qual ele falara naquela ocasião no estrangeiro acerca do povo-"teóforo", tom de "um mestre a proclamar coisas imensas", devia-se ao fato de que ele, em realidade, ainda estava convencendo apenas a si próprio. Suas palavras, com o acento persuasivo, estavam dirigidas a ele próprio, eram uma réplica em voz alta do diálogo interior dele: "Nem naquele momento eu estava brincando com você; ao persuadi-lo, talvez me preocupasse ainda mais comigo do que com você – pronunciou Stavróguin em tom enigmático."[2]

O acento de profundíssima convicção nos discursos dos heróis de Dostoiévski é, na imensa maioria dos casos, apenas o resultado do fato de ser a palavra pronunciada uma réplica do diálogo interior e dever ela persuadir o próprio falante. A elevação do tom persuasivo denota uma luta interior da outra voz do herói. Nos heróis dostoievskianos quase nunca se encontra palavra plenamente alheia a lutas interiores.

Nos discursos de Kiríllov e Vierkhoviénski, Stavróguin também escuta sua própria voz com acento modificado: em Kiríllov, com acento obstinadamente convicto; em Piótr Vierkhoviénski, cinicamente exagerado.

Um tipo especial de diálogo são os diálogos de Raskólnikov com Porfiry, embora exteriormente sejam muito semelhantes aos diálogos de Ivan com Smierdiakóv antes do assassinato de Fiódor Pávlovitch. Porfiry fala por meio de insinuações, dirigindo-se à voz oculta de Raskólnikov. Este se esforça em desempenhar seu papel de maneira calculada e precisa. A finalidade de Porfiry é forçar a

---

1   F. M. Dostoiévski. *Os Demônios*. Ed. 34, p. 247-248.
2   *Ibid.*, p. 248.

voz interior de Raskólnikov a irromper e criar uma dissonância nas suas réplicas simuladas com cautela e tato. Por isso as palavras e entonações de Raskólnikov são constantemente invadidas pelas palavras reais e as entonações de sua voz real. Devido ao papel de juiz de instrução que não desconfia que adotou, Porfiry também faz, às vezes, aparecer sua verdadeira face de homem seguro, e entre as réplicas fictícias de ambos os interlocutores encontram-se subitamente e se cruzam duas réplicas reais, dois discursos reais, duas concepções humanas reais. Consequentemente, o diálogo passa de vez em quando de um plano – o simulado – para outro plano, o plano real, mas apenas por um instante. E somente no último diálogo dão-se a destruição efetiva do plano simulado e a passagem completa e definitiva do discurso para o plano real.

Eis essa inesperada irrupção para o plano real. No começo da última conversa com Raskólnikov, depois da confissão de Mikolka, Porfiry Pietróvitch parece abandonar todas as suas suspeitas, mas em seguida, inesperadamente para Raskólnikov, declara que Mikolka não tem a menor condição de matar.

"– Não, o que tem a ver Mikolka com o caso, meu caro Rodion Românovitch? Mikolka está fora disso.

Essas últimas palavras, depois de tudo o que fora dito antes e tão parecido a uma retratação, foram inesperadas demais. Raskólnikov tremeu da cabeça aos pés, como se o tivessem traspassado.

– Então... quem foi... que matou?... – perguntou ele, sem se conter, com voz ofegante. Porfiry Pietróvitch chegou a recuar para o encosto da cadeira como se até ele houvesse ficado tão inesperadamente pasmo com a pergunta.

– Como, quem matou?... – falou ele, como se não acreditasse no que ouvia –, ora, o *senhor* matou, Rodion Românovitch! Foi o senhor quem matou... – acrescentou quase sussurrando, com a voz absolutamente convicta.

Raskólnikov deu um salto do sofá, ficou alguns segundos em pé e tornou a sentar-se, sem dizer palavra. Pequenas convulsões lhe percorreram subitamente todo o rosto.

– Seu lábio está tremendo de novo, como da outra vez – balbuciou Porfiry Pietróvitch, até demonstrando qualquer coisa como simpatia. – O senhor, Rodion Românovitch, parece que não me entendeu direito – acrescentou ele, depois de alguma pausa –, por isso ficou tão pasmo. Eu vim aqui justamente para dizer tudo e conduzir o caso abertamente.

– Não fui eu quem matou – balbuciou Raskólnikov, como criancinhas assustadas que são apanhadas com a mão na massa.

– Não, foi o senhor, Rodion Românovitch, o senhor e ninguém mais – pronunciou Porfiry em tom severo e convicto."[1]

Em Dostoiévski tem imensa importância o diálogo confessional. O papel do outro homem como "outro", não importa quem seja, manifesta-se aqui com nitidez especial. Detenhamo-nos brevemente no diálogo de Stavróguin com Tíkhonov como protótipo mais genuíno de diálogo confessional.

Nesse diálogo, toda a diretriz de Stavróguin é determinada pela sua atitude dual em face do "outro": pela impossibilidade de passar sem o seu julgamento e o seu perdão e ao mesmo tempo pela animosidade para com ele e pela oposição a esse julgamento e ao perdão. Isso determina todas as dissonâncias nos seus discursos, na sua mímica e nos gestos, as mudanças bruscas de estado de espírito e de tom, as ressalvas permanentes, a antecipação das réplicas de Tíkhonov e a veemente refutação dessas réplicas imagináveis. Com Tíkhonov conversam como que duas pessoas, que se fundiram desarmoniosamente numa só. A Tíkhonov opõem-se duas vozes, em cuja luta interior ele se incorpora como participante.

"Depois dos primeiros cumprimentos, pronunciados às pressas e com um embaraço sei lá por que de ambas as partes, apressados e até confusos, Tíkhonov conduziu o hóspede ao seu gabinete e o sentou no divã, diante da escrivaninha, e sentou-se ele mesmo ao lado numa poltrona de vime. Nikolai Vsievolódovitch ainda continuava muito distraído por causa de uma inquietação interior e deprimente. Parecia que ele se decidira por algo extraordinário e indiscutível e ao mesmo tempo quase impossível para si mesmo. Observou o gabinete coisa de um minuto, pelo visto sem notar o que observava; pensava e, é claro, não sabia em quê. Foi despertado pelo silêncio, e súbito teve a impressão de que Tíkhonov olhava para o chão como se estivesse envergonhado e inclusive com um desnecessário sorriso engraçado. Esse instante provocou aversão nele; quis levantar-se e ir embora, ainda mais porque Tíkhonov, segundo sua opinião, estava completamente bêbado. Mas o outro levantou subitamente a vista e lhe dirigiu um olhar firme e cheio de sentido e, ao mesmo tempo, com uma expressão tão inesperada e enigmática que ele por pouco não

---

[1] F. M. Dostoiévski. *Crime e Castigo*, Ed. 34, p. 466.

estremeceu. Algo lhe fez parecer que Tíkhonov já sabia o motivo de sua vinda, já estava prevenido (embora no mundo todo ninguém pudesse saber esse motivo) e, se ele mesmo não começava a falar era para poupá-lo, temendo humilhá-lo."[1]

As mudanças bruscas no estado de ânimo e no tom de Stavróguin determinam todo o diálogo subsequente. Ora triunfa uma voz, ora a outra, porém mais amiúde a réplica de Stavróguin se constrói como uma fusão dissonante de duas vozes:

"Eram absurdas e incoerentes essas revelações e realmente era como se partissem de um louco. Mas ao falar Nikolai Vsievolódovitch usou de uma franqueza tão estranha, jamais vista nele, e com tamanha simplicidade que absolutamente não lhe era própria que de repente pareceu ter desaparecido acidentalmente e por completo nele o homem de antes. Não teve a mínima vergonha de revelar o pavor com que falou do seu fantasma. Mas mesmo assim aquilo foi um instante e desapareceu tão subitamente quanto aparecera.

– Tudo isso é um absurdo – pronunciou rápido e com um enfado desajeitado, recobrando-se. – Vou procurar um médico." E um pouco adiante:

"– Cerca de um ano, mas tudo isso é absurdo. Vou procurar um médico. Mas tudo isso é um absurdo, um terrível absurdo. Sou eu mesmo em diferentes facetas e nada mais. Como acabei de acrescentar essa... frase, certamente o senhor está pensando que eu esteja sempre em dúvida e sem a certeza de que esse sou eu e não o demônio em realidade?"[2]

Aqui, inicialmente, vence por completo uma das vozes de Stavróguin e, parece, "o homem antigo desaparecera nele completa e subitamente". Mas em seguida torna a entrar em cena a segunda voz, que produz uma brusca mudança do tom e desarticula a réplica. Ocorre uma típica antecipação da reação de Tíkhonov, acompanhada de todos os fenômenos paralelos que já conhecemos.

Por último, já antes de entregar a Tíkhonov as páginas da sua confissão, a segunda voz de Stavróguin interrompe bruscamente o discurso e as intenções dele, proclamando a sua independência em relação ao outro, o seu desprezo pelo outro, fato que se encontra em

---

1 F. M. Dostoiévski. *Os Demônios*, Ed. 34, p. 657.
2 *Ibid.*, p. 659-660.

franca contradição com o próprio plano da sua confissão e com o próprio tom dessa proclamação.

"– Ouça, não gosto de espiões nem de psicólogos, pelo menos daqueles que se imiscuem em minha alma. Não chamo ninguém para minha alma, não preciso de ninguém, sei me arranjar sozinho. Pensa que o temo? – levantou a voz e ergueu o rosto em desafio: o senhor está completamente convicto de que vim para cá lhe revelar um segredo 'terrível' e o espera com toda a curiosidade monacal de que é capaz? Pois fique sabendo que não vou lhe revelar nada, nenhum segredo, porque não preciso do senhor para nada."[1]

A estrutura dessa réplica e sua colocação no todo do diálogo são absolutamente análogas aos fenômenos que examinamos em *Memórias do Subsolo*. A tendência para a infinidade precária em relação ao "outro" manifesta-se aqui, talvez, em forma até mais marcante.

Tíkhonov sabe que deve ser para Stavróguin o representante do "outro" como tal, que sua voz não se opõe à voz monológica de Stavróguin, mas lhe invade o diálogo interior, onde o lugar do "outro" está como que predeterminado.

"– Responda uma pergunta, mas com sinceridade, só a mim, só a mim: se alguém o perdoasse por isso (Tíkhonov apontou para as folhas) e não propriamente aqueles que o senhor respeita ou teme, mas um desconhecido, um homem que o senhor nunca haveria de conhecer, calado, lesse para si sua terrível confissão, o senhor ficaria mais aliviado por esse pensamento ou lhe seria indiferente?

– Mais aliviado – respondeu Stavróguin à meia-voz, baixando a vista. Se o senhor me perdoasse eu ficaria bem mais aliviado – acrescentou de modo inesperado e com um meio sussurro.

– Contanto que o senhor também me perdoasse – proferiu Tíkhonov com voz penetrante."[2]

Aqui se manifestam com toda clareza as funções no diálogo do outro como tal, desprovido de qualquer concretização social e vitalmente pragmática. Essa outra pessoa, "um desconhecido, um homem a quem jamais houvesse visto", desempenha as suas funções no diálogo fora do enredo e fora de sua precisão no enredo como um genuíno "homem no homem", representante de "todos os outros" para o "eu". Como resultado desse *status* do "outro", a

---

[1] F. M. Dostoiévski. *Os Demônios*. Ed. 34, p. 663.
[2] *Ibid.*, p. 681-682.

comunicação assume caráter especial e se firma no lado oposto de todas as formas sociais reais e concretas (familiares, de camada, de classe, fabular-vitais).[1] Detenhamo-nos em mais um trecho, onde essa função do "outro" como tal, independentemente de quem seja, manifesta-se com nitidez especial.

O "visitante misterioso", depois de confessar a Zossima o crime cometido na véspera de sua confissão pública, volta à noite à casa de Zossima para matá-lo. Nesse caso, estava sendo levado por ódio puro e simples pelo "outro" como tal. Eis como ele descreve o seu estado:

"– Naquela ocasião saí de tua casa para as trevas, vaguei pelas ruas lutando comigo mesmo. E súbito me tomei de tal ódio por ti que só a custo meu coração suportou. 'Agora, pensava, só ele me tem preso, é meu juiz, já não posso renunciar ao meu suplício de amanhã porque ele está sabendo de tudo.' E não era que eu temesse que tu me denunciasses (isso nem me passou pela cabeça), mas eu pensava: 'Como irei encará-lo se não me denuncio?' E mesmo que estivesses no fim do mundo, mas vivo, ainda assim era insuportável a ideia de que estavas vivo, sabias de tudo e me julgavas. Fiquei cheio de ódio de ti, como se fosses a causa e o culpado de tudo."[2]

Nos diálogos confessionais, a voz do "outro" real sempre se apresenta em posição análoga, acentuadamente fora do enredo. Mas, embora em forma não tão manifesta, esse mesmo *status* do "outro" determina ainda todos os diálogos essenciais em Dostoiévski, sem exceção: eles são preparados pelo enredo, mas seus pontos culminantes – no auge dos diálogos – colocam-se acima do sujeito no campo abstrato da relação pura do homem com o homem.

Aqui concluímos o nosso exame dos tipos de diálogo, embora nem de longe os tenhamos esgotado. Além disso, cada tipo apresenta inúmeras variedades às quais absolutamente não nos referimos. Mas os princípios de construção são os mesmos em toda parte. Em toda parte *é o cruzamento, a consonância ou a dissonância de réplicas do diálogo aberto com as réplicas do diálogo interior dos heróis. Em toda parte um determinado conjunto de ideias, pensamentos e palavras passa*

---

[1] Isso, como sabemos, é uma saída para o espaço e o tempo do carnaval e do mistério, onde se dá a última ocorrência de interação de consciências nos romances de Dostoiévski.

[2] F. M. Dostoiévski. *Os Irmãos Karamázov*. Ed. Naúka, p. 283.

por várias vozes imiscíveis, soando em cada uma de modo diferente. O objeto das aspirações do autor não é, em hipótese nenhuma, esse conjunto de ideias em si mesmo, como algo neutro e idêntico a si mesmo. Não, o objeto é precisamente a *passagem do tema por muitas e diferentes vozes, a polifonia* de princípio e, por assim dizer, irrevogável, e a *dissonância* do tema. A própria distribuição das vozes e sua interação são importantes para Dostoiévski.

*

Visto assim, o diálogo exterior composicionalmente expresso é inseparável do diálogo interior, ou seja, do microdiálogo, e em certo sentido neste se baseia. E ambos são igualmente inseparáveis do grande diálogo do romance no seu todo, que os engloba. Os romances de Dostoiévski são totalmente dialógicos.

A cosmovisão dialógica, como vimos, prescreve toda a obra restante de Dostoiévski, a começar por *Gente Pobre*. Por isso, a *natureza dialógica do discurso* manifesta-se nela com imenso vigor e sensibilidade marcante. O estudo metalinguístico dessa natureza, particularmente das múltiplas variedades do *discurso bivocal* e sua influência em diversos aspectos da construção do discurso, encontra nessa obra matéria excepcionalmente abundante.

Como todo grande artista da palavra, Dostoiévski tinha o dom de escutar e levar à consciência artístico-criativa os novos aspectos da palavra, as novas profundidades que nela havia e antes dele tinham sido aproveitadas de maneira muito fraca e abafada por outros artistas. Para Dostoiévski, importam não só as funções expressivas e representativas das palavras comuns ao artista e nem tão somente a capacidade de recriar objetivamente a originalidade social e individual dos discursos das personagens; para ele, o mais importante é a interação dialógica dos discursos, sejam quais forem as suas particularidades linguísticas. Considere-se que o objeto fundamental da sua representação é o próprio discurso, e precisamente o discurso *plenissignificativo*. As obras de Dostoiévski são o discurso sobre o discurso, voltado para o discurso. O discurso representável converge com o discurso representativo em um nível e em isonomia. Penetram um no outro, sobrepõem-se um ao outro sob diferentes ângulos dialógicos. Como resultado desse encontro revelam-se e aparecem em primeiro plano novos aspectos e novas funções da palavra, que tentamos caracterizar neste capítulo.

Adendo 1

À guisa de comentário

Este livro se limita aos problemas teóricos da obra de Dostoiévski. Tivemos de excluir todas as questões históricas. Isso não significa, porém, que consideremos esse método de análise metodologicamente correto e normal. Ao contrário, supomos que cada questão teórica deve forçosamente receber uma orientação histórica. Entre os enfoques sincrônico e diacrônico de uma obra literária deve haver uma ligação contínua e um rigoroso condicionamento mútuo. Mas esse é o ideal metodológico; na prática ele nem sempre se realiza. Aqui, considerações puramente técnicas às vezes nos levam a destacar de forma abstrata a questão teórica, sincrônica, e a elaborá-la de maneira autônoma. Foi assim que também procedemos. Mas sempre levamos em conta o ponto de vista histórico, que, ademais, foi para nós o campo em que percebemos cada fenômeno examinado. Mas esse campo não fez parte do livro.

Contudo, neste livro os problemas teóricos foram apenas colocados. É verdade que tentamos apontar a sua solução, mas ainda assim não nos sentimos no direito de dar ao nosso livro outro título senão o de *Problemas da Obra de Dostoiévski*.

A presente análise baseou-se na convicção de que toda obra literária é interna, imanentemente sociológica. Nela se cruzam forças sociais vivas, avaliações sociais vivas penetram cada elemento da sua forma.

Por isso, a análise puramente formal deve tomar cada elemento da estrutura artística como ponto de vista da refração de forças sociais vivas, como um cristal artificial cujas facetas foram construídas e lapidadas a fim de refratar determinados raios de avaliações sociais, e refratá-los sob um determinado ângulo.

Até hoje a obra de Dostoiévski tem sido objeto de um enfoque, de uma interpretação ideológica estreita; seus exegetas têm-se interessado mais pela ideologia, que encontrou expressão imediata nas proclamações do romancista (ou melhor, de suas personagens). Até hoje quase não foi inteiramente revelada a mesma ideologia que determinou a sua forma artística, a sua construção romanesca de excepcional complexidade e totalmente nova. O enfoque formalista estreito é incapaz de ir além da periferia dessa forma. O ideologismo estreito, que procura antes de tudo compreensão e clarividência filosófica, não domina precisamente aquilo que na obra de Dostoiévski sobreviveu à sua ideologia filosófica e sociopolítica: o revolucionário espírito inovador no campo do romance como forma artística.

Na primeira parte do nosso livro, apresentamos uma concepção geral do novo tipo de romance criado por Dostoiévski. Na segunda, detalhamos nossa tese com análises concretas do discurso e suas funções artístico-sociais nas obras de Dostoiévski.

As funções do enredo e da aventura nas obras de Dostoiévski

O enredo em Dostoiévski é inteiramente desprovido de quaisquer funções concludentes. Sua finalidade é colocar o homem em diferentes situações que o revelem e provoquem, juntar personagens e levá-las a chocar-se entre si, mas de tal forma que não permaneçam no âmbito desse contato no interior do enredo e ultrapassem os seus limites. Os laços autênticos começam onde o enredo comum termina após cumprir sua função auxiliar.

Chátov diz a Sravróguin,[*] antes de começarem o penetrante diálogo: "Nós somos duas criaturas e nos encontramos no infinito... pela última vez no mundo. Abandone esse seu tom e assuma um tom humano! Fale ao menos uma vez com voz humana."

Em essência, todas as personagens de Dostoiévski se cruzam fora do tempo e do espaço, como duas criaturas no infinito. Cruzam-se as

---

[*] Personagens do romance *Os Demônios* (N. do T.).

suas consciências com os seus mundos, cruzam-se os seus horizontes integrais. No ponto de interseção dos seus horizontes situam-se os pontos culminantes do romance. É nesses pontos que se localizam as junções de todo romanesco. Elas estão fora do enredo e não se enquadram em nenhum dos esquemas de construção do romance europeu. Quais são? Aqui não vamos responder a essa questão fundamental. Os princípios de combinação das vozes só podem ser revelados após uma análise minuciosa do discurso em Dostoiévski. Porque se trata da combinação dos discursos plenos das personagens acerca de si mesmas e do mundo, discursos que são provocados pelo enredo mas não cabem no enredo. A análise do discurso é o tema do nosso próximo capítulo.

Dostoiévski dá em seu diário uma notável definição das peculiaridades da sua criação artística: "No realismo pleno descobrir o homem no homem... Chamam-me psicólogo: isso não é verdade, eu sou apenas um realista no sentido superior, isto é, eu represento todas as profundezas da alma humana."*

"As profundezas da alma humana", ou o que os românticos idealistas designavam como "espírito" para diferenciá-lo de alma, na obra de Dostoiévski tornam-se objeto de uma representação realista, objetiva e sóbria em prosa. Na criação artística, as profundezas da alma humana como totalidade dos atos ideológicos superiores – cognitivos, éticos e religiosos – foram apenas objeto de expressão patética imediata ou determinaram essa criação como um princípio de tal expressão. O espírito era dado quer como espírito do próprio autor, objetivado na totalidade da obra de arte por ele criada, quer como lírica do autor, como sua confissão imediata externada em categoria da sua própria consciência. Em ambos os casos ele era "ingênuo", e a própria ironia romântica não conseguia eliminar essa ingenuidade, uma vez que permanecia no âmbito do mesmo espírito.

Dostoiévski está íntima e profundamente ligado ao romantismo europeu, mas aquilo que o romântico enfocava de dentro em categorias do seu *eu*, aquilo com que ele estava obcecado Dostoiévski enfocou de fora, só que o fez de tal modo que esse enfoque objetivo não reduziu minimamente a problemática espiritual do romantismo, não a transformou em psicologia. Ao objetivar um pensamento, uma ideia, uma

---

* Biografia, cartas e notas do diário de F. M. Dostoiévski. S. Petersburgo, 1883, p. 373 (N. da ed. russa).

experiência emocional, Dostoiévski nunca o faz pelas costas da personagem, nunca a ataca à traição. Das primeiras às últimas páginas da sua obra de ficção, ele se guia pelo princípio: para objetivar e concluir a consciência do outro, nunca se utilizar de nada que seja inacessível a essa mesma consciência, que esteja fora dos seus horizontes. Nem esse panfleto ele jamais emprega, no desmascaramento da personagem, aquilo que a personagem não vê e não conhece (talvez com raríssimas exceções); pelas costas do homem ele não o desmascara. Nas obras de Dostoiévski não há, literalmente, uma única palavra essencial sobre a personagem que esta não possa dizer sobre si mesma (do ponto de vista do conteúdo, e não do tom). Dostoiévski não é um psicólogo. Mas, ao mesmo tempo, é objetivo e pode, com plenos direitos, chamar a si mesmo de realista.

Por outro lado, Dostoiévski também objetiva toda a subjetividade criativa do autor – que de modo onipotente dá colorido ao mundo representado no romance monológico –, tornando objeto de percepção aquilo que era forma de percepção. Por isso ele desloca a uma profundidade maior e a uma distância maior a forma propriamente dita (e a subjetividade autoral a essa forma imanente), a uma distância tão grande que ela já não consegue encontrar expressão no estilo e no tom. Sua personagem é um ideólogo. A consciência do ideólogo, com toda a sua seriedade e profundidade, com todo o seu desligamento de ser, integra de modo tão substancial o conteúdo do seu romance que esse monologismo direto e imediato já não pode determinar a sua forma artística. Depois de Dostoiévski, o ideologismo monológico se torna *dostoiévschina*.* Por isso a própria posição monológica de Dostoiévski e sua avaliação ideológica não turvaram o objetivo da sua visão artística. Devido a esse objetivismo, seus métodos artísticos de representação do homem interior, do "homem no homem" continuam modelares para qualquer época e sob qualquer ideologia.

Acerca do capítulo "O diálogo em Dostoiévski"

Neste ponto encerramos a nossa análise dos tipos de diálogo, ainda que nem de longe tenhamos esgotado todos. Além disso, cada tipo tem inúmeras variedades que absolutamente não abordamos. Mas o

---

* Termo geralmente utilizado para designar os aspectos políticos e ideologicamente negativos da obra de Dostoiévski (N. do T.).

princípio de construção é sempre o mesmo. Em toda parte há *certa interseção, consonância ou intermitência de réplicas do diálogo aberto com réplicas do diálogo interior das personagens*. Em toda parte certo conjunto de ideias, pensamentos e palavras se realiza em várias vozes desconexas, ecoando a seu modo em cada uma delas. O objeto das intenções do autor não é, de maneira alguma, esse conjunto de ideias em si como algo neutro e idêntico a si mesmo. Não, o objeto das intenções é precisamente a *realização do enredo em muitas e diferentes vozes, a multiplicidade essencial e, por assim dizer*, inalienável *de vozes e a sua diversidade*. A própria disposição e a sua interação das vozes é que são importantes para Dostoiévski.

As ideias em sentido restrito, isto é, as concepções da personagem como ideóloga integram o diálogo com base no mesmo princípio. Como vimos, as concepções ideológicas também são interiormente dialogadas, e no diálogo externo sempre se combinam com as réplicas internas do outro, mesmo onde assumem forma acabada, externamente monológica. Assim é o famoso diálogo entre Aliócha e Ivan na taberna e a "Lenda do grande inquisidor" nele introduzida. Uma análise mais detalhada desse diálogo e da própria "Lenda" mostraria a profunda implicação de todos os elementos da cosmovisão de Ivan com o seu diálogo interior consigo mesmo e com a sua relação mútua interiormente polêmica com os outros. A despeito de toda a harmonia externa da "Lenda", ainda assim ela está repleta de interrupções: a própria forma de sua construção como diálogo do grande inquisidor com Cristo e ao mesmo tempo de Ivan consigo mesmo e, por último, a própria surpresa e a duplicidade do final da "Lenda" sugerem a desintegração interiormente dialógica do seu próprio núcleo ideológico. Uma análise temática da "Lenda" revelaria a profunda essencialidade da sua forma dialógica.

A ideia em Dostoiévski nunca renuncia à voz. Observe-se que é radicalmente equivocada a afirmação segundo a qual os diálogos em Dostoiévski são dialéticos. Nesse caso, deveríamos reconhecer que a ideia autêntica em Dostoiévski seria uma síntese dialética, por exemplo, a tese de Raskólnikov e a antítese de Sônia, a tese de Aliócha e a antítese de Ivan, etc. Semelhante concepção é profundamente absurda. Ora, Ivan discute não com Aliócha, mas antes de tudo consigo mesmo, e Aliócha não discute com Ivan como voz única e integral, mas interfere no diálogo interior dele, procurando reforçar aí uma das réplicas. Não se pode falar de nenhuma síntese; pode-se falar apenas da vitória desta ou daquela voz ou da combinação de vozes lá onde elas são acordes. Para Dostoiévski, o último dado não é a ideia como conclusão monológica, ainda que dialética, mas o conhecimento da interação de vozes.

É isso que distingue o diálogo de Dostoiévski do diálogo de Platão. Mesmo que o diálogo de Platão não seja inteiramente monologado, pedagógico, ainda assim a multiplicidade de vozes é absorvida na ideia. Platão não concebe a ideia como acontecimento, mas como ser. Comungar na ideia significa comungar no seu ser. No entanto, todas as relações hierárquicas de reciprocidade entre os indivíduos cognoscentes, geradas pelos diferentes graus de sua comunhão na ideia, acabam se extinguindo na plenitude da própria ideia. A própria comparação dos diálogos em Dostoiévski e Platão nos parece inteiramente secundária e improdutiva, uma vez que o diálogo em Dostoiévski não é, em absoluto, um diálogo puramente cognitivo, filosófico. Mais essencial é compará-lo aos diálogos da Bíblia e do Evangelho. A influência do diálogo de Jó em alguns diálogos do Evangelho sobre Dostoiévski é irrefutável, ao passo que os diálogos de Platão estavam simplesmente fora da esfera dos seus interesses. Por sua estrutura, o diálogo de Jó é interiormente infinito, pois a oposição da alma a Deus – o indivíduo em luta ou o resignado – é nele concebida como imutável e eterna. Contudo, nem o diálogo da Bíblia nos levará às peculiaridades artísticas mais fundamentais do diálogo em Dostoiévski. Antes de levantar a questão da influência e da semelhança estrutural, é necessário revelar essas peculiaridades no próprio material anteriormente disponível.

O diálogo "do homem com o homem" por nós examinado é um documento sociológico sumamente interessante. A sensação excepcional aguda do outro indivíduo como *outro* e do seu *eu* como um *eu* nu pressupõe que todas aquelas definições – por família, casta, classe – que revestem o *eu* e o *outro* do corpo concreto-social, bem como todas as variedades dessas definições perderam a sua autoridade e a sua força formativa. É como se o homem se sentisse imediatamente no mundo como em uma totalidade, sem nenhuma instância intermediária além de algum grupo social a que ele pertencesse. O convívio desse *eu* com o *outro* e com *os outros* ocorre imediatamente no terreno das últimas questões, contornando todas as formas intermediárias, imediatas. As personagens de Dostoiévski são personagens oriundas de famílias fortuitas e de grupos fortuitos. Carecem de um convívio real, evidente por si só, no qual se representem a sua vida e suas relações mútuas. Tal convívio deixaria de ser premissa indispensável de vida e se converteria em postulado para elas, em fim utópico das suas aspirações. De fato, as personagens de Dostoiévski são movidas por um sonho utópico de fundação de alguma comunidade de seres humanos fora das formas sociais existentes. Fundar uma comunidade na terra, unificar algumas pessoas fora do âmbito das formas sociais vigentes – a isso aspiram o príncipe Míchkin, Aliócha, aspiram em formas menos conscientes e menos nítidas todas as demais personagens de Dostoiévski. A comunidade de meninos, instituída por Aliócha depois do enterro de Iliúcha como sendo unificada apenas pela lembrança do menino atormentado, e o sonho utópico de Míchkin de reunir em uma união de amor Aglaya e Nastássia Fillípovna, a ideia de Igreja de Zossima, o sonho de Viersílov e do "homem ridículo" com a idade de ouro – tudo isso são fenômenos da mesma ordem. É como se a comunidade houvesse se privado do seu corpo real e quisesse fundá-lo arbitrariamente com material puramente humano. Tudo isso é a expressão mais profunda da desorientação social da intelectualidade não nobre, que se sente espalhada pelo mundo e neste se orienta sozinha, por sua conta e risco. Uma voz monológica firme pressupõe um apoio social firme, pressupõe um *nós*, independentemente de haver ou não consciência disso. Para um solitário, sua própria voz se torna instável, sua própria unidade e sua concordância interior consigo mesmo se tornam um postulado.

Adendo 2[*]

Reformular o capítulo sobre o enredo em Dostoiévski. Uma modalidade especial de aventura. Um problema de sátira menipeia. A concepção do espaço artístico. A praça em Dostoiévski. Faíscas do fogo do carnaval. Escândalos, desatinos extravagantes, *mésalliances*, histerias, etc. Em Dostoiévski. Sua fonte é a praça carnavalesca. Análise da festa do dia do santo em casa de Nastássia Fillípovna. O jogo das confissões (cf. *Bobók*). Transformação do miserável em milionário, da prostituta em princesa, etc. O caráter mundial – pode-se dizer universal – do conflito em Dostoiévski. "O conflito das últimas questões." Natureza infinita dos contratos com tudo e com todos no mundo. A caracterização dos jovens russos por Ivan. Ele só representa como personagens centrais pessoas com quem sua polêmica ainda não terminou (aliás, no mundo ela também não terminou). A questão das personagens abertas. O problema da posição do autor. O problema do

---

[*] Trata-se de um esboço de reformulação da edição de 1929 de *Problemas da Poética de Dostoiévski*, na qual Bakhtin rediscute e aprofunda o tema da posição do autor no romance polifônico de Dostoiévski, a questão do diálogo em Dostoiévski, e amplia a discussão da poética histórica e da tradição dos gêneros. Várias personagens do texto têm mais aspecto de rascunho, o que se verifica pelas frases isoladas. Publicado na revista *Kontekst*, Moscou, 1977, foi posteriormente inserido na edição de *Estétika slovésnogo tvórtchestva* (*Estética na criação verbal*), de onde traduzimos (N. do T.).

terceiro no diálogo: as suas diversas soluções nos romancistas atuais (Moriac, Graham Green e outros).

O *Doutor Fausto* de Thomas Mann como confirmação indireta da minha concepção. A influência de Dostoiévski. A conversa com o diabo. Narrador-cronista e personagem central. A complexa posição do autor (cf. as cartas de Thomas Mann). Reproduções (transposições verbais) de obras musicais: em *Niétotchka Niezvânova*, mas especialmente uma reprodução da ópera de Trichátov (aqui, a coincidência literal dos textos sobre a voz do diabo); por último, a reprodução do poema de Ivan Karamázov. Personagem-autor. O problema da polifonia como centro.

A estrutura totalmente nova da imagem do homem é a consciência do outro, rica em conteúdo e plenivalente, não inserida na moldura que *conclui* a realidade, consciência essa que não pode ser concluída por nada (nem pela morte), pois o seu sentido não pode ser solucionado ou abolido pela realidade (matar não significa refutar). Essa consciência do outro não se insere na moldura da consciência do autor, revela-se de dentro como uma consciência situada *fora* e *ao lado*, com a qual o autor entra em relações dialógicas. Como Prometeu, o autor cria (ou melhor, recria) criaturas vivas independentes dele, com as quais acaba por ficar em igualdade de direitos. Não pode concluí-las, pois descobriu aquilo que distingue o indivíduo de tudo o que não é indivíduo. Sobre este o ser não tem poderes. Foi essa a primeira descoberta do artista.

A segunda descoberta foi a *representação* (ou melhor, a recriação) da ideia em *autodesenvolvimento* (inalienável do indivíduo). A ideia se torna objeto da representação artística, revela-se não no plano de um sistema (filosófico, científico), mas no plano de um *acontecimento humano*.

A terceira descoberta do artista foi a potencialidade dialógica (*dialoguítchnost*) como forma específica de interação entre consciências isônomas e equivalentes.

Todas essas descobertas são, em essência, únicas: são três facetas de um mesmo fenômeno. São ricas de conteúdo-forma. Seu rico conteúdo *formal* é mais profundo, mais condensado, mais geral do que aquele conteúdo concreto-ideológico variável que as completa em Dostoiévski. Muda o conteúdo das consciências isônomas, mudam as ideias, muda o conteúdo dos diálogos, mas permanecem as novas formas de conhecimento artístico do homem e do mundo descobertas por Dostoiévski. Se em Turguiêniev descartarmos o conteúdo das discussões de Bazárov com P. P. Kirsánov,* por exemplo, não restarão formas estruturais novas de nenhuma espécie (os diálogos se desenvolvem nas formas antigas de um só plano). Poderíamos compará-las com as formas da lógica, mas aqui se trata de formas *artísticas*. Veja-se a imagem do xadrez em Saussure. Dostoiévski fraciona a antiga superfície plana da arte da representação do mundo. Pela primeira vez a representação se torna pluridimensionada.

Depois da publicação deste livro (mas independentemente dele), ideias da polifonia, do diálogo, do inacabamento, etc. tiveram um desenvolvimento muito amplo. Isso se deve à crescente influência de Dostoiévski, mas antes de tudo, é claro, àquelas mudanças na própria realidade que Dostoiévski foi capaz de descobrir antes dos outros (e nesse sentido de modo profético).

Superação do monologismo. O que é monologismo em sentido superior? Negação da isonomia entre as consciências em relação à verdade (compreendida de maneira abstrata e sistêmica). Deus pode passar sem o homem, mas o homem não pode passar sem Ele. O professor e o aluno (diálogo socrático).

O nosso ponto de vista não afirma, em hipótese alguma, uma certa passividade do autor, que apenas disporia os pontos de vista alheios, as verdades alheias, renunciando inteiramente ao seu ponto de vista, à sua verdade. A questão não está aí, de maneira nenhuma, mas na relação de reciprocidade inteiramente nova e especial entre a minha verdade e a verdade do outro. O autor é profundamente *ativo*, mas o seu ativismo tem um caráter *dialógico* especial. Uma coisa é o ativismo (*aktívnost*) em relação a um objeto morto, a um material mudo, que se pode modelar e formar ao bel-prazer; outra coisa é o ativismo *em relação à consciência viva e isônoma do outro*. Esse ativismo que interroga, provoca, responde, concorda, discorda, etc., ou seja, esse ativismo dialógico não é menos ativo que o ativismo que conclui, coisifica, explica por via causal, torna inanimada e abafa a voz do outro com argumentos desprovidos de sentido. Dostoiévski interrompe constantemente, mas nunca abafa a voz do outro, nunca a conclui "de sua parte", ou seja, da parte de outra consciência – a sua. Isso, por assim dizer, é o ativismo de Deus em relação ao homem, que

---

* Personagens centrais do romance de Turguiêniev *Pais e Filhos* (N. do T.).

permite a ele mesmo abrir-se até o fim (na evolução imanente), condenar a si mesmo, refutar a si mesmo. É um ativismo de qualidade superior, que supera não a resistência do material morto, mas a resistência da consciência alheia, da verdade alheia. Em outros autores também encontramos ativismo dialógico em relação àquelas personagens que oferecem resistência interior (por exemplo, em Turguiêniev em relação a Bazárov). Mas nesse caso esse dialogismo é um jogo dramático, totalmente superado no conjunto da obra.

Em seu artigo sobre *O Idiota*, Fridliénder, ao mostrar o ativismo e a interferência do autor, revela, na maioria dos casos, precisamente esse ativismo dialógico, e com isso apenas confirma as minhas conclusões.

Relações dialógicas autênticas só são possíveis com a personagem que é portadora de sua verdade, ocupa uma posição *significativa* (ideológica). Se uma vivência ou ato não visa à *significação* (acordo – desacordo), mas apenas à *realidade* (avaliação), a relação dialógica pode ser mínima.

No entanto, pode um sentido *significativo* tornar-se objeto de *representação artística*? Sob uma concepção mais profunda da obra de arte, uma *ideia* pode vir a ser o seu objeto. Nisso reside a segunda descoberta de Dostoiévski.

Todo romance representa "a vida em autodesenvolvimento" e a "recria". Esse autodesenvolvimento da vida independe do autor, de sua vontade consciente e de suas tendências. Contudo, essa é uma independência do *ser*, da realidade (do acontecimento, do caráter, do ato). É a lógica do próprio ser independente em relação ao autor, e não a lógica do sentido-consciência. O sentido-consciência, em sua última instância, pertence ao autor, e só a ele. E esse sentido pertence ao *ser*, e não a *outro* sentido (à consciência isônoma do outro).

Todo criador recria a lógica do próprio objeto, mas não a cria nem a viola. Até uma criança que brinca recria a lógica daquilo com o que brinca. Mas Dostoiévski descobre um novo objeto e uma nova lógica desse objeto. Ele descobriu o indivíduo[*] e a lógica em autodesenvolvi-

---

[*] Cabe observar que esse conceito de indivíduo em Dostoiévski tem um sentido filosófico muito particular: é um ser situado em uma fronteira, em um limiar em que interage com o outro, de quem recebe muitos adendos à sua personalidade e à sua consciência e a quem ele também transmite adendos

mento desse indivíduo, que ocupa posição e toma decisões em torno das últimas questões da ideologia. Nesse processo, os elos intermediários, inclusive aqueles elos imediatos do cotidiano, do dia a dia, não são omitidos, mas assimilados à luz das últimas questões como etapas ou símbolos da *decisão final*. Antes tudo isso estava situado no plano do monologismo, no plano de uma consciência. Agora, porém, descobria-se uma pluralidade de consciências.

O tipo superior de artista desinteressado, que nada recebe do mundo. Esse anti-hedonismo consequente já não pode ser encontrado em lugar nenhum.

Dostoiévski "apenas projetou a paisagem da sua alma" (Lettenbauer).[1]

A expressão do *eu* do escritor na obra de arte. Transformação da obra de Dostoiévski em monólogo. Não se trata da análise da consciência sob a forma de um *eu* único e singular, mas precisamente da análise das interações de muitas consciências, da análise não de muitas pessoas à luz de uma só consciência, mas precisamente de muitas consciências isônomas e plenivalentes. É a não autossuficiência, a impossibilidade da existência de uma consciência. Eu tomo consciência de mim e me torno eu mesmo unicamente me revelando para o outro, através do outro e com o auxílio do outro. Os atos mais importantes, que constituem a autoconsciência, são determinados pela relação com outra consciência (com o tu). A separação, o desligamento, o ensimesmamento são a causa central da perda de si mesmo. Não se trata do que ocorre dentro, mas *na fronteira* entre a minha consciência e a consciência do outro, *no limiar*. O todo interior não se basta a si mesmo, está voltado para fora, dialogado, cada vivência interior está na fronteira, encontra-se com outra, e nesse encontro tenso está toda a sua essência. É o grau supremo da sociabilidade (não externa, não material, mas interna). Nesse ponto, Dostoiévski se opõe a toda a cultura decadente e idealista (individualista), à cultura da solidão de princípio e incontrastável. Ele afirma a impossibilidade da solidão, da solidão ilusória. O próprio ser do homem (tanto interno quanto externo) é *convívio mais profundo*. Ser significa *conviver*. Morte absoluta (o não

---

similares. É o indivíduo em convívio, entre uma multiplicidade de consciências, o indivíduo em processo de construção dialógica (N. do T.).

[1] Cf. Lettenbauer, W. *Russiche Literaturgeschichte*. Frankfurt am Main-Wien, 1955, p. 173-214.

ser) é o inaudível, a irreconhecibilidade, o imemoriável (Hippolit). Ser significa ser para o outro e, através dele, para si. O homem não tem um território interior soberano, está todo e sempre na fronteira, olhando para dentro de si ele olha *o outro nos olhos* ou *com os olhos do outro*.

Esse conjunto de coisas não é a teoria filosófica de Dostoiévski, é a sua visão artística da vida da consciência humana, visão personificada em uma forma rica de conteúdo. A *confissão* não é, em hipótese nenhuma, a *forma* ou a última totalidade da sua criação (o seu fim e a forma da sua relação consigo mesmo, uma forma da sua visão de si mesmo); a *confissão* é o objeto da sua visão artística e da sua representação. Ele representa a confissão e as consciências confessionais dos outros, visando a revelar a estrutura internamente social delas, a mostrar que elas (as confissões) não são outra coisa senão um acontecimento da interação de consciências, a apontar a interdependência das consciências que se revela na confissão. Eu não posso passar sem o outro, não posso me tornar eu mesmo sem o outro; eu devo encontrar a mim mesmo no outro, encontrar o outro em mim (no reflexo recíproco, na percepção recíproca). A justificativa não pode ser *auto*justificativa, o reconhecimento não pode ser o *auto*rreconhecimento. Do outro eu recebo meu nome, e este existe para os outros (autonomeação – impostura). É impossível também o amor a si mesmo.

O capitalismo criou as condições para um tipo especial de consciência permanentemente solitária. Dostoiévski revela toda a falsidade dessa consciência, que se move em um círculo vicioso. Daí a representação dos sofrimentos, das humilhações e do *não reconhecimento* do homem na sociedade de classes. Tiraram-lhe o reconhecimento e privaram-no do nome. Recolheram-no a uma solidão forçada, que os insubmissos procuram transformar em uma *solidão altiva* (passar sem o reconhecimento, sem os outros).

O complexo problema da humilhação e dos humilhados

Nenhum dos acontecimentos humanos se desenvolve nem se resolve no âmbito de uma consciência. Daí a hostilidade de Dostoiévski a ideologias que veem o fim último na fusão, na diluição das consciências em uma consciência, na superação da individuação. Nenhum nirvana é possível para *uma só* consciência. Uma só consciência é um *contradictio in adjecto*. A consciência é essencialmente plural. *Pluralia tantum*. Dostoiévski tampouco aceita ideologias que reconheçam a uma consciência superior o direito de avocar-se a decidir pelas consciências inferiores, transformando-as em coisas mudas. Eu traduzo para a linguagem de uma ideologia abstrata aquilo que era objeto de uma visão artística concreta e viva e tornou-se princípio de uma forma. Esse tipo de tradição é sempre inadequado.

O que permanece objeto de minha consciência não é outro *homem*, mas outra consciência investida de plenos direitos e situada ao lado da minha e só em relação à qual minha própria consciência pode existir.

Dostoiévski fez do espírito – isto é, da última posição do indivíduo no campo dos sentidos – o objeto da contemplação estética, soube *perceber* o espírito assim como antes dele só se conseguia *ver* o corpo e a alma do homem. Ele fez a visão estética avançar em profundidade, na direção de novos estratos abissais, mas não no rumo do inconsciente, e sim das profundezas-alturas da consciência. As profundezas da consciência são ao mesmo tempo o seu topo (o alto e o baixo no cosmo e no microcosmo são relativos). A consciência é muito mais terrível que quaisquer complexos inconscientes.

Afirma-se que toda a obra de Dostoiévski é uma única e só confissão. De fato, aí as confissões (e não uma confissão) não são uma forma do todo, mas um objeto de representação. A confissão é mostrada de dentro e de fora (em sua inconclusibilidade).

O homem do subsolo diante do espelho

Depois das confissões "dos outros" em Dostoiévski, o velho gênero confessional tornou-se de fato inviável. Tornaram-se inviáveis o momento ingênuo-imediato da confissão, seu elemento retórico, seu elemento convencional de gênero (com todos os seus procedimentos tradicionais e formas estilísticas). Tornou-se inviável também a relação imediata consigo mesmo na confissão (do narcisismo à autonegação). Revelou-se o papel do outro, só à luz de quem posso construir qualquer discurso a respeito de mim mesmo. Revelou-se a complexidade do simples fenômeno da contemplação de mim mesmo no espelho: com os meus próprios olhos e com os olhos do outro ao mesmo tempo, o encontro e a interação dos meus próprios olhos com os olhos do outro, a interseção de horizontes (do meu e do outro), a interseção de duas consciências.

A unidade vista não como uma só unidade natural, mas como acordo dialógico de dois ou vários seres não fundidos.

"Projetou a paisagem da sua própria alma." Mas o que significa "projetou" e o que significa "da própria"? Não se pode compreender mecanicamente a projeção como mudança de nome, de circunstâncias externas vitais, do fim da vida (ou de um acontecimento), etc. Não se pode compreendê-la tampouco como um conteúdo universalmente humano, fora do relacionamento com o *eu* e o *outro*, isto é, como um dado interior objetivo, neutro. Toma-se a vivência nas fronteiras do caráter objetivo-determinado e não na fronteira do *eu* com o *outro*, isto é, no ponto da interação de consciências. Também não é possível entender *o próprio* como forma relativa e casual de pertença, que pode ser facilmente substituída pela pertença ao outro e a um terceiro (substituir o proprietário ou mudar de endereço).

A representação da morte em Dostoiévski e Tolstói

Em Dostoiévski há muito menos morte que em Tolstói, e em sua maioria por assassinato e suicídio. Em Tolstói é muito grande a incidência de mortes. Pode-se falar de sua paixão pela representação da morte. Ademais – e isso é muito sintomático –, ele representa a morte não só de fora, mas também de dentro, isto é, de dentro da própria consciência do moribundo, *quase* como um fato dessa consciência. Interessa-lhe a morte *para si*, ou seja, para o próprio moribundo, e não para os outros, para os que ficam. Em essência, ele revela uma profunda indiferença por sua morte para os outros. "Eu mesmo preciso viver só e morrer só." Para representar a morte de dentro para fora, Tolstói não teme violar fortemente a verossimilhança vital da posição do narrador (como se o próprio morto lhe narrasse a sua morte, como o faz Agamémnon a Odisseu). Não teme o modo como a consciência vai se extinguindo para a própria pessoa consciente. Isso só é possível graças a uma certa reificação da consciência. Aqui, a consciência é dada como algo objetivo (objetificado) e quase neutro em relação à fronteira permanente (absoluta) entre o *eu* e o *outro*. Ele passa de uma consciência a outra como quem passa de um quarto a outro, desconhece o limiar absoluto.

Dostoiévski *nunca* representa a morte de dentro para fora. São os outros que observam a agonia e a morte. A morte não pode ser um fato da própria consciência. Não se trata, é claro, da verossimilhança da posição do narrador (Dostoiévski não teme, absolutamente, o aspecto fantástico dessa posição quando isso lhe convém). A consciência, por sua própria natureza, não pode ter um princípio conscientizado (isto é, que conclui a consciência) e um fim situado na série da consciência como seu último integrante, constituído do mesmo material de que se constituem os outros elementos da consciência. Quem tem princípio e fim, nascimento e morte são o homem, o destino, mas não a consciência, que é infinita por sua natureza, que só se revela de dentro para fora, ou seja, apenas para a própria consciência. O princípio e o fim estão situados no mundo objetivo (e objetificado) para os outros, e não para aquele que toma consciência. Não se trata da possibilidade de espiar a morte de dentro, da impossibilidade de vê-la como impossibilidade de ver a própria nuca sem recorrer ao espelho. A nuca existe objetivamente e é vista pelos outros. Já a morte de dentro para fora, isto é, a minha morte conscientizada, não existe para ninguém – nem para o próprio moribundo, nem para os outros: inexiste absolutamente. É precisamente essa consciência para si, que desconhece e não possui a última palavra, que constitui o objeto da representação no mundo de Dostoiévski. É por isso que a morte de dentro não pode integrar esse mundo; ela é estranha à sua lógica interna. Aí a morte é sempre um fato objetivo para as outras consciências; aí se manifestam os privilégios do outro. No mundo de Tolstói representa-se outra consciência, dotada de certo mínimo de reificação (objetificação), por isso entre a morte de dentro (para o próprio moribundo) e a morte de fora (para o outro) não existe um abismo intransponível: elas se aproximam.

No mundo de Dostoiévski a morte nada conclui, porque ela não afeta o principal nesse mundo: a consciência para si. Já no mundo de Tolstói a morte possui certa força que conclui e decide.

Dostoiévski faz de tudo isso um enfoque idealista, tira conclusões ontológicas e metafísicas (a imortalidade da alma, etc.) Mas a revelação da originalidade interior da consciência não contradiz o materialismo. A consciência é secundária, surge em uma determinada fase de desenvolvimento do organismo material, surge objetivamente e morre (também objetivamente) com o organismo material (às vezes até antes dele), morre objetivamente. Mas a consciência tem originalidade, tem um aspecto subjetivo; para si mesma, nos termos da própria consciência, ela não pode ter princípio nem fim. Esse aspecto subjetivo é objetivo (mas não objetificado, coisificado). A ausência da morte conscientizada (a morte para si) é um fato tão objetivo como a ausência do nascimento conscientizado. Nisso está a originalidade da consciência.

O problema da palavra orientada.
*A ideia de Tchernichevski sobre o romance
sem juízos de valor nem entonações do autor*

A influência de Dostoiévski está longe de seu ponto culminante. Os elementos essenciais e mais profundos da sua visão artística, a reviravolta por ele realizada no campo do gênero romanesco e de toda a criação literária até hoje ainda não foram plenamente assimilados e conscientizados. Até hoje ainda estamos engajados no diálogo sobre temas transitórios, mas o dialogismo que esse diálogo descobriu entre o pensamento artístico e o quadro do mundo, bem como o novo modelo de mundo interiormente dialogado não foram definitivamente revelados. O diálogo socrático, que substituiu o diálogo da tragédia, é o primeiro passo na história do gênero romanesco. Mas ele era só um diálogo, quase uma forma meramente externa de dialogismo.

Os elementos mais estáveis da forma rica em conteúdo, que são urdidos e gerados pelos séculos (e para os séculos), só nascem em certos momentos mais propícios e em lugar histórico mais propício (a época de Dostoiévski na Rússia). Dostoiévski sobre as imagens de Balzac e sua urdidura. Marx sobre a arte antiga. A época em transição, geradora de valores perenes. Quando Shakespeare se tornou Shakespeare. Dostoiévski ainda não se tornou Dostoiévski, está apenas se tornando o próprio.

Na primeira parte temos o nascimento de uma nova forma de romance (nova forma de visão e do novo homem-indivíduo; superação da reificação). Na segunda parte temos o problema da linguagem e do estilo (o novo modo de usar a roupagem da palavra, a roupagem da linguagem, o novo modo de vestir-se do seu próprio corpo, de personificar-se).

Na primeira parte há uma mudança radical da posição do autor (em relação às pessoas representadas, que de pessoas reificadas se transformam em indivíduos). A dialética do exterior e do interior no homem. Crítica à posição do autor em *O Capote* de Gógol (um começo ainda bastante tímido de transformação da personagem em indivíduo). Crise da posição do autor e da emoção do autor, da palavra do autor.

A reificação do homem. As condições e formas sociais e éticas dessa reificação. O ódio de Dostoiévski ao capitalismo. A descoberta artística do homem-indivíduo. O tratamento dialógico como a única forma de tratamento do homem-indivíduo, que lhe preserva a liberdade e a inconclusibilidade. Crítica a todas as formas externas de tratamento e ação: da violência à autoridade: a conclusão artística como variedade de violência. A inadmissibilidade de discutir o indivíduo interior (Snieguirióv com Liza em *Os Irmãos Karamázov*; Hippolit com Aglaya em *O Idiota*; vejam-se formas mais grosseiras desse comportamento em *A Montanha Mágica* de Thomas Mann, com Chauchat e Peeperkorn; o psicólogo como espião). Não podemos predeterminar o indivíduo (e sua evolução), não podemos subordiná-lo ao nosso próprio plano. Não podemos espiá-lo e escutá-lo às escondidas, forçá-lo a autorrevelar-se. Problemas da confissão e do *outro*. Não podemos forçar e predeterminar a *confissão* (Hippolit). A persuasão pelo amor.

A criação de um novo romance (o polifônico) e a mudança de toda a literatura. A influência transformadora do romance sobre todos os demais gêneros e sua "romantização".

Todos esses momentos estruturais de interdependência de consciências (indivíduos) foram traduzidos para a linguagem das relações sociais e das relações individualmente vitais (do enredo, no amplo sentido da palavra).

O diálogo socrático e a praça carnavalesca

As definições reificadoras, objetificantes e conclusivas das personagens de Dostoiévski não são adequadas à sua essência.

Superação do modelo monológico de mundo; seus embriões no diálogo socrático.

O carnaval tira o homem da bitola comum, normal da vida, do "seu meio", ele perde seu lugar hierárquico (isso já é plenamente nítido em *O Duplo*). Motivos carnavalescos em *A Senhoria*.

Dostoiévski e o sentimentalismo. A descoberta do *homem-indivíduo* e sua *consciência* (não no sentido psicológico) não poderia ocorrer sem a descoberta de novos momentos na palavra, nos meios de expressão do discurso humano. Descobriu-se o *dialogismo de profundidade no discurso*.

Em Dostoiévski o homem é representado sempre no limiar, ou, em outros termos, em *estado de crise*.

Ampliação do conceito de consciência em Dostoiévski. Em essência, a consciência é idêntica à *personalidade* do homem: tudo o que nele é determinado pelas palavras "eu mesmo" ou "tu mesmo" é tudo em que ele se descobre, se percebe, é tudo por que ele responde, tudo o que se situa entre o nascimento e a morte.

As relações dialógicas pressupõem uma unidade do objeto da intenção (orientação).

O monologismo é a extrema negação da existência de outra consciência isônoma e isônomo-responsiva fora de si mesma, de outro *eu "tu"* isônomo. No enfoque monológico (em forma extrema ou pura), o *outro* permanece inteiramente apenas *objeto* da consciência, e não outra consciência. Dele não se espera uma resposta que possa modificar tudo no universo da minha consciência. O monólogo é concluído e surdo à resposta do outro, não o espera nem reconhece nele força *decisiva*. Passa sem o outro e por isso reifica, em certa medida, toda a realidade. Pretende ser a última palavra. Fecha o mundo representado e os homens representados.

A integridade biográfica (e autobiográfica) da imagem do homem, que incorpora o que nunca pode ser objeto da própria experiência, o que foi obtido através da consciência e do pensamento dos outros (o nascimento, a aparência, etc.). O espelho. Desintegração dessa imagem integral. O que se recebe do outro e nos tons do outro e para o que não se tem o próprio tom.

Natureza dialógica da consciência, natureza dialógica da própria vida humana. A única forma adequada de *expressão verbal* da autêntica vida do homem é o *diálogo inconcluso*. A vida é dialógica por natureza. Viver significa participar do diálogo: interrogar, ouvir, responder, concordar, etc. Nesse diálogo o homem participa inteiro e com toda a vida: com os olhos, os lábios, as mãos, a alma, o espírito, todo o corpo, os atos. Aplica-se totalmente na palavra, e essa palavra entra no tecido dialógico da vida humana, no simpósio universal.

As imagens reificadas (coisificadas, objetificadas) para a vida e para a palavra são profundamente inadequadas. O modelo reificado de mundo é substituído pelo modelo dialógico. Cada pensamento e cada vida se fundem no diálogo inconclusível. É igualmente inadmissível a reificação da palavra: sua natureza também é dialógica.

A dialética é o produto abstrato do diálogo

Definição da voz. Aqui entram a altura, o diapasão, o timbre, a categoria estética (lírico, dramático, etc.). Aqui entram ainda a ideologia e o destino do homem. O homem entra no diálogo como voz integral. Participa dele não só com seus pensamentos, mas também com seu destino, com toda a sua individualidade.

A imagem de mim mesmo para mim mesmo e minha imagem para o outro. O homem existe realmente nas formas do *eu* e do *outro* ("tu", "ele" ou "*man*"[*]). No entanto, podemos pensar o homem independentemente dessas formas de sua existência, como qualquer outro fenômeno ou objeto. Mas acontece que só eu mesmo sou homem, isto é, só o homem e nenhum outro fenômeno concebível por mim existe na forma do *eu* e do outro. A literatura cria imagens perfeitamente específicas de pessoas, nas quais o *eu* e o *outro* se combinam através de uma imagem singular; o *eu* na forma do *outro* ou o *outro* na forma do *eu*. Isso não é um conceito de homem (como coisa, fenômeno), mas uma imagem do homem; no entanto, a imagem do homem não pode ser desvinculada da forma de sua existência (ou seja, do *eu* e do *outro*). Por isso, é impossível a reificação plena da imagem do homem enquanto ela permanece imagem. Mas, ao fazermos uma análise sociológica "objetiva" (ou outra análise científica) dessa imagem, nós a transformamos em conceito, colocamo-la fora da correlação do "eu-outro" e a reificamos. Contudo, a forma da alteridade na imagem evidentemente predomina; *eu* permaneço o único no mundo (veja-se o tema da duplicidade). Todavia a imagem do homem é a via para o *eu* do *outro*, um passo para (...). Todos esses problemas surgem inevitavelmente quando analisamos a obra de Dostoiévski, que percebia com uma acuidade excepcional a forma de existência do homem como o *eu* ou o *outro*.

Não se trata da teoria (conteúdo transitório), mas do "sentir a teoria".

A confissão como forma superior de *livre* autorrevelação do homem *de dentro para fora* (e não confissão concludente de fora para dentro) esteve diante de Dostoiévski desde o início de sua trajetória artística. A confissão como encontro do *eu em profundidade* com o *outro* e os *outros* (o povo), como encontro do *eu* com o *outro* em nível superior ou na última instância. Mas nesse encontro o *eu* deve ser puro, um *eu* de profundidade de dentro de si mesmo, sem nenhuma mescla de

---

[*] Segundo os autores das notas, na *Estética da Criação Verbal*, de Bakhtin (Martins Fontes, São Paulo, p. 457), "*man* (pronome pessoal substantivo indefinido na língua alemã) é, na filosofia de Martin Heidegger, uma forma impessoal que determina a existência cotidiana do homem" (N. do T.).

pontos de vista e avaliações presumíveis, forçadas ou ingênuas do outro, ou seja, sem uma visão de si pelos olhos do outro. Sem *máscara* (imagem externa *para o outro*, enformação de si de dentro e não de fora; isso serve também para a máscara discursiva, estilística), sem subterfúgios, sem a falsa palavra final, isto é, sem tudo o que exterioriza e é falso.

Não se trata de fé (no sentido de uma fé determinada na ortodoxia, no progresso, no homem, na revolução, etc.), mas de um *sentimento de fé*, ou seja, de uma relação integral (de todo o homem) com um valor supremo e final. Dostoiévski entendia frequentemente por ateísmo a descrença com o sentido aqui exposto, como uma indiferença em face de um valor final que exige todo o homem, concebia-o como recusa à última posição na totalidade do mundo. As vacilações de Dostoiévski em relação ao *conteúdo* desse valor final. Zossima sobre Ivan. O tipo de pessoas que não conseguem viver sem um valor supremo e ao mesmo tempo não podem realizar a escolha definitiva desse valor. O tipo de pessoas que constroem sua vida sem nenhuma relação com um valor supremo: abutres, amoralistas, mesquinhos, oportunistas, carreiristas, mortos, etc. Dostoiévski quase desconhece o tipo médio de gente...

É extraordinariamente aguda a sensação do *seu* e do *outro* na palavra, no estilo, nos matizes e meandros mais sutis do estilo, na entonação, no gesto verbalizado, no gesto corporal (mímico), na expressão dos olhos, do rosto, das mãos, de toda a aparência física, no modo de conduzir o próprio corpo. O acanhamento, a presunção, o atrevimento, a desfaçatez (Snieguiriov), a afetação, a denguice (o corpo se torce e dá voltas na presença do outro), etc. Em tudo através do que o homem se exprime exteriormente (e, por conseguinte, para o *outro*) – do corpo à palavra – ocorre uma tensa interação do *eu* com o *outro*: luta entre os dois (luta honesta ou impostura mútua), equilíbrio, harmonia (como ideal), desconhecimento ingênuo de um a respeito do outro, ignorância mútua deliberada, desafio, não reconhecimento (o homem do subsolo, que "não dá atenção", etc.), etc. Repetimos que essa luta ocorre em tudo através do que o homem se exprime (revela-se) exteriormente (para os outros): do corpo à palavra, inclusive à última, à palavra confessional. As maneiras mundanas como forma exterior elaborada, pronta, congelada e assimilada (mecanicamente) de expressão exterior de si mesmo (o domínio do próprio corpo, do gesto, da voz, da palavra, etc.), em que foi obtido o equilíbrio pleno e acabado, onde não há luta, onde não existem o *eu* e o *outro* vivos, interação viva e duradoura entre os dois. São opostas dessa forma morta a "boa aparência" e a harmonia (o amor), que se conseguem com base em uma ideia superior (um valor, um objetivo) geral, na *livre* concórdia em um ponto superior (a "idade de ouro", o "reino de Deus", etc.).

Dostoiévski tinha um olho excepcionalmente penetrante e um outro sensível para ver e escutar essa luta sumamente intensa do *eu* com o *outro* em cada revelação exterior do homem (em cada rosto, gesto, palavra), em cada forma viva de convívio do seu tempo. Toda expressão – forma de expressão – perdeu sua integridade ingênua, desagregou-se e desligou-se, como se desintegrou a "relação dos tempos" no universo histórico-social da sua atualidade. A excentricidade, os escândalos, as histerias, etc. no mundo de Dostoiévski. Não estamos diante de uma psicologia e uma psicopatologia, uma vez que aqui se trata da *individualidade*, e não das camadas externas do homem; trata-se da livre autorrevelação, e não de uma análise objetiva do homem reificado feita a distância.

O conceito de homem e a imagem do homem em Tolstói. "Caim é mortal" e *eu* também (Ivan Ilitch). O conceito de homem e o homem vivo sob a forma do *eu*.

Nossa tarefa aqui é revelar a originalidade da visão artística de Dostoiévski, a unidade artística do universo por ele criado, mostrar os tipos (variedades) de gênero romanesco que ele criou e a relação específica que ele mantinha com a palavra como matéria da criação artística. Só tocamos nas questões histórico-literárias propriamente ditas na medida em que isso é necessário para a correta revelação dessa originalidade.

A confissão para si, como tentativa de um tratamento objetivo de si mesmo, independe da forma do *eu* e do *outro*. No entanto, quando abstraímos essas formas perdemos precisamente o essencial (a diferença entre o *eu-para-si* e o *eu-para-o-outro*). A posição neutra em relação ao *eu* e ao *outro* é impossível na imagem viva e na ideia ética. Não podemos equipará-los (como esquerdo e direito em sua identidade geométrica). Cada homem é um *eu*-para-si, mas no acontecimento concreto e singular da vida o *eu*-para-si é apenas um *eu* único, porque todos os demais são outros para mim. E essa posição única e insubstituível no mundo não pode ser revogada através de uma interpretação conceitual generalizante (e abstrativa).

Não são os tipos de pessoas e destinos que são objetivamente concluídos, mas os *tipos de visão de mundo* (Tchaadáiev, Herzen, Granovski, Bakúnin, Bielinski, os partidários de Nietcháiev, de Dolguchinski, etc.). E ele não toma a visão de mundo como uma unidade abstrata e uma sucessão do sistema de pensamentos e teses, mas como a última posição no mundo em face dos valores supremos. Como visões de mundo personificadas em vozes. Como diálogo entre essas visões de mundo personificadas, do qual ele mesmo participava. Nos manuscritos, nas fases iniciais de formação do plano, ele menciona esses nomes reais (Tchaadáiev, Herzen, Granovski e outros), e depois, na medida em que se foram constituindo o enredo e os *destinos no enredo*, ele os substitui por nomes fictícios. Com *o início* do plano surgem as *visões de mundo*, e já depois o enredo e os destinos das personagens no enredo (elas têm diante de si os "momentos" em que as posições se revelam com mais nitidez). Dostoiévski não começa pela ideia, mas pelas ideias-personagens do diálogo. Ele procura uma voz integral, enquanto o destino e o acontecimento (do enredo) se tornam meio de expressão das vozes.

O interesse pelos suicídios como mortes conscientes – elos de uma cadeia consciente, na qual o homem conclui a si mesmo de dentro para fora.

Os momentos concludentes, sendo conscientizados pelo próprio homem, inserem-se na cadeia de sua consciência, tornam-se autodefinições transitórias e perdem sua força concludente. "O imbecil, ao saber que é imbecil, já deixa de ser imbecil." Essa ideia deliberadamente primitiva e emitida de modo irônico-paródico (Aliócha de *Humilhados e Ofendidos*) traduz, não obstante, a essência da questão.

As palavras concludentes do autor (sem nada de apelatório), as palavras de um terceiro ausente, que a própria personagem não pode escutar, não pode compreender, não pode fazer delas um momento da sua autoconsciência, não pode responder a elas. Tais palavras já estariam fora de todo dialógico. Tais palavras reificariam e humilhariam o homem-indivíduo.

O todo final em Dostoiévski é dialógico. Todas as personagens centrais são participantes do diálogo. Escutam tudo o que as outras dizem a seu respeito e a todas respondem (sobre elas nada é dito à revelia ou a portas fechadas). E o autor é apenas um participante do diálogo (o seu organizador). Palavras ditas à revelia, que ecoam fora do diálogo e reificam, são muito poucas, e têm importância essencial e concludente apenas para personagens secundárias, personagens objetificadas (que, no fundo, são postas fora do âmbito do diálogo na qualidade de figurantes destituídas da palavra que enriquece e muda o sentido do diálogo).

As forças situadas fora da consciência, que a determinam externamente (mecanicamente): do meio e da violência ao prodígio, ao segredo e à autoridade. Sob a ação dessas forças a consciência perde a sua liberdade autêntica e destrói-se o indivíduo. A esse ponto, a essas forças, deve-se relacionar o subconsciente (o *id*).

A descoisificação humanístico-sentimental do homem, que permanece objetificado: a piedade, as modalidades inferiores de amor (às crianças, a tudo o que é fraco e pequeno). O homem deixa de ser coisa mas não se torna indivíduo, ou seja, permanece objeto situado na zona do *outro*, vivenciável na forma pura do *outro*, distanciado da zona do *eu*. Assim figuram muitas personagens na obra inicial de Dostoiévski e personagens secundárias na obra tardia (Catierina Ivanovna, os filhos e outras).

A objetificação satírica e a destruição da individualidade (Karmazínov, em parte Stiepán Trofímovitch e outras).

Depois de uma envolvente troca de filosofia e mais filosofia com as personagens "a propósito", começou o estudo objetivo da efetiva realidade histórica que está situada fora da obra mas a determina, isto é, o estudo da realidade anterior à estética, anterior à criação. Isso tanto foi muito necessário quanto muito produtivo.

Quanto mais perto está a imagem da zona do *eu-para-si*, quanto menos há nela objetificação e conclusibilidade,[*] tanto mais ela se torna imagem da individualidade livre e inacabável. A classificação de Askóldov, a despeito de toda a sua profundidade, transforma as peculiaridades do indivíduo (os diferentes graus de individualidade) em indícios objetificados do homem, ao passo que a diferença de princípio entre o caráter e o indivíduo (que Askóldov compreendeu de modo muito profundo e correto) é determinada não por indícios qualitativos (objetificados), mas *pela posição* da imagem (independentemente do que ela seja por seus indícios caracterológicos) no sistema de coordenadas "o *eu-para-si* e o *outro* (em todas as suas variedades)". A zona da liberdade e da inconclusibilidade.

---

[*] Única palavra em português capaz de transmitir o termo *zaverchónnost* utilizado por Bakhtin (N. do T.).

Em tudo o que é secreto, obscuro, místico, uma vez que isso pode exercer influência determinante sobre o *indivíduo*, Dostoiévski enxergava a *violência* que destrói o indivíduo. Uma compreensão contraditória do problema da senilidade. O cheiro deletério (o milagre escravizaria). Foi isso precisamente que definiu a visão artística de Dostoiévski (mas nem sempre a sua ideologia).

A reificação do homem na sociedade de classe, levada ao extremo nas condições do capitalismo. Essa reificação é realizada por forças externas que agem de fora e de dentro sobre o indivíduo; é a violência em todas as formas possíveis (econômica, política, ideológica), e só é possível combatê-las externamente e com forças externas (a violência revolucionária justificada); o indivíduo é o fim.

O problema da catástrofe. Catástrofe não é conclusão. É a culminação no choque e na luta de pontos de vista (das consciências isônomas com seus mundos). A catástrofe não lhes dá solução, ao contrário, revela a sua inconclusibilidade nas condições terrenas, oblitera-as todas sem resolvê-las. No fundo, ela carece também dos elementos da catarse.

As tarefas que se colocam ao autor e à sua criação no romance polifônico são bem mais complexas e profundas que no romance homofônico (monológico). A unidade do mundo de Einstein é mais complexa e profunda que a do mundo de Newton, é uma unidade de ordem superior (uma unidade diferente pela qualidade).

Elucidar minuciosamente a diferença entre o *caráter* e o *indivíduo*. Em certa medida, o caráter independe do autor (para Púchkin, foi inesperado o casamento de Tatiana), mas a independência (a própria lógica) tem caráter objetificado. A independência do indivíduo não se presta (resiste) ao conhecimento objetificado e só se revela de modo livremente dialógico (como o *tu* para o *eu*). O autor é um participante do diálogo (em essência, em igualdade de direitos com as personagens), no entanto ele assume funções também complementares muito complexas (uma correia de transmissão entre o diálogo ideal da obra e o diálogo real da realidade).

Dostoiévski descobriu a natureza dialógica da vida social, da vida do homem. Não está preparado o ser cujo sentido o escritor deve revelar, é inacabável o diálogo com o sentido polifônico em formação.

A unidade do todo em Dostoiévski não tem caráter ideológico de enredo nem monológico, ou seja, não se funda em uma única ideologia. É uma unidade acima do enredo e da ideologia.

A luta das definições *caracterológicas* objetificadas (personificadas principalmente nos estilos dos discursos) com os momentos *individuais* (inconclusibilidade) nas obras iniciais de Dostoiévski (*Gente Pobre, O Duplo*, etc.). Dostoiévski nascendo de Gógol, o indivíduo, do caráter.

Análise da festa do dia do santo em casa de Nastássia Fillípovna. Análise do banquete fúnebre de Marmieládov

Desintegração da integridade na época da imagem do homem. O subjetivismo, a não coincidência consigo mesmo. O desdobramento.

Não se trata de fundir-se com o outro, mas de manter posição própria na distância e no *excedente* de visão e compreensão a este relacionado. No entanto, a questão é como Dostoiévski utiliza esse excedente. Não é para reificar e concluir. O momento mais importante desse excedente é o amor (é impossível amar a si mesmo, isso é uma relação de coordenadas), depois vem o reconhecimento, o perdão (a conversa de Stavróguin com Tíkhonov); por último apenas a compreensão ativa (não duplada), a possibilidade de ser ouvido. Esse excedente nunca é utilizado como emboscada, como possibilidade de chegar-se a atacar pelas costas. Esse é um excedente aberto e honesto, que se revela dialogicamente ao outro, um excedente que se exprime em discurso voltado para alguém, e não à revelia. Todo o essencial está dissolvido no diálogo, colocado cara a cara.

O limiar, a porta e a escada. Sua importância cronotópica. A possibilidade de, em um instante, transformar o inferno no paraíso (isto é, passar de um para o outro: cf. "O visitante misterioso"*).

A lógica do desenvolvimento da própria ideia, tomada independentemente da consciência individual (as ideias em si ou na consciência de um modo geral, ou no espírito de um modo geral), isto é, o seu desenvolvimento concreto-material e sistêmico, e a lógica especial do desenvolvimento da ideia personificada no indivíduo. Aqui a ideia, uma vez personificada no indivíduo, é regulada pelas coordenadas do *eu* e do *outro*, sofre refração de diferentes maneiras em diferentes zonas. Essa lógica especial se revela nas obras de Dostoiévski. Por isso, não se podem compreender adequadamente e analisar essas ideias no habitual plano lógico-material e sistemático (como teorias filosóficas habituais).

---

*   Capítulo do romance de Dostoiévski *Os Irmãos Karamázov* (N. do T.).

O "significado final" do monumento de uma determinada época, dos seus interesses e aspirações, de sua força e fraqueza histórica. O significado final é um significado limitado. Aqui o fenômeno é igual a si mesmo, coincide consigo mesmo.

Mas, além desse significado final do monumento, existe ainda um significado vivo, crescente, em formação, em mudança, ele não nasce (inteiramente) na época limitada do nascimento do monumento: é preparado ao longo dos séculos antes do nascimento e continua a viver e desenvolver-se durante séculos após o nascimento. Esse significado crescente não pode ser deduzido e explicado só com base nas condições limitadas de uma dada época, da época do nascimento do monumento. Veja-se Karl Marx sobre a arte antiga. Esse significado crescente é aquela descoberta realizada por toda grande obra. Como qualquer descoberta (a científica, por exemplo), ela é preparada por gigantes, mas se realiza nas condições ideais de uma determinada época em que está madura. São essas condições ideais que devem ser descobertas; no entanto elas não esgotam, evidentemente, o significado crescente e permanente de uma obra.

Introdução: o fim, as tarefas e as limitações de um estudo introdutório. A descoberta de Dostoiévski. As três facetas fundamentais dessa descoberta. Um apanhado prévio e breve da fortuna crítica de Dostoiévski sob a ótica dessa descoberta.

A palavra, a palavra viva, indissociável do convívio dialógico, por sua própria natureza, quer ser ouvida e respondida. Por sua natureza dialógica ela pressupõe também a última instância dialógica. Receber a palavra, ser ouvido. É inadmissível a solução *à revelia*. Minha palavra permanece no diálogo contínuo, no qual ela será ouvida, respondida e reapreciada.

Em termos rigorosos, no universo de Dostoiévski não há mortes como fato orgânico-objetificado do qual a consciência responsavelmente ativa do homem não participe: no universo de Dostoiévski há apenas assassinatos, suicídios e loucuras, ou seja, apenas mortes como atos responsavelmente conscientes. Ocupam lugar de destaque as mortes-partidas dos justos (Makar, Zossima, seu jovem irmão, o visitante misterioso). Pela morte da consciência (a morte orgânica, ou seja, a morte do corpo não interessa a Dostoiévski), o próprio homem responde (ou outro homem – um assassino, inclusive o que comete execução). Só morrem organicamente personagens objetificados que não participam do grande diálogo (que servem apenas de material ou paradigma para o diálogo). Dostoiévski desconhece a morte como processo orgânico, que ocorre no homem sem a participação da sua consciência responsável. O indivíduo não morre. A morte é uma partida. O *próprio homem* parte. Só essa morte-partida pode tornar-se objeto (fato) da visão artística essencial no mundo de Dostoiévski. O homem partiu, mas a própria palavra permanece no diálogo inconclusível.

Askóldov: o indivíduo não é objeto, mas outro sujeito. A representação do indivíduo requer, antes de tudo, uma mudança radical da posição do autor que representa – requer que *se dirija* ao tu. Não se trata de substituir novos traços objetificados, mas de modificar o próprio enfoque artístico do homem representado, de mudar o sistema de coordenadas.

Completar o problema da posição do autor no romance homofônico e polifônico. Definir monologismo e potencialidade dialógica no final do segundo capítulo. A imagem do indivíduo (ou seja, não uma imagem objetificada, mas a palavra). A descoberta (artística) de Dostoiévski. No mesmo capítulo, a representação da morte em Tolstói e Dostoiévski. Aí mesmo a inconclusibilidade interior da personagem. No início do capítulo, ao passar de Gógol para Dostoiévski, mostrar a necessidade de surgimento do herói ideólogo, que ocupa a última posição no mundo, o tipo que toma a última decisão (Ivan na caracterização de Zossima). A personagem oriunda de família casual não é determinada pelo ser social estável, mas assume para si mesma a última decisão. Tratar detalhadamente essa questão no terceiro capítulo.

No segundo capítulo, tratar do plano do "romance objetivo" (isto é, do romance sem ponto de vista do autor) em Tchernichevski (com base em V. V. Vinográdov). Diferença entre esse plano e o plano plenamente polifônico em Dostoiévski. No plano de Tchernichevski não existe o dialogismo (correspondente ao contraponto) do romance polifônico.

Conclusão

No nosso ensaio tentamos mostrar a originalidade de Dostoiévski *como artista* que contribuiu com novas formas de visão estética e por isso teve o dom de ver e descobrir novas facetas do homem e de sua vida. Concentramos nossa atenção na nova posição artística, que lhe permitiu ampliar os horizontes da visão estética e analisar o homem sob outro ângulo de visão artística.

Ao dar continuidade à "linha dialógica" na evolução da prosa ficcional europeia, Dostoiévski criou uma nova variedade de gênero no romance – o romance polifônico, cujas peculiaridades inovadoras procuramos elucidar em nosso ensaio. Consideramos a criação do romance polifônico um imenso avanço não só na evolução da prosa ficcional do romance, ou seja, de todos os gêneros que se desenvolvem na órbita do romance, mas, generalizando, também na evolução do *pensamento artístico* da humanidade. Parece-nos que se pode falar francamente de um *pensamento artístico polifônico* de tipo especial, que ultrapassa os limites do gênero romanesco. Esse pensamento atinge facetas do homem e, acima de tudo, *a consciência pensante do homem e o campo dialógico do ser*, que não se prestam ao domínio artístico se enfocados de *posições monológicas*.

Atualmente, o romance de Dostoiévski talvez seja o protótipo mais influente no Ocidente. Dostoiévski é seguido como artista por pessoas das mais diferentes ideologias, amiúde profundamente hostis à ideologia do próprio romancista: o que nele cativa é a vontade artística, o novo princípio polifônico do pensamento artístico que ele descobriu.

Significa isso, porém, que, uma vez descoberto, o romance polifônico suprime as formas monológicas do romance como obsoletas e desnecessárias? Não, evidentemente. Ao nascer, um novo gênero nunca suprime nem substitui quaisquer gêneros já existentes. Qualquer gênero novo nada mais faz que completar os velhos, apenas amplia o círculo de gêneros já existentes. Ora, cada gênero tem seu campo predominante de existência em relação ao qual é insubstituível. Por isso o surgimento do romance polifônico não suprime nem limita em absolutamente nada a evolução subsequente e produtiva das formas monológicas de romance (do romance biográfico, histórico, de costumes, romance-epopeia, etc.), pois sempre haverão de perdurar e ampliar-se campos da existência humana e da natureza que requerem precisamente formas objetificadas e concludentes, ou seja, formas monológicas de conhecimento artístico. Mas voltamos a repetir que *a consciência pensante do homem e o campo dialógico do ser dessa consciência*, em toda a sua profundidade e especificidade, são inacessíveis ao enfoque artístico monológico. Tornaram-se objeto de autêntica representação artística, pela primeira vez, no romance polifônico de Dostoiévski.

Assim, pois, nenhum gênero artístico novo suprime ou substitui os velhos. Ao mesmo tempo, porém, cada novo gênero essencial e importante, uma vez surgido, influencia todo o círculo de gêneros velhos: o novo gênero torna os velhos, por assim dizer, mais conscientes, fá-los melhor conscientizar os seus recursos e limitações, ou seja, superar a sua *ingenuidade*. Assim ocorreu, por exemplo, com a influência do romance, como gênero novo, sobre todos os velhos gêneros literários: na novela, no poema, no drama, na lírica. Além disso, é ainda possível a influência positiva do novo gênero sobre os velhos gêneros, evidentemente na medida em que isso seja permitido pela natureza do gênero; assim se pode falar, por exemplo, de certa "romancização" dos velhos gêneros na época de florescimento do romance. A influência dos novos gêneros sobre os velhos contribui, na maioria dos casos,[1] para a renovação e o enriquecimento destes. Isto se estende, evidentemente, ao romance polifônico. No campo de Dostoiévski, muitas antigas formas monológicas de literatura

---

[1] Caso eles não morram de "morte natural".

passaram a parecer ingênuas e simplificadas. Nesse sentido, a influência do romance polifônico dostoievskiano sobre as formas até monológicas de literatura é muito fecunda.

O romance polifônico apresenta novas exigências até ao pensamento estético. A educação baseada em formas monológicas de visão artística é profundamente alimentada por estas, tende a absolutizá-las e a omitir os seus limites.

Por isso que até hoje é ainda tão forte a tendência a tornar monológicos os romances de Dostoiévski. Ela se manifesta no esforço de partir de suas análises para definições conclusivas dos heróis, encontrar forçosamente uma determinada ideia monológica do autor, procurar em toda parte uma verossimilhança superficial da vida, etc. Ignoram-se ou negam-se a inconclusibilidade de princípio e o caráter dialógico aberto do universo artístico de Dostoiévski, ou seja, a essência mesma desse universo.

A consciência científica do homem moderno aprendeu a orientar-se em complexas condições de um "universo contingente", não se desconcerta diante de quaisquer "indefinições", mas sabe levá-las em conta e calculá-las. Essa consciência há muito acostumou-se ao universo einsteiniano com sua multiplicidade de sistemas de cálculo, etc. Mas no campo do conhecimento *artístico* continua, às vezes, a exigir a mais grosseira, a mais primitiva definição que, evidentemente, não pode ser verdadeira.

É necessário renunciar aos hábitos monológicos para habituar-se ao novo domínio artístico descoberto por Dostoiévski e orientar-se no *modelo artístico de universo* incomparavelmente mais complexo que ele criou.